3つの切り口からつかむ

図解 中国経済

三尾幸吉郎【著】
（ニッセイ基礎研究所 上席研究員）

東京 白桃書房 神田

はじめに

本書は、中国経済の入門をしたい方々に向け、またさらに上を目指し、自分の力でその先行きを読み解いていきたい方のことも意識しながら執筆しました。

中国経済の現状を見極めることは決して容易なことではありません。経済分析を行う際には統計が頼りとなりますが、中国の経済統計に対する不信感には深刻なものがあります。中国経済を専門に分析するどのエコノミストも、「中国の経済統計は信頼できる」と自信を持って答えることはないでしょう。地方ごとの国民総生産（ＧＲＰ）水増しの発覚や、定期的に公表されていた経済統計の突然の発表中止、また、つじつまの合わない経済統計が散見されるなど、お聞きになったことがある方も多いでしょう。

ただし、経済統計を幅広くフォローし、長期にわたる推移や国際比較などで補完しながら分析を深めると、中国経済のおおよその姿をつかむことは可能です。先ほど触れたＧＤＰを例に検討してみます。国際通貨基金（ＩＭＦ）発表の名目ＧＤＰによると、中国経済は２０１０年に日本を超え、世界第2位の経済大国になりました。しかし、根強い不信感から、今もそれを疑う声があります。

まず、世界の自動車市場を調べてみます。２０１７年に中国で販売された自動車は3千万弱で日本の5・6倍に達し、世界シェアは約3割を占め、米国の18%を大幅に超えています。さらに、日本の輸出統計を見ると、中国向けは米国向けと一・二を争う金額に増加しており、欧州連合（ＥＵ）向け輸出の2倍前後となっていることが分かります。貿易統計は中国が発表するデータと貿易相手国が発表するデータとを突き合わせることができるため、ごまかしにくく信頼性の高い統計です。加えて、中国からの旅行者が大挙して日本の各地を訪れるようになり、彼らのインバウンド消費が地方経済を活性化させる起爆剤となっているという実感も確かにあります。こうした状況を総合的に勘案すると、中国政府が公表するGDPがやや不正確であったとしても、中国の経済規模が日本を超えて米国に次ぐ世界第2位の経済大国であることは、ほとんど間違いない現実だと考えられます。

本書では、中国の発表する統計もこのように注意しながら用い、分析を行っています。

もうひとつ、中国経済の先行きを読み解く際のチャレンジがあります。日本人が欧米先進国の経済を見る場合には、各国で制度に多少の違いはあっても、言論の自由や民主主義、財産権の保護、法の支配などの価値観や、資本主義という経済の基本的枠組みが共通しているため、日本の常識を前提に推論を展開すれば読み解けることが多い一方、「中国の特色ある社会主義」を掲げる中国では、中国共産党による国家の指導（中国語では「領導」）を正当化するとともに、その指導は国有企業ばかりか民間企業や外資系企業にも及ぶ「国家資本主義」的な経済運営が行われているので、日本の常識を前提に推論を展開すると大きな間違いをおかす恐れがあります。したがって、日本人が「中国は債務危機に陥るのか？」「中国の住宅バブルは崩壊するのか？」といった諸問題を読み解くにあたっては、中国共産党が国家をどのように指導しているのか、を十分に踏まえた上で推論を展開する必要があります。例えば、「マルクス・レーニン主義」「習近平の新時代の中国の特色ある社会主義思想」「主要な矛盾と主要でない矛盾」など、馴染みの薄いイデオロギー的な用語も登場しますが、みなさんにも理解しやすいよう、折に触れ分かりやすくご説明しています。

また本書は、ふんだんに図表を盛り込んでいます。経済を読み解く上では、ボリューム感やトレンドを把握することが欠かせません。グラフを処理するのはなかなか大変なのですが、入門者にも分かりやすくということを心掛けました。さらに、中国経済を自らの力で読み解けるようになりたいという方に向けての工夫として、多少高度な内容をコラムでご紹介したり、参考になる統計資料をご紹介しています。

本書は「中国経済アウトルック編」「中国の先行きを読み解くキーワード編」「中国経済深層分析編」の3編から構成されています。

「中国経済アウトルック編」では、中国経済の現状をできる限り簡単かつ多角的に把握できるように、104個に及ぶ図表を使ってビジュアルに解説しています。中国経済の基本を押さえ、さらに先行きを自分の力で読み解けることを目指すにあたっては、中国に関する主要な経済統計を一通り、実際に確認してみることが欠かせません。

具体的には、「世界における地位」では世界における中国経済の地位がどのような変遷を辿って現在に至ったのかを、『「改革開放」以降の4つの経済転換点』では改革開放開始（1978年）、社会主義市場経済導入（1993年）、WTO加盟（2001年）、世界金融危機（2008年）の4つの時点に着目し、経済構造がどう変化してきたのかを、「所得水準と所得格差」では世界における所得水準の位置や中国における所得格差の現状を概観しています。また、「消費市場に関する基礎知識」と「投資に関する基礎知識」では、消費と投資という、米国と好対照を示す2つの主要なカネの使い途から経済の実態に迫ります。「輸出の特徴と経常収支」と「輸入の特徴と輸入元としての日本」では中国の貿易の現状と特徴を解説し、世界各国への経済的なインパクトも実感していただけます。そして、「金融市場に関する基礎知識」では資金調達と資金運用の基本構造や中央銀行と市中銀行の関係、それにシャドーバンキング問題などを取り上げ、「証券市場に関する基礎知識」では株式・債券市場における業種構成や投資家構成などの基礎知識、さらに日本の株式市場との相違点をまとめ、今後、開放が進む中国の金融についてご理解いただけます。最後の「バラエティに富む地方経済」では、さまざまな指標の地域ランキングから、その経済環境の多様さを示しました。

「中国の先行きを読み解くキーワード編」では、中国経済を読み解く上でカギを握るキーワードを挙げて解説しています。具体的には、少子高齢化への対応が待ったなしの状況にある「人口問題」を最初のキーワードとしました。次に、習近平国家主席が肝いりで推進する「三大堅塁攻略戦」を取り上げました。重大リスク防止・解消、的確な貧困脱却、汚染防止の目標を達成する期限が2020年となっており、当面の経済運営に大きな影響を及ぼすと考えられるからです。また、国際関係を読み解くキーワードを3つ挙げました。中国主導の「北京コンセンサス」は、米国主導の国際協調の枠組み、ワシントン・コンセンサスと対峙し、世界を舞台に縄張り争いが広がりつつあります。そして、米ドルが基軸通貨となっている現在の国際通貨体制に挑む「人民元の国際化」、中国主導で開発が進む「一帯一路」の3つです。最後に、中国経済の命運を左右するキーワードを3つ挙げました。中国は生産要素投入型の経済からの脱却を目指して「イノベーション（創新）」を推進し、積極的にヒトとカネを投入してきており、成果も出始めています。そして、米中貿易摩擦の火種ともなっている「中国製造2025」、そして、さまざまな分野にインターネットを取り入れてプラスすることによりイノベーションの加速を目指す「インターネットプラス」の3つです。

最後の「中国経済深層分析編」は、講演会で質問をいただいたり、マスコミからの問い合わせを受けることの多いテーマを取り上げ、それに対する筆者の現在の見方を示しました。具体的には、「中国共産党はどのように統治するのか」「中国は中所得国の罠にはまるのか？」「中国は債務危機に陥るのか？」「中国の住宅バブルは崩壊するのか？」「チャイナ・ショックは再来するのか？」「中国の外貨準備は十分か？」「米中対立はどうなるのか？」「習近平政権二期目の経済運営のどこに注目すべきか？」の8つを取り上げています。ここでは「中国経済アウトルック編」で解説した中国経済の各断面を縦軸、「中国の先行きを読み解くキーワード編」で解説したキーワードを横軸としながら、必要に応じ、世界の先行事例などを踏まえた視点という第三の軸も加えるという分析手法を取っています。

筆者の中国経済に関する研究歴は10年を超えました。学生時代には中国政治を専攻し「4つの近代化」をテーマに卒論を書きましたが，その後，27年間，グローバル証券運用を仕事としていました。そして，さまざまな世界的な金融危機を運用現場で実際に体験し，ニューヨーク駐在時には，世界金融危機で破綻に追い込まれたリーマン・ブラザーズ社に約半年お世話になったこともあります。こうした経歴が本書の執筆に役立った面ももちろんありますが，中国経済アウトルック編で取り上げたテーマはやや証券金融関連に偏っているかもしれません。中国経済を読み解くテーマは，本書で取り上げたもの以外にもいろいろあるでしょう。今後も，新たな問題を取り上げ，筆者自身も読み解く力を鍛えていくつもりです。また，読者の方々が，ご自身の関心のある分野について中国経済を読み解いていく際に，本書がその一助となれば幸いです。そして，いつの日か，読者のみなさんと中国経済に関する諸問題を議論する機会が得られれば，筆者にとってこの上ない幸せです。

最後に，本書の出版に当たっては森安圭一郎氏と寺島淳一氏に大変お世話になりました。「中国経済アウトルック編」の原案となった「図表でみる中国経済」（筆者が所属するニッセイ基礎研究所で発行してきた調査レポートシリーズ）の読者でいらした森安氏には励ましとお力添えを頂きました。また，白桃書房の寺島氏には編集に当たり有意義な助言を数多く頂戴しました。このお二人のご支援がなければ本書が出版に至ることはなかったでしょう。この場を借り，心より感謝申し上げます。

２０１９年7月

三尾幸吉郎

目次

中国経済深層分析編

中国語読みをフリガナで示しました。日本語読みで難読のものは（）内に示しました。
なお、重要な語句について巻末に日中英の対照表がありますのでご参照ください。

図表一覧

中国経済アウトルック編

1 世界における地位

2「改革開放」以降の4つの経済転換点

3 所得水準と所得格差

中国の先行きを読み解くキーワード編

中国経済深層分析編

中国経済
アウトルック編

1 世界における地位

ポイント

❶中国の経済規模は、世界第1位（米国）の約6割、世界第3位（日本）の約2・5倍
❷第二次世界大戦後、米国は常に世界第1位を維持し、世界経済をリード
❸米国一極体制の下で中国は自由化を推進、米国主導の経済体制に歩み寄り
❹米中二極体制への転換が視野に入る中で、中国は自己主張を強め、米中対立が激化
❺米中二極体制の下では、両超大国から政治的圧力を受ける日本は立ち位置が難しい

現在の世界におけるシェア

まず中国経済が、世界に占める地位を概観してみます。国際通貨基金（ＩＭＦ）の統計によると、２０１７年の世界の国内総生産（名目ＧＤＰ）は約80兆ドルでした。世界で最も名目ＧＤＰが大きいのは米国で、19・４兆ドルと世界の約４分の１を占める超大国です。第2位に付ける中国は12・０兆ドルと世界の約15％を占めていますが、米国に比べると6割程度に過ぎません。しかし、第3位の日本の名目ＧＤＰは４・９兆ドル、第4位のドイツは３・７兆ドル、第5位の英国は2・6兆ドルと、中国の３分の1前後に留まるので、中国は超大国の米国に次ぐ準超大国と位置付けるのが妥当でしょう（図表1-1、2）。

また、世界経済は、個人消費という視点から見た場合と投資という視点から見た場合では、その姿が

図表-1

世界の名目GDP（2017年）

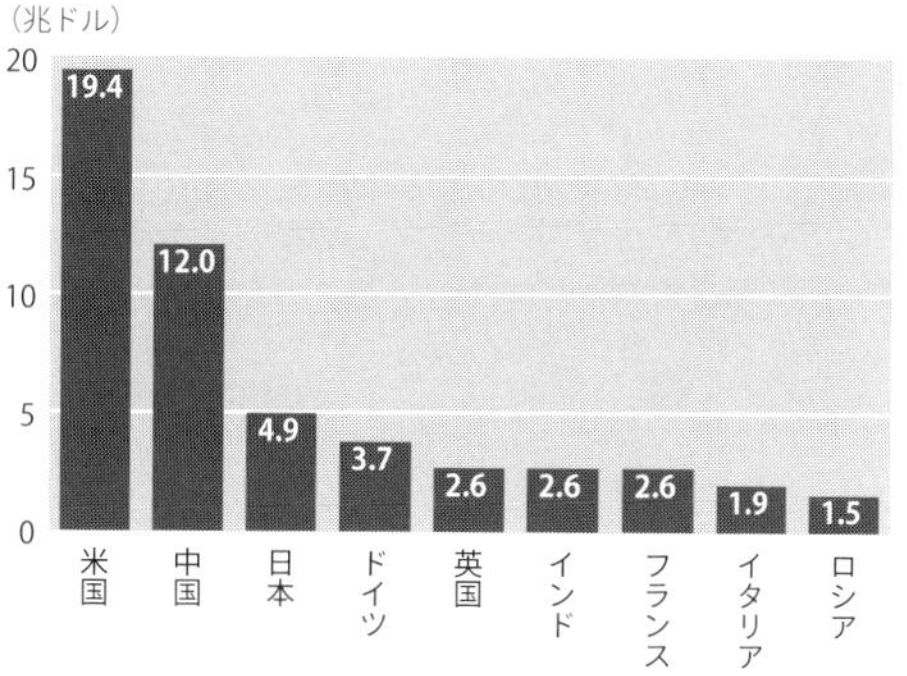

（出典）IMFのデータを元に作成

図表-2

名目GDPシェア（2017年）

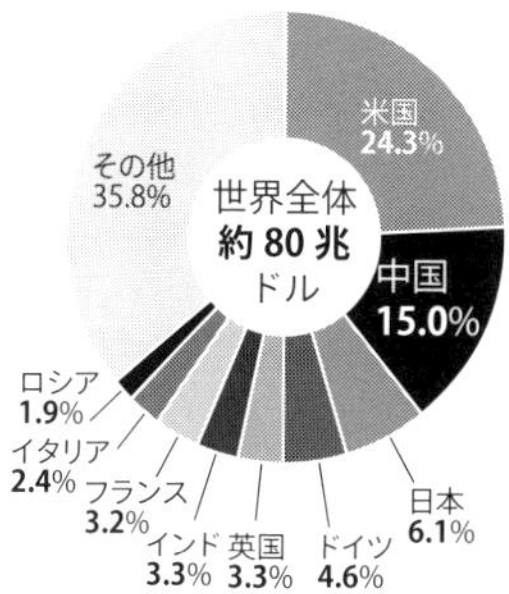

（出典）IMFのデータを元に作成

図表-3

個人消費シェア（2017年）

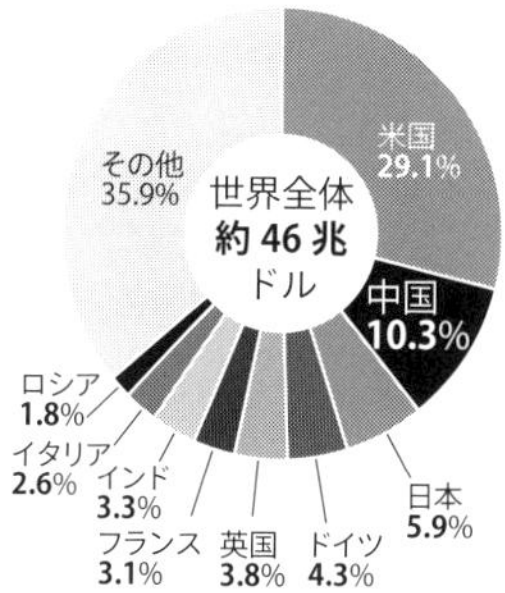

（出典）国連のデータを元に作成

図表-4

投資シェア（2017年）

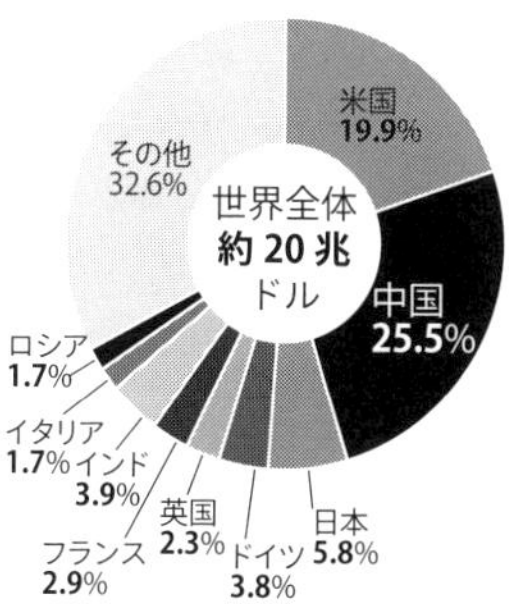

（出典）国連のデータを元に作成

大きく異なります。国際連合がまとめた統計によると、２０１７年の世界全体の個人消費は約46兆ドルでした。世界で最も個人消費額が大きいのは米国で、世界の約３割を占め、個人消費でも超大国と言えます。第２位に付けるのはやはり中国ですが、シェアは米国の約３分の１に留まっており、米国の存在感が際立っています（図表1-3）。

一方で、投資に焦点を当てると様相は大きく異なります。世界全体の投資（総固定資本形成）は約20兆ドルですが（図表1-4）、世界第１位は中国でシェアは25・５％、第２位は米国ですがシェアは19・９％

に留まっています。

個人消費の世界では米国がガリバー的な超大国で、投資の世界では中国が米国をしのぐという歪みが、世界経済にさまざまな形で影響を及ぼしています。この歪みはおいおい説明していきます。

地位の変遷

次に世界経済における中国の地位の変遷を概観しておきましょう。第二次世界大戦後からしばらく、世界は東西冷戦でした。共産主義（東側）の盟主：ソビエト連邦（ソ連）と、資本主義（西側）の盟主：米国がイデオロギーを巡る覇権争いを繰り広げていた時代です。1970年（図表1-5右）の世界の国内総生産（名目GDP）は3・4兆ドル、シェアは米国が第1位で31・5%、第2位は旧ソ連の12・7%、第3位はドイツの6・3%、第4位は日本の6・2%、そして中国のシェアは2・7%で第8位となっていました。

しかしその後、ソ連では経済が停滞したため、経

図表-5

名目GDPシェアの変化

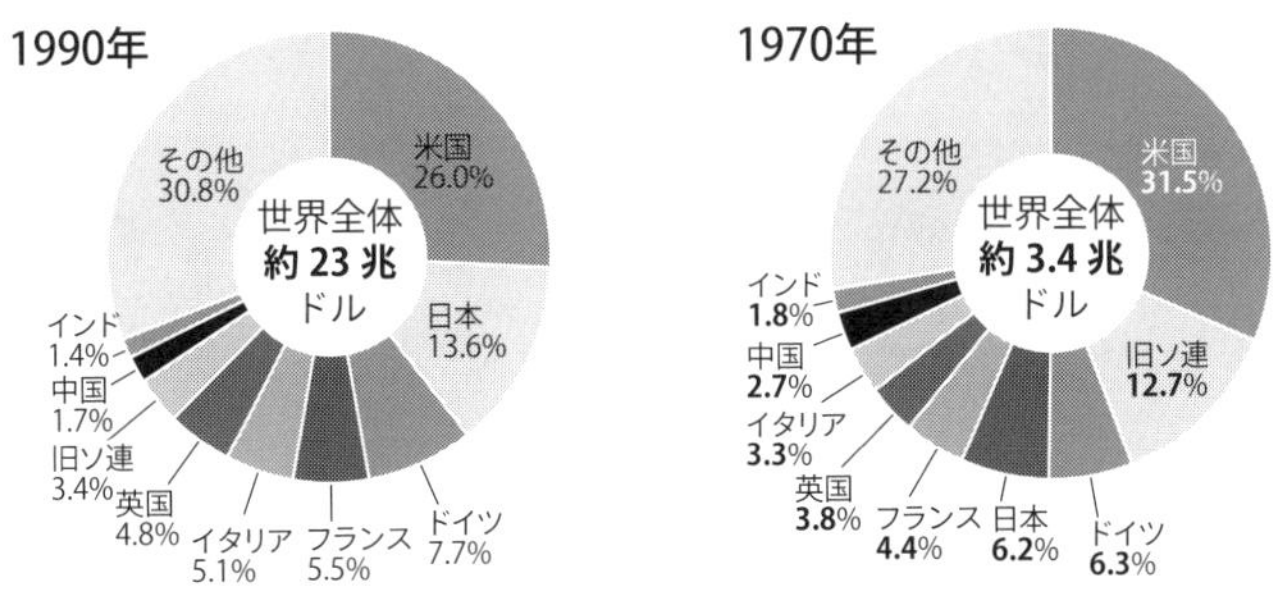

（出典）国連のデータを元に作成

済シェアはその崩壊直前（1990年）に3・4%まで縮小し、米国との差がさらに歴然となりました。ソ連に代わって世界第2位に浮上したのが日本であり、1987年には一人当たりGDPで米国を超えました。そして、米国は日本経済を脅威とみて日米貿易摩擦が深刻化した時期でもありました（図表1-5左）。

その後、2010年に日本を抜き世界第2位の経済大国になったのが中国です。1978年に「改革開放」に動き出した中国は、東側諸国に先駆けて1980年にはIMFと世界銀行に加盟、1993年には市場経済を通じて社会主義を実現するとして憲法を改正し「社会主義市場経済」へ移行、2001年には世界貿易機関（WTO）にも加盟しました。2008年に米国を発火点にして世界経済を揺るがしたリーマン・ショックに際しても、先進国の成長率が軒並みマイナスに落ち込む中で、中国はいち早く大型景気対策を打って前年比9・2%増の高成長を維持し、先進国を大きく上回る経済成長を続けて世界第2位に浮上したのです。

米中両超大国が争う世界経済の未来

最後に世界経済の未来を考えてみましょう。国際通貨基金（IMF）の予測では2022年の世界の国内総生産（名目GDP）は約108兆ドルとなっています。名目GDPのシェアは米国が第1位で21・9%、中国が第2位で18・4%、第3位は日本の5・3%という状況になりそうです（図表1-6、次ページ）。また、2022年までに増加する名目GDPは、第1位が中国の7・9兆ドル、第2位が米国の4・4兆ドルで、増加額では中国が米国を上回ることになりそうです。また、第3位はインドの1・6兆ドルとなり、日本やドイツの増加額を上回る見通しとなっています。（図表1-7、次ページ）。

以上のような未来の世界経済を念頭に置くと、日

図表-6

名目GDPシェア（2022年、予測）

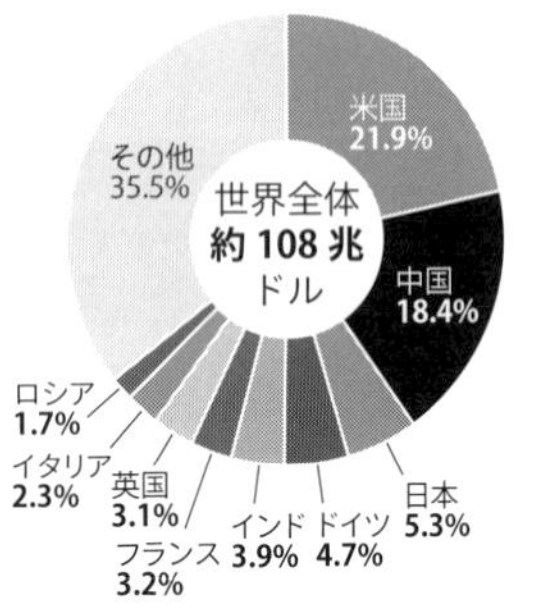

（単位：兆ドル）

（出典）IMFのデータを元に作成

図表-7

2022年までの名目GDP増加額見通し（2017年起点）

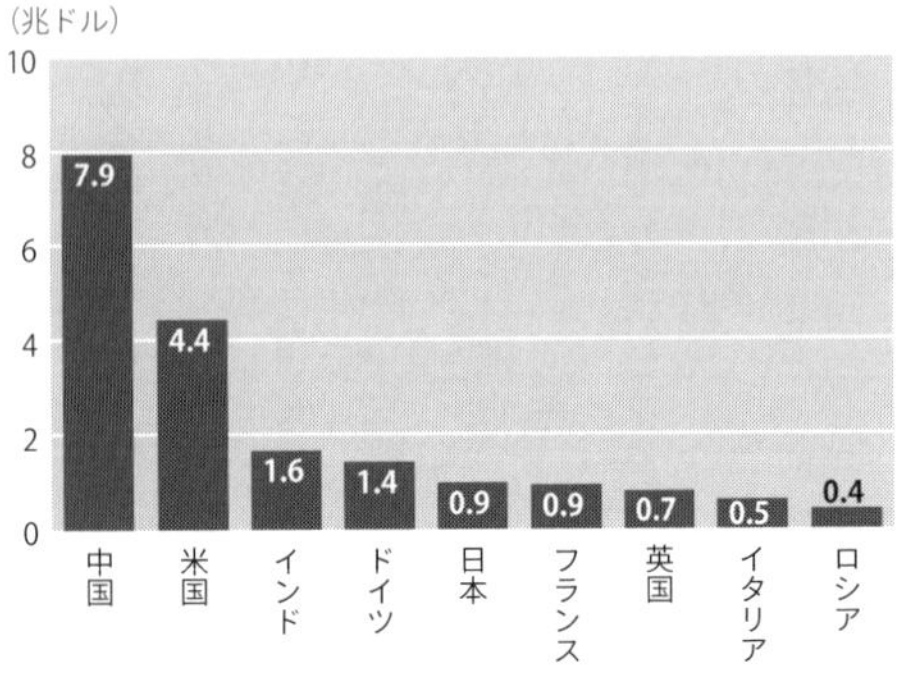

（出典）IMFのデータを元に作成

本の立ち位置はかなり難しいものとなりそうです。世界経済が米国一極体制から米中二極体制へと移行すると、米中の覇権争いが激しさを増して、米中両超大国からことあるごとに自分の意見に賛成の立場をとるよう、政治的圧力を受ける可能性が高いからです（図表-8）。

日本と米国は同盟関係にあり、自由民主主義の政治制度、自由資本主義の経済制度、基本的人権の尊重など価値観を共有する面が多いものの、トランプ政権の米国は、環太平洋パートナーシップ協定（TPP）から離脱し、2020年以降の地球温暖化対策の国際的枠組みを定めたパリ協定からも離脱、イラン核合意からも離脱するなど、これまでの、日本の国益にもかなう、国際協調を重視するスタンスから離れ、米国第一主義を取る場面も増えました。

一方、マルクス・レーニン主義（人民民主主義）の政治制度を堅持し共産党による国家指導を正当化する中国と日本との間には、価値観の面で大きな隔たりがあり、国家資本主義の経済制度や基本的人権の軽視に関しても相容れないものがあります。しかし、地理的に近く、昨年、日中平和友好条約締結40周年を迎えた中国とは経済面で強い結び付きがあります。そして、対外開放を進め輸入関税を引き下げるなど自由化を進める方向を堅持し、国際的枠組みの下で紛争を解決するスタンスを維持するなら、中国と協力する方が良い局面もあるでしょう。

米中二極体制の下、米中両国といかに関わり、自らの利益を守っていくのか、日本の外交力が問われることになりそうです。その点、EUがこのところの米欧貿易摩擦で取ったスタンスは参考になると思います。EUは2018年6月1日、米国の輸入制限に対してWTOに紛争解決に向けた協議を要請すると同時に、中国の知的財産権侵害に対してもWTOの紛争処理手続きを開始し、米中どちらにも偏らず自らの利益を守るスタンスで臨みました。日本にとってはEUとの協力も、その重要性を増しそうです。

図表-8

世界のパワーバランスの変化と日本

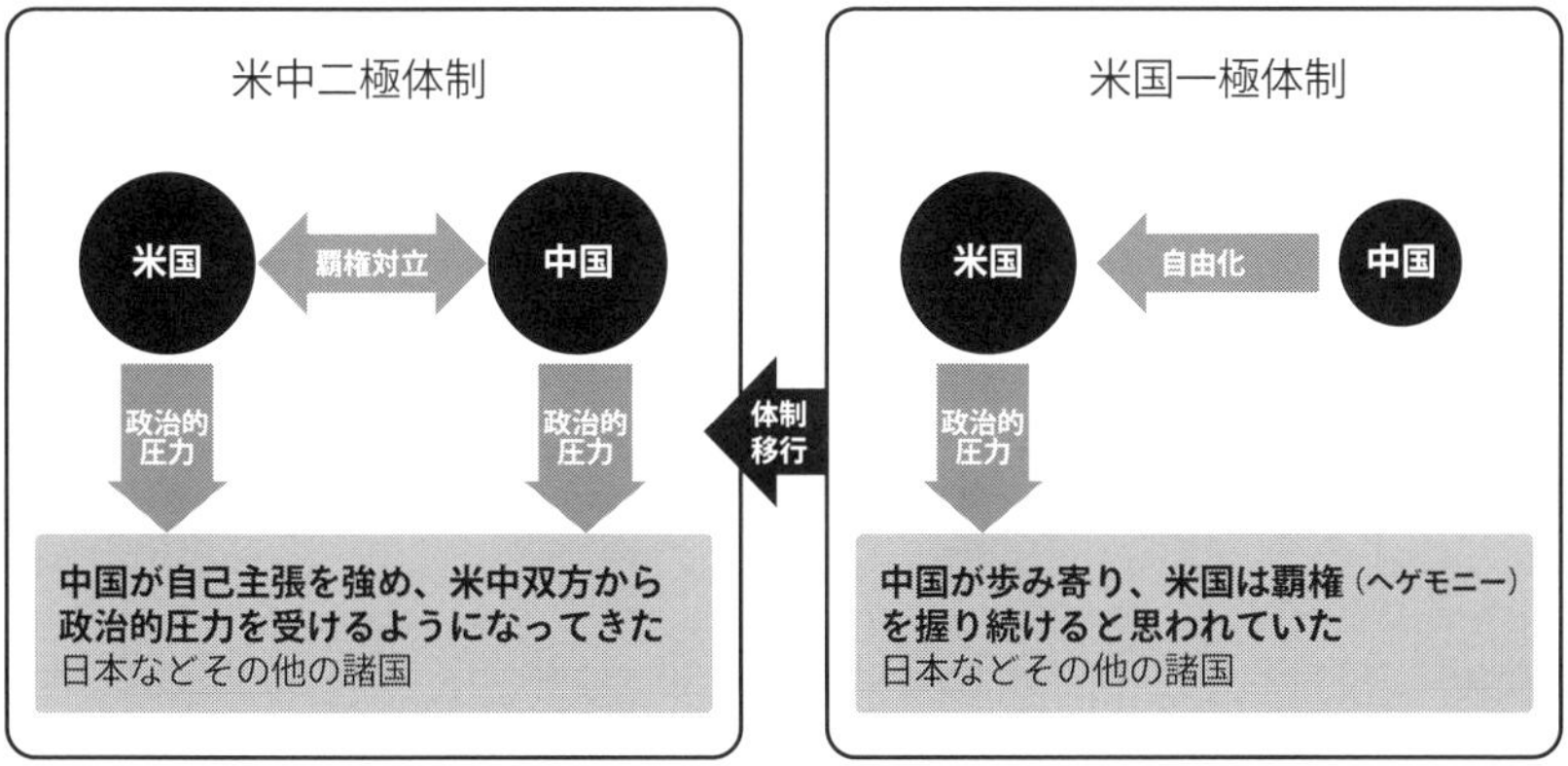

（出典）著者作成

2 「改革開放」以降の4つの経済転換点

ポイント

❶第一期（1978～93年）は、社会主義市場経済導入まで。投資は増加したが純輸出は赤字

❷第二期（～2001年）は、その後WTO加盟まで。建設ラッシュを迎えるも、不良債権問題が表面化

❸第三期（～2008年）はその後、世界金融危機まで。輸出が経済の柱となり世界の工場へ

❹第四期はその後、現在に至るまで。輸出依存からの脱却を目指す構造改革を本格化、純輸出の黒字は縮小し個人消費が増加

改革開放後の経済政策

文化大革命を終えた中国は1978年、当時、最高実力者だった鄧小平《ドォンシアオピン》（とう　しょうへい）が強力なリーダーシップを発揮して「改革開放《ガイガーカイファン》」に動き出しました。1978年12月に開催された第11期3中全会では、「思想を解放し、頭脳を働かせ、実事求是（事実に基づいて真理を求める）の姿勢で、一致団結して前に向かって進む」との指導方針を確定するとともに、取り組みの重点を社会主義近代化建設へ移行することを決定、文化大革命を卒業して「4つの近代化」（工業、農業、国防、科学技術の4つの分野での近代化の達成を目指した改革）へと舵を切りました。

そして、農村部では人民公社を解体、農民の経営自主権を保証し、生産意欲向上を目指す生産責任制を採用する一方、都市部では外資の活用を奨励し、広東（かんとん）省や上海などに経済特区や経済技

術開発区を設置しました。華僑や、日米欧など先進国の資本を取り入れて技術力向上を図るとともに、企業の経営自主権を拡大して経済改革を進めることにしたのです。

その後の1981年、中国共産党主席に就任した胡耀邦（こようほう）は引き続き改革開放と自由化の路線を推進しました。しかし、1987年1月に失脚し1989年4月に胡耀邦が死去すると、その追悼と民主化を叫ぶ学生デモが激化して、1989年6月4日には天安門事件（六四）が発生しました。そして、成長率は1989年が4・2%、1990年が3・9%と落ち込みました。

この事件で西側諸国からの風当たりが強くなると、中国では「鳥籠理論」が浮上しました。これは「計画経済」から「市場経済」に至る中間段階として「計画を持つ市場経済」を主張するものであり、計画経済の色彩が強い考え方であったため、改革開放は一時中断することとなりました。

しかし、ソ連崩壊（1991年）で、社会主義が深刻な危機にあった1992年1～2月、鄧小平は改革開放の再起動に動き出しました。武漢、深圳（しんせん）、珠海（しゅかい）、上海などを視察し改革開放の重要性を説く「南巡講話」を行ったのです。そして、1992年10月に開催された第14回共産党大会では、ソ連が失敗した原因は経済の不振にあったと総括し、「政治的には社会主義、経済的には市場経済」との方針が定まり、1993年11月に開催された第14期3中全会では「社会主義市場経済体制を確立する上での若干の問題に関する決定」を採択しました。そして「社会主義市場経済」の基本的枠組みの制定、近代的企業制度の確立、農村経済体制改革の深化、対外開放の拡大などの方向性を示したのです。そして、国有企業の新設、経済技術開発区の建設ラッシュ、不動産産業や自動車産業拡大などで景気は一気に改善し、成長率は1992年が14・2%、1993年が13・9%、1994年が13・0%に達しました。

しかし、その背後では、企業の経営管理が甘くなり、楽観的な需要見通しに基づく投資で赤字に陥る企業や過剰生産設備を抱える企業が増えていきました。ところが、国有企業が倒産するはずがないと考えた国有銀行は引き続き融資を増やしたため、返済のメドが立たない不良債権が雪ダルマ式に膨らんでいきました。そして１９９８年には不良債権問題が表面化、１９９９年には不良債権を処理する資産管理会社（バッドバンク）を設立することになり、成長率は１９９８年が７・８％、１９９９年が７・７％と落ち込むこととなりました。

１９９８年３月、鄧小平から高い評価を得ていた朱鎔基（しゅようき）が首相に就任し、国有企業改革・金融改革・政府機構改革の「三大改革」に取り組むとともに、開放政策を加速させる経済改革を進めました。そして、これが２００１年11月のＷＴＯ加盟に結び付き、中国経済を「世界の工場」へと発展させる道を切り拓くこととなったのです。

以上のように改革開放後40年の中国経済の歴史を振り返ると、４つの大きな転換点があることが分かります。①文化大革命を終えて改革開放に舵を切った１９７８年、②計画経済か市場経済かの激しい経済建設路線を巡る対立に区切りを付けて憲法を改正し市場経済を通じて社会主義を実現する「社会主義市場経済」へ舵を切った１９９３年、③世界貿易機関（ＷＴＯ）に加盟し経済建設の柱に輸出を据えた２００１年、そして、④世界金融危機（リーマン・ショック）で外需依存の行き過ぎを痛感し消費主導へ舵を切り始めた２００８年の４つです。本章では、これで区切って、第一期（１９７８年〜１９９３年）、第二期（１９９４年〜２００１年）、第三期（２００２年〜２００８年）、第四期（２００９年以降）の４期の間に、中国の経済構造がそれぞれの時期にどう変化してきたかを概説します。

国内総生産（ＧＤＰ）の動き

中国の国内総生産（GDP）は、2018年に90兆元、日本円に換算すると約1440兆円となりました。これを改革開放開始時の1978年と比べると245倍、世界金融危機の2008年と比べても2・8倍に拡大しました（図表-1）。

図表-1

名目GDPの推移

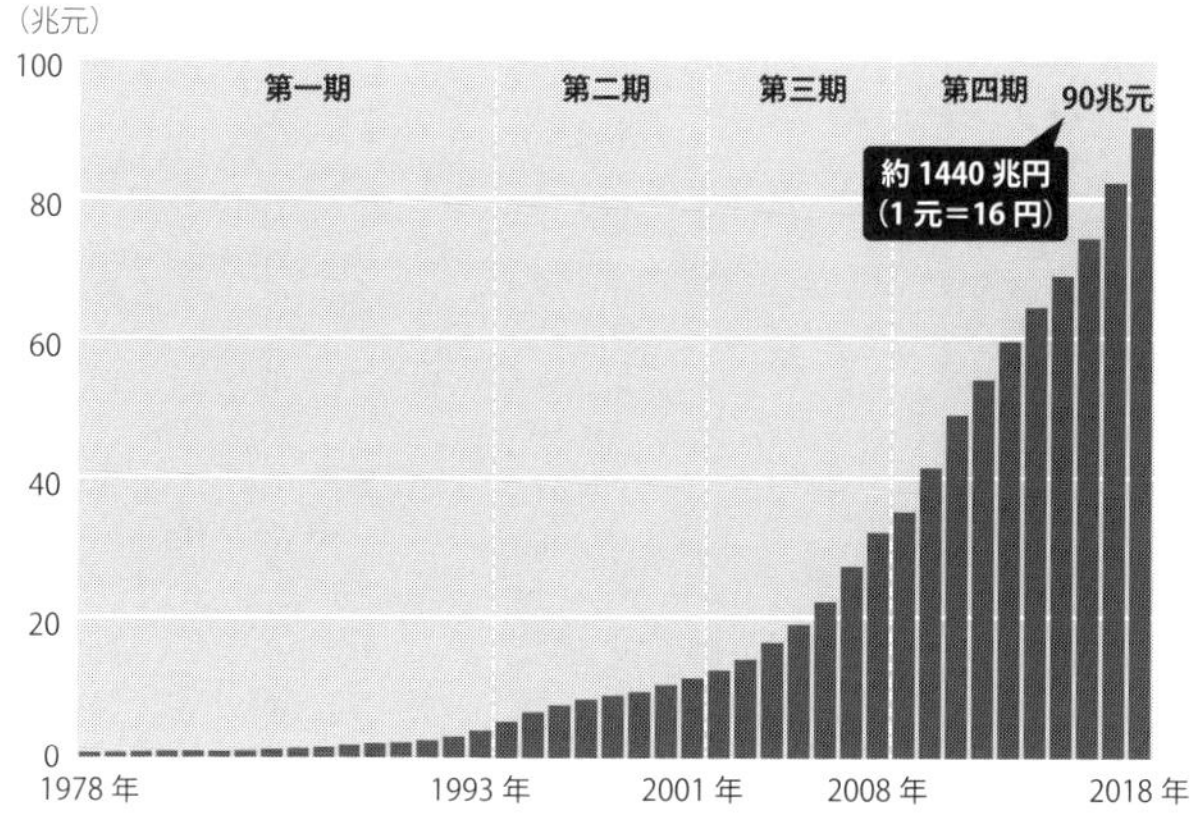

（出典）CEIC（出所は中国国家統計局）のデータを元に作成

また、改革開放後40年の成長率は年平均9・5%と10%近い高成長を実現してきました。4つの期間ごとに分解すると、第一期が9・8%、第二期が

図表-2

実質成長率の推移

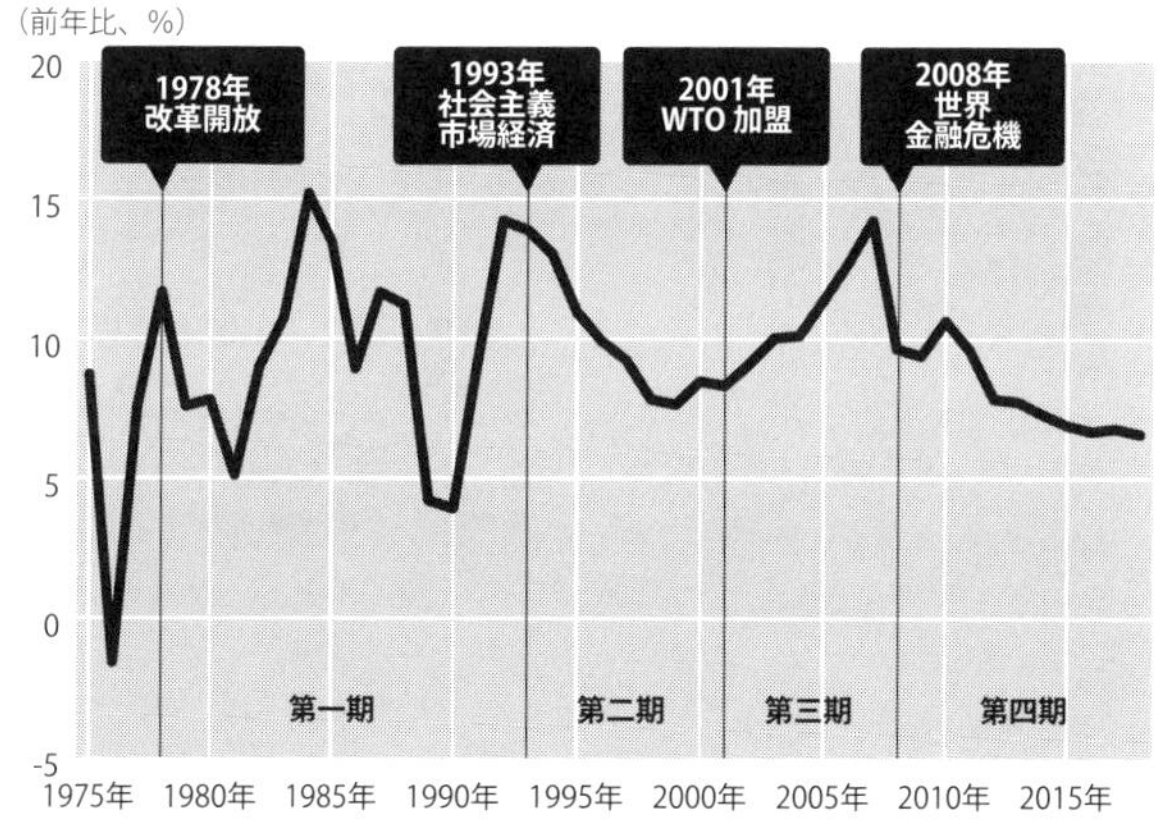

（出典）同上

9・4%、第三期が11・0%、第四期が8・0%となっています。第一期と第二期はほぼ同レベルの成長率でしたが、第一期には天安門事件（1989年6月4日）など政治問題が成長の波乱要因となることが多かったのに対して、第二期は不良債権問題など経済問題が波乱要因となりました。2001年にWTOに加盟した後の第三期には輸出拡大とそれに伴う貿易黒字で成長率が加速しました。そして、世界金融危機後、第四期に入ってからは成長率が徐々に落ちてきています（図表-2）。

産業構成の現状

それでは、GDPはどんな産業が生み出しているのか、GDP統計の内訳を見ると（図表-3）、農業を中心とする第一次産業が7・2%、製造業を中心とする第二次産業が40・7%、サービス業を中心とする第三次産業が52・1%となっています。第三次産業では、卸小売業が9・4%と最も大きく、次いで金融業の7・7%、不動産業の6・6%などとなっています。

図表-3
産業構成（2018年）

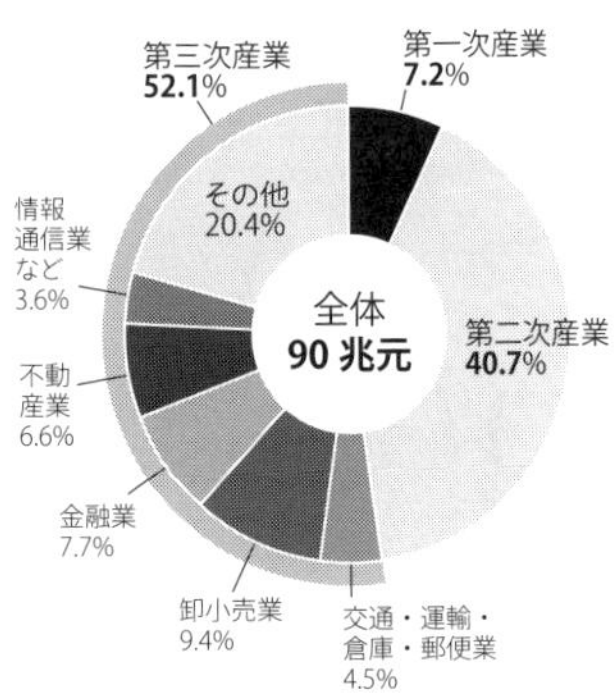

（出典）CEIC（出所は中国国家統計局）のデータを元に作成

産業別の就業者数と生産性

現在、中国の就業者数は約7・8億人（2017年）です。産業別の内訳を見ると、第一次産業は減少傾向が続いており約2・1億人、第二次産業は伸び悩み気味で約2・2億人、第三次産業は増加傾向が続いており約3・5億人となっています（図表-4）。

また、各産業の生産性を見るために、就業者一人当たり実質GDP成長率を試算した結果を図表-5に示しました。この結果を見ると、就業者が減っている第一次産業や第二次産業は、少ない就業者で高い生産量を維持しているため、比較的高い成長率を保っています。一方、就業者が増加傾向にある第三次産業は、それを下回る低い成長率に留まっています。就業者が第三次産業へとシフトしていく中で、第三次産業の生産性が伸び悩むようだと、中国経済の将来が懸念され、その生産性向上が中国経済の大

図表-4

産業別の就業者数の推移

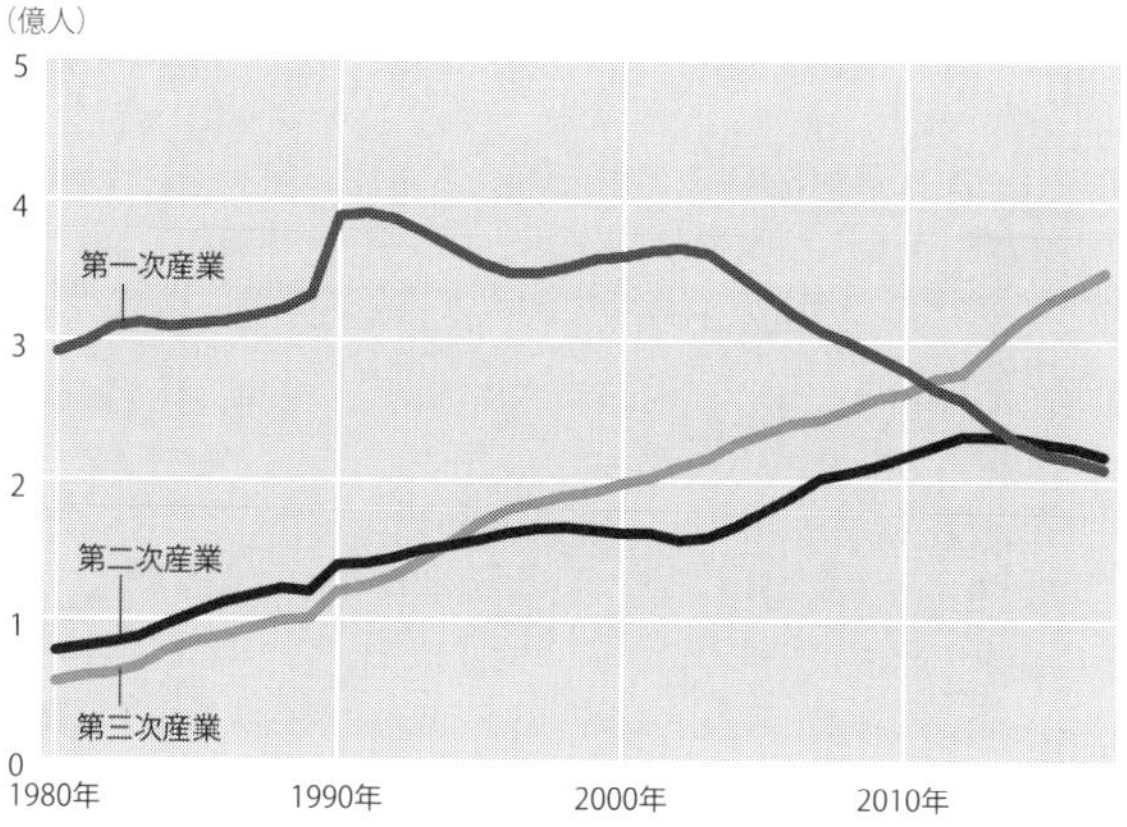

（出典）CEIC（出所は中国人的資源・社会保障部）のデータを元に作成

図表-5

就業者一人当たり実質GDP成長率の推移

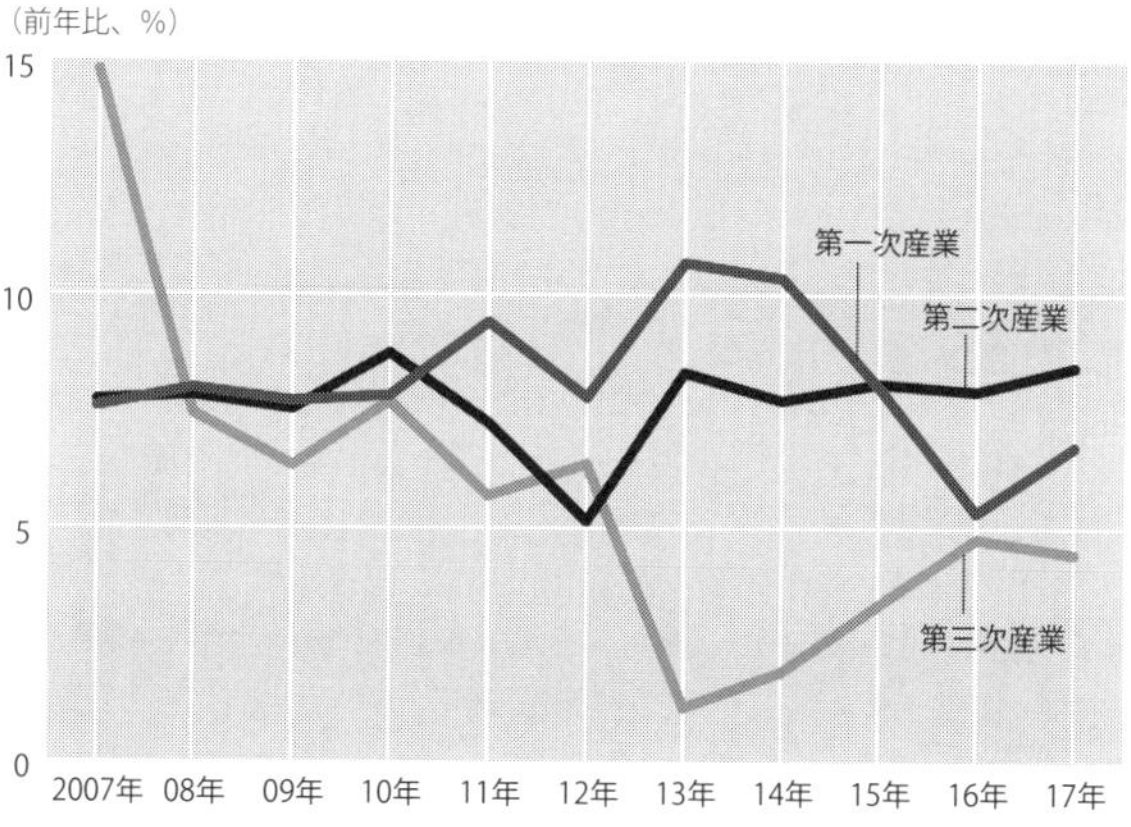

（出典）CEIC（出所は中国国家統計局、中国人的資源・社会保障部）のデータを元に筆者が分析を加えて作成

きな課題といえます。

産業構成の特徴

中国の産業構成を国際比較して見てみると、大きく2つの特徴があることが分かります。ひとつは製造業の比率が高いという点です。G20諸国の状況を見る（図表-6）と、韓国が最も高いものの、中国はそれに次ぐ高水準にあります。日本よりも約9ポイ

図表-6

世界の製造業の比率（2017年）

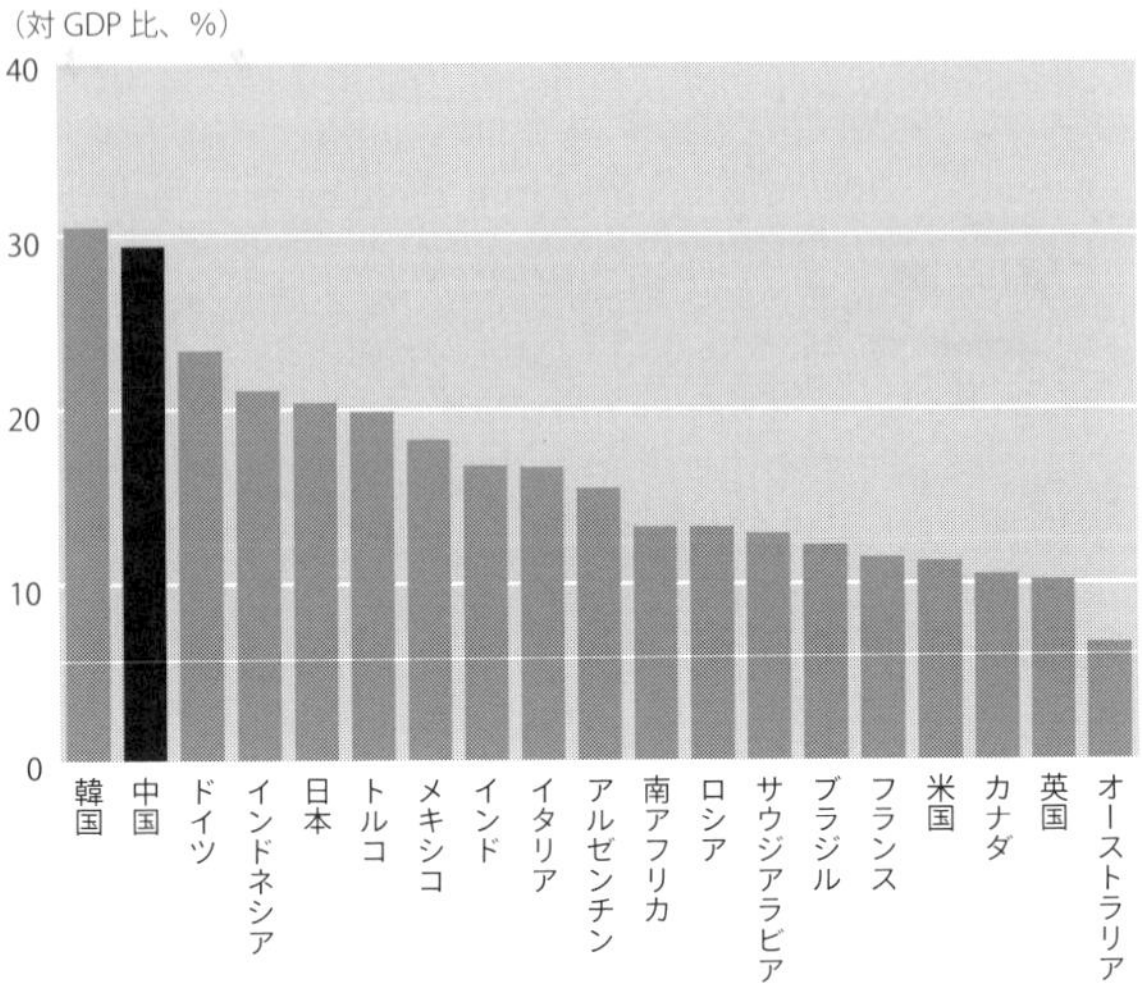

（出典）国連、中国国家統計局のデータを元に作成

図表-7

世界の第三次産業の比率（2017年）

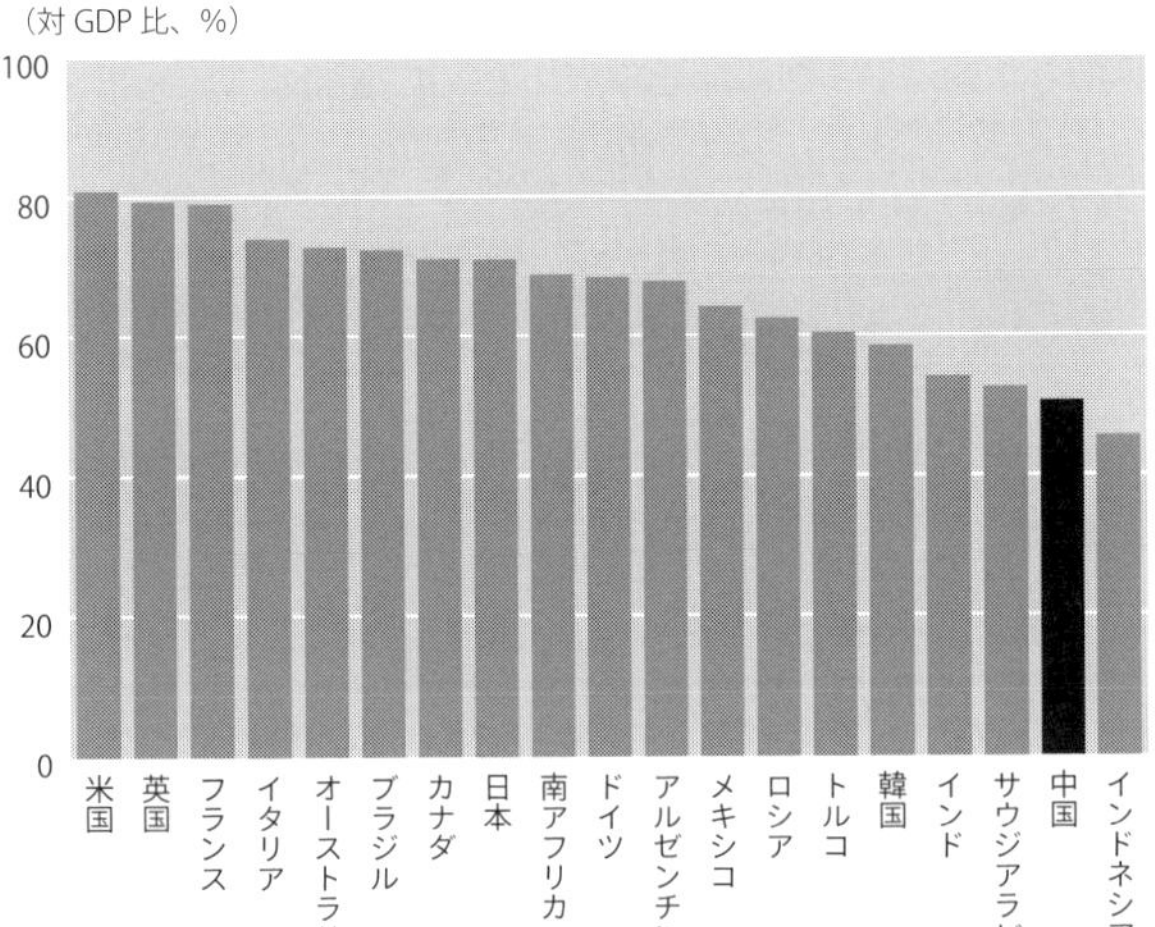

（出典）国連のデータを元に作成

ント高く、米国よりも約18ポイントも高い水準です。もうひとつの特徴は第三次産業の比率が低いという点です。図表1-7に示したG20諸国の状況を見ると、インドネシアが最も低いものの、中国はそれに次ぐ低水準です。日本や米国などの先進国は概ね7~8割なので、中国はそれより2~3割も低いのです。

産業構成の歴史的変遷

中国の産業構成はどのような経緯から現在のような姿になったのでしょうか。図表1-8を見ていきましょう。1978年の改革開放後、1993年に社会主義市場経済に舵を切るまでの第一期には、第一次産業のシェアが低下した一

図表-8

産業構成の変化

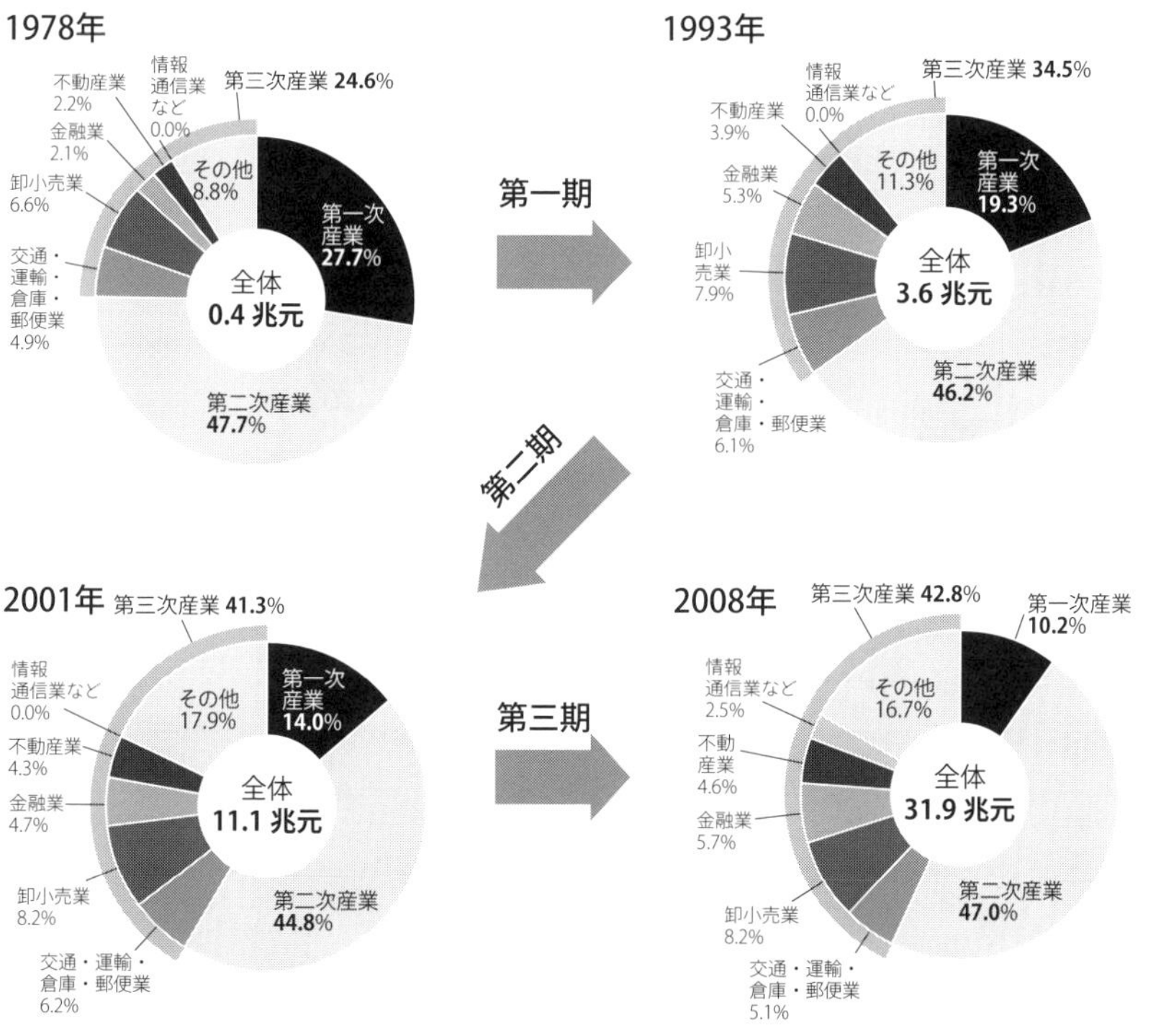

（出典）CEIC（出所は中国国家統計局）のデータを元に作成

方、交通物流インフラなどの整備が進み、第三次産業（交通・運輸・倉庫・郵便業、金融業）のシェアが上昇しました。それからＷＴＯ加盟までの第二期には、第一次産業のシェアが引き続き低下したのに加え、不良債権処理に追われた金融業のシェアも低下に転じました。一方、消費や不動産の需要が増えたため卸小売業や不動産業のシェアが上昇しました。

ＷＴＯ加盟後の第三期には、第一次産業のシェアが引き続き低下したのに加えて、交通・運輸・倉庫・郵便業のシェアも低下に転じました。一方、輸出が増えたことを背景に製造業を中心とする第二次産業のシェアが上昇し、第二次産業に資金を供給する金融業のシェアも上昇に転じました。そして、世界金融危機後の第四期には、第一次産業と交通・運輸・倉庫・郵便業のシェアが引き続き低下したのに加え、リーマン・ショックで輸出が不振だったことを背景に第二次産業のシェアも低下に転じました。一方、外需依存から内需主導への構造転換が進む中で、不動産業、卸小売業、金融業のシェアが上昇したのに加え、百度《バイドゥ》、阿里巴巴《アーリーバーバー》、騰訊《テンセント》のようなプラットフォーマーが育ったため情報通信業のシェアも上昇することとなりました（前出の図表1-3、12ページも参照）。

需要構成の現状

中国経済はどんな需要構成になっているのか、ＧＤＰ統計（２０１７年）の内訳を見てみると、総固定資本形成（投資）が最も大きく42・9％、個人消

図表-9

需要構成（2017年）

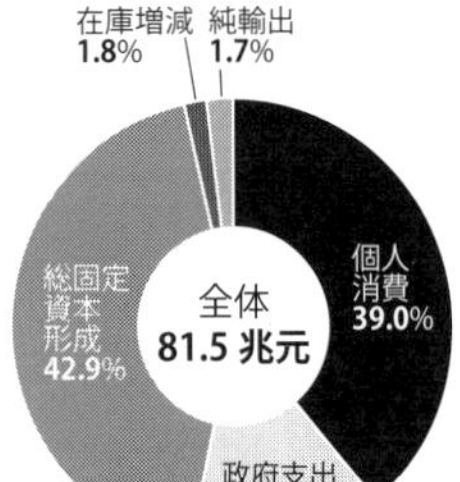

（出典）CEIC（出所は中国国家統計局）のデータを元に作成

費が39・0%、政府支出が14・6%となっています。これら以外では、純輸出が1・7%、在庫増減が1・8%となっています（図表‐9）。

需要構成の特徴

中国の需要構成には大きく2つの特徴があります。ひとつは個人消費の比率が低く、図表‐10に示した

図表-10

世界の個人消費比率（2017年）

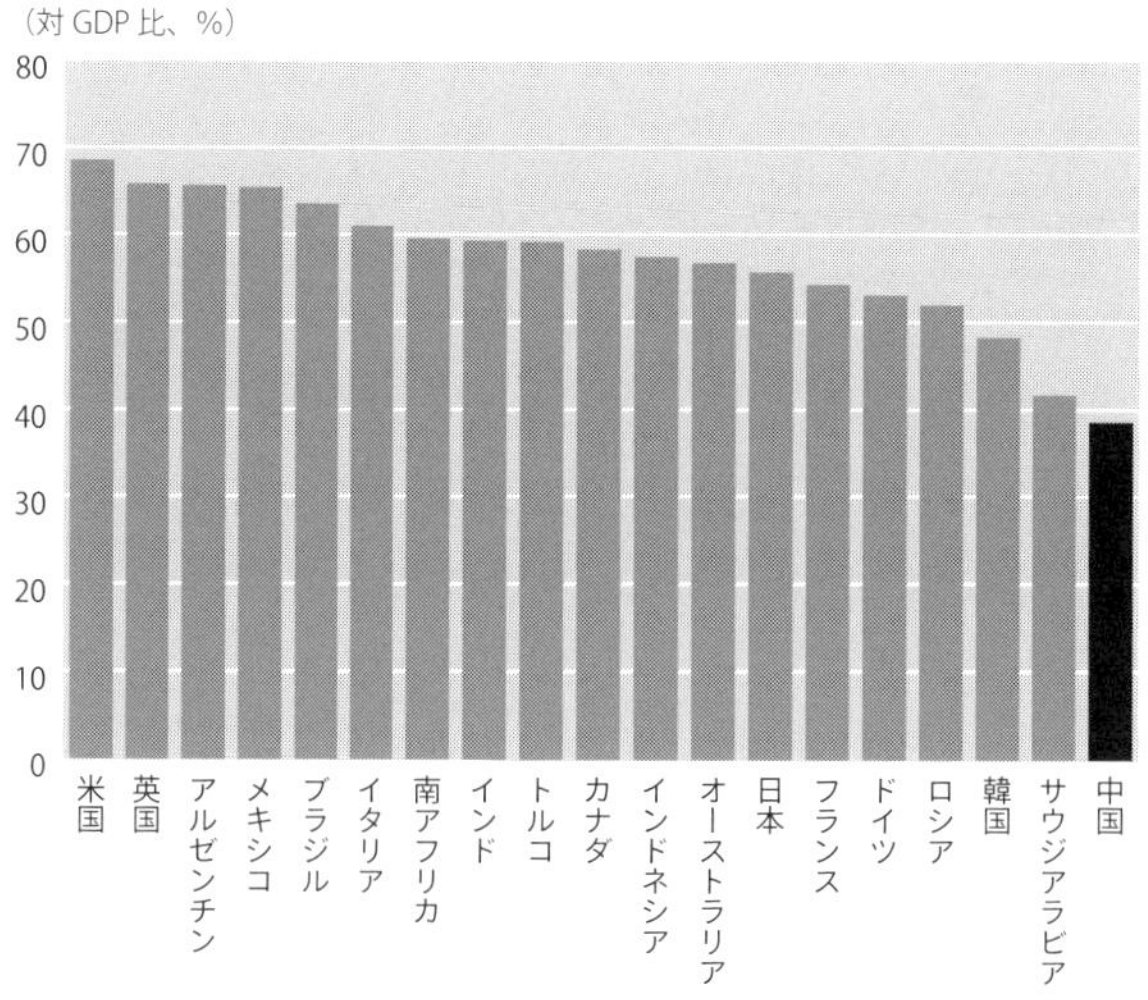

（出典）国連のデータを元に作成

図表-11

世界の投資（総固定資本形成）の比率（2017年）

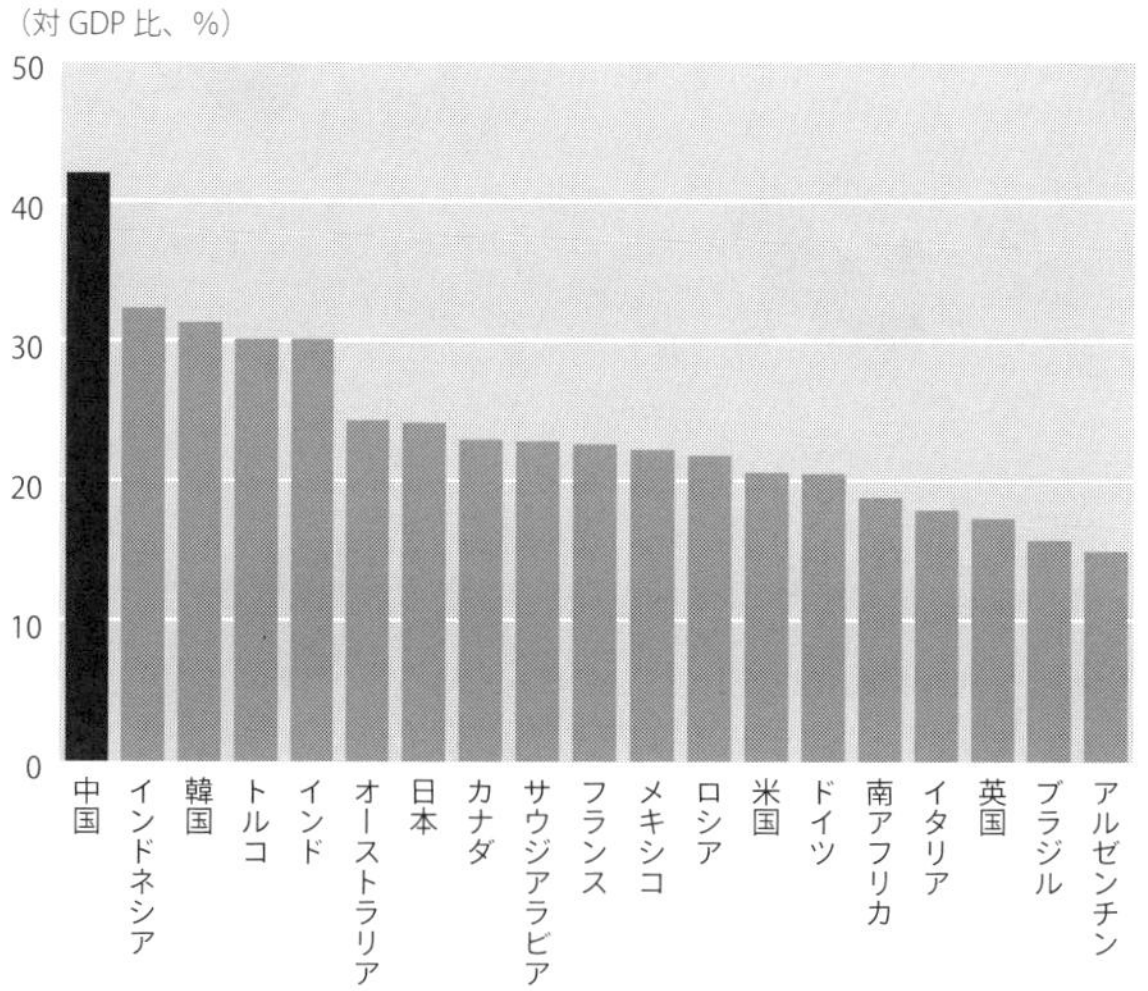

（出典）国連のデータを元に作成

G20諸国の状況を見ると中国は極めて低いことです。日本と比べると約17ポイント低く、米国と比べると約30ポイントも低い水準です。もうひとつの特徴は総固定資本形成（投資）の比率が高いという点です。図表-11（前ページ）に示したG20諸国の状況を見ると中国が突出して高いことが分かります。米国、ドイツ、日本のような先進国は概ね20%前後なので、中国は約20ポイントも高い状況です。それには、中国が未だ発展途上にあるからという理由もありますが、中国よりも後発の途上国であるインドやインドネシアと比べても10ポイント前後高いのです。

図表-12

需要構成の変化

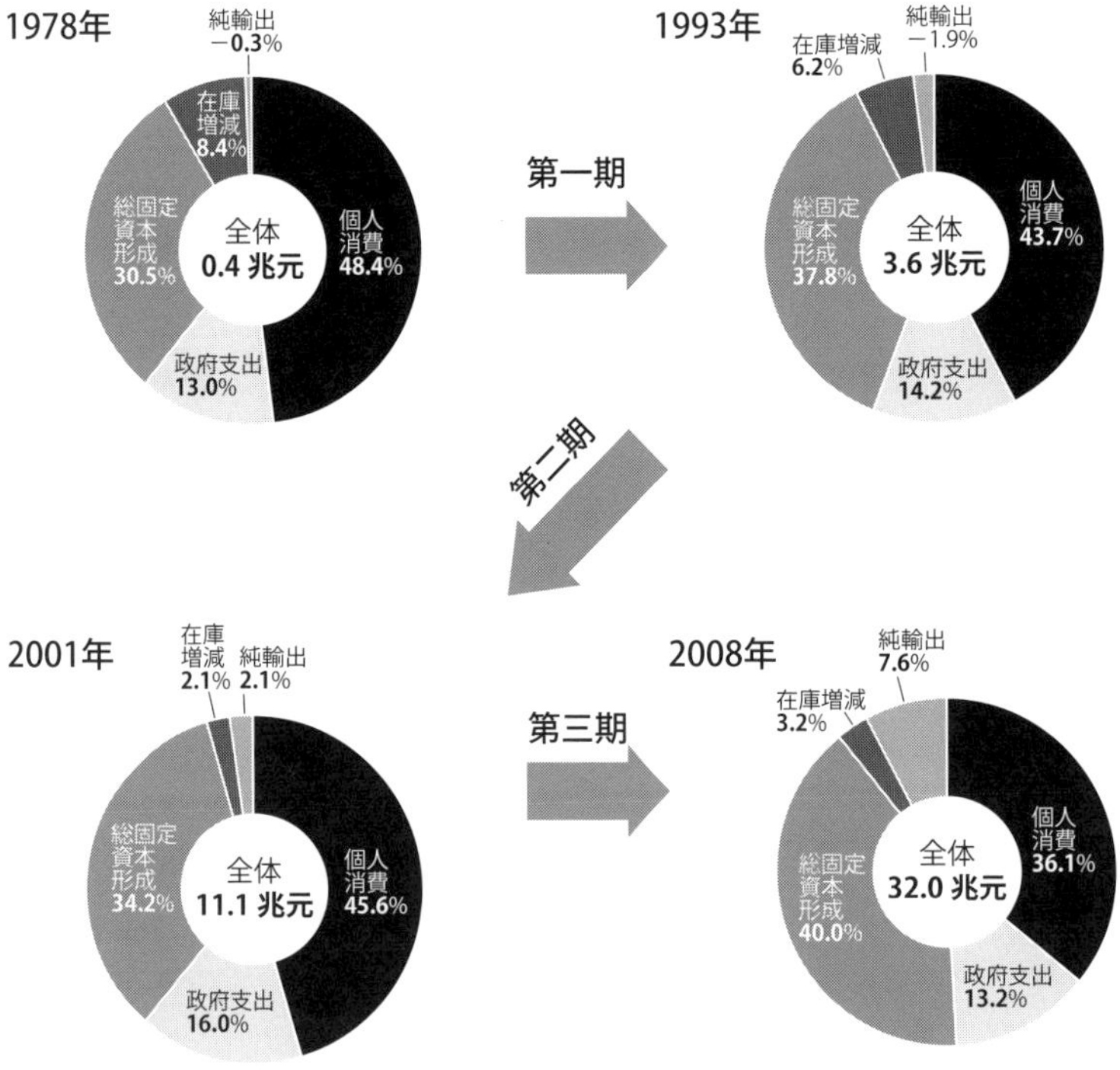

（出典）CEIC（出所は中国国家統計局）のデータを元に作成

需要構成の歴史的変遷

中国の需要構成が今日のような形となる経緯を図表-12で見てみましょう。1978年の改革開放後、1993年に社会主義市場経済へ舵を切るまでの第一期には、個人消費のシェアが低下し、総固定資本形成（投資）のシェアが上昇しました。それからWTO加盟までの第二期は、個人消費と投資のシェアに大きな変化はありませんでしたが、純輸出が第一期のマイナスからプラスに転じました。WTO加盟後の第三期には、外需依存色が強まって純輸出のシェアが大きく上昇し、それに伴う投資のシェアも上昇した一方、個人消費のシェアは低下しました。そして、世界金融危機後の第四期には、投資のシェアは高止まりしていますが、純輸出のシェアが低下に転じ、個人消費のシェアが上昇に転じたため、外需依存色は弱まり、徐々に内需主導の経済に変化しつつあります（前出の図表-9、16ページも参照）。

コラム

「改革開放」前の中国経済

第二次世界大戦終結後の1949年10月1日、当時の最高指導者だった毛沢東《マオツォトン》（もう　たくとう）は天安門の上に立って中華人民共和国の成立を宣言、「義勇軍行進曲（中国語では「義勇軍進行曲」）」を国歌、五星紅旗を国旗とする中国が誕生しました。しかし、建国時の中国は「社会主義国」とは言い難い国でした。労働者階級が指導するという前提には立っていたものの私営企業の存在が認められており、「寄生地主（自分は農作業をせず土地を貸して小作料で生活する人々）」から土地を没収する土地改革は行われたものの地主から没収した土地は耕作者に与えられることになり、「私営企業は認めない」「農地は全て公有」とする社会主義の原則とは全く異なるものでした。

当時こうした穏健路線が取られた背景には、中国社会がまだ不安定で急激な社会主義化は好ましくないとの考えがありました。毛沢東は当時、「ある人は資本主義を早く消滅させて社会主義を実行できると考えているが、それは誤りである」と述べています。

独自の社会主義確立を目指した大躍進政策とその失敗

1956年4月、毛沢東はソ連とは異なる中国独自の社会主義を築こうと「十大関係論」を発表、共産党への批判を歓迎する「百花斉放百家争鳴」という政治運動を展開して中国独自の社会主義の在り方に関する意見を広く国民に問いました。しかし、共産党への批判が過激になり「共産党が天下を仕切ることに反対する」などの意見が出始めると、毛沢東は「少数の右派分子が共産党と労働者、社会主義を転覆させようとしている」と批判、「反右派闘争」を展開することとなりました。そして、中国は共産党指導下で改革を急ぐべきだとする急進派と経済建設を優先し改革は穏健に進めるべきだとする穏健派が、権力闘争を繰り広げる時代に突入していきました。

1957年11月、ソ連共産党の第一書記だったフルシチョフは、ソ連は15年以内に工業・農業生産で米国を追い越すと宣言しました。これに触発された毛沢東は、中国は当時世界第2位の経済大国だった英国を15年で追い越すという計画を打ち立てました。そして、経済的に立ち後れた中国であっても労働力を大量に投入すれば生産力は急速に発展するとの考え方の下、「社会主義建設の総路線」が提起されたのです。そして、1958年2月には四害駆除運動を開始、同年10月には大製鉄・製鋼運動を開始して大躍進政策が本格化していきました。当時、共産党の一部には大躍進政策の見直しを迫る動きもありましたが、毛沢東はその主張者たちを粛清して邁進したのです。そして、反対する者がいなくなると、ノルマは一層無理なものとなり、ノルマを達成できなかった者は成果を水増しして報告、その報告を受けた毛沢東はさらなる増産を命令するといった悪循環に陥っていきました。しかし、餓死者が数千万人に達した事実は隠しようもなく、1962年1月に毛沢東は大躍進政策の責任に対する自己批判をせざるを得なくなり、この政策は終焉を迎えます。そして、この期間（1958～1961年）、中国の成長率は年平均0・8％と経済成長は停滞することとなりました。

4つの近代化とその挫折、文化大革命

その後、毛沢東に代わり国家主席に就任していた劉少奇が主導権を握り、鄧小平とともに市場主義を取り入れた経済運営を始めました。農業の集団化で生産が停滞していたため、農家に自由に耕作できる農地を与え、生産にインセンティブを付与する「包産到戸（農家生産請負制）」を導入、大躍進政策で疲弊した経済の回復に乗り出しました。共産党内部には毛沢東が注力した人民公社の理念と相容れないとする反対勢力もありましたが、鄧小平は「白猫黒猫論」として有名になる「黄色の猫でも黒い猫でも鼠を捕る猫が良い猫だ」と主張し、経済建設に邁進しました。また、周恩来も1964年12月、近代農業、近代工業、近代国防、近代科学技術を有する社会主義強国を建設するとの考えを示し「4つの近代化」を唱えています。この間（1962～1965年）の成長率は年平均10・0％と経済を大きく発展させることとなりました。

1966年8月、毛沢東が「司令部を砲撃せよ」と題した評論を人民日報に掲載して文化大革命が始まりました。「修正主義の司令部がブルジョア専制を行い、文化大革命運動を弾圧した」と劉少奇や鄧小平を強く批判したのです。文化大革命では、絶対平等主義（ネガティブウェルフェア）が唱えられ、経済建設は後回しとなり、10

年にわたり経済は停滞することとなりました。

そして、1976年9月に毛沢東が亡くなると、同年10月には四人組（中国では「四人帮《スーレンバン》」と呼ばれる）が逮捕され文化大革命は終焉を迎え、1978年に改革開放が始まったのです。なお、この文化大革命期（1966～76年）の経済成長率は年平均5・9％と低迷しました。

3 所得水準と所得格差

ポイント

❶世界第2位の経済大国でも、一人当たりGDPはまだ世界全体の中央値あたり
❷次の3つの所得格差が深刻化し、政策課題に
❸都市・農村間格差は、2000年代前半をピークに低下傾向。農業生産性の向上などが寄与
❹地域間格差は、中央政府の所得再分配などで、2000年前後をピークに低下傾向。今後、内陸部の自立的発展が課題で、一帯一路に期待
❺都市内部の格差は、最低賃金引き上げや新型都市化計画で、悪化は止まるも改善は遠い

世界第2位の経済大国となった中国ですが、まだ日本ほど豊かな国になったわけではなく「小康社会（少しゆとりのある社会）」の完成を目指しているのが現状です。また、経済の急速な発展の副作用で所得格差が拡大してしまったという問題も抱えています。

そこで本章では、所得水準や所得格差の現状を解説したいと思います。

一人当たりGDPの推移と国際比較

まず、中国の所得水準を見るために、一人当たりGDPを確認すると現在（2017年）は5万9660元です。10年前の2007年には2万505元でしたのでこの10年で約3倍に増えたことになります。国際比較するために2017年の平均為替レートでドルに換算すると8643ドルとなり米国の7分の1、日本円に換算すると約100万円で日本の4分の1に満たない水準で、G20諸国の中

で見ると下から4番目です（図表1-1）。
「改革開放」が始まった1978年、中国の一人当たりGDPは156ドルで世界137ヵ国・地域の中で134位と下から4番目の貧しさでした。

図表-1

世界の一人当たりGDP（2017年）

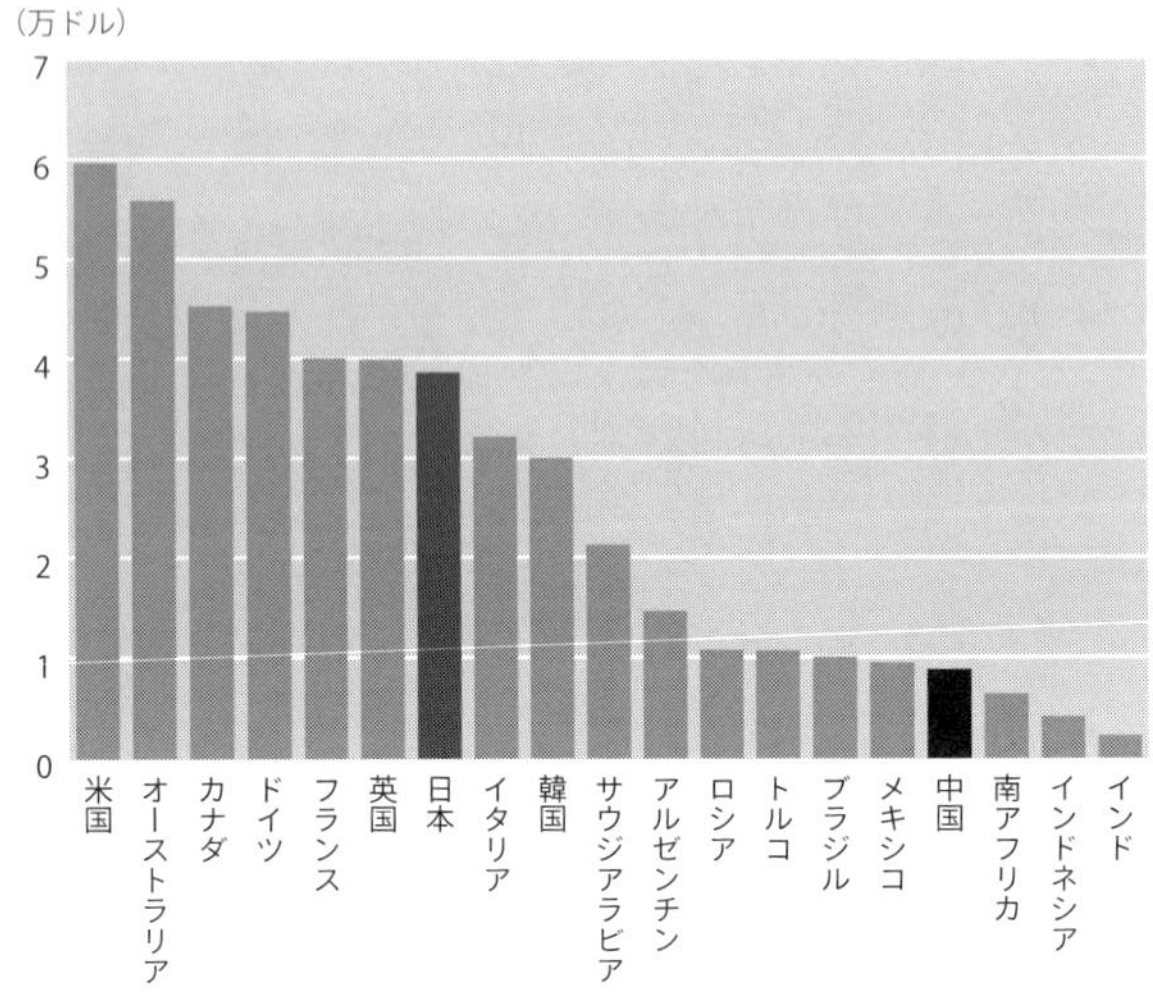

（出典）IMFのデータを元に作成

その後も長らく低迷していましたが、WTOに加盟した2001年以降は徐々に順位を上げ、2011年にはタイを追い抜き、現在はブラジルと順位を争うまでの豊かさとなりました（図表1-2）。このよう

図表-2

一人当たりGDPの世界順位比較・推移

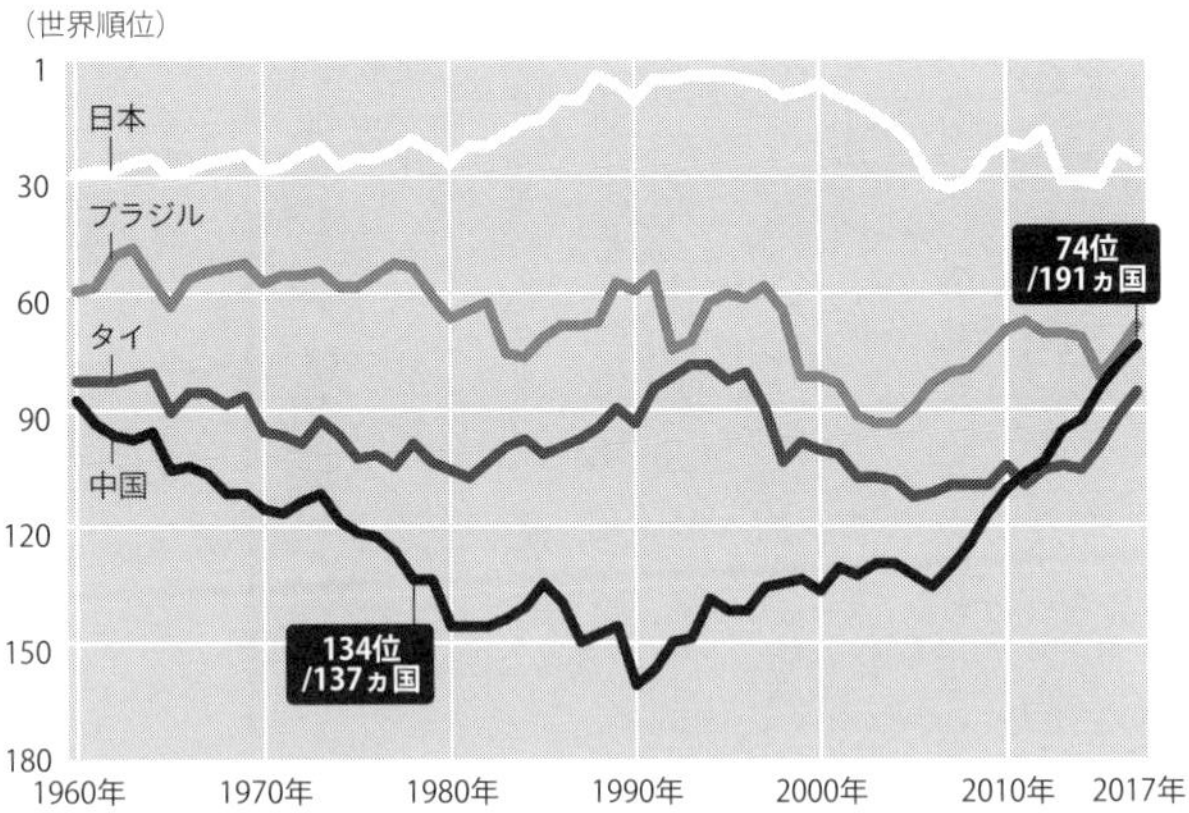

（出典）世界銀行のデータを元に作成

に中国の世界順位は年々上昇してきましたが、現在でも第74位と全191ヵ国・地域の中では中央値よりやや上という位置に過ぎません。

所得格差の現状

一方、経済の急激な発展の裏では、先に豊かになった人々とその流れに取り残された人々の間に、大きな所得格差が生じています。

都市と農村の所得格差

ひとつには都市と農村の間の所得格差が挙げられます。2017年の一人当たり可処分所得を見ると、都市部では3万6396元だったのに対して、農村部では1万3432元であり、所得格差は約2・7倍となります。

改革開放後の推移を見ると（図表1-3）、1980年代前半には低下し、いったんは2倍を下回りましたが、その後の経済を牽引したのが都市部だったこともあって2000年代には3倍を超えることとなりました。

図表-3

都市部と農村部の所得格差推移

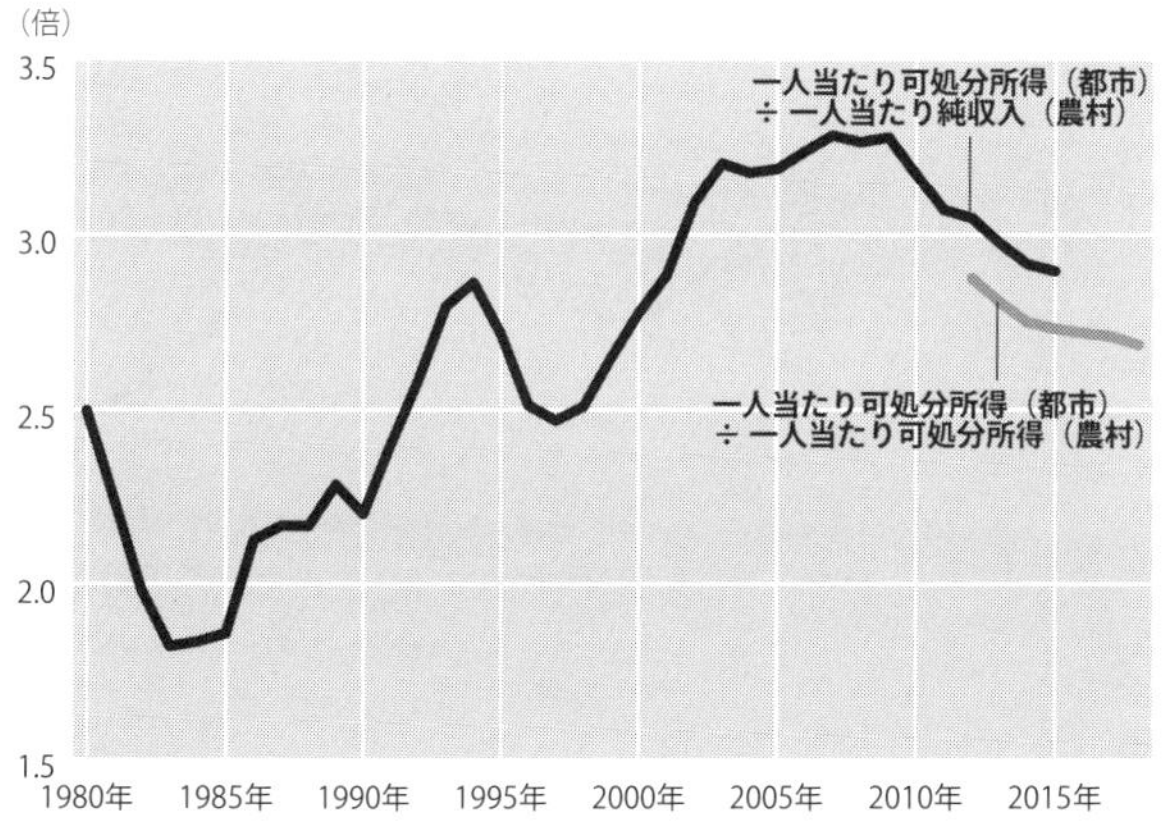

（出典）CEIC（出所は中国国家統計局）のデータを元に筆者作成

しかし、中国政府が所得格差を是正しようと農業の大規模化による農業生産性の向上や「インターネット＋農業」（詳しくはキーワード編８「インターネットプラス」１５３～１５４ページ参照）で農村部の経済を活性化し底上げを図ったことを背景に、都市部と農村部の所得格差は２００９年の３・３倍をピークとして小幅ながらも縮小してきました。

なお、ここで農村部の所得は２０１５年までは一人当たり純収入を用いた倍率を、２０１２年以降は一人当たり可処分所得を用いた倍率も表記しています。

地域間の所得格差

もうひとつの所得格差は沿海部と内陸部などに生じた地域間の所得格差です。一人当たり域内総生産（ＧＲＰ）を31省級行政区別に見ると、２０１７年に最も高かったのは北京市で12万８９９４元、最も低かったのは甘粛（かんしゅく）省で2万８４９７元であり、所得格差は４・５倍となります。

図表-4

地域間の所得格差推移

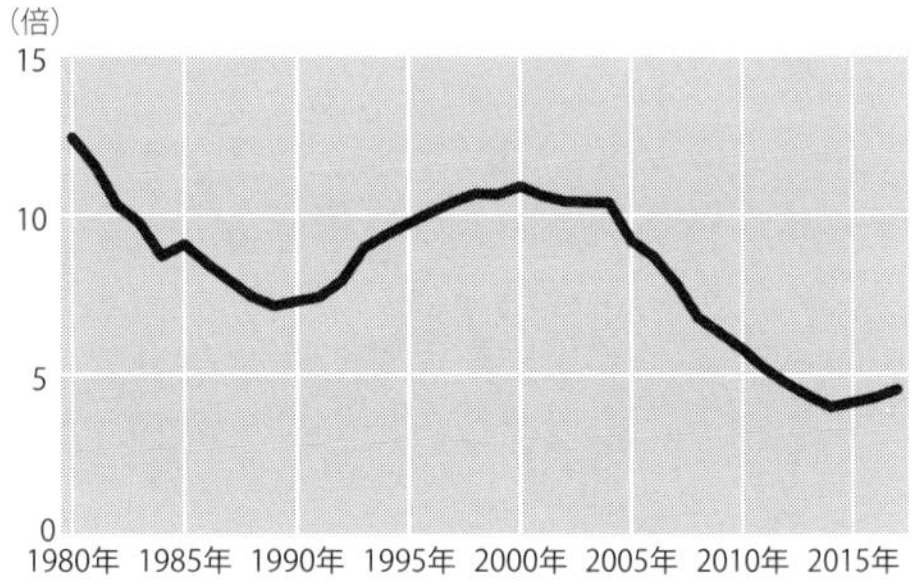

（出典）CEIC（出所は中国国家統計局）のデータを元に作成
（注）地域間の所得格差は、31省級行政区の最大値÷最小値

改革開放後の推移を見ると、１９８０年代前半や２０００年前後には10倍を超えていたので、地域間の所得格差に関しては改善傾向にあるといえるでしょう。しかし、それは中央政府が財政収入を貧しい地方政府へ重点的に配分したことが背景にあり、そうした地域間の所得再分配だけでは根本的な問題解決にはなりません。そこで、中国政府は「一帯一

路」構想で東南アジアや中央アジアと内陸部との経済交流を活性化させることで、経済を牽引する産業のなかった内陸部が自立的に発展する道を切り開こうとしています（図表-4）。

図表-5

行政区別の一人当たりGRP（2017年）

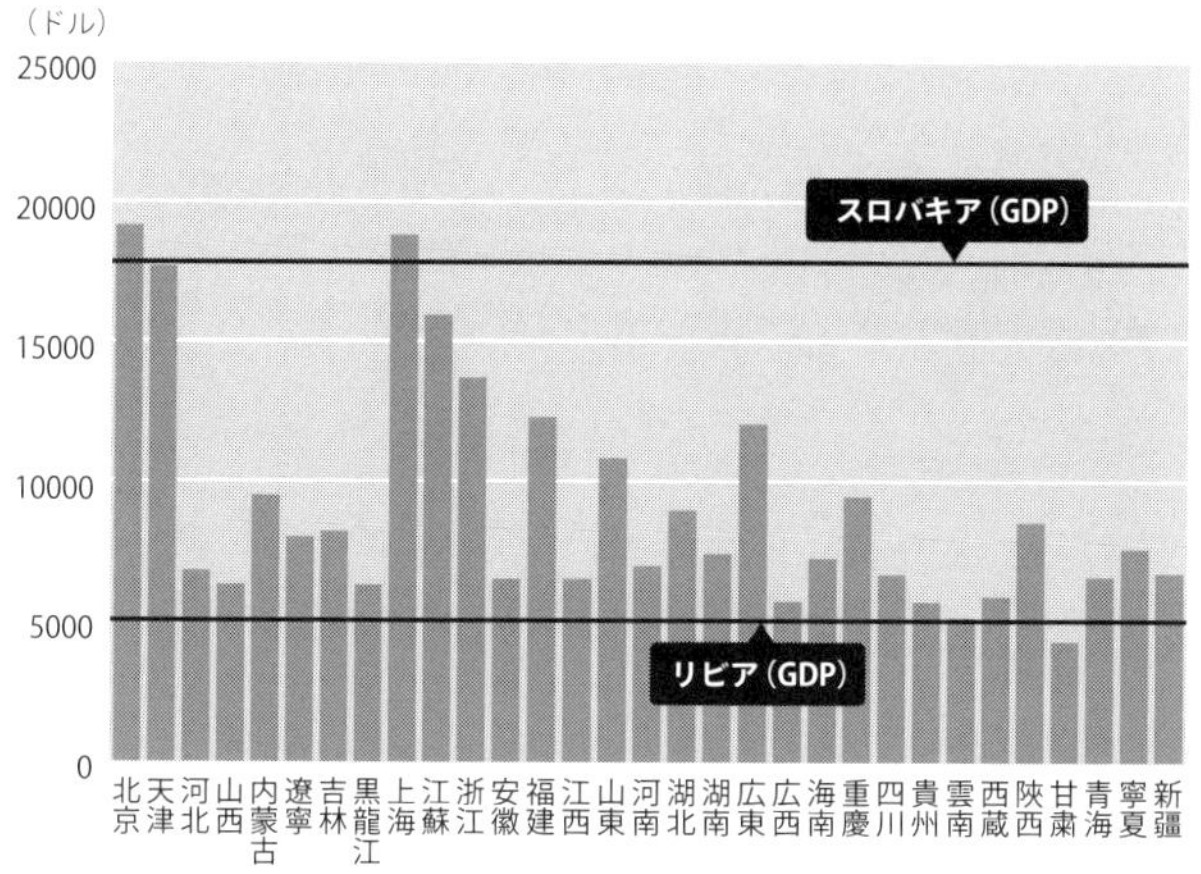

（出典）中国国家統計局・IMFのデータを元に作成
（注）ドル換算レートは1ドル=6.7518元

なお、各地域の所得水準を諸外国と比較して見ると、北京市、上海市は欧州のスロバキアの一人当たりGDP（１万７６６４ドル）を上回るなど経済的に豊かになった行政区がある一方、甘粛省、雲南省はリビアの一人当たりGDP（４８５９ドル）と同水準に留まっており、貧しい行政区もあるのが現状です（図表-5）。

都市内部の所得格差

さらに、都市の内部にも大きな所得格差があります。都市部の一人当たり可処分所得を所得階層に分けて見ると、２０１７年は高所得層（上位20%）が７万７０９７元だったのに対して、低所得層（下位20%）は１万３７２３元と、その所得格差は約５・６倍となっています。

改革開放後の推移を見ると、１９８０年代は２倍を下回る水準でしたが徐々に上昇し、２０００年前後に農村からの出稼ぎ労働者（農民工）が大量に沿海部に流入したことで一気に拡大しました。しかし、

２０１３年の５・８倍をピークに歯止めがかかりました。その背景には第12次５ヵ年計画（２０１１～15年）で最低賃金を大幅に引き上げたことや、新型都市化計画（２０１４～20年）で地方に中小都市を育成する方向性を打ち出したため、低所得層を形成していた農民工が地方の中小都市へ移動し始めたことなどがあります。ただし、その効果は今までのところ限定的で、その後も所得格差は５・５倍前後で高止まりしています（図表-６）。

図表-6

都市内部の所得格差推移

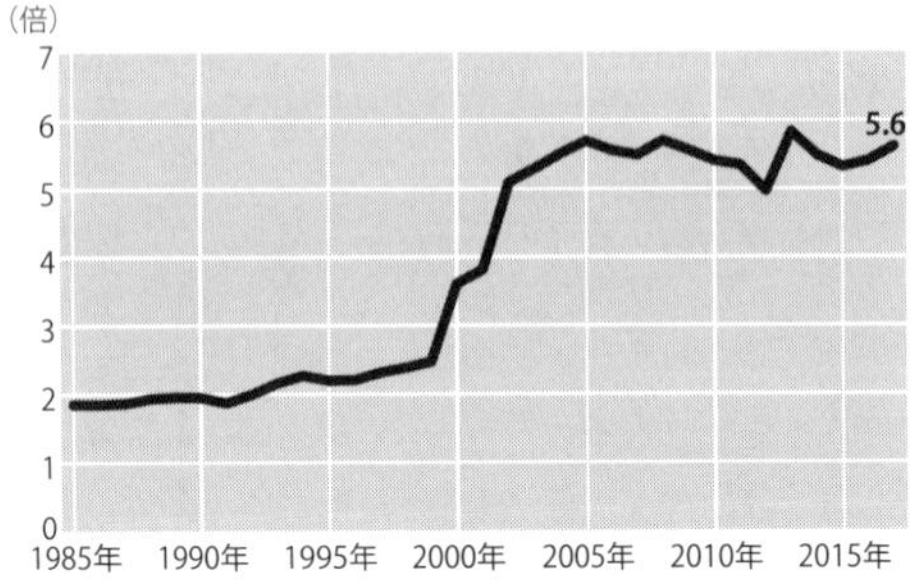

（出典）CEIC（出所は中国国家統計局）のデータを元に作成

（注）都市部の所得格差は、一人当たり可処分所得で上位20%家計÷下位20%家計で計算

図表-7

3つの所得格差の比較

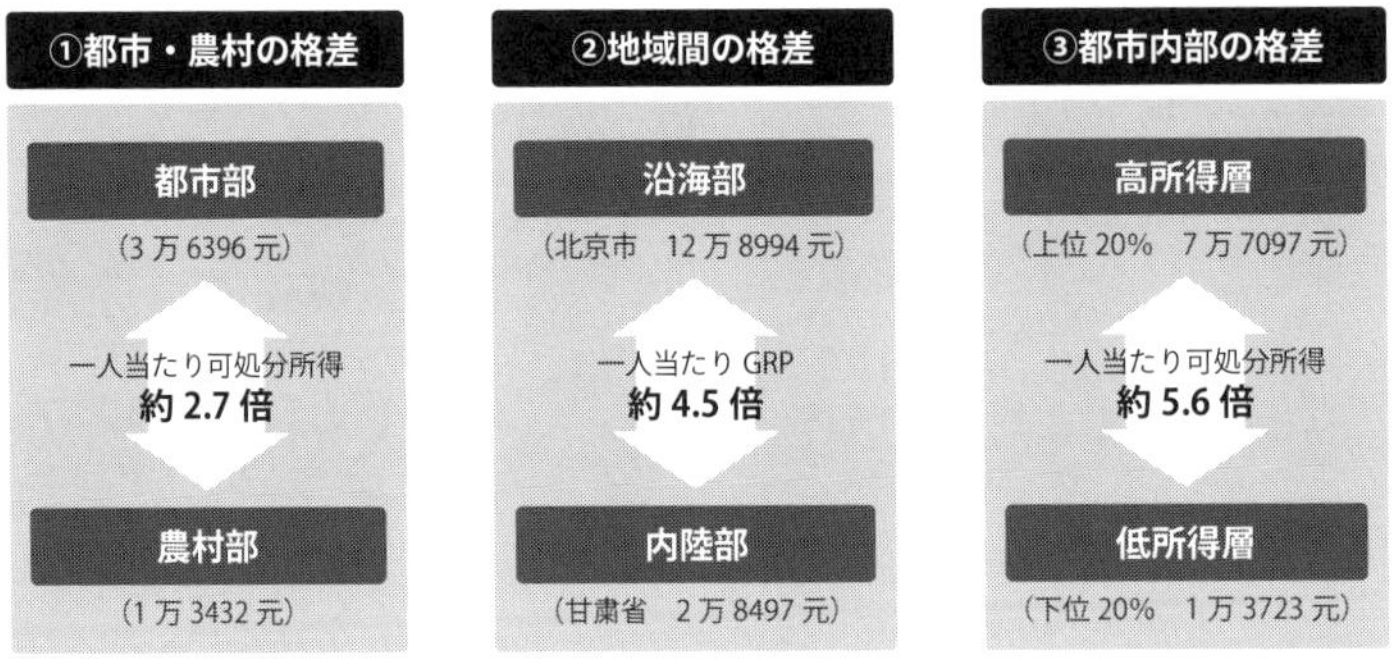

（出典）筆者作成

4 消費市場に関する基礎知識

ポイント

❶中国経済は消費主導に切り替わりつつあり、個人消費の規模は日本円換算で約500兆円
❷品目面では、生活が豊かになったことを背景に、生活必需品からサービス消費へシフトしつつある
❸店舗からネットへ、流通チャネルの変化が起きており、ネット販売比率は約2割
❹消費動向のタイムリーな把握には、小売売上高、消費者信頼感指数、雇用関連指標に注目

中国経済は、輸出が主導する経済から個人消費が主導する経済へと切り替わりつつあります。そして、全世界で事業展開する消費サービス関連企業にとって、グローバル市場でシェアを拡大するには、中国市場がカギを握る状況となっています。そこで本章では、個人消費に関する基本的な情報を確認した後、今後の動向を探る上で参考になるマクロ統計を紹介します。

個人消費の規模

中国国家統計局が公表したGDP統計によると、2017年の個人消費は31兆7964億元、日本円に換算すれば約500兆円に達しました。2007年には10兆元に届かない規模だったので、この10年で3倍に増えたことになります（図表Ⅰ-1、次ページ）。また、国連の統計で世界の個人消費シェアを見ると、

図表-1

個人消費の推移

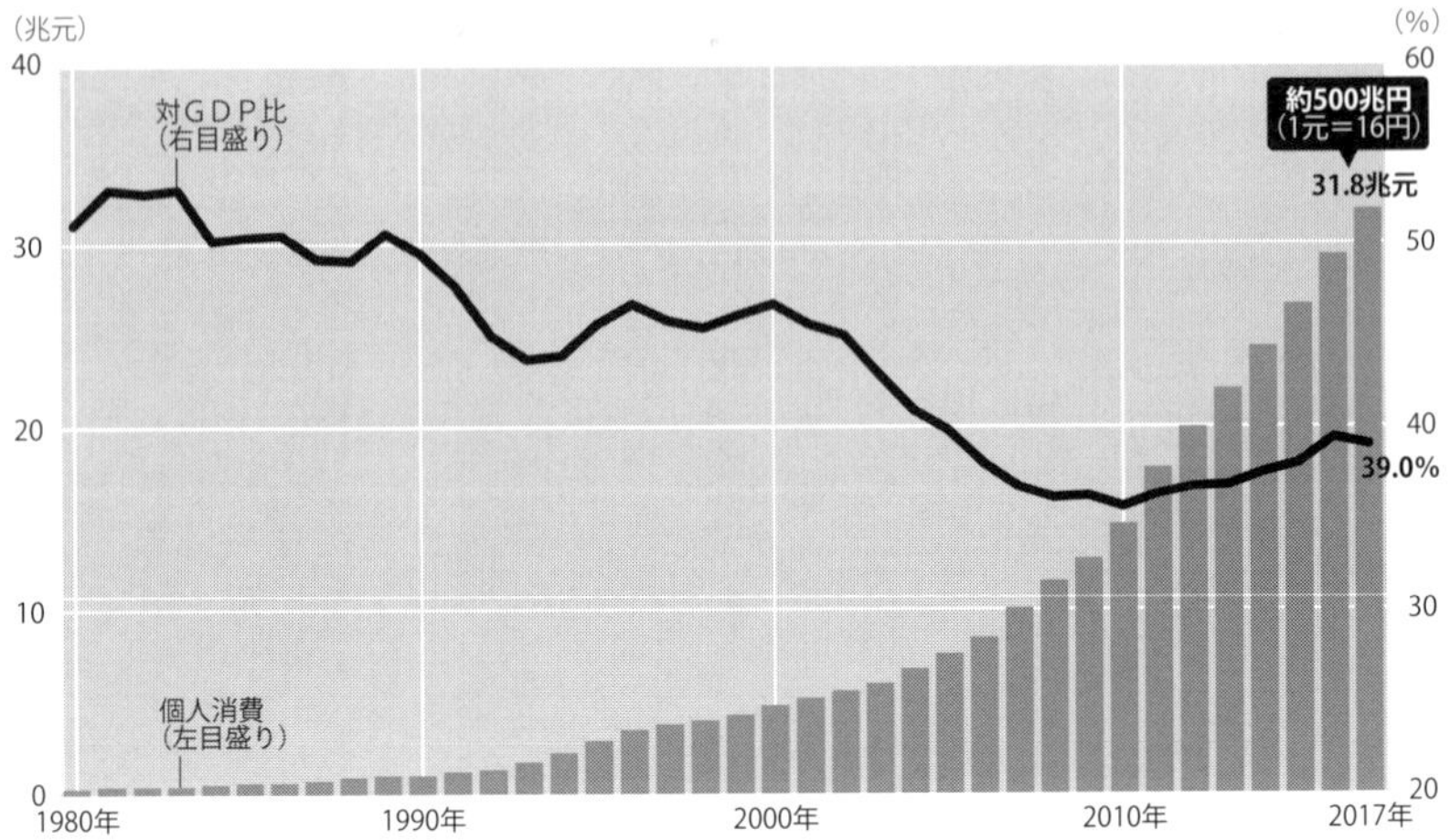

(出典) CEIC (出所は中国国家統計局) のデータを元に作成

図表-2

世界の個人消費シェアの変化

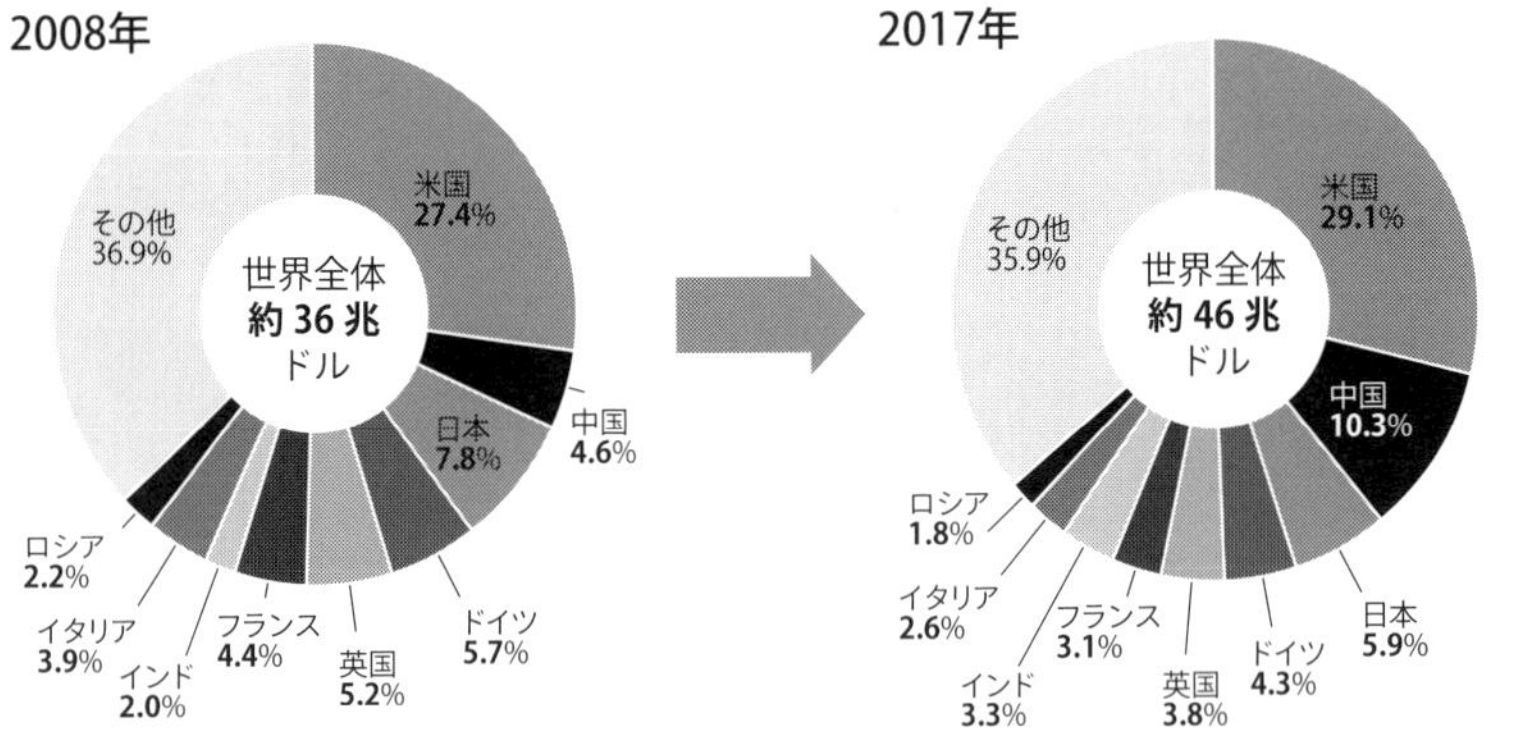

(出典) 国連のデータを元に作成

現在（2017年）は10・3％です。10年前には4・6％しかありませんでしたから、中国の存在感が飛躍的に高まったことが分かります（図表-2）。

個人消費の品目

それでは中国の家計は、何にどれくらいのおカネを使っているのでしょうか。中国国家統計局が公表している「一人当たり消費支出」で確認してみると、食品・煙草・酒が28・4％、衣料品が6・5％、住居費が23・4％と衣食住に関わる消費が約6割を占めており、交通・通信が13・5％、教育・文化・娯楽が11・2％、医療・保健が8・5％、生活用品・サービスが6・2％となっています（図表-3）。

また、最近の傾向としては（図表-4）、食品・煙草・酒や衣料品などの生活必需品の増加率が低い一方、その他の品目が高くなる傾向が続いています。

図表-3

一人当たり消費支出の構成比（2018年）

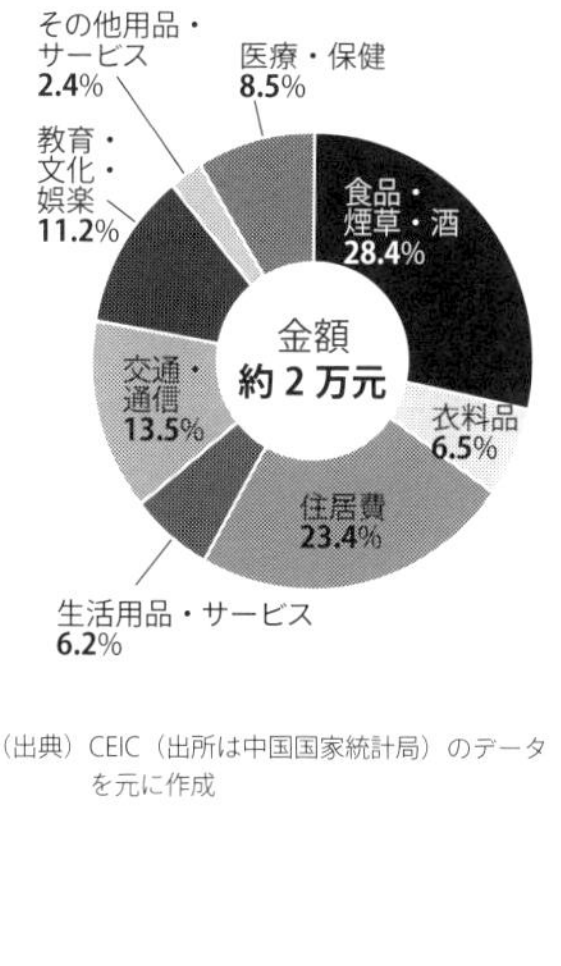

（出典）CEIC（出所は中国国家統計局）のデータを元に作成

図表-4

一人当たり消費支出の変化（2013～18年）

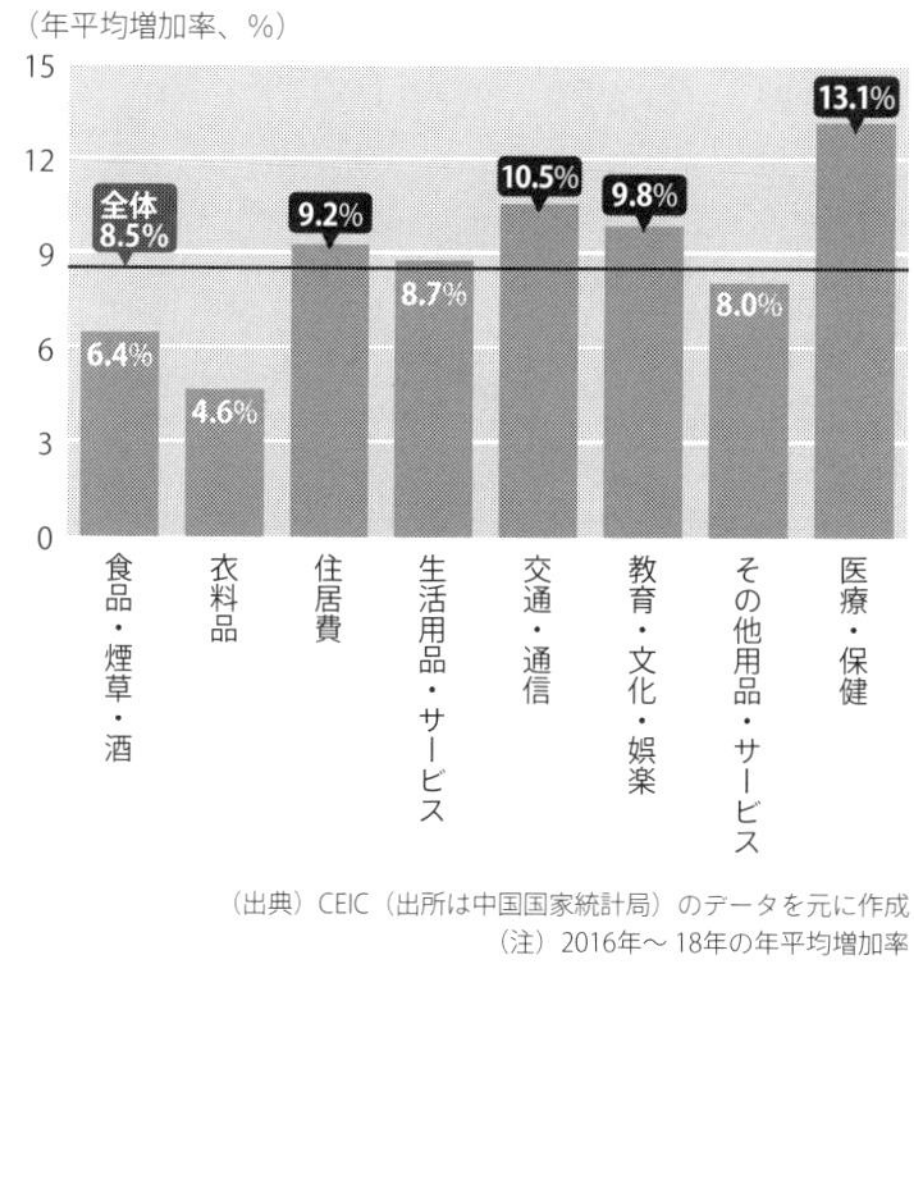

（出典）CEIC（出所は中国国家統計局）のデータを元に作成
（注）2016年～18年の年平均増加率

過去5年（2013〜18年）の一人当たり消費支出を見ると、年平均増加率で8・5%増となりましたが、食品・煙草・酒と衣料品はそれを下回る増加率に留まりました。一方、医療・保健、交通・通信は大きく上回る増加率を示しており、消費の中心が衣食など生活必需品から生活を豊かにするサービスへの支出が特に高まっている様子がうかがえます。なお、住居費は生活に欠かせない消費ですが高い伸びを示しています。その背景には住宅価格の高騰があり、家計に重い負担となっていることが見て取れます。

販売チャネルの変化

また、中国の消費市場では、商品やサービスを販売するスタイルが店頭販売からネット販売へと急激にシフトしています。商品とサービスを合計した電子商取引（EC）規模を小売売上高と対比してみると、EC取引の比率は10年前（2008年）には僅か1%に過ぎませんでしたが、現在（2018年）は20%を大きく超えています（図表-5）。これは、ネット販売がごく一部の人だけが利用する購入手段から、一般大衆が利用する購入手段へと大きく変化したこ

図表-5

電子商取引（EC）の推移

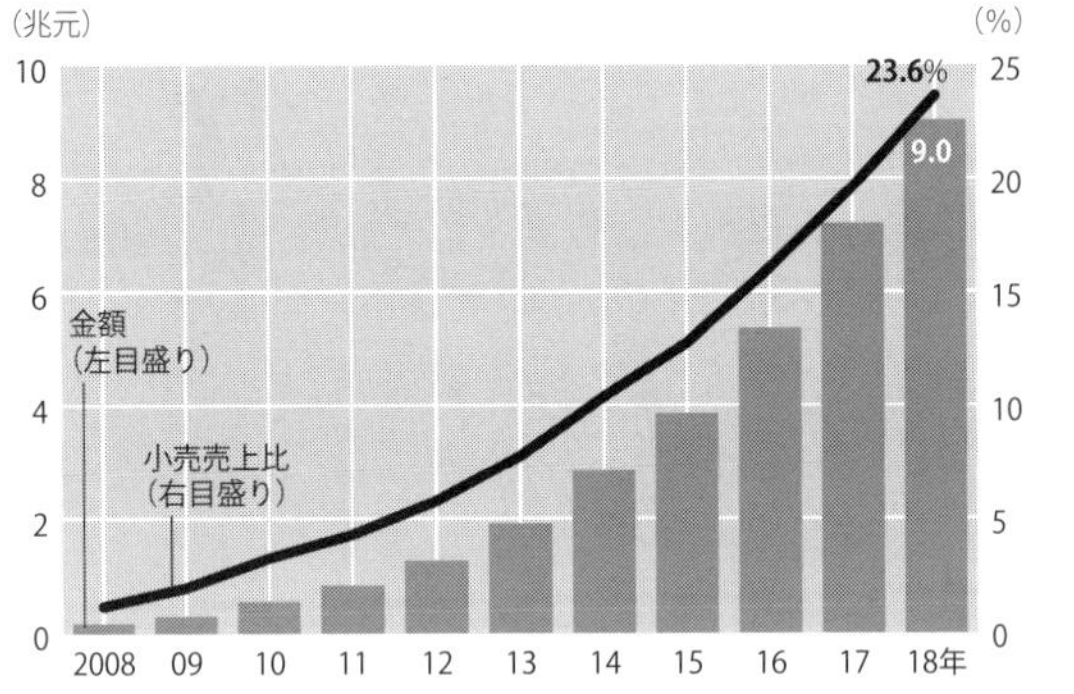

（出典）CEIC（出所は中国国家統計局）、中国電子商取引研究センターのデータを元に作成

とを示しています。こうした変化が起きたひとつの要因としてはインターネットの普及が挙げられます。現在、ネット人口は8・3億人に達しており、特に携帯ユーザー数は10年前に1・2億人だったものが2018年には8億人を超えました。もうひとつの要因としてはIT企業の台頭が挙げられます。BAT（百度《バイドゥ》、阿里巴巴《アーリーバーバー》、騰訊《テンセント》）と呼ばれる大手3社は、それぞれの特長を生かした斬新なアイデアで鎬《しのぎ》を削りネット販売を促すエンジン役となっています。特に2009年に阿里巴巴が始めた「独身の日（中国語では「光棍節《クアンクェンチエ》」、毎年11月11日に開催されるため「W11」とも表記される）」の販売キャンペーンは大成功を収め、日本企業を含む世界のグローバル企業が、この日をターゲットにマーケティング戦略を練るほどに注目されるようになりました。最近では、日本でも「独身の日」のイベントを開催する企業が現れたようです。

　また、ネット販売の大きな発展は、これまで取り残されがちだった農村部の消費にも好影響を与えています。現在のインターネット普及率は、都市部で74・6％、農村部で38・4％となっており、農村部は遅れているのが現状です（図表-6）。しかし、農村部にもネット販売の波が押し寄せています。特に、

図表-6

ネットユーザーの数・普及率の推移

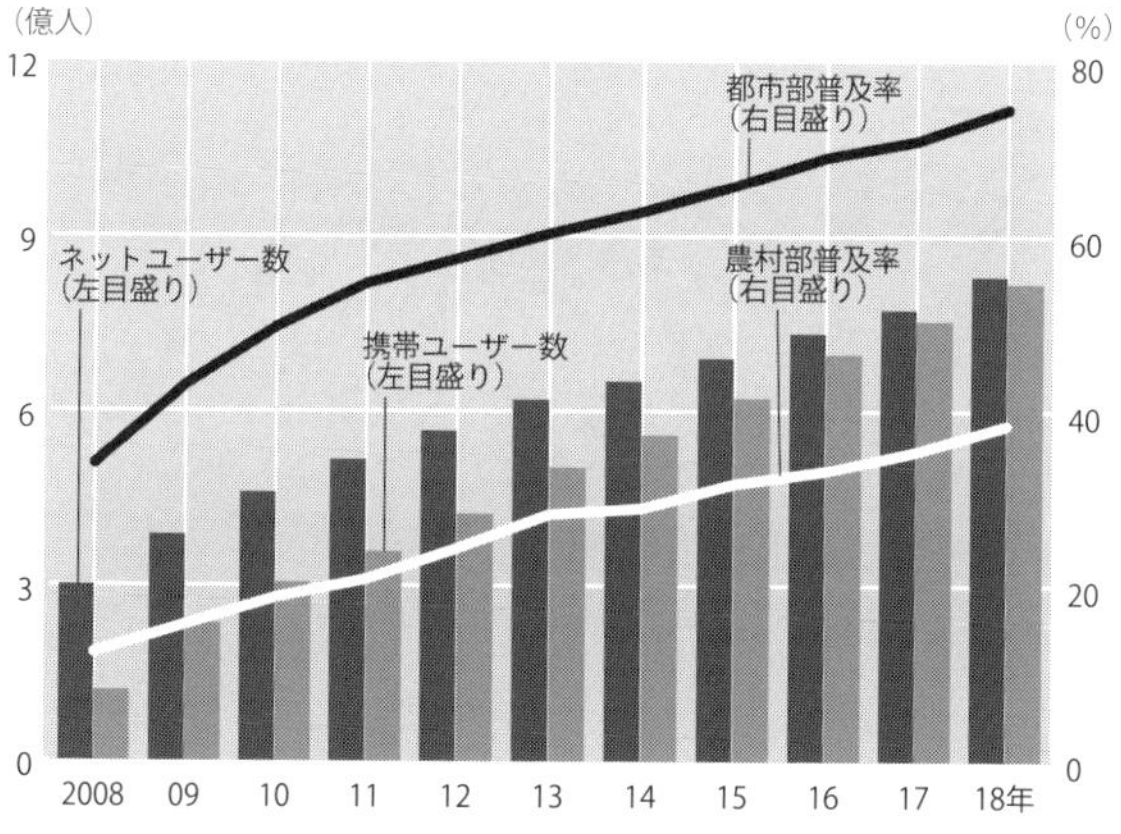

（出典）CEIC（出所は中国インターネット情報センター（CNNIC））のデータを元に作成

都市部に比べて販売店舗が少ない農村部では、ネット販売が向いている面もあるようで、農村部でのネット販売に必要な物流網の整備も着々と進んでいます。なお、消費市場を見る上では、人口構成もヒントを与えてくれます。この点に関しては、キーワード編1の「人口問題」（94ページ）をご覧ください。

消費動向をタイムリーに把握するには？

最後に、個人消費の動向をタイムリーに把握する上で有用な統計を紹介します。

小売売上高

個人消費の代表的な指標となるのは「小売売上高」で、中国国家統計局が毎月中旬に前月分を公表しています。基本的に名目ベースの統計ですが、価格変動要素を排除した実質ベースも公表されます（図表-7）。ただし、実質ベースに関しては公表が遅れたり、公表されなかったりするため安定性に欠けます。しかし、おおまかに動向を捉える上では役に立つ統計と言えます。また、小売売上高に関しては

図表-7

小売売上高の推移

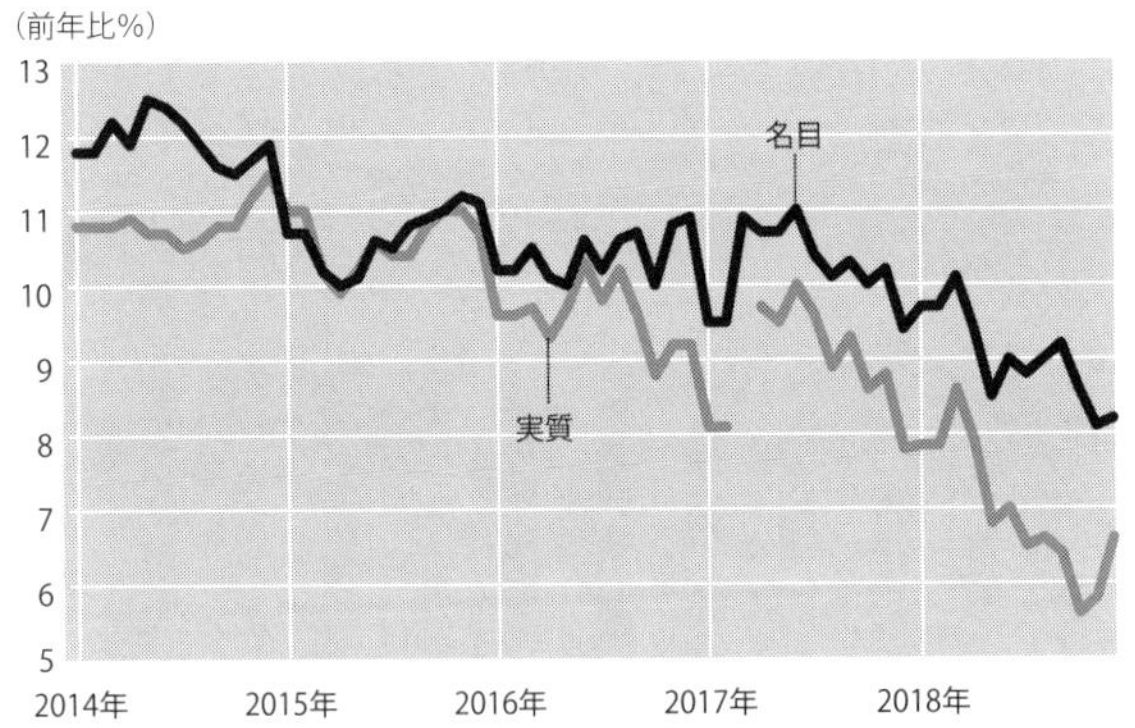

（出典）CEIC（出所は中国国家統計局）のデータを元に作成
（注）例年1・2月は春節でぶれるため、1・2月は共に2月時点累計（前年比）を表示、17年3月は不明

図表-8

小売売上高（限額以上企業、2018年）の増加率

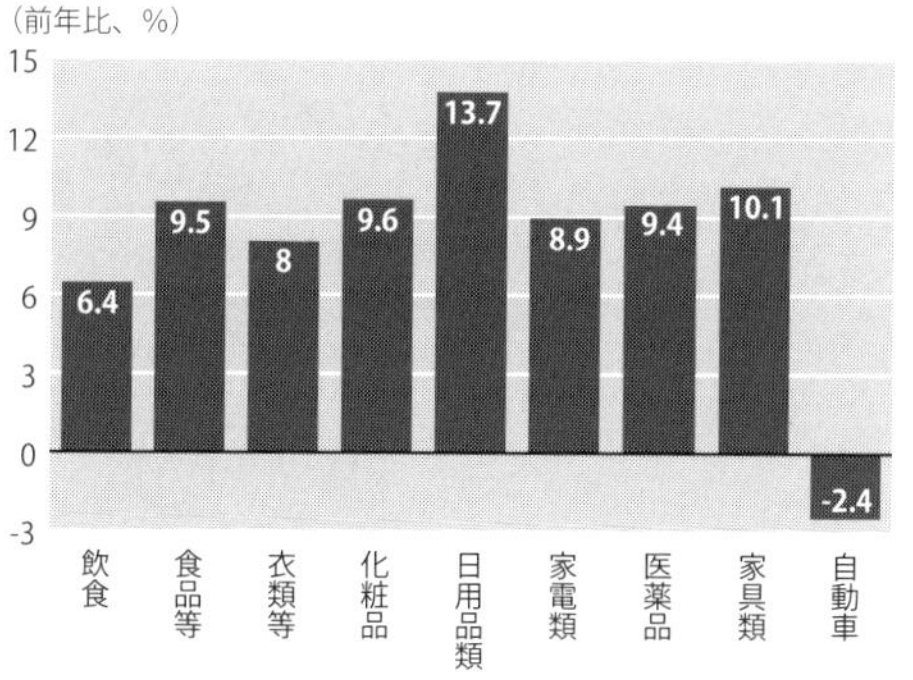

（出典）CEIC（出所は中国国家統計局）のデータを元に作成

図表-9

小売売上高の構成比（限額以上企業、2018年）

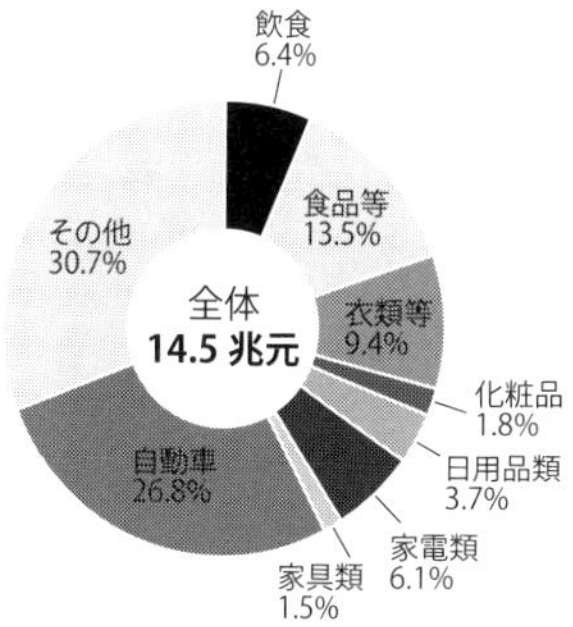

（出典）CEIC（出所は中国国家統計局）のデータを元に作成

図表-10

消費者信頼感指数の推移

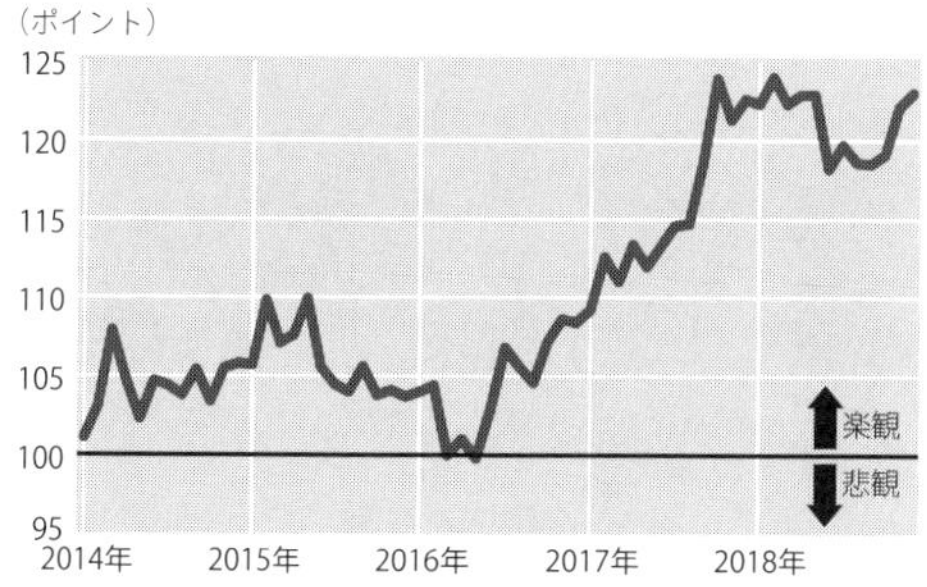

（出典）CEIC（出所は中国国家統計局）のデータを元に作成
（出典）消費者信頼感指数は、100が楽観と悲観の境界線で、0は最悲観、200は最楽観

内訳を見ることもできます。全体の約4割にあたる「限額以上企業」と呼ばれる一定規模以上の企業に関する統計で、具体的には本業の年間売上高が2000万元以上の卸売業、500万元以上の小売業、200万元以上の飲食業に限られた統計です（図表-8）。

なお、前述（31ページ）の「一人当たり消費支出」が家計サイドから見た統計であるのに対して、この指標は販売サイドから見た統計であるため、内訳で自動車のシェアが26・8％と極めて大きいなど家計調査とは異なる点には注意が必要です（図表-9）。

図表-11

雇用関連指標の推移

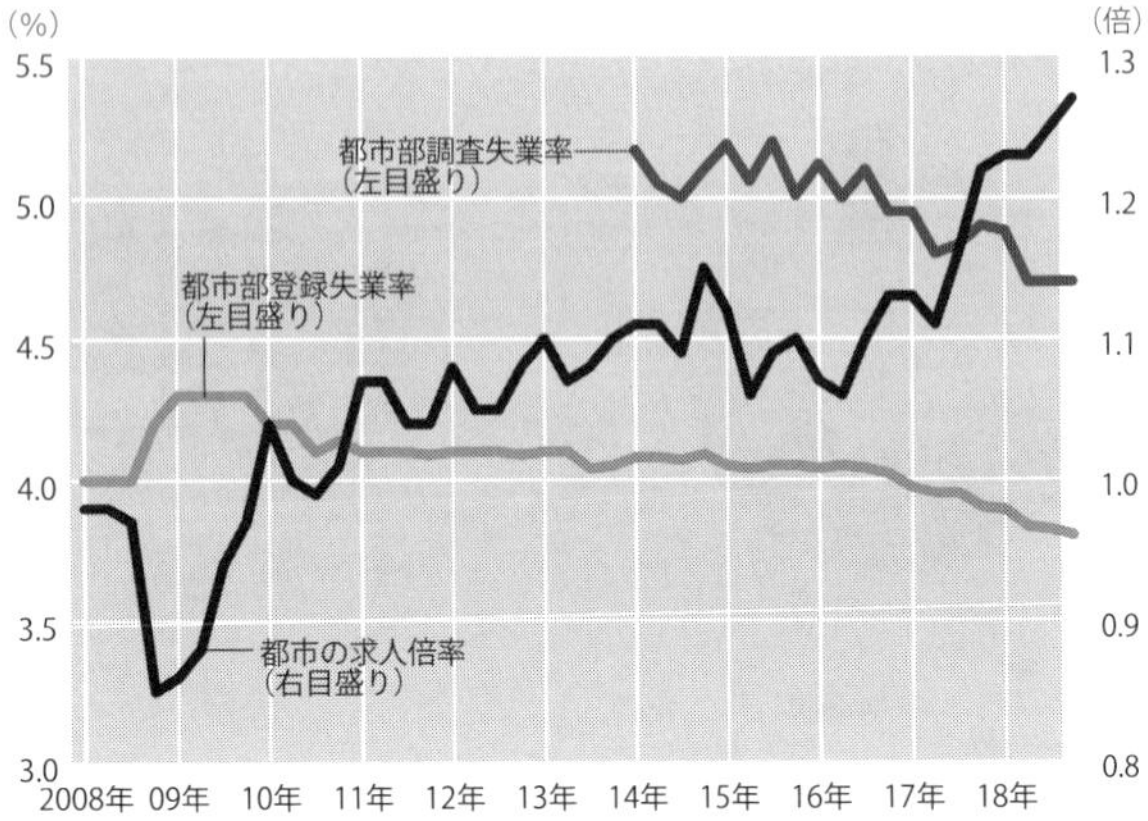

(出典) CEIC (出所は中国国家統計局、中国人的資源・社会保障部) のデータを元に作成
(注) 求人倍率は求人数÷求職数

消費者信頼感指数

個人消費の動向を探る上では消費者のセンチメント(心理)を把握しておくことも重要です。その代表指標としては、「消費者信頼感指数」が挙げられます(図表-10、前ページ)。この指数は0が最悲観、200が最楽観で、100が楽観と悲観の境界線となっています。中国国家統計局が毎月下旬に前月分を公表します。

雇用関連指標

個人消費の動向を探る上では雇用関連統計にも注意を払う必要があります。雇用に関しては、都市部登録失業率に加えて、最近では農村からの出稼ぎ労働者を含めた都市部調査失業率も中国国家統計局が公表しています。また、中国人的資源・社会保障部が公表する求人倍率も参考になるでしょう(図表-11)。

5 投資に関する基礎知識

ポイント

❶投資の規模は日本円換算で約580兆円で、シェアは米国を上回り世界一
❷業種別では、製造業が約3割、不動産業が約2割、インフラ関係が約2割
❸地域別では、東部地区が約4割を占め投資の中心地だが、その比率は低下傾向
❹資金源別では、自己資金による投資が約65%を占め、外資の比率は低下傾向
❺投資動向のタイムリーな把握には、固定資産投資や企業家信頼感指数に注目

過剰設備・過剰債務問題という過去の負の遺産を抱えている中国経済は、過剰生産設備の淘汰と過剰債務の解消（デレバレッジ）に追われています。一方、「中国製造2025」や「インターネットプラス」といった新成長戦略を軌道に乗せるには新しい投資も必要となります。また、消費主導へ転換する上でも新たな投資が盛んになる必要があります。

そこで本章では、投資に関する基本的な情報を確認した後、今後の動向を探る上で参考になるマクロ統計を紹介します。

投資の規模と世界シェア

中国国家統計局が公表したGDP統計によると、2017年の総固定資本形成（投資）は34兆9369億元、日本円に換算すれば約560兆円に達しました。投資の対GDP比を見ると1980年

図表-1

投資（総固定資本形成）の推移

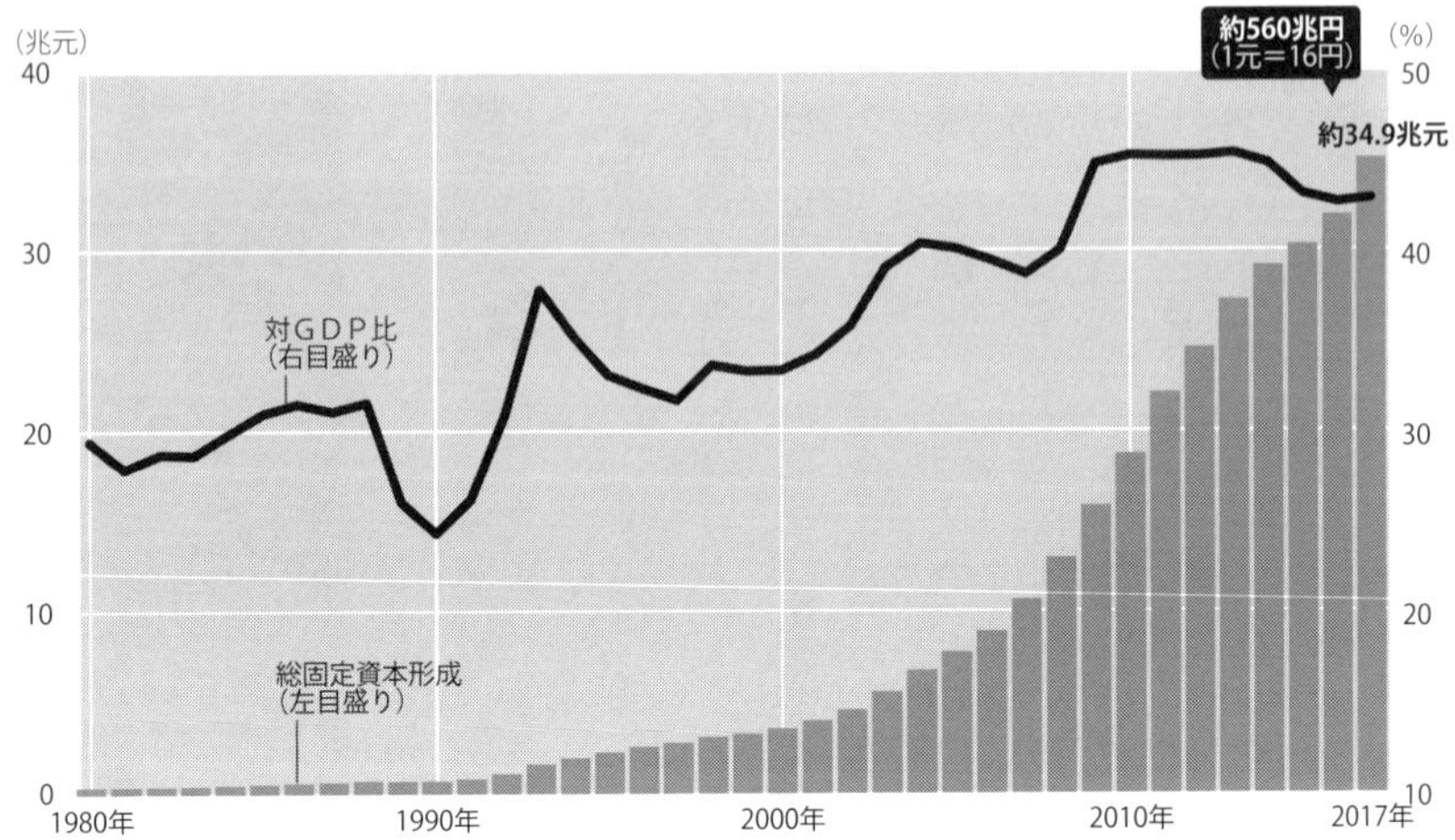

（出典）CEIC（出所は中国国家統計局）のデータを元に作成

図表-2

世界の投資シェアの変化

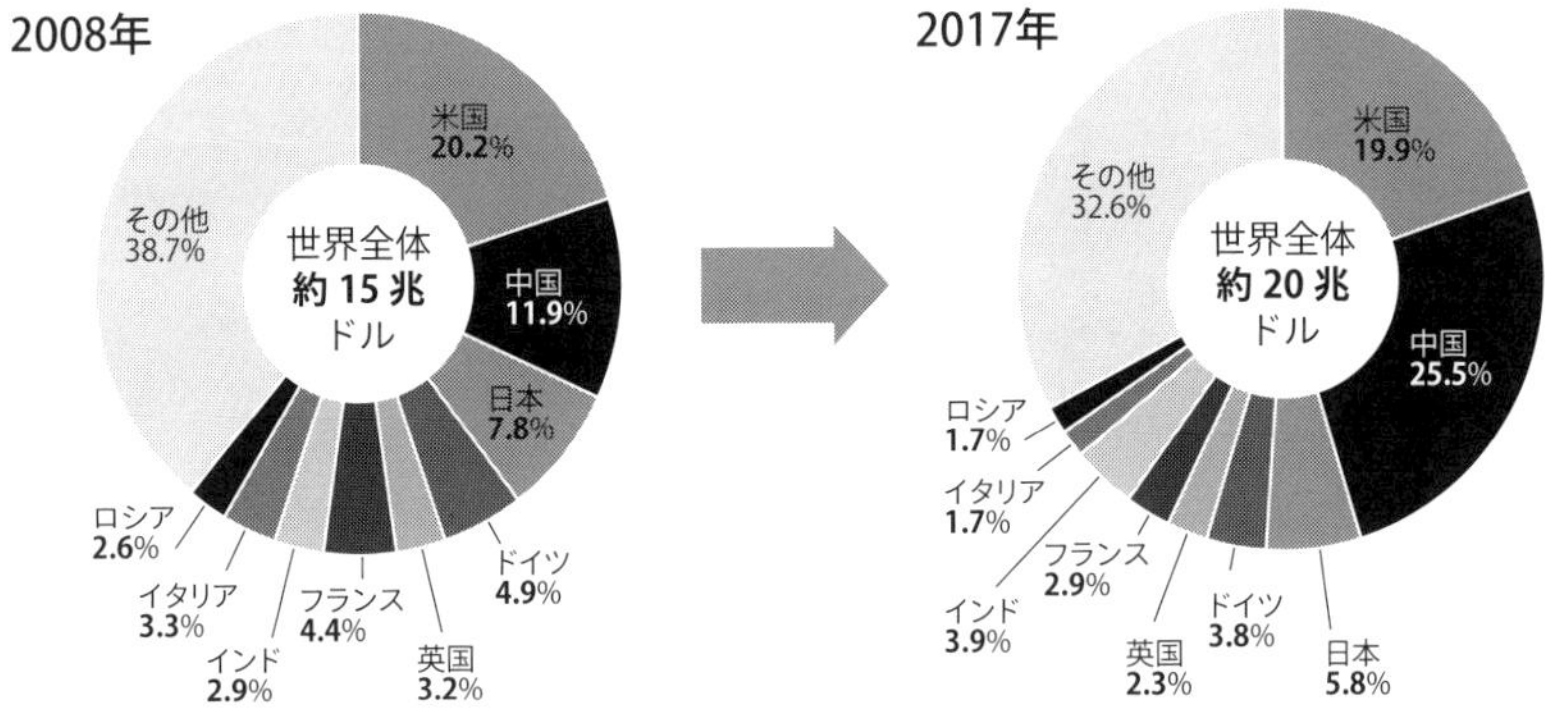

（出典）国連のデータを元に作成

代の30％前後から40％台に上昇し、1978年に「改革開放」が始まって以降の中国経済が、投資を牽引役として発展してきたことを示しています（図表-1）。

　また、国連の統計で世界の投資シェアを見ると、現在（2017年）の中国のシェアは25・5％と米国の19・9％を大幅に上回っています（図表-2）。世界金融危機の起きた2008年以降、米国や日本がシェアを落とした一方、米国の半分強に過ぎなかった中国がシェアを2倍超に上げ、この10年間に世界の投資の中心が中国へとシフトしたことを示しています。

さまざまな切り口で見る投資

業種別

　固定資産投資に関する統計は業種別に内訳が公表されています。2017年の構成比を見ると（図表-3）、製造業が約3割、不動産業が約2割、そしてさまざまな業種に分かれるインフラ関係の投資が、合わせて約2割となっています。そして、投資の3本柱といわれています。

図表-3

業種別の投資シェア（2017年）

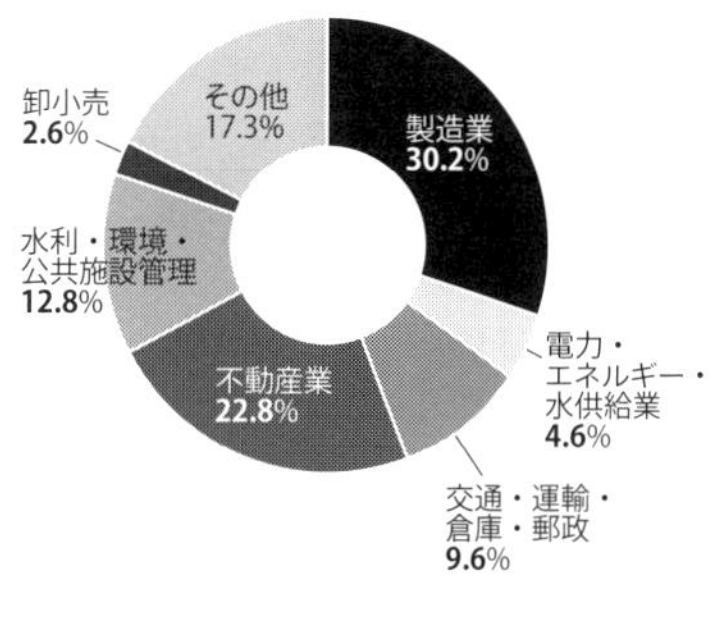

（出典）CEIC（出所は中国国家統計局）のデータを元に作成

地域別

　また、地域別の内訳も公表されています。2017年の構成比を見ると（図表-4右、次ページ）、東部地区が42・1％、中部地区が25・9％、西部地区が26・4％、東北地区が4・9％と、東部地区が突出して多いのが現状です。ただし、中国がWTOに加盟した2001年（図表-4左）には、東部地区が51・2％を占めていたのと比べるとシェアは低下しており、投資の中心は内陸部（中部・西部・東北）へ徐々にシフトしつつあるといえます。

国有企業と民間企業の区分

中国の企業は、国有企業（含む国有持ち株企業）と民間企業に大きく分類できます。固定資産投資の構成比を見ると（2017年）、国有企業は36・9％、民間企業は60・4％で、民間企業の方が多いのが現状です。統計を過去に遡ると2004年には国有企業比率が6割弱もありましたが、国有企業改革の進展に伴ってそのシェアは低下し、2014年には32・2％となりました。しかし、ここ数年は「国進民退」と言われるように国有企業の復活が目立つようになってきており、国有企業のシェアも反転上昇してきています（図表-5）。

図表-4

地域別投資シェアの変化

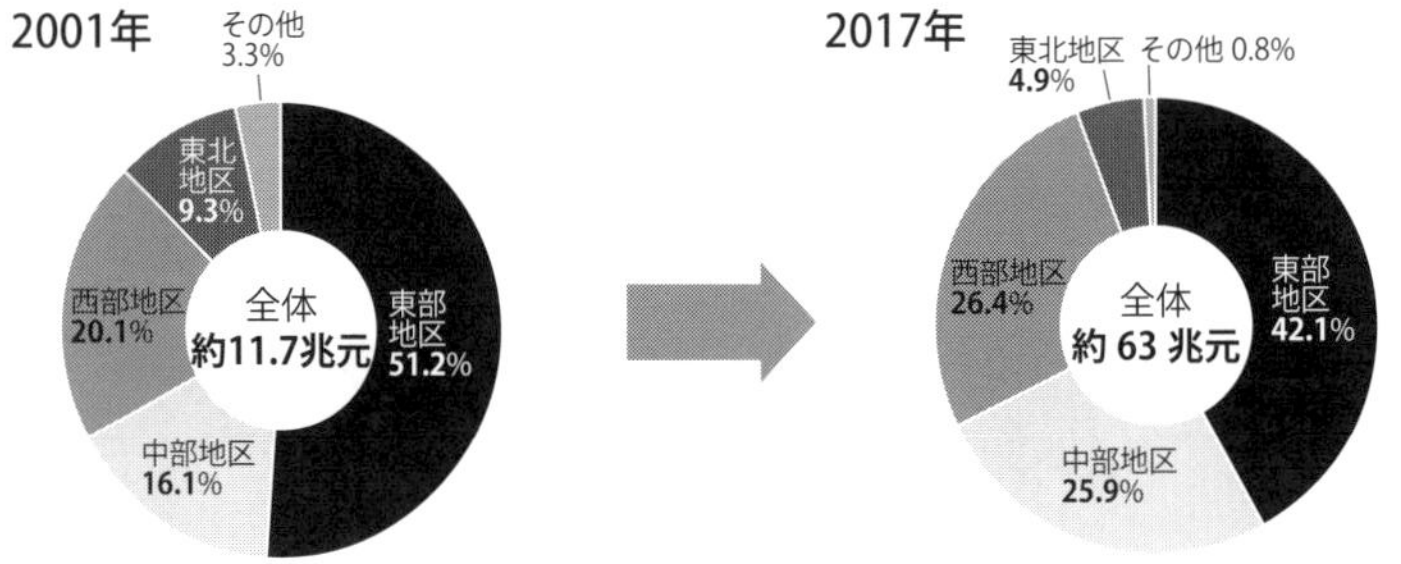

（出典）CEIC（出所は中国国家統計局）のデータを元に作成

資金源別

また、資金源別の内訳について、2017年の構成比を見ると、自己資金が65・3%、国内融資が11・3%、国家予算内資金が6・1%、外資利用は0・3%となっています（図表-6右）。統計をでき

図表-5

投資に占める国有・国有持ち株企業の比率の推移

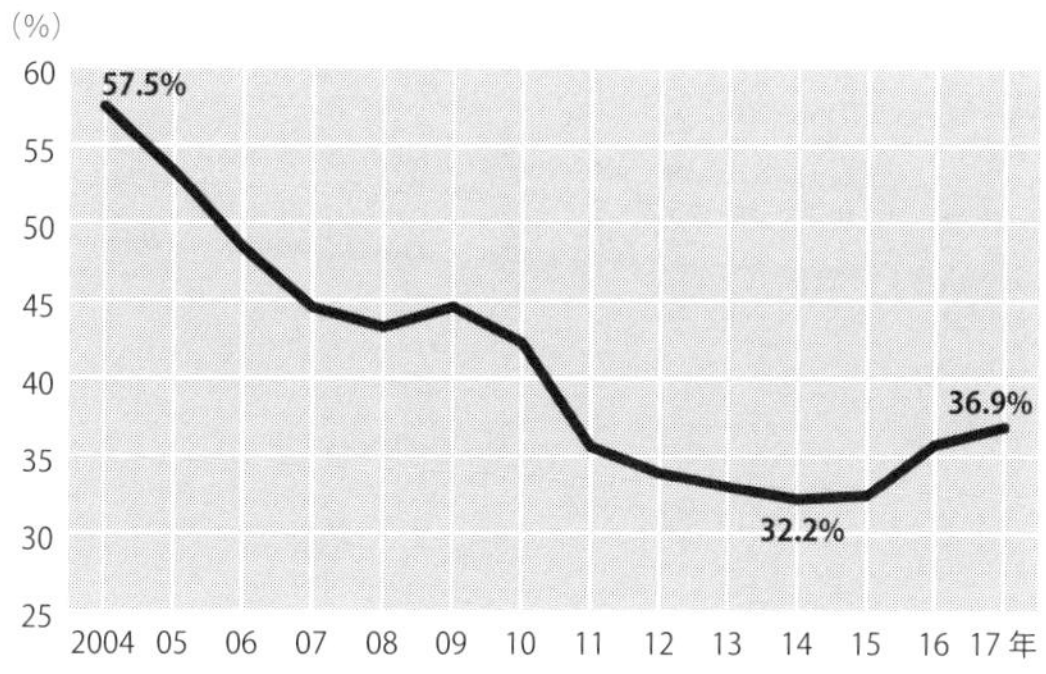

（出典）CEIC（出所は中国国家統計局）のデータを元に作成

図表-6

資金源別投資シェアの変化

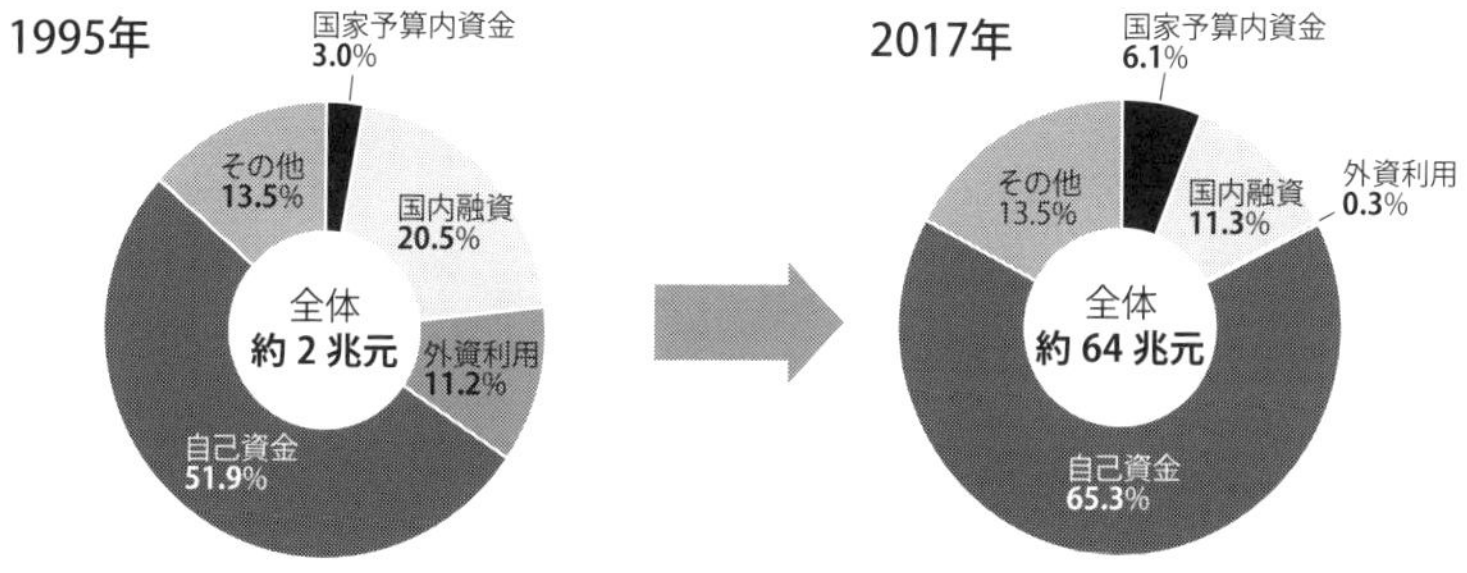

（出典）CEIC（出所は中国国家統計局）のデータを元に作成

る限り過去に遡ると1995年（図表-6左）には、外資利用が11・2％を占めており、中国経済の発展に大きな役割を担っていましたが、外資利用の比率は低下し、その存在感も徐々に薄れてきています。

投資動向をタイムリーに把握するには？

固定資産投資

投資の動向をタイムリーに把握する上では、まず固定資産投資（除く農家の投資）を詳細に分析することが重要です。この統計は中国国家統計局が毎月中旬に前月分を公表していますが、年度初め（1月）からの累計でのみ発表されるため、日本など先進国で通常発表されているような月次統計に若干の加工を施したのが図表-7です。これは正式な統計ではなく正確とはいえないものですが、おおまかに投資の動向を捉えることができます。

図表-7

投資の累計公表ベースと月次推計ベースの対比推移

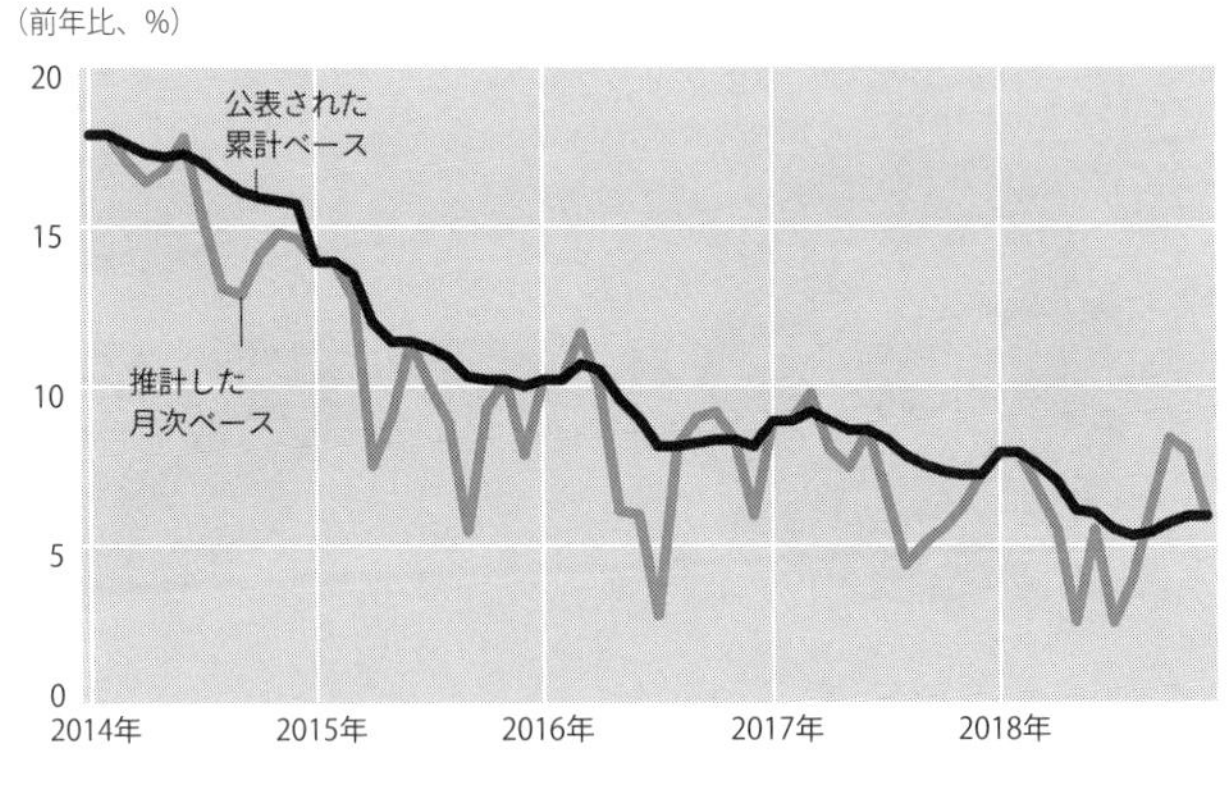

（出典）CEIC（出所は中国国家統計局）のデータを元に作成

また、固定資産投資に関しては価格変動要素を排除した実質ベースの統計が月次ベースでは発表されません。年度ごとの統計は公表されますが、投資の動向をタイムリーに把握するには不十分です。そこで、四半期ごとに公表される固定資産投資価格指数を用いて、実質値を推計し、おおまかな動きを把握しています。

なお、投資の3本柱（製造業・不動産業・インフラ）に分解した固定資産投資の動きを示したのが図表-8、前述の加工を施した後、国有企業と民間企業に分解した月次推移が図表-9です。

図表-8

投資の３本柱の動き

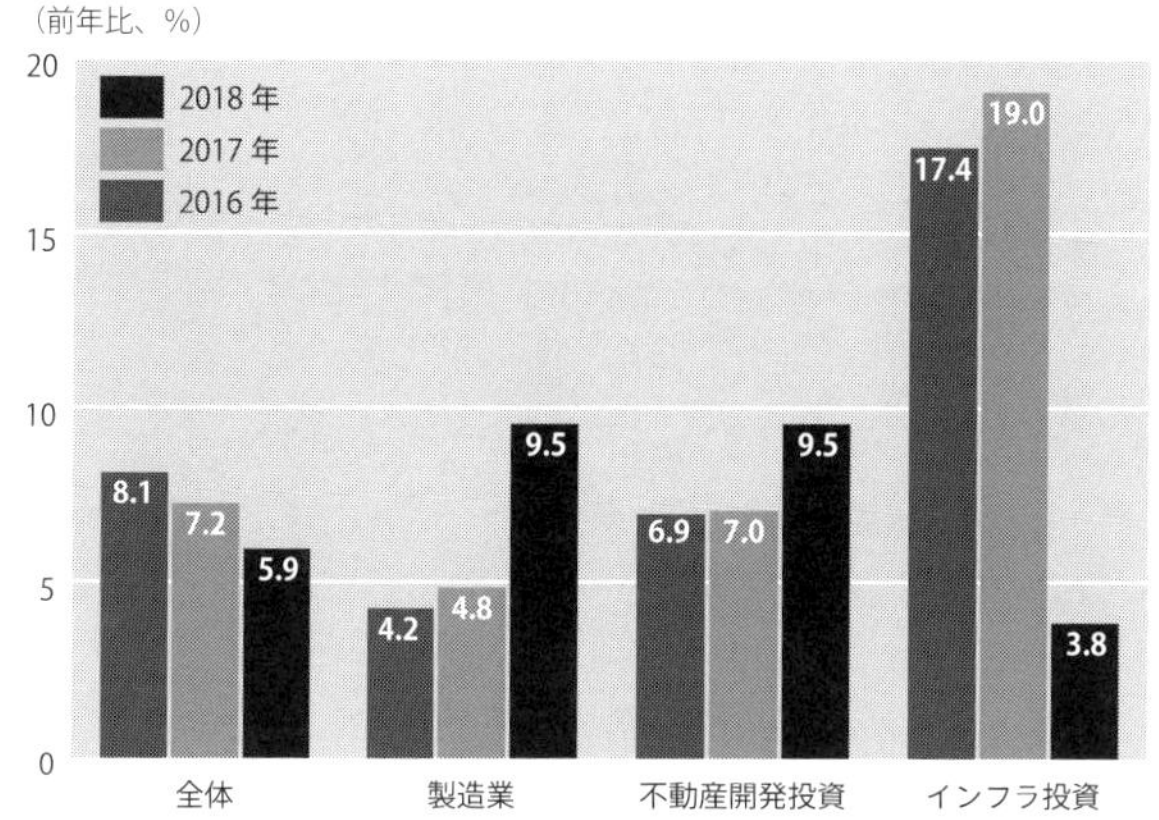

（出典）CEIC（出所は中国国家統計局）のデータを元に作成

図表-9

国有企業と民間企業の投資対比月次推移

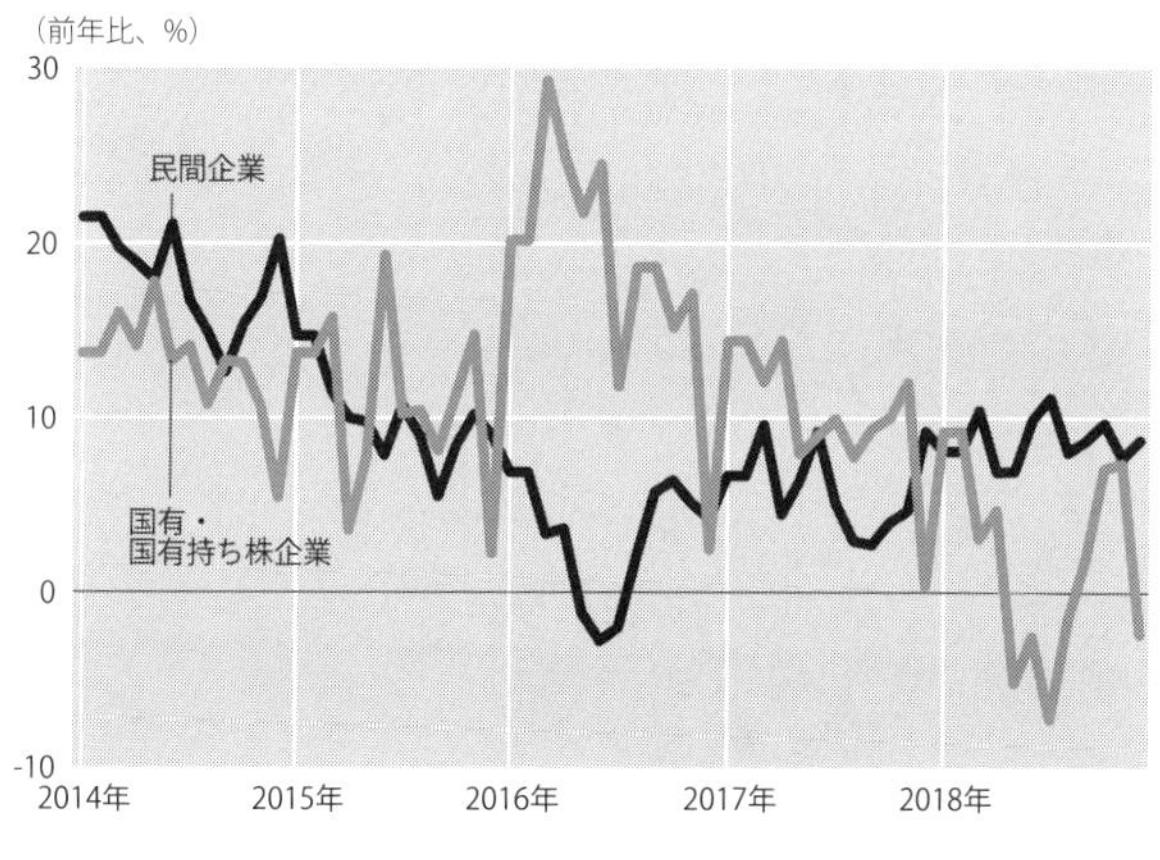

（出典）CEIC（出所は中国国家統計局）のデータを元に推定
（注）累計で公表されるデータを元に推定、1・2月は共に2月時点累計（前年比）

企業家信頼感指数

消費と同様、民間投資の動向を探る上では、企業家のセンチメントを把握しておくことも重要です。その代表的な指標としては、中国人民銀行（中央銀行）が四半期ごとに公表する「企業家信頼感指数」が挙げられます。この指数は中国人民銀行が約５千社を対象に行うアンケート調査を元に算出されるもので、回答する企業はマクロ経済環境が「弱い」「正常」「過熱」の３つから選択します。そのアンケート回答を集計し、当期と翌期の「正常」を足して２で割った数値を、中国人民銀行が「企業家信頼感指数」として発表しています。この指数では50％が境界線となります。その結果を見ると（図表-10）、世界金融危機が起きた２００８年やチャイナ・ショックが起きた２０１５年には大きく落ち込んだ様子が確認できます。また、２０１６年に底打ちしてその後は上昇傾向にあった「企業家信頼感指数」ですが、２０１８年に米中貿易摩擦が激化したことを受けて、ピークアウトしたことも確認できます。

図表-10

企業家信頼感指数の推移

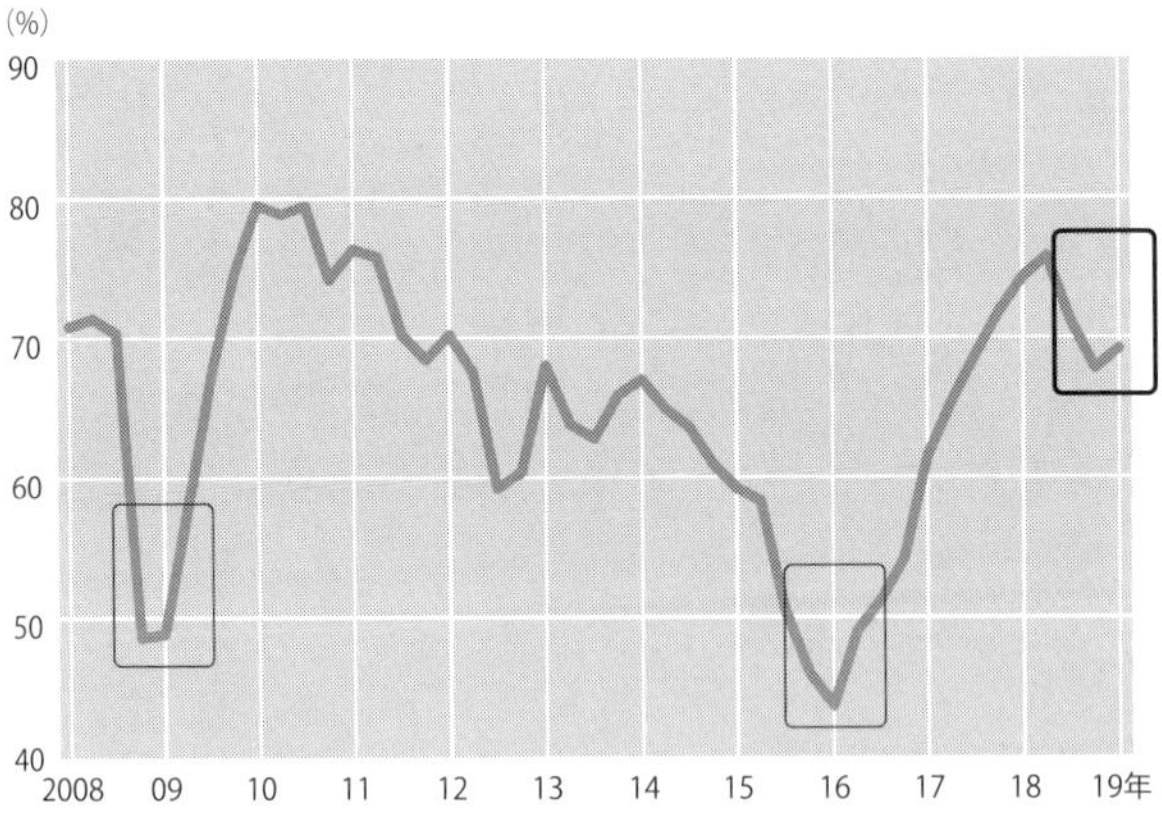

（出典）CEIC（出所は中国人民銀行）のデータを元に作成

コラム

景気テコ入れに使われるのは鉄道建設？

中国では景気が悪化したとき、鉄道や道路の建設を加速するという景気テコ入れ策が頻繁に打ち出されてきました。世界金融危機に陥った2008年、中国政府は4兆元（当時の為替レートで約57兆円）の景気刺激策を打ち出しましたが、その景気対策の中心となったのも鉄道建設であり、2008～09年にかけては前年比7割増で増加し、景気を下支えする役割を果たしました（図表-1）。北京・上海間の高速鉄道の建設が本格化したのもこの時期です。景気対策としては鉄道が目立ちますが、水利管理や公共施設管理にも注目する必要があります。前述の景気対策が打たれたときには、鉄道だけでなく水利管理や公共施設管理も同時に高い伸び（図表-2、次ページ）を示したからです。また、最近では交通関連よりも環境関連のインフラに対する需要が高く、鉄道がシェアを落とす一方、水利管理や公共施設管理はシェアを高めています（図表-3、次ページ）。今後の景気対策は環境関連のインフラ投資が中心になる可能性が高いと思います。キーワード編2で取り上げたキーワード「三大堅塁攻略戦」（101ページ）で、汚染防止がひとつのテーマとなっているからです。

図表-1

鉄道運輸業の投資の推移

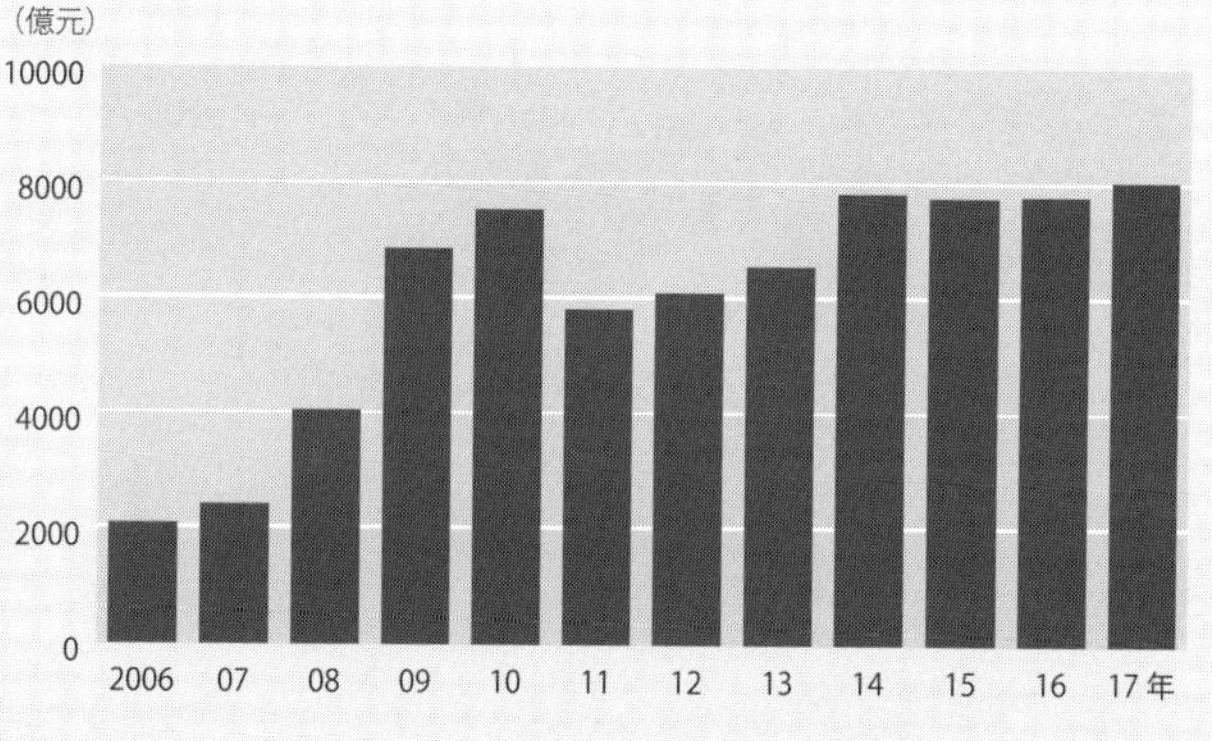

（出典）CEIC（出所は中国国家統計局）のデータを元に作成

図表-2

各種インフラ投資の伸び率の推移

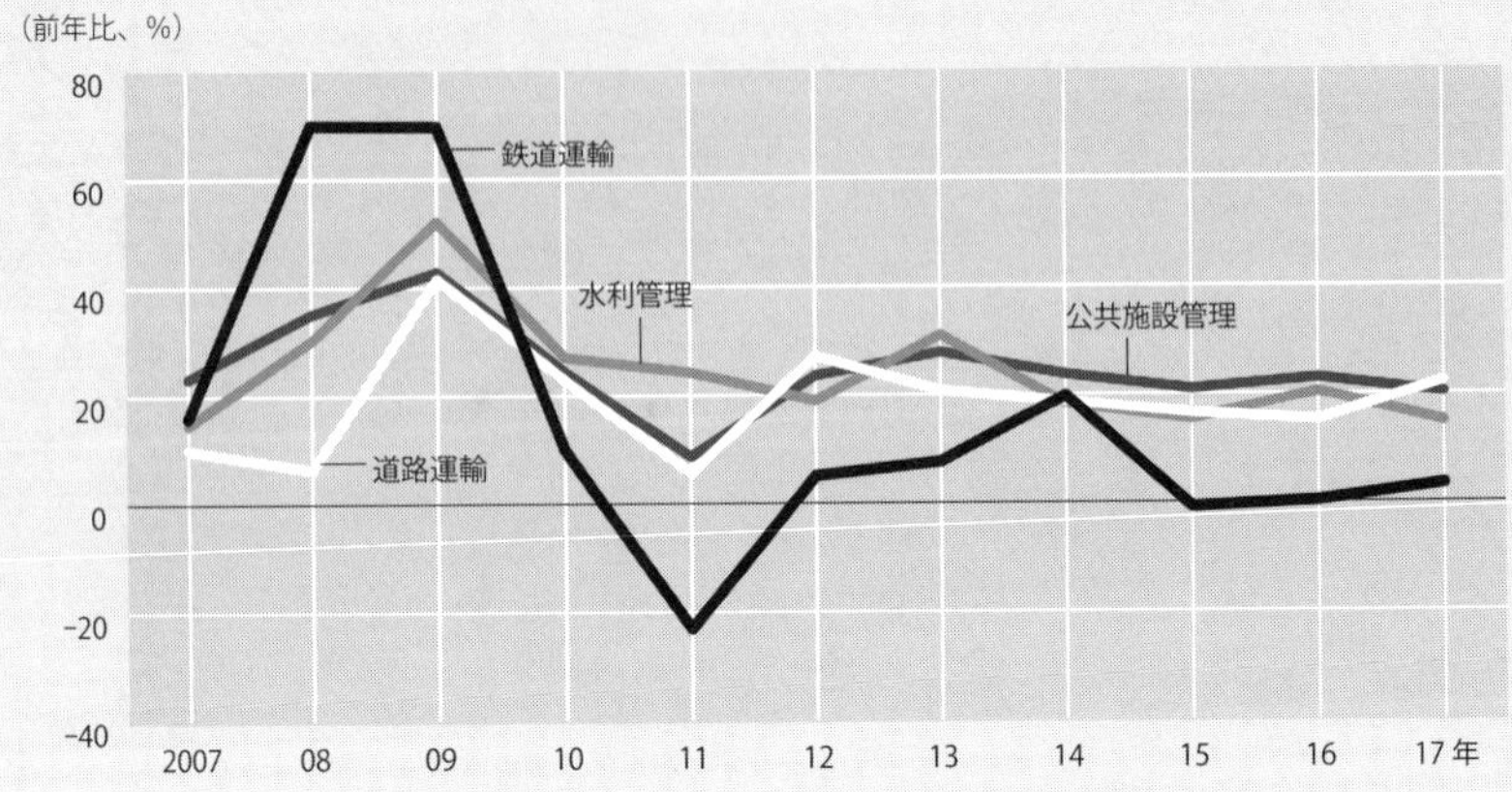

（出典）CEIC（出所は中国国家統計局）のデータを元に作成

図表-3

インフラ投資の構成比

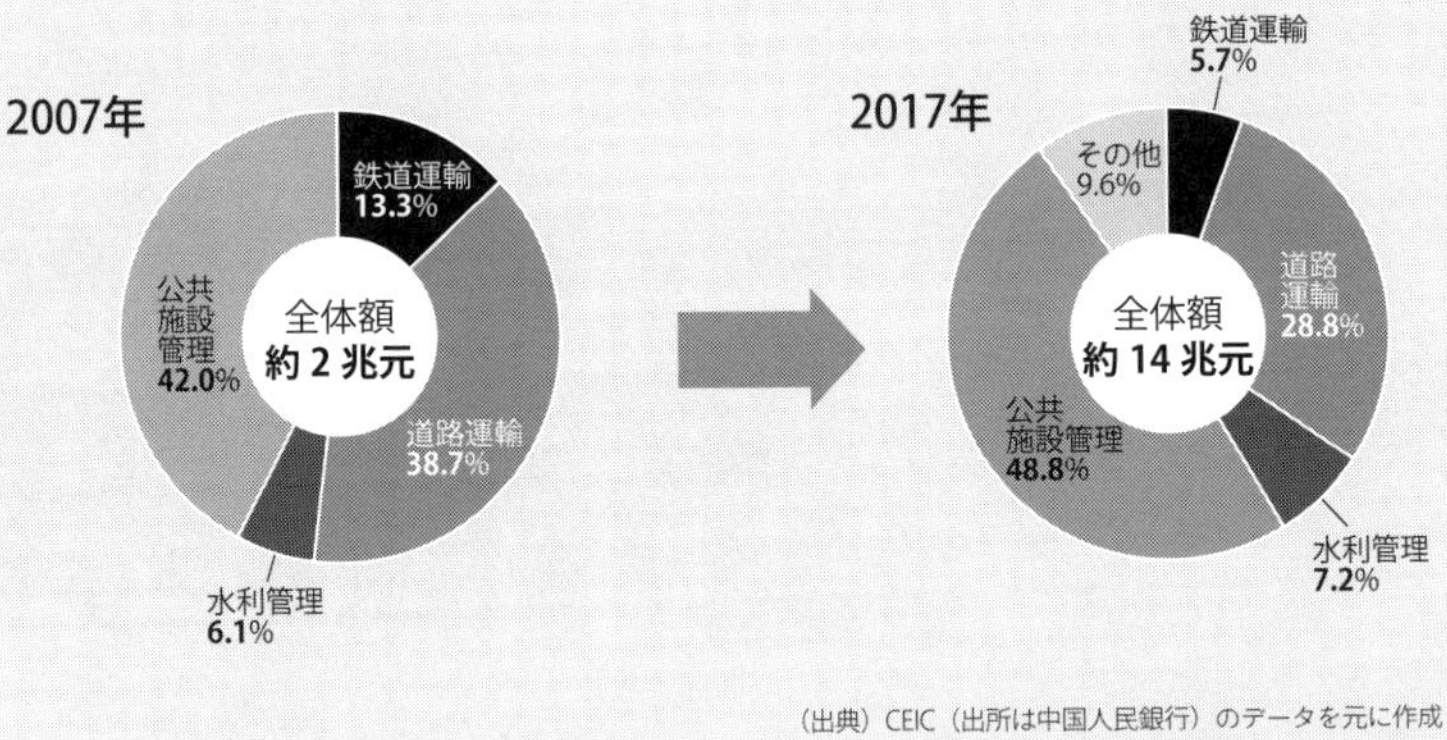

（出典）CEIC（出所は中国人民銀行）のデータを元に作成

6 輸出の特徴と経常収支

ポイント

❶輸出規模は日本円換算で約270兆円、WTO加盟（2001年）時の9倍強
❷輸出相手先のトップは米国で約2割、EUは2割弱、日本は約6％
❸主要な輸出品目として、機械・輸送機器が約5割、衣類などの雑製品が2割強を占める
❹鋼材輸出先のトップは韓国、自動車輸出先のトップはイラン
❺2008年の世界金融危機以降、外需依存から内需主導への転換を推進中で、経営黒字は減少へ

中国政府は、外需依存から消費主導へと経済構造の転換を進めています。しかし、それは未だ途上で、輸出が不振になると景気が悪化するという経済構造は依然として色濃く残っています。そこで本章では、中国の輸出の現状を確認した上で、経常黒字に過度に依存する体質に変化があるのかを確認します。

輸出の現状

中国税関総署が公表した統計によると、2018年の輸出額（ドルベース）は2兆4870億ドル、日本円に換算すれば約270兆円に達しています。中国が世界貿易機関（WTO）に加盟した2001年には2661億ドルでしたので、この17年で9倍強に増えたことになります（図表1-1、次ページ）。

輸出相手先

輸出の相手先をみると、2018年は米国が19・

図表-1

輸出額（ドルベース）の推移

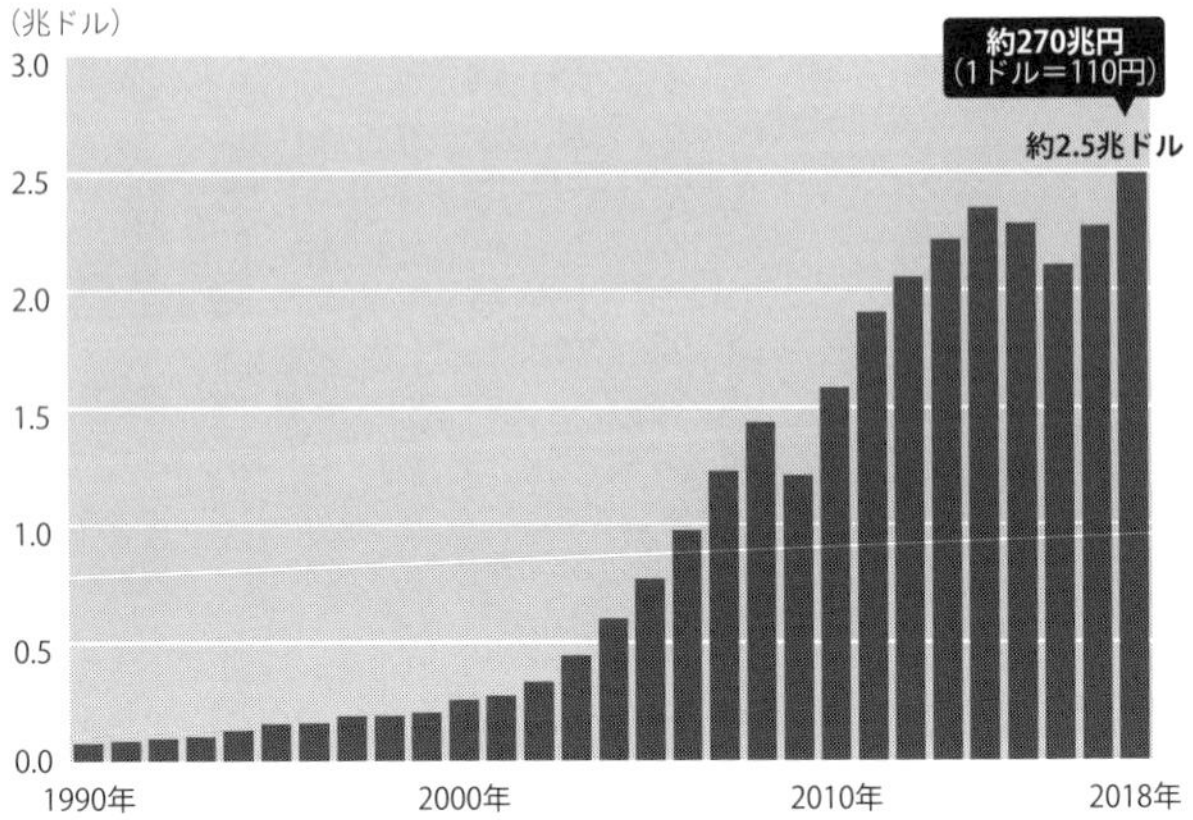

（出典）CEIC（出所は中国税関総署）のデータを元に作成

図表-2

輸出相手先別シェアの変化

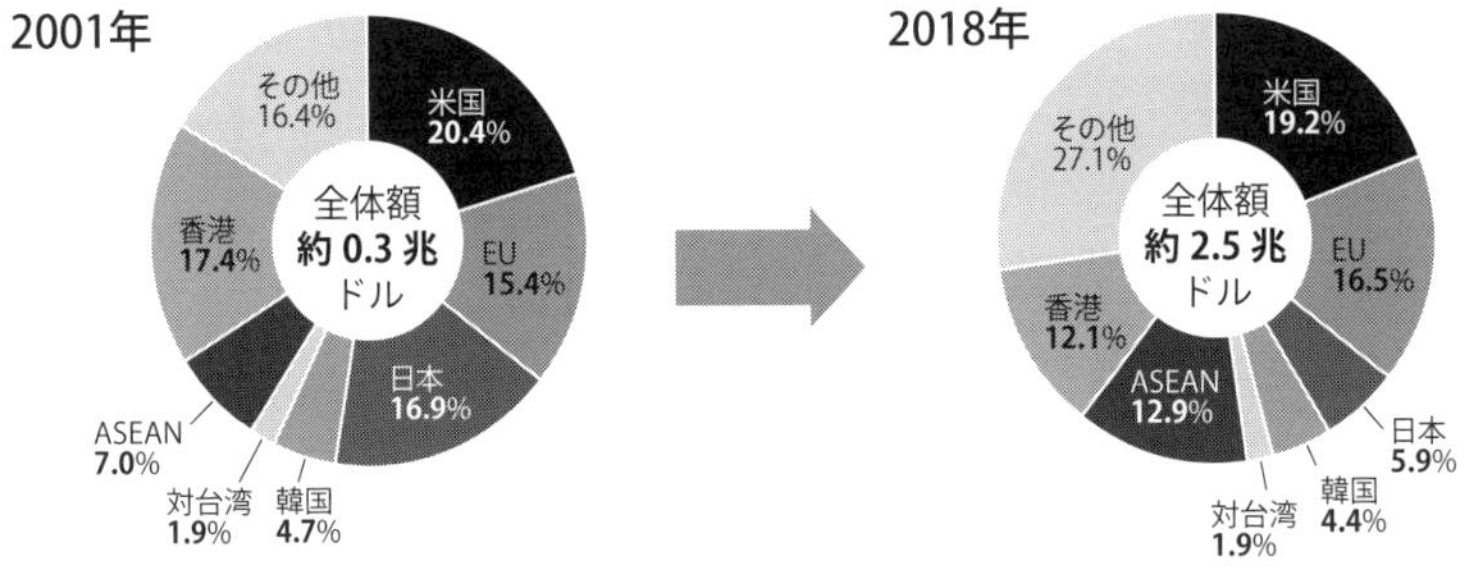

（出典）CEIC（出所は中国税関総署）のデータを元に作成

2%、EUが16・5%、ASEANが12・9%、日本が5・9%などとなっています（図表-2右）。対日輸出はWTOに加盟した2001年に比べ約3倍になりましたが、輸出全体がそれを上回る増加となったため、日本は2001年の16・9%から大きくシェアを落とすこととなりました。一方、ASEANや一帯一路沿線国などその他の国・地域がシェアを上げています。

主な輸出品目

輸出品目を見ると、第1位は機械・輸送機器の48・4%で群を抜いて大きく、第2位以下は雑製品の22・9%、原料別製品（金属や織物など）の16・3%、化学製品の6・7%、そして一次産品（食品や鉱物性燃料など）の5・4%となっています（図表-3上）。

中国がWTOに加盟した2001年には、機械・輸送機器が35・7%、雑製品が32・7%を占める2大輸出品だったので、その後の17年で、伝統的な輸出産業である雑製品（衣類、靴、家具など）がシェアを落とす一方、現在の輸出の主力商品である機械・輸送機器の伸びが極めて著しいといえます。なお、約1割を占めていた一次産品は約半分にシェアを減らしました（図表-3下）。

図表-3

輸出額の品目別シェアの変化

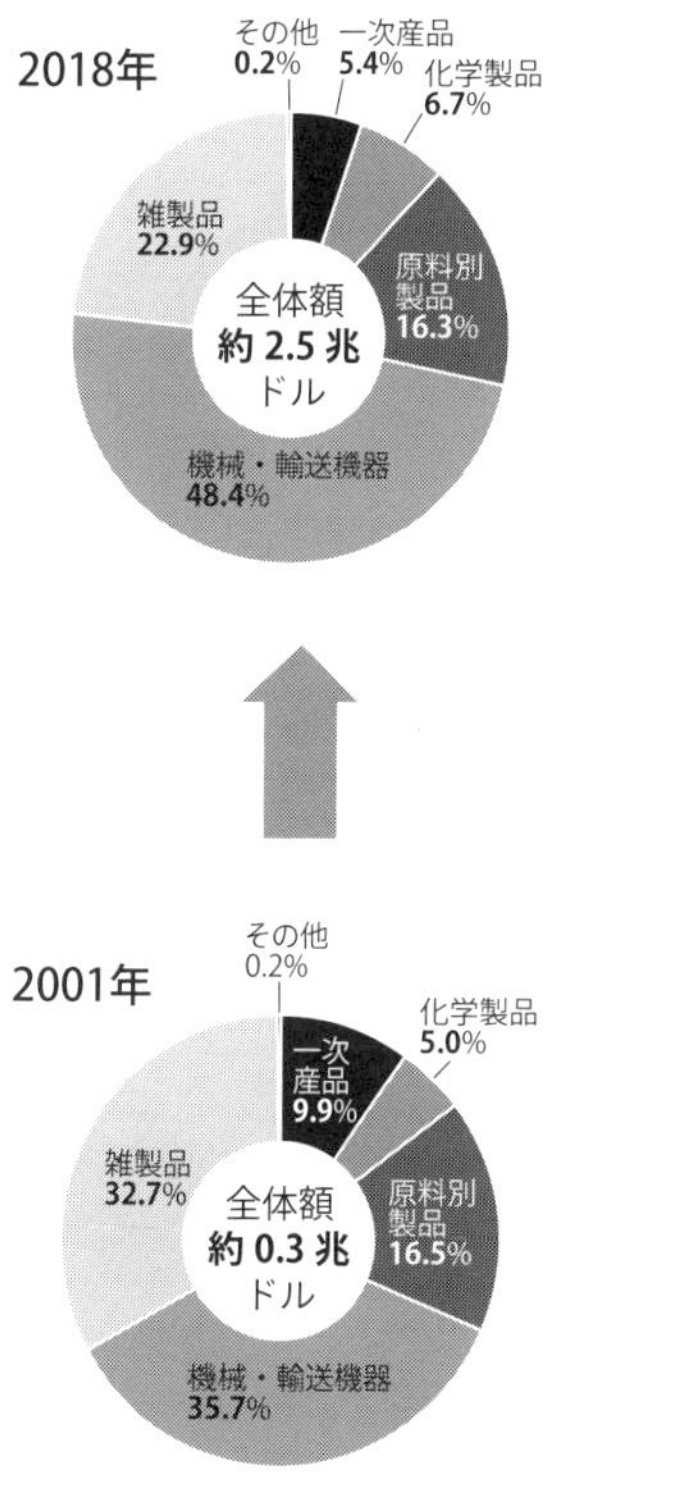

（出典）CEIC（出所は中国税関総署）のデータを元に作成

図表-4

鋼材の輸出先シェア（2018年）

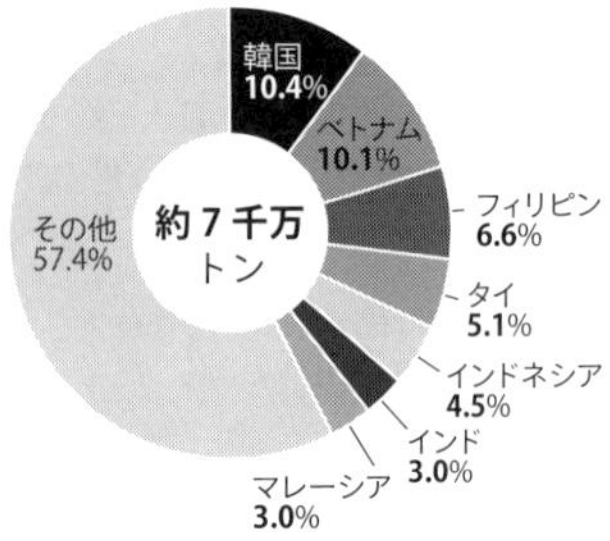

（出典）CEIC（出所は中国税関総署）のデータを元に作成

図表-5

自動車の輸出先シェア（2018年）

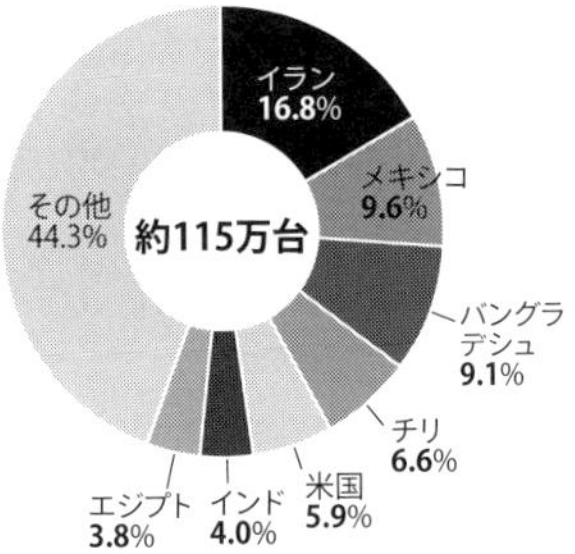

（出典）CEIC（出所は中国税関総署）のデータを元に作成

鋼材の輸出先

中国が2018年に輸出した鋼材は約7千万トンで、輸出先の第1位は韓国、第2位はベトナム、第3位はフィリピンなどとなっています（図表-4）。世界金融危機が起きた2008年と比べると、第1位の韓国が1396万トンから721万トンへ落とした一方、ベトナムは276万トンから699万トンへ、フィリピンは91万トンから458万トンへ、タイは158万トンから351万トンへ、増加しました。開発途上国の旺盛なインフラ需要や「一帯一路」で中国との関係が強まったことが背景にあります。なお、米国向けは2008年には第2位でしたが、現在は低下しランク外に落ちてしまいました。トランプ政権になる前から、鋼材が米中貿易摩擦の主戦場となっていたからです。

自動車の輸出先

中国が2018年に輸出した自動車は約115万台で、輸出先の第1位はイラン、第2位はメキシコ、第3位はバングラデシュとなっています（図表-5）。2008年と比べると、第1位のイランは2万台から19万台へと大幅に上昇、第2位のメキシコも0・6万台から11万台へと増えています。一方、2008年には第1位で11・9%を占めていたロシアがランク外へと消えました。ロシアでは所得水準の向上や現地生産化の進展で中国製自動車を輸入する必要性が薄れたためです。

経常収支の推移

中国の貿易収支の推移を見ると、「改革開放」後の1990年代前半にはほぼトントンで推移していました。後発の開発途上国だった当時の中国は資本財を大量に輸入する必要があったためです。その後2001年にWTO加盟を果たした後はモノの貿易収支が黒字基調となっており、2018年も4千億ドル近い貿易黒字でした。ただし、2015年をピークに3年連続で減少しています（図表-6）。輸入が安定して増加し輸出を上回る伸びを示しているからです。

一方、世界金融危機後の経常黒字は、2008年

図表-6

中国の経常収支の推移

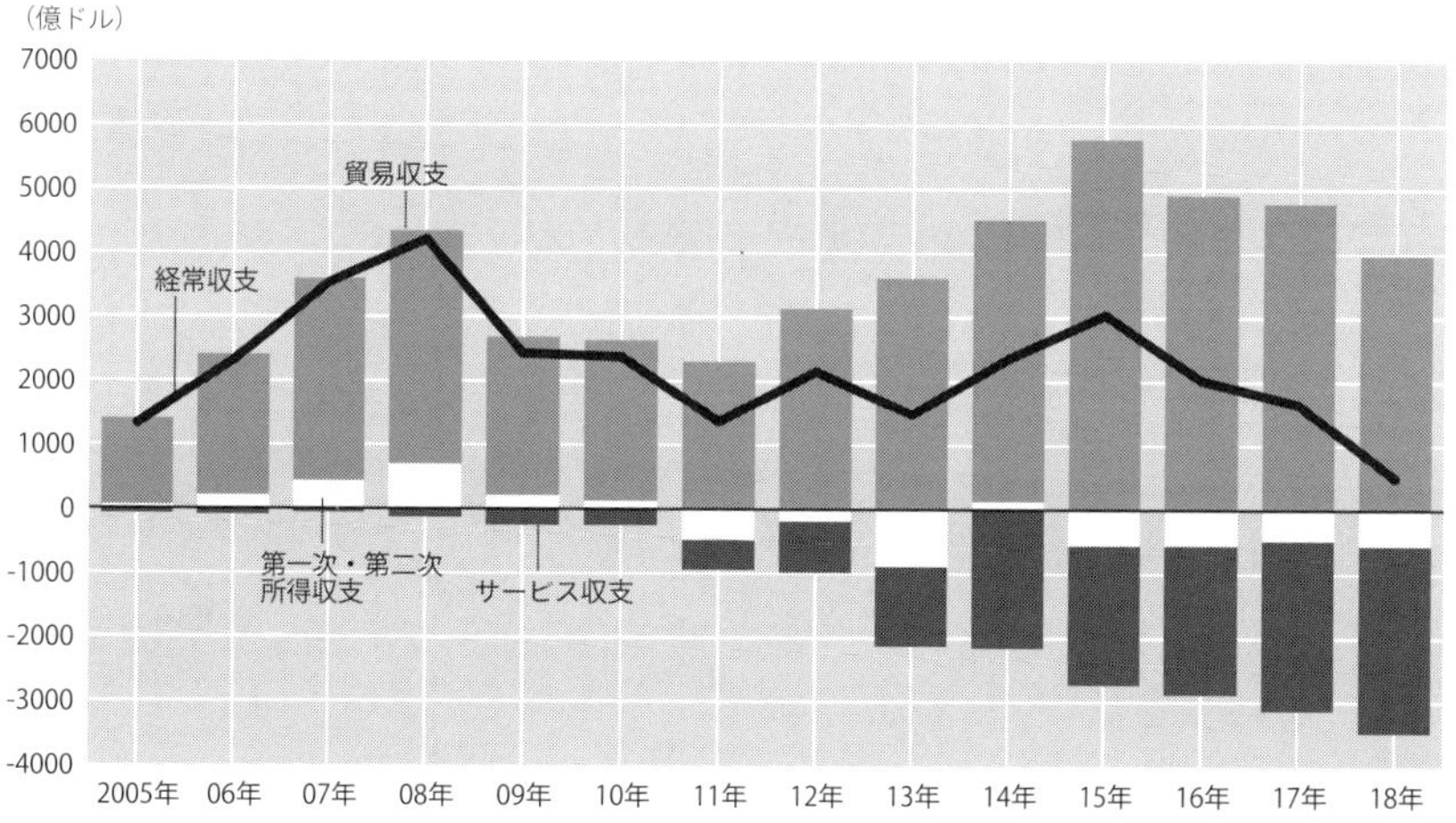

（出典）CEIC（出所は中国国家外貨管理局）のデータを元に作成

の４２０６億ドルから、２０１８年には４９１億ドルへ減少しました。その背景には、サービス収支の赤字が増えたことがあります。

その内訳を見ると、旅行収支の赤字が大半を占めていることが分かります（図表-7）。日本でも中国本土からの旅行者は急増しており、２０１７年には5年前の５・２倍にあたる7百万人を超え、入国者に占めるシェアは25・６％に達しました。しかし、それは日本に限ったことではなくアジア全体にいえることで、韓国の入国者に占めるシェアは31・３％、タイは27・７％、ベトナムは31・０％となっています。

そして、世界観光機関（ＵＮＷＴＯ）の統計によると、国際観光支出に占める中国のシェアは約２割で米国の２倍近くもあります（図表-8）。こうした中国本土からの旅行者の急増が、国際収支統計においても経常黒字を大きく押し下げる効果をもたらしています。

図表-7

サービス収支と旅行収支の推移

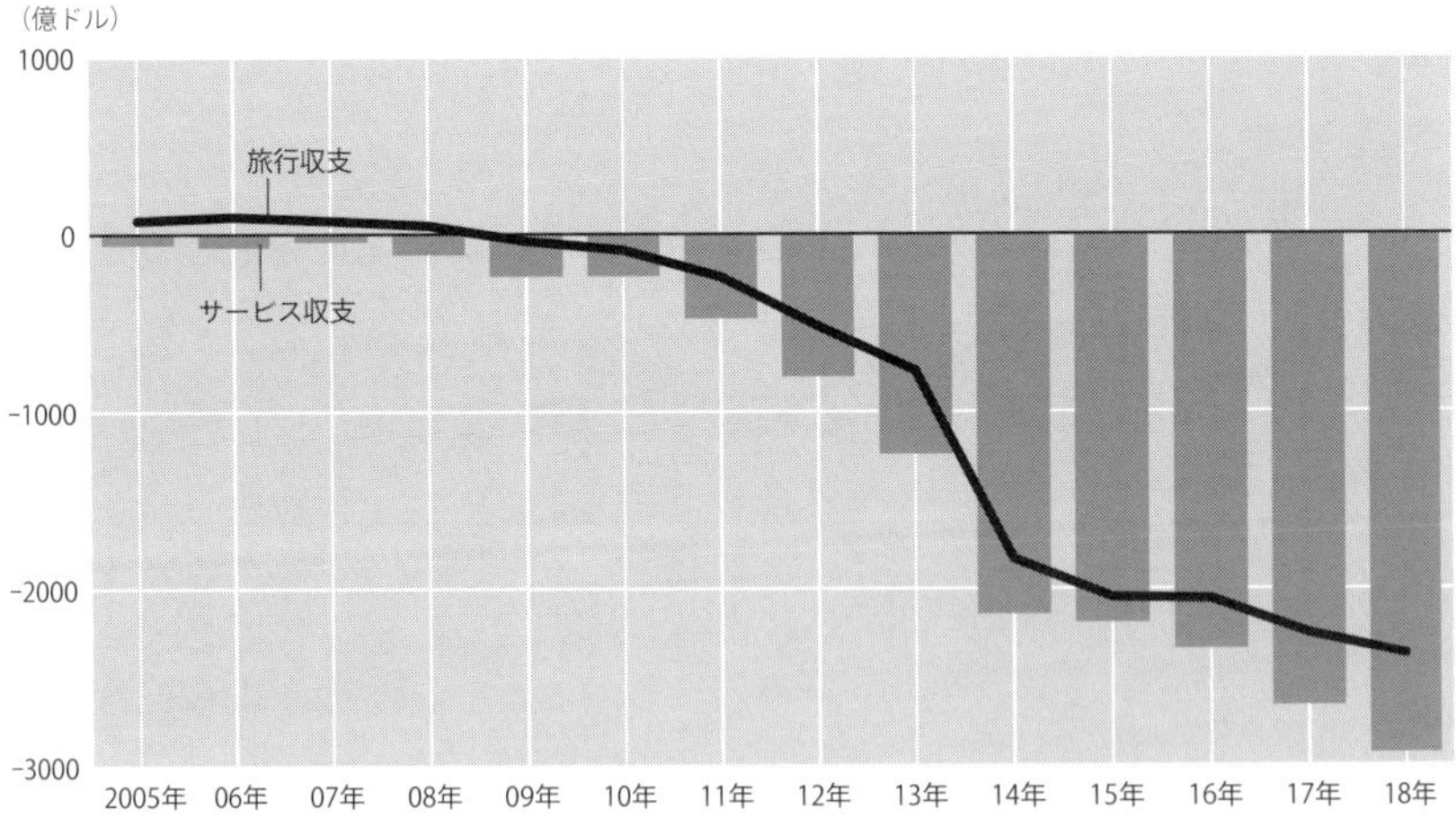

（出典）CEIC（出所は中国国家外貨管理局）のデータを元に作成

図表-8

世界の国際観光支出（2017年）

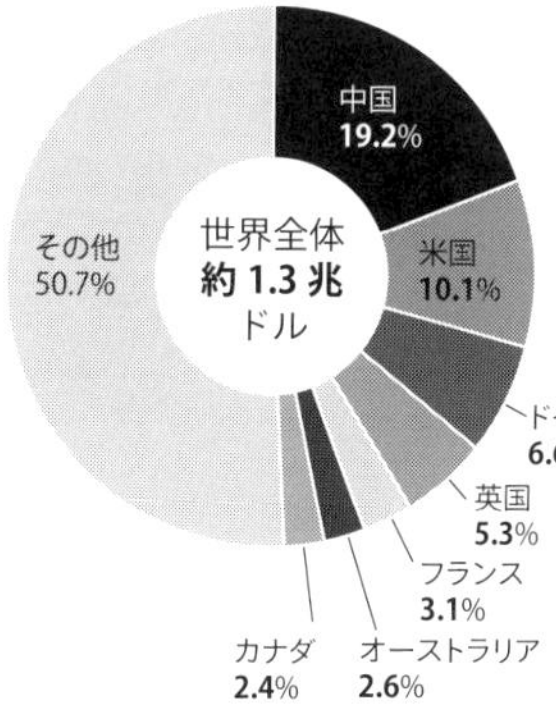

（出典）世界観光機関のデータを元に作成

経常黒字依存体質に変化はあるか？

中国は2008年の世界金融危機以降、輸出依存の経済体質を改めて、内需主導への構造転換を推進してきました。しかし、前述のように高水準の貿易黒字が続いており、サービス収支を見ても旅行収支が赤字なだけで、貿易黒字を相殺するほどの規模ではないため、今のところ経常黒字が続いています。

また、旅行収支の赤字に関しては、個人が旅行を通じて行う貿易による赤字と考えることもできます。実際、中国からの旅行者が海外でいわゆる「爆買い」するブームが去った後、中国では海外の消費財を、国内にいながらネット通販で購入するというブームが起きています。また、中国の習近平国家主席は輸入拡大の方針を明確に打ち出しており、18年には自動車や日用品などの関税を引き下げ、18年11月には第一回の中国国際輸入博覧会を開催し、輸入促進を図っています。今後は中国の輸入が増加する方向になると見られます。

なお、「爆買い」が沈静化した主因は、日本製品に対する魅力がなくなったからではなく、2019年1月に施行された電子商取引（EC）法の影響が大きいと見られます。代理購入（代購《タイコウ》）と呼ばれる、日本製品を手荷物として持ち帰り、中国で売りさばく取引に対する課税が強化されたためです。一方、輸入関税は引き下げられたため、これからは「爆買い」から通常の輸入に切り替わって行くでしょう。

最後に、中国経済の経常黒字への依存度を見るため、GDPに占める経常黒字の比率（経常黒字÷GDP）を紹介します。その結果を見ると、中国は2007年の約10％をピークに2018年には1％を割り込むところまで低下してきています。これはドイツや日本よりも低い水準です（図表-9）。中国の経常黒字依存体質には変化の兆しがあるといえます。

図表-9

主要経常黒字国のGDP対比の推移

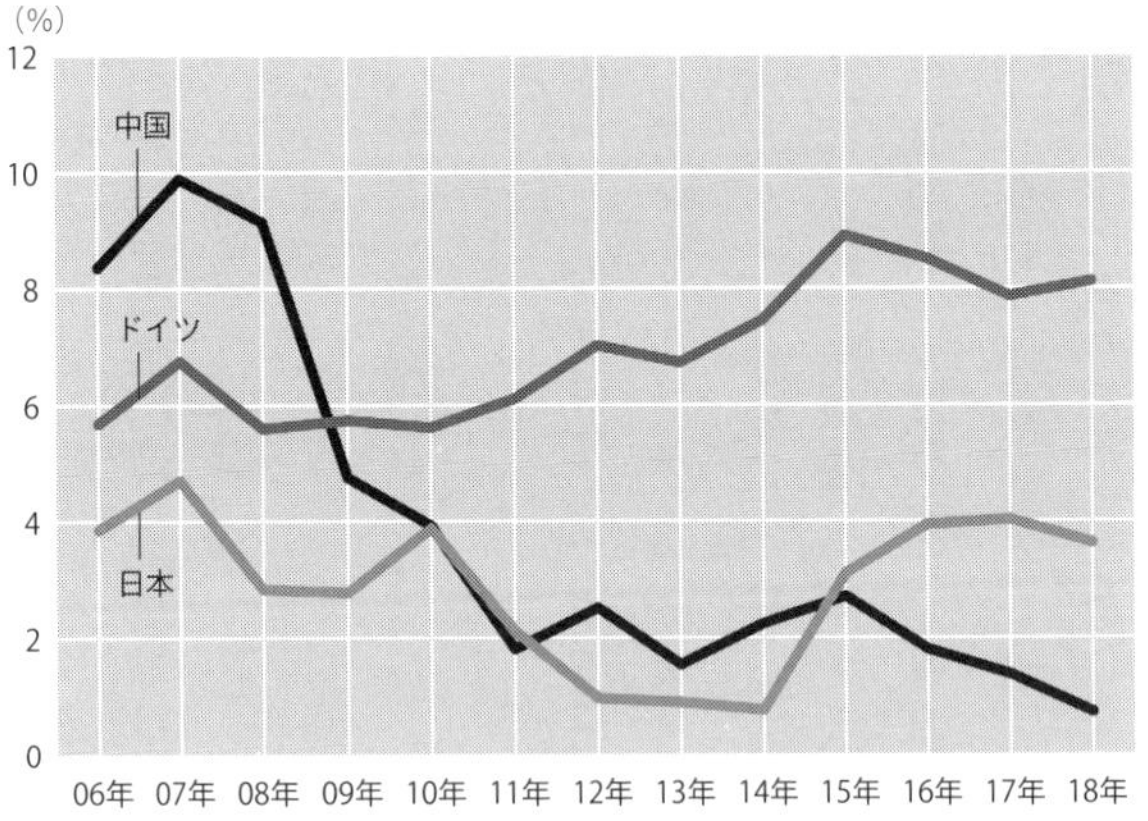

（出典）IMFのデータを元に作成

7 輸入の特徴と輸入元としての日本

ポイント

❶輸入の規模は日本円換算で約235兆円、WTO加盟時の9倍弱に拡大

❷輸入元トップはEUの12．8％、日本は8．5％、米国は7．3％

❸輸入品目は機械・輸送機器が約4割、鉱物性燃料が約16％、化学製品が約1割。輸入元トップは原油：露、石炭：インドネシア、天然ガス・鉄鉱石：豪、鉄材・自動車：日本

❹日本からの輸入（日本から中国への輸出）は米国とほぼ同じで、EU向けの約2倍

中国の習近平国家主席は輸入拡大の方針を明確に打ち出しています。18年4月に開催された博鰲（ボアオ）・アジア・フォーラムでは「中国は貿易黒字を追求せず、本心から輸入を拡大し、経常収支をバランスさせたい」と表明しました。そして実際、18年には関税を引き下げ、第一回の中国国際輸入博覧会を開催して輸入促進を図りました。中国への輸出を増やしたい日本を含む海外企業にとってはチャンス到来といえそうです。すでに日本企業にとって中国は工業製品の有力な輸出先となっており、産油国などの資源国にとっても有力な輸出先となっていますが、今後は消費主導の経済への構造転換が進んでいく中で、消費財の輸出先としても存在感を増すことになるでしょう。そこで本章では、中国の輸入の傾向や動向を探る上で参考になるマクロ統計を紹介したいと思います。

輸入額の推移

中国税関総署が公表した統計によると、中国の2018年の輸入額（ドルベース）は2兆1359億ドル、日本円に換算すれば約235兆円に達しています。中国が世界貿易機関（WTO）に加盟した2001年には2436億ドルでしたので、17年で9倍弱に増えたことになります（図表-1）。

輸入元の特徴

輸入元を見ると、2018年はEUが12・8%を占めており、ASEANが12・6%、韓国が9・5%、日本が8・5%、米国が7・3%などとなっています（図表-2上）。日本からの輸入は、WTOに

図表-1

輸入額（ドルベース）の推移

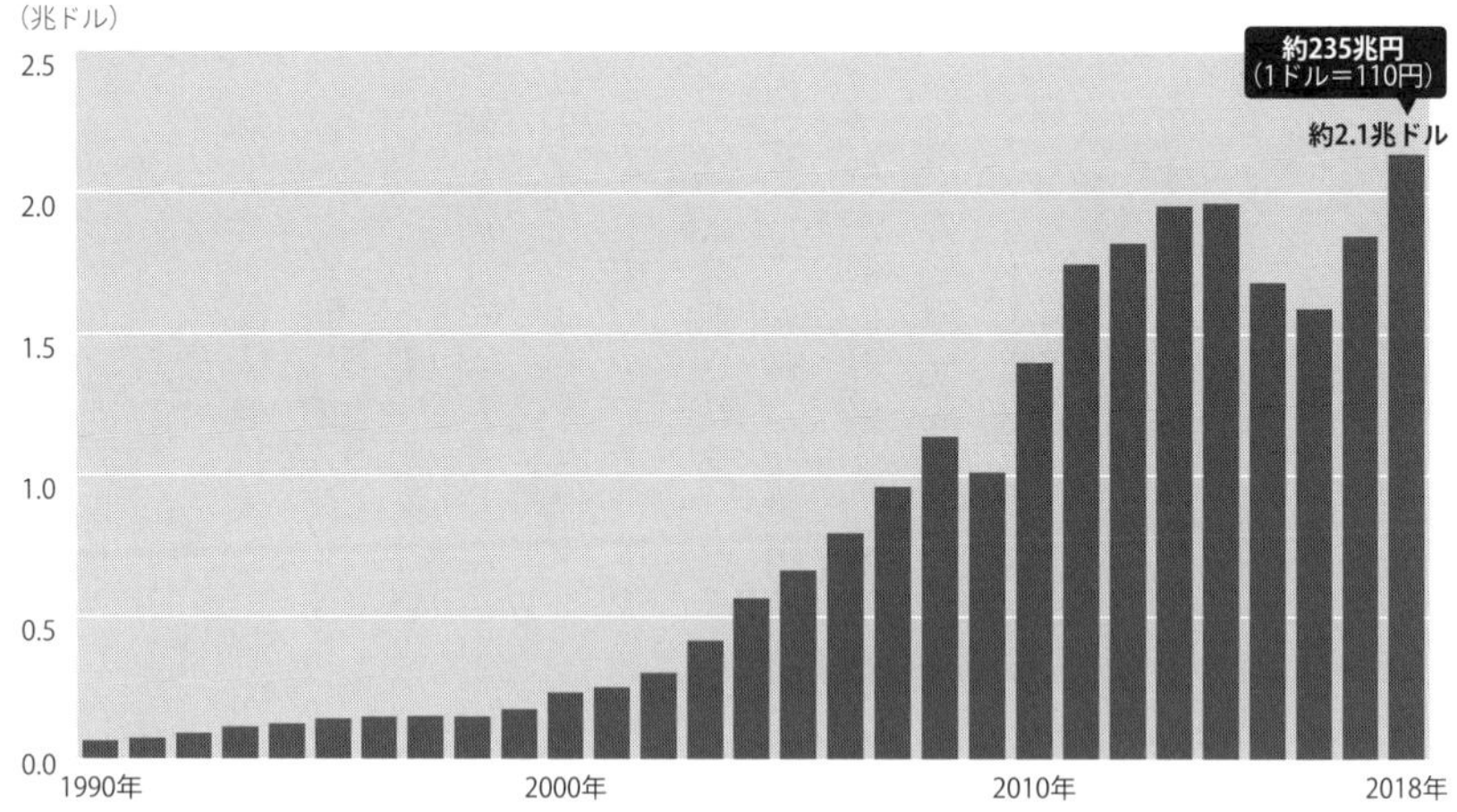

（出典）CEIC（出所は中国税関総署）のデータを元に作成

加盟した2001年に比べて約4倍になりましたが、全体がそれを上回る増加となったため、日本のシェアは2001年の17・6％から大きくシェアを落とすこととなりました。領土や歴史認識の問題で日中関係が冷え込んだことも一因です。一方、ASEANや資源国（オーストラリア、ブラジル、アフリカ諸国）がシェアを上げました。

品目の特徴

輸入品目を見ると、機械・輸送機器が39・3％、鉱物性燃料が16・2％、非食品原材料が12・8％、化学製品が10・5％などとなっています（図表-3）。「世界の工場」となった中国では、加工貿易の比率が約3割と高く、原材料や半製品を輸入してそれを

図表-2

輸入元別シェアの変化

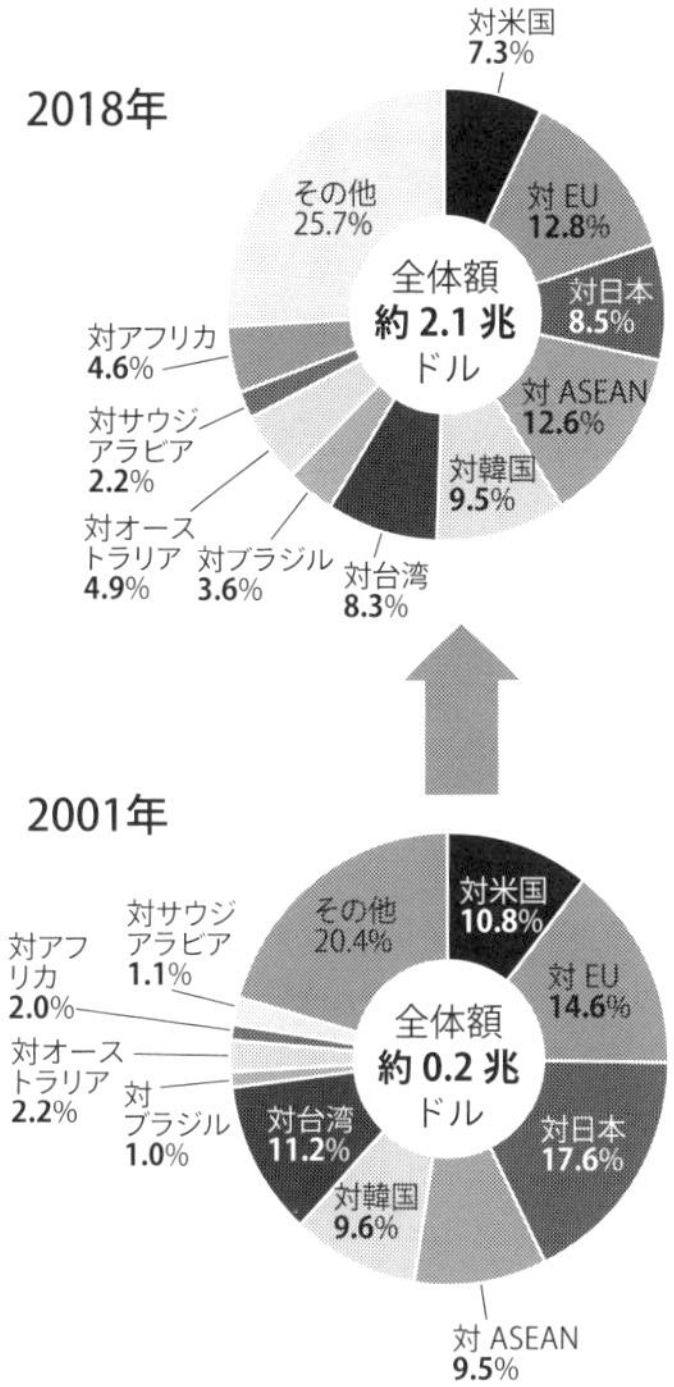

（出典）CEIC（出所は中国税関総署）のデータを元に作成

図表-3

輸入金額の品目別シェア（2017年）

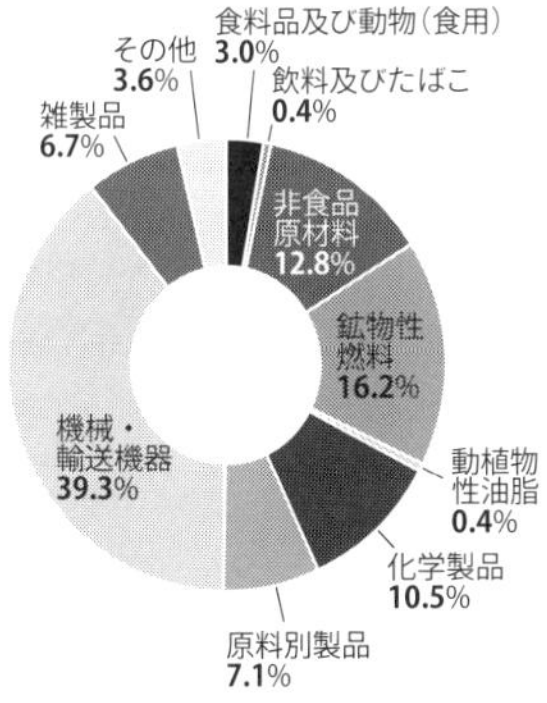

（出典）CEIC（出所は中国税関総署）のデータを元に作成

図表-4

加工貿易比率の推移

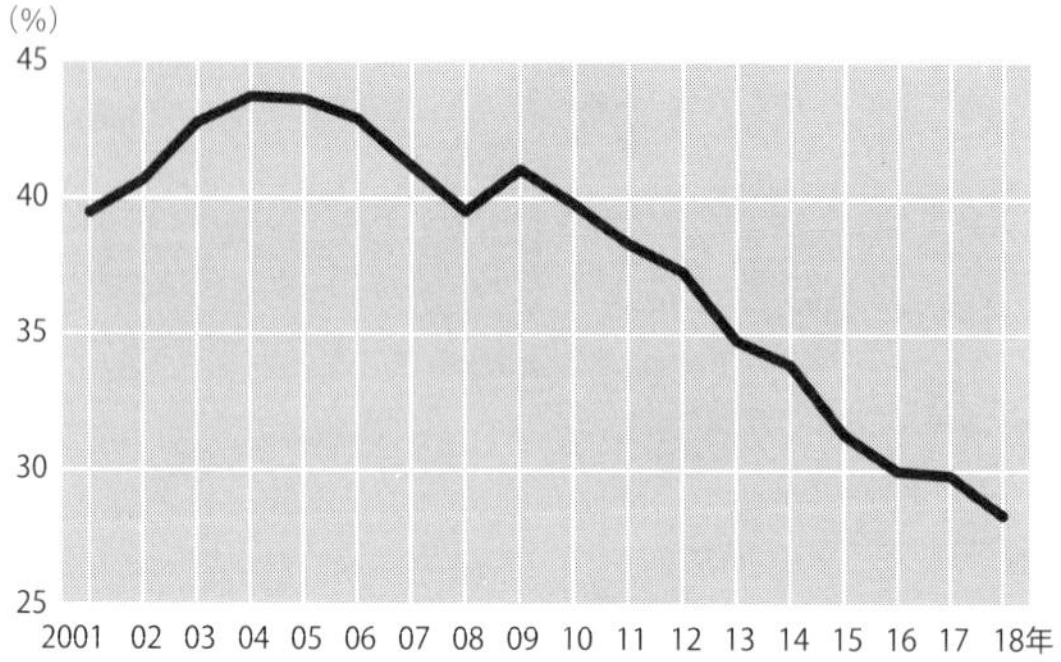

（出典）CEIC（出所は中国税関総署）のデータを元に作成

加工してできた工業製品を輸出する貿易構造となっているため、鉱物資源や木材などの非食品原材料、金属や織物などの原料別製品、有機化学品やプラスチック半製品などの化学製品、それに加工組立に使う機械類や部品の輸入が多くを占めており、消費財の輸入は未だ少ないのが現状です。ただし、世界金融危機が起きた２００８年以降、中国は輸出依存からの脱却を図っており、加工貿易の比率は徐々に低下しています。中国経済は「世界の工場」から「世界の消費地」へと変化しつつあるようです（図表-4）。

ここで、主な品目の国別シェアを見ておきましょう。中国がどの国とどんな関係にあるのかを探る上でも参考になると思います。

原油の輸入元

中国が２０１８年に輸入した原油は約４・６億トンで、輸入元の第1位はロシア、第2位はサウジアラビア、第3位はアンゴラです（図表-5）。政治的に親しい関係にあるロシアやアンゴラからの輸入が多いのが目立ちます。特にロシアは5年前（２０１３年）の9％からシェアを上げています。

石炭の輸入元

中国が２０１８年に輸入した石炭は約２・８億ト

ンで、輸入元の第1位はインドネシア、第2位はオーストラリア、第3位はモンゴルです（図表-6）。5年前と比べると、インドネシアが38・4%からシェアを上げ、モンゴルもシェアを上げた一方、核開発に対する制裁の影響で北朝鮮がなくなりました。

天然ガスの輸入元

中国が2018年に輸入した天然ガスは約7千万トンで、輸入元の第1位はオーストラリア、第2位はカタール、第3位はアラブ首長国連邦（UAE）です（図表-7）。5年前と比べると、カタールが34・4%からシェアを落とした一方、オーストラリアが16・9%からシェアを上げ第1位に浮上しました。また、シェールガスの開発を積極化させた米国が、5年前のランク外から第6位に食い込んできました。

鉄鉱石の輸入元

中国が2018年に輸入した鉄鉱石は約11億トンで、輸入元の第1位はオーストラリア、第2位はブ

図表-5

原油の輸入元別シェア（2018年）

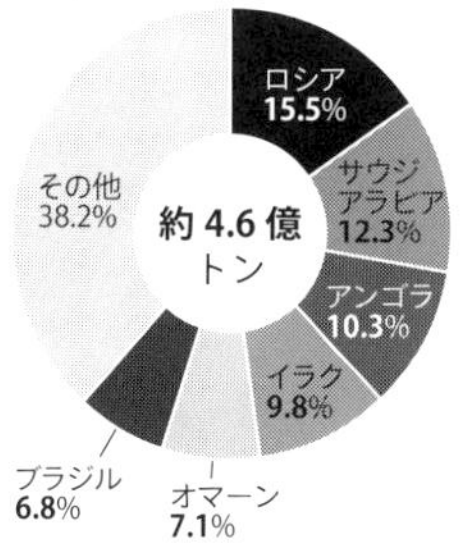

（出典）CEIC（出所は中国税関総署）のデータを元に作成

図表-6

石炭の輸入元別シェア（2018年）

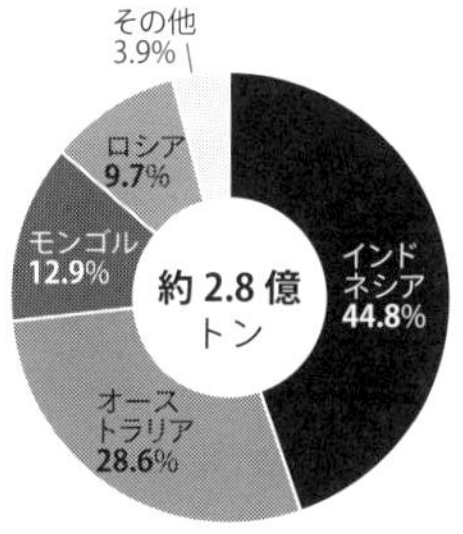

（出典）CEIC（出所は中国税関総署）のデータを元に作成

図表-7

天然ガスの輸入元別シェア（2018年）

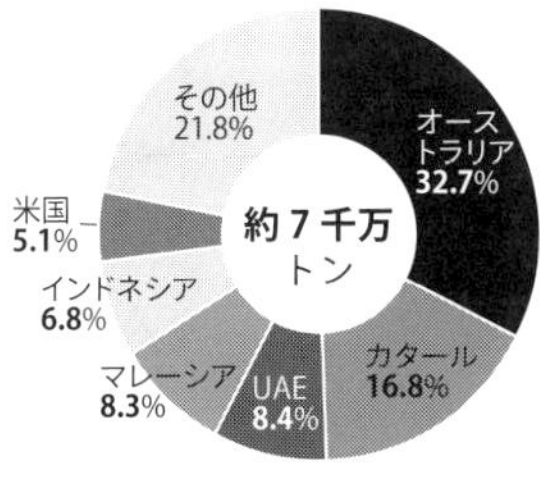

（出典）CEIC（出所は中国税関総署）のデータを元に作成

ラジル、第3位は南アフリカとなっています（図表-8）。5年前と比べると、オーストラリアが50・9%からさらにシェアを高め、ブラジルも18・9%からシェアを上げており、この2カ国への依存がより一層強まりました。

鉄材の輸入元

中国が2018年に輸入した鉄材は約1320万トンで、輸入元の第1位は日本、第2位は韓国、第3位は台湾となっています（図表-9）。中国は世界の鋼材の半分を生産するほどの鉄鋼生産大国ではありますが、自動車に使うような高級鋼材に関しては輸入に頼る面も残っています。なお、ここ数年、シェアの状況に大きな変化はありません。

自動車の輸入元

中国が2018年に輸入した自動車は約113万台で、輸入元の第1位は日本、第2位はドイツ、第3位は米国となっています（図表-10）。

5年前と比べると、日本とドイツがシェアを上げ

図表-8
鉄鉱石の輸入元別シェア（2018年）

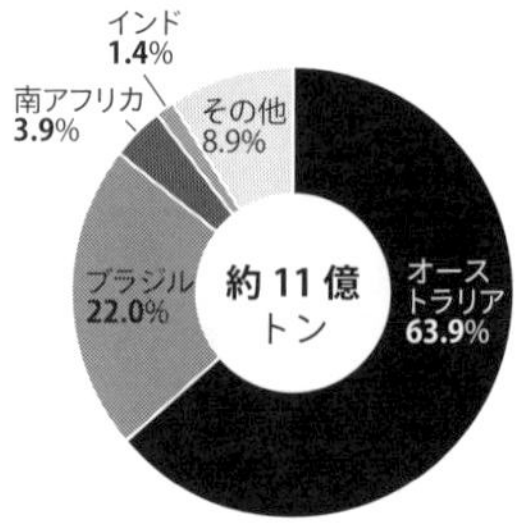

（出典）CEIC（出所は中国税関総署）のデータを元に作成

図表-9
鉄材の輸入元別シェア（2018年）

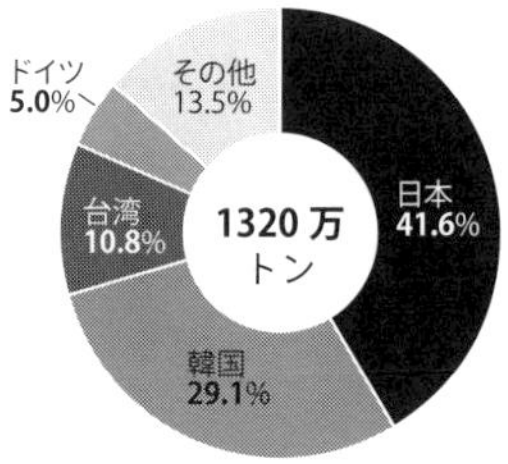

（出典）CEIC（出所は中国税関総署）のデータを元に作成

図表-10
自動車の輸入元別シェア（2018年）

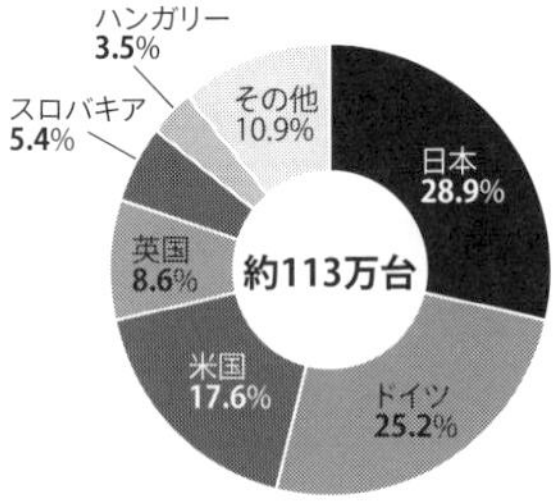

（出典）CEIC（出所は中国税関総署）のデータを元に作成

た一方、米国がシェアを落としました。中東欧勢がシェアを上げており、スロバキアが第5位に、ハンガリーが第6位に食い込んできました。なお、7・7%のシェアを持っていた韓国は、韓国へのTHAADシステム（終末高高度防衛システム）導入に伴う対立の影響などで0・1%へと大幅にシェアを落としランク外となりました。

輸入元としての日本

中国の輸入元、すなわち日本の輸出先としての視点から見ても、中国はますます存在感を高めています。日本の相手先別輸出額の推移を見ると、中国がWTOに加盟した2001年までは、米国向けが約30%、EU向けが約15%を占め、中国向けは約5%に過ぎませんでした。しかし、現在（2017年）のシェアは約20%と、EU向けの約2倍、米国向けと

図表-11

日本の相手先別輸出額の推移

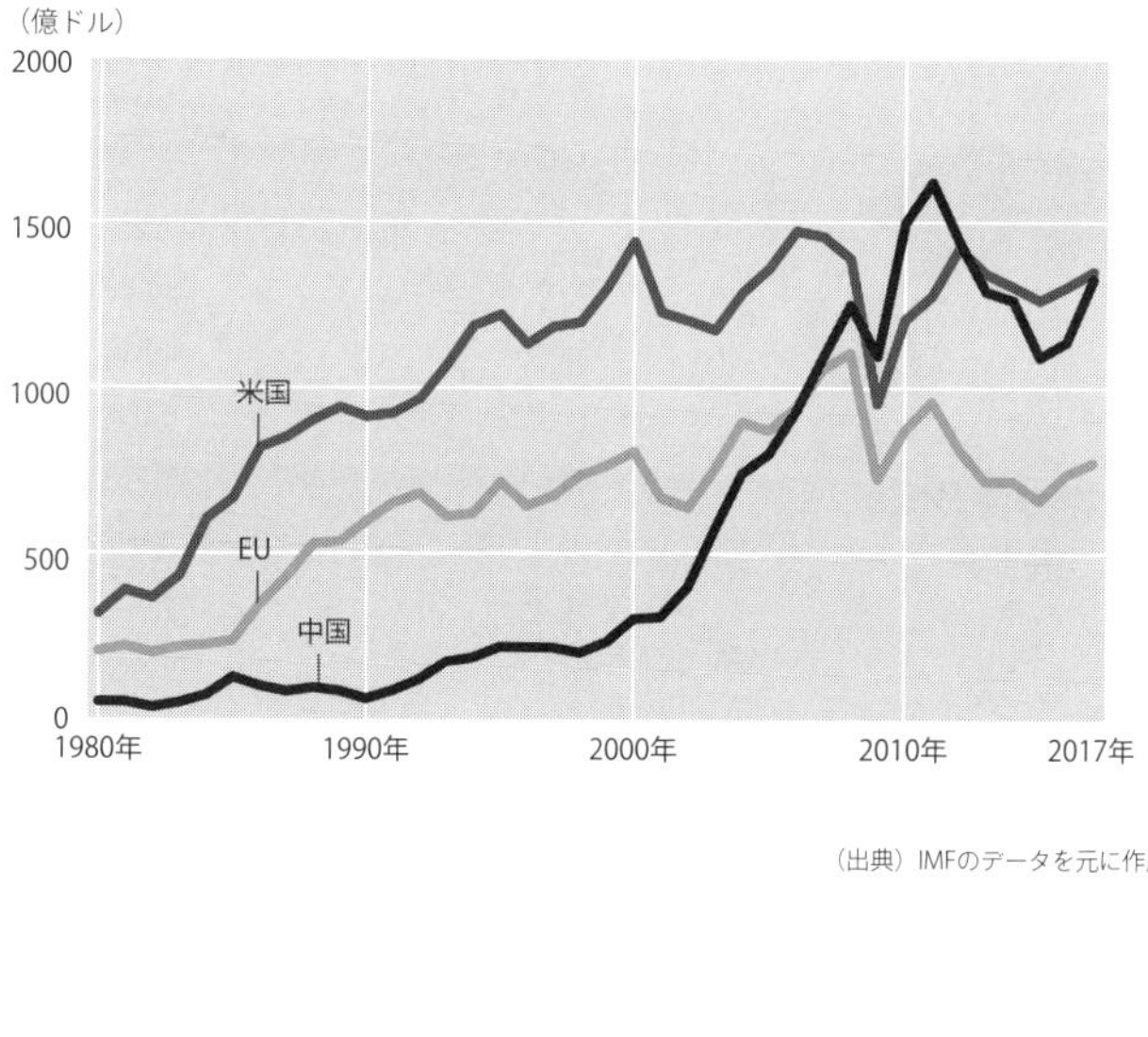

（出典）IMFのデータを元に作成

ほぼ同じになりました（図表-11）。

　中国への輸出品を見ると、もちろん自動車などの完成品もありますが、図表-12に示したように上位には半導体等電子部品、科学光学機器、プラスチックなどの工業部品や素材が並んでいます。その背景には、日本企業が中国に工場を設け、日本から中国へ部品や素材を供給し、それを中国で完成品に仕上げて販売するというサプライチェーンが構築されたことがあります。そして2016年度時点で、日本企業が中国の現地法人（現法）で完成品に仕上げた製品は、現地向けに64・1%、日本向けに13・8%、アジア向けに18・8%が販売されていました。なお、米中貿易摩擦の悪影響が懸念される米国など北米向けは1・1%に過ぎません（図表-13）。

図表-12

日本の主な対中輸出品（2017年）

輸出品	シェア
半導体等電子部品	7.0%
科学光学機器	6.1%
プラスチック	5.5%
自動車部品	5.4%
有機化合物	4.8%
自動車	3.8%
鉄鋼	3.7%
原材料	2.9%
原動機	2.7%
非鉄金属	2.6%

（出典）日本財務省

図表-13

日系中国本土現法の売上構成（2016年度）

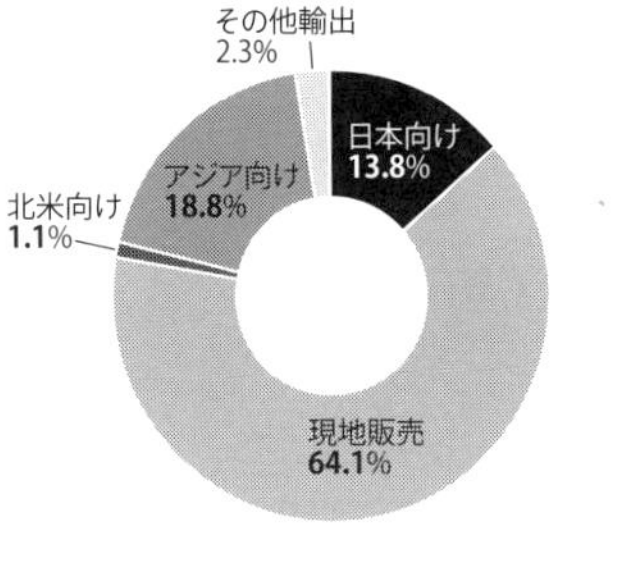

（出典）日本経済産業省（第47回海外事業活動基本調査結果）のデータを元に作成

8 金融市場に関する基礎知識

ポイント

❶資金不足部門は非金融企業。その資金調達の約8割は銀行貸出であり、間接金融が主流

❷資金余剰部門は家計で、その資金運用の約4割が預金。近年では財テク商品の運用増

❸資金の過不足を仲介する銀行は、調達の4分の3が預金、運用の5割強が貸出

❹シャドーバンキングは、リスク管理の仕組みが十分でなく、金融不安の元となりがち

❺中国の金利政策は、貸出・預金の基準金利による管理だが、政策金利の導入を模索中

本章では、中国経済を金融面から見てみましょう。実体経済が表の世界とすれば、金融は裏の世界ということになりますが、実体経済の動きを見極める上で欠かせない視点でもあります。

中国人民銀行が公表した資金循環表（図表-1）を

図表-1

資金過不足の推移

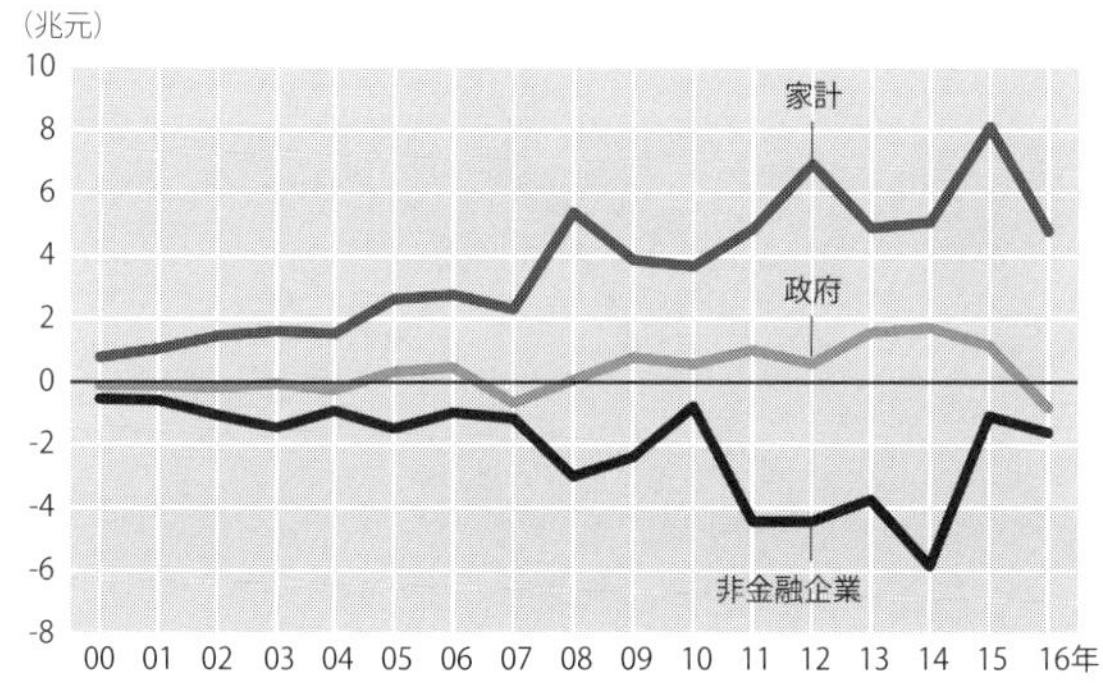

（出典）CEIC（出所は中国人民銀行）のデータを元に作成

見ると、中国も世界各国と同様に、最大の資金不足部門は非金融企業、最大の資金余剰部門は家計となっています。

資金調達の構造

最大の資金不足部門である非金融企業の資金調達を見ると、貸出が87・8%を占めており、中国は間接金融が主流の国といえます（図表-2）。ここ10数年の推移を見ると、株式のシェアは低迷しており、2016年まで増えていた債券のシェアも、17年には金融リスク管理の強化によって急低下したことから、金融機関を介する間接金融から証券（債券や株式）発行による直接金融への動きは順調とは言えません。また、外国直接投資（FDI）の存在感が徐々に低下していることも分かります。

図表-2

非金融企業の資金調達の内訳推移

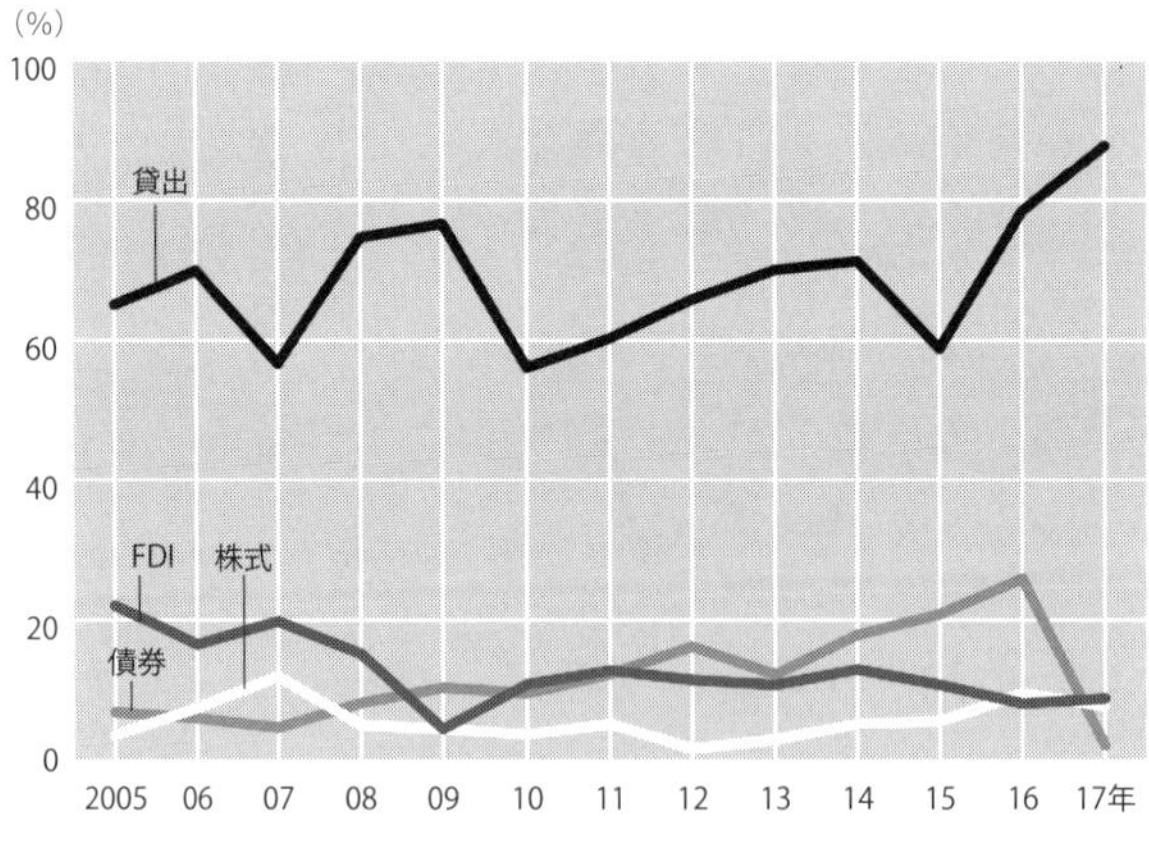

（出典）CEIC（出所は中国人民銀行（資金循環表））のデータを元に作成

資金運用の構造

一方、最大の資金余剰部門である家計の資金運用を見ると、２０１７年は12・２兆元で、日本円に換算すると約１９５兆円です。２００７年には３・５兆元だったので、この10年で３・５倍になった計算になります（図表-3）。

図表-3

家計の資金運用の推移

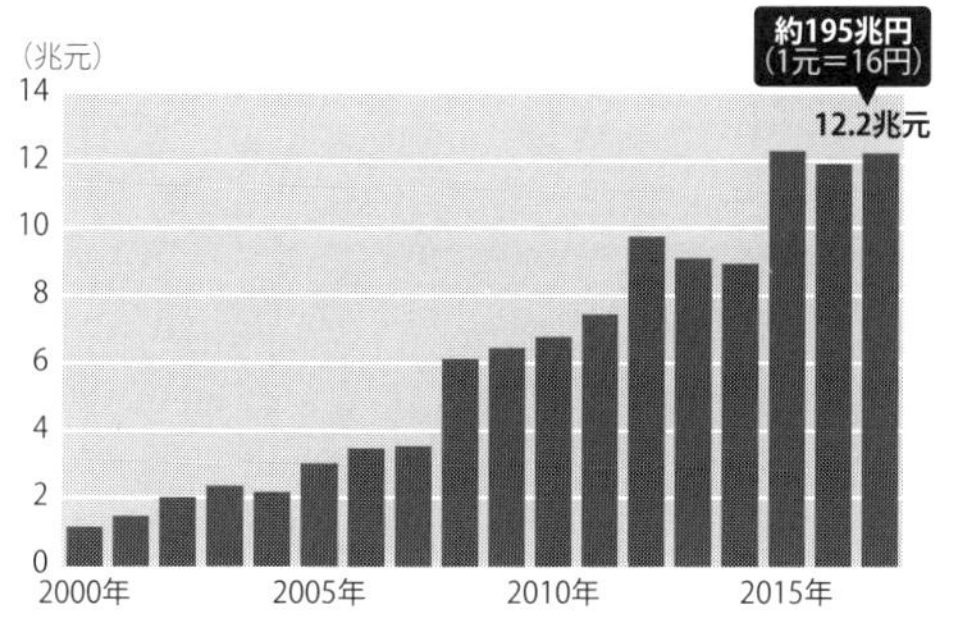

（出典）CEIC（出所は中国人民銀行（資金循環表））のデータを元に作成

図表-4

家計の資金運用の内訳推移

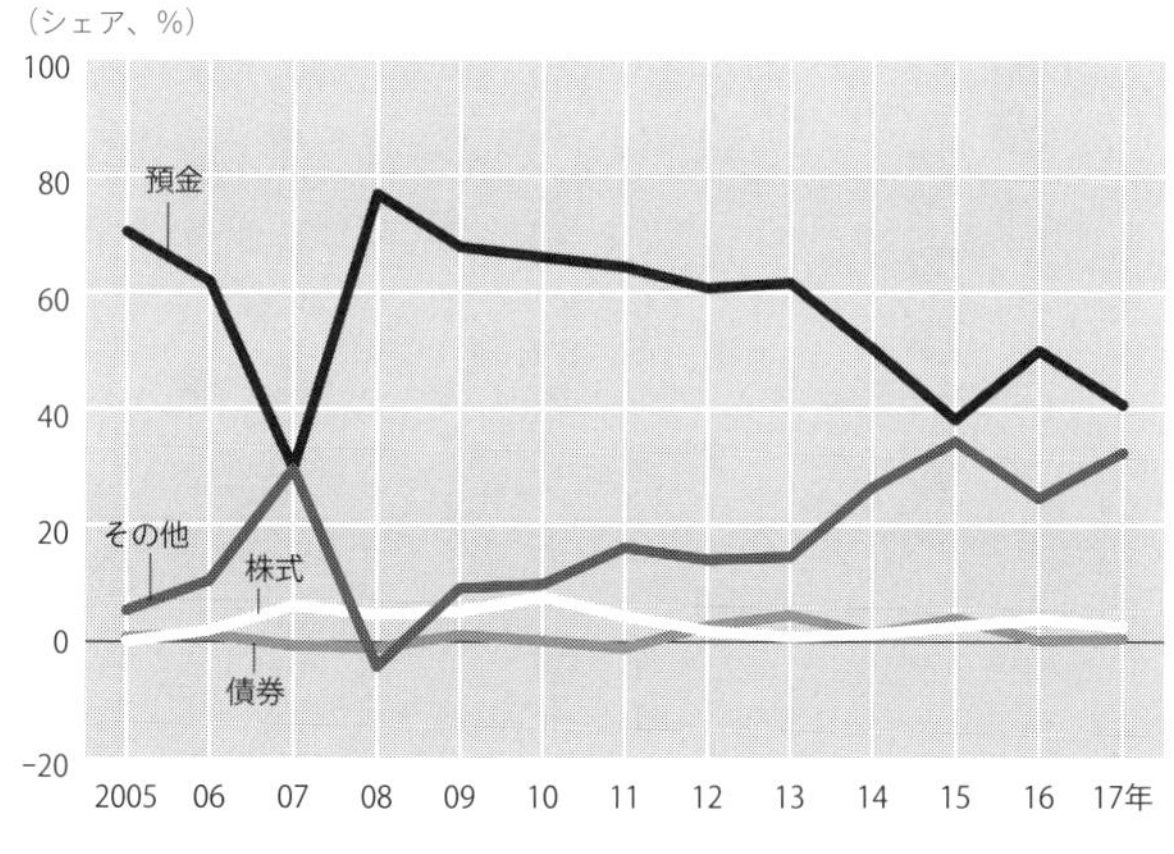

（出典）CEIC（出所は中国人民銀行（資金循環表））のデータを元に作成

家計の資金運用の内訳を見ると、最大の手段は預金で40・7％を占めています。ここ10数年の推移を見ると（図表1-4、前ページ）、預金のシェアは低下してきている上、株式や債券は低迷しています。

その一方で、その他が大きく増えていますが、これは銀行理財商品などの財テク商品が大半を占めると見られます。

なお、通貨のシェアも10年前の7・8％から2017年には1・7％まで低下しましたが、その背景には近年のスマホ決済の普及で、現金を持って生活する必要性が低下したことがあると思われます。

社会融資総量

また、中国の金融実態を探る上で欠かせない情報のひとつに、中国人民銀行が毎月公表している「社会融資総量」という統計があります。その中には、人民元建てや外貨建ての銀行融資に加えて、中国独特の金融のひとつである委託融資（銀行を仲介役に非金融企業と非金融企業が資金を融通し合う仕組み）、信託会社が資金を融通する信託融資、銀行引受手形、企業債券、エクイティ（非金融）などを含んでおり、その内訳は図表1-5に示した通りとなっています。

なお、社会融資総量の残高は2018年末時点で約201兆元、日本円に換算すると300兆円を超える巨大な規模に達しています（図表1-6）

中央銀行と市中銀行の貸借対照表（B／S）

間接金融が主流の中国では、資金不足部門と資金余剰部門の間をとりもつ金融機関が重要な役割を果たしています。したがって中国の金融実態を探るにあたっては市中銀行と中央銀行の貸借対照表（B／S）の基本的な姿を確認しておくことが欠かせませ

図表-5

社会融資総量残高の内訳（2018年末）

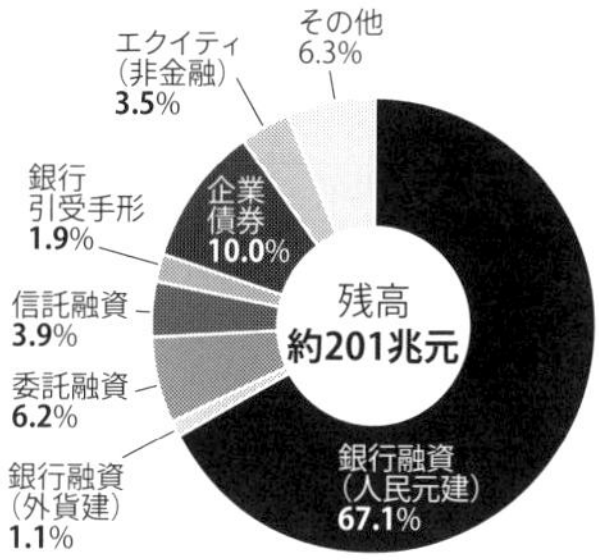

（出典）CEIC（出所は中国人民銀行）のデータを元に作成

図表-6

社会融資総量残高の推移

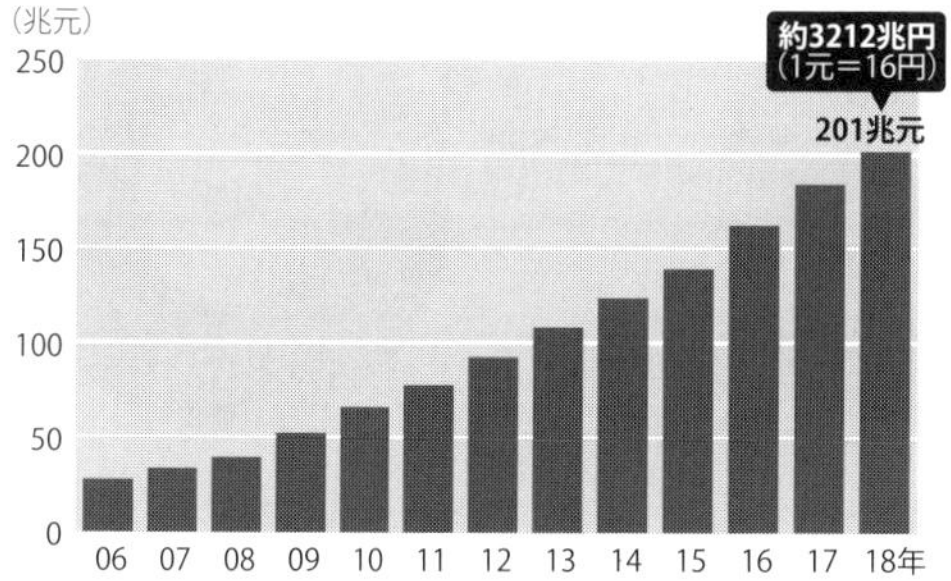

（出典）CEIC（出所は中国人民銀行）のデータを元に作成

ん。

まず、市中銀行の代表例として、中国で最大の国有銀行である中国工商銀行の貸借対照表を見てみましょう。図表-7（次ページ）に示したとおり、負債サイドでは預金が4分の3を占めていること、資産サイドでは貸出が過半を占め中央銀行への預金も1割強あること、そして銀行間の貸借はともに数%程度と少ないという特徴があります。

一方、中央銀行である中国人民銀行の貸借対照表を見ると、図表-8（次ページ）に示したとおり、負債サイドでは預金金融機関からの預り金が7割弱を占めていること、資産サイドでは外貨準備が約6割を占めているという特徴があります。すなわち、中国人民銀行が市中銀行から預かった資金で外貨準備を保有しています。2018年末時点で中国の預金準備率が、大手銀行の場合14・5%と、欧米先進国の大手銀行の概ね2～3%であるのと比べて高い背景には、こうした事情があるのです。

図表-7

中国工商銀行の資産と負債（2017年）

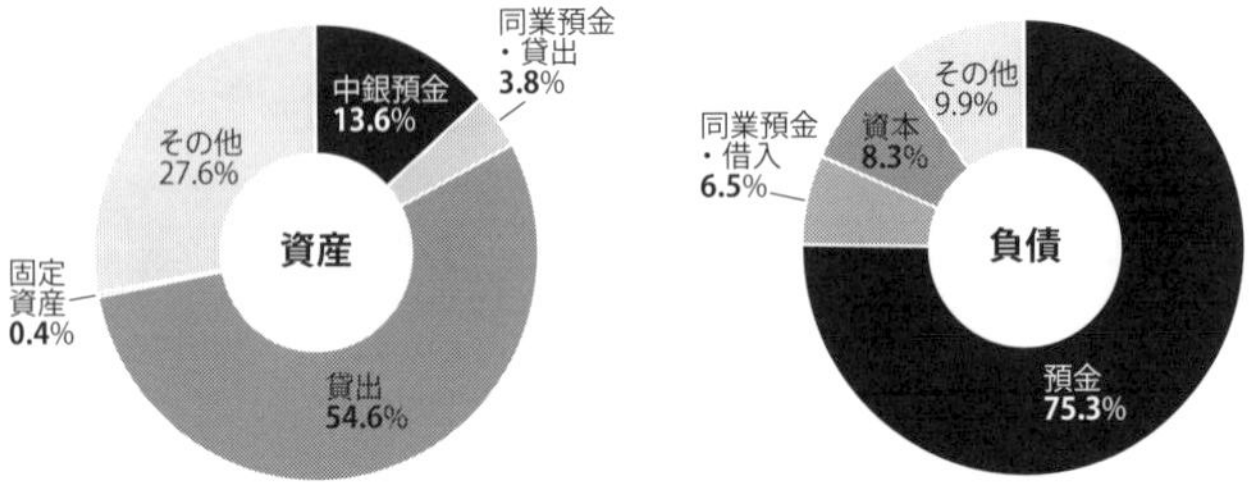

（出典）CEIC（出所は中国人民銀行）のデータを元に作成

図表-8

中国人民銀行の資産と負債（2017年）

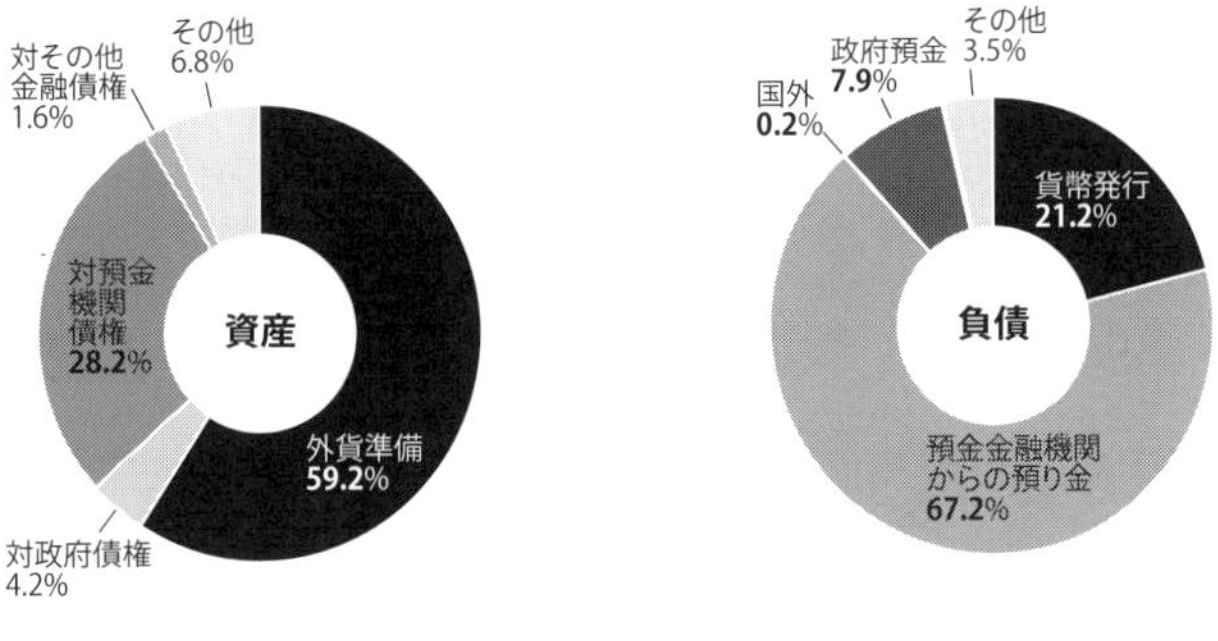

（出典）CEIC（出所は中国人民銀行）のデータを元に作成

コラム

シャドーバンキング問題

今から約6年前の2013年頃、中国の「シャドーバンキング問題」が世界の注目を集めました。「シャドーバンキングシステム（Shadow banking system）」は、米運用会社PIMCOのポール・マカリー氏が2007年に使い始めた造語で、銀行のバンキングシステムを通さず、証券会社、ヘッジファンド、証券化のための特殊な運用会社などが行う金融システムの総称です。「シャドーバンキング」を日本語に直訳すると「影の銀行」となるため、いかにも怪しいもののように見えますが、伝統的な銀行システムに風穴を空け、新しい金融システムを構築したという点では金融イノベーションの成果ともいえます。

しかし、銀行システムとシャドーバンキングシステムにはリスク管理という点で大きな違いがあります。伝統的な銀行システムには、銀行が資金を集める方法からその資金を運用する方法、そして貸出先が経営不振に陥り不良債権が発生したときの処理方法や、そうした事態に事前に備える方法に至るまで厳しいリスク管理の仕組みがあり、金融当局がそれを厳しく監視しています。しかし、新しく登場したシャドーバンキングシステムでは、それが不十分になりがちです。新しい金融商品を作る運用会社などは既存の規制に抵触しないように作りますし、その新しい金融商品が問題を引き起こして金融当局が新たな規制を作っても、運用会社などは金融テクノロジーを駆使してその規制を逃れる金融商品を新たに作るため、問題が起きてから規制が作られるという後追いになりがちで、リスク管理の仕組みが十分と言える状況になかなかならないのです。こうした中で、2000年代後半に起きたのが米国のサブプライムローン問題であり、それを発端として世界に金融危機が拡散することとなりました。

そして、中国でも地方政府傘下の投資会社が組成した「理財商品（Wealth Management Products、略称WMP）」と呼ばれるシャドーバンキングが急増していることが分かり、その規制に乗り出した2013年6月には上海の短期金利（SHIBOR翌日物）が一時13％台まで急上昇したため、中国における「シャドーバンキング問題」が世界の注目を集めることとなったのです（図表-1）。

シャドーバンキングの現状

シャドーバンキングの残高は正式には公表されていませんが、銀行システムを通さない金融システムであることから、社会融資総量残高のうち銀行融資残高（人民元建＋外貨建）を除いた金額をシャドーバンキング残高とみなすことができます。その金額は2018年末時点で約64兆元（日本円換算で約1022兆円）となっており、2013年にシャドーバンキング問題が注目されて以降

図表-1

短期金利の推移

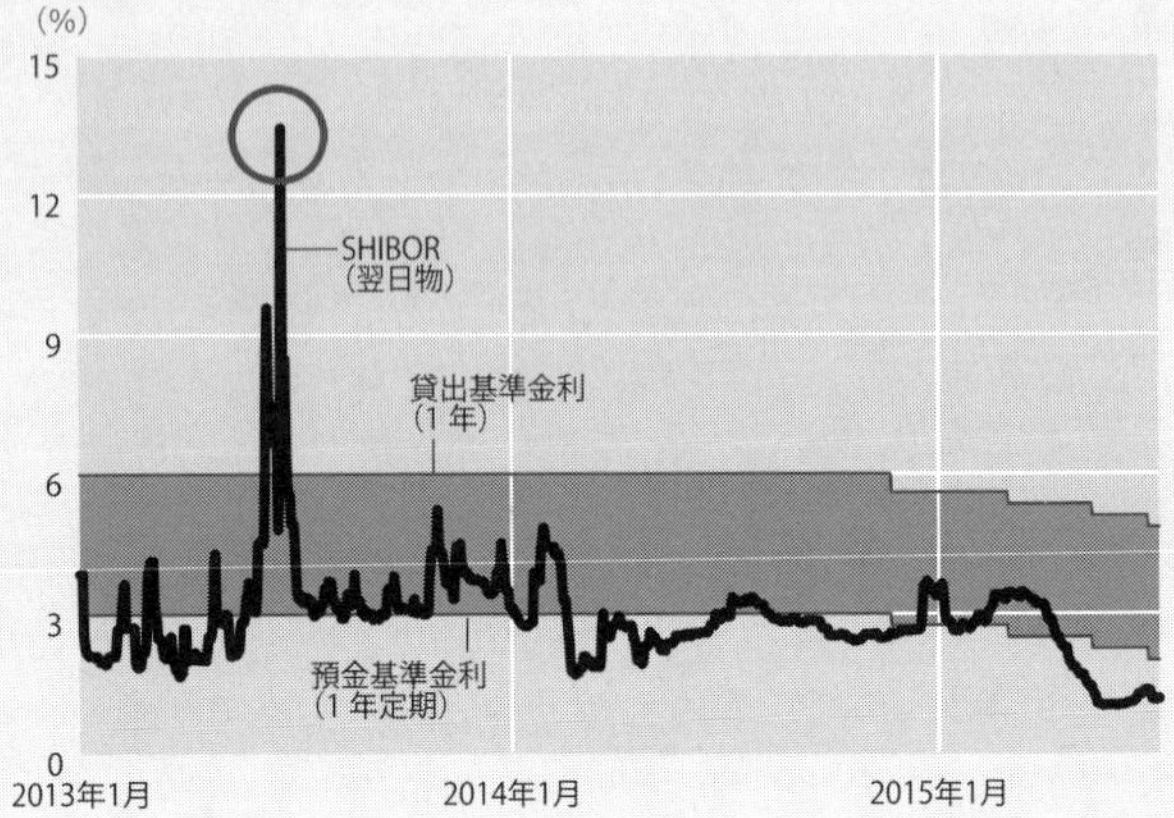

（出典）CEICのデータを元に作成

図表-2

社会融資総量残高（除く銀行融資残高）の推移

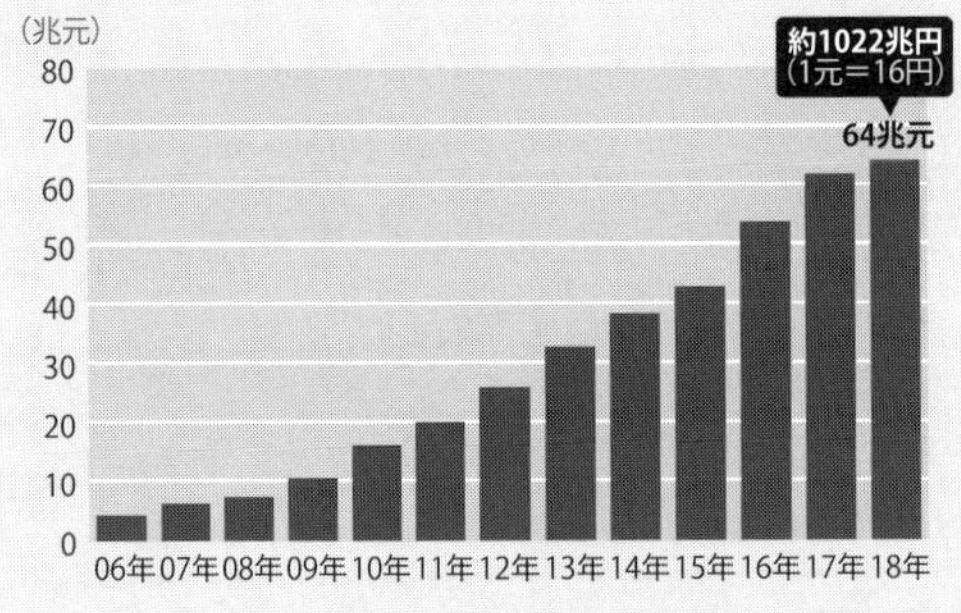

（出典）CEIC（出所は中国人民銀行）のデータを元に作成

も右肩上がりで増加しています（図表‐2）。

一方、シャドーバンキングの代表格である「銀行理財商品」の残高は2018年末時点では22兆元（日本円に換算すると約350兆円）となっています（図表‐3）。シャドーバンキング問題が注目された2013年以降も右肩上がりで増加していましたが、2017年に中国政府がシャドーバンキングに対する規制を強化する方向性を打ち出し、暗黙の元本保証の禁止、投資家責任の徹底、非標準化債権類資産（不動産プロジェクトに対する収益受益権など）の組み入れを厳しくしたことなどから、2018年には大幅減となりました。

図表-3

銀行理財商品残高の推移

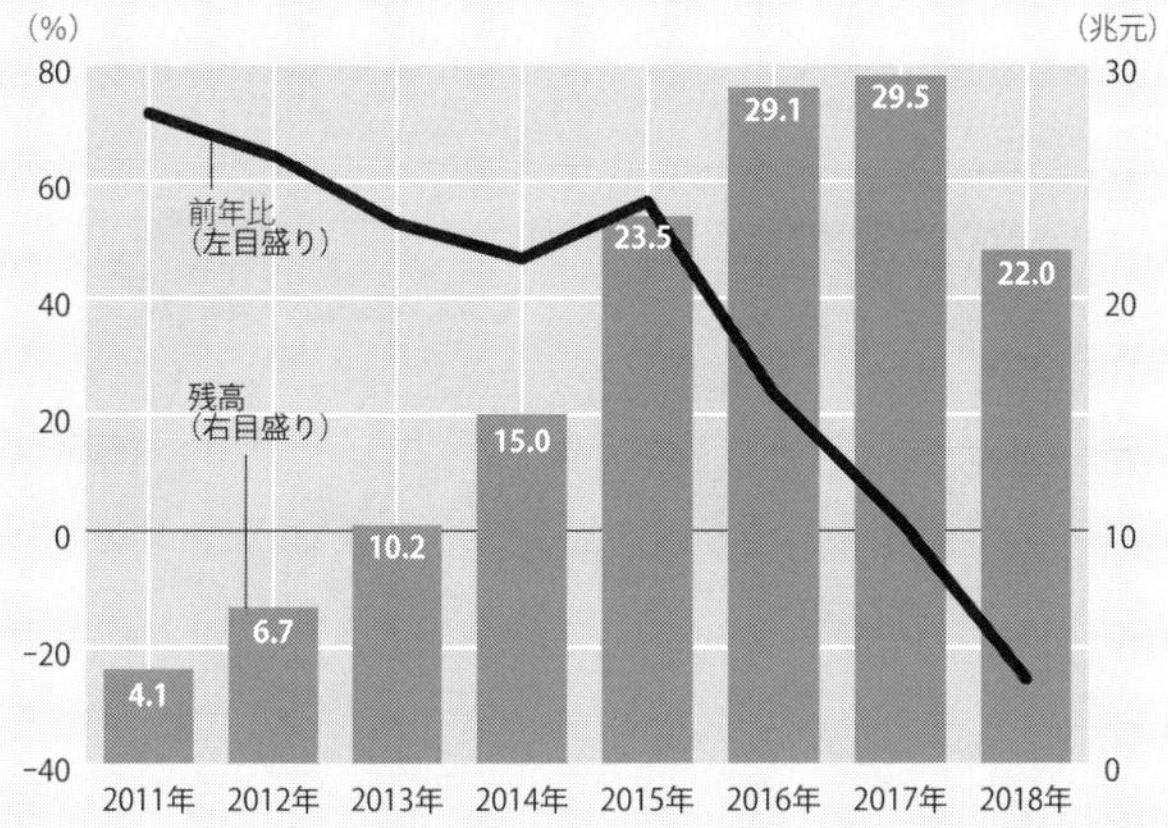

（出典）2012年までは中国人民銀行、2013年以降は中国銀行業協会

なお、銀行理財商品の販売者は国内の商業銀行が大半で、国有大手商業銀行が38・6%、株式制商業銀行が39・9%となっており、外資系銀行は0・5%とわずかなシェアに留まっています（図表‐4、次ページ）。また、購入者は個人が多く、一般個人向け商品、大資産家向け商品、プライベートバンキング専用商品を合わせると9割近くを占めています（図表‐5、次ページ）。

銀行システムとシャドーバンキングシステムの違い

ここで銀行システムとシャドーバンキングシステムの違いを明らかにしておきましょう。図表‐6（次ページ）は中国の金融市場をモデル化したものです。市場参加者は資金提供者、金融仲介者、資金調達者の3つに大きく分類することができます。

シャドーバンキングが増加する前は、金融仲介者の中核は銀行で、資金提供者は主に銀行に預金し、銀行はその資金を国有企業などに融資するという伝統的な銀行システムが主役でした。しかし、金融自由化が進むにつれ、

金融仲介者が多様化するとともに、資金提供者の選択肢も増えて、資金調達者の手段も多様化しました。こうした観点で考えると、シャドーバンキングは金融自由化の結果であり、民間企業に資金が流れにくいという伝統的

図表-4

銀行理財商品の販売者（2018年）

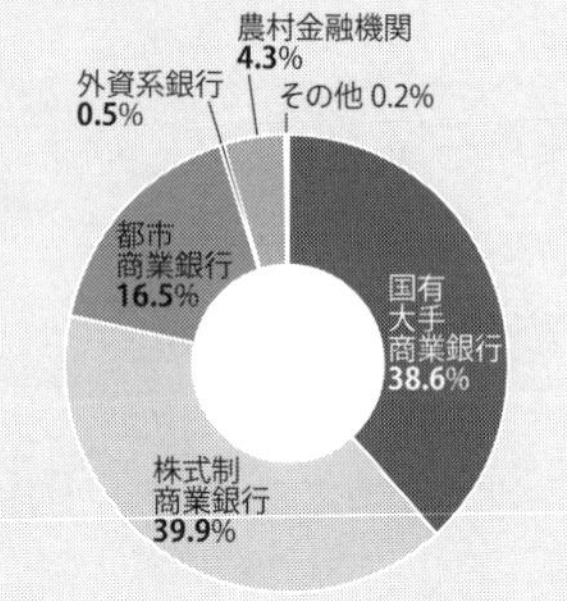

（出典）CEIC（出所は中国中央国債登記決済有限責任公司）のデータを元に作成

図表-5

銀行理財商品の購入者（2018年）

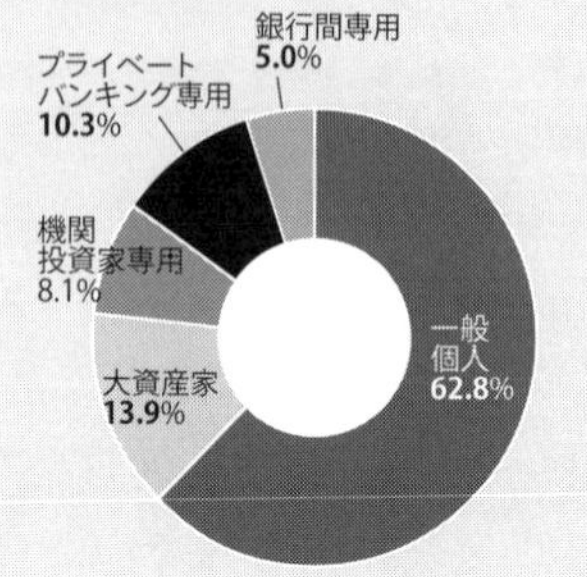

（出典）CEIC（出所は中国中央国債登記決済有限責任公司）のデータを元に作成

図表-6

金融市場のイメージ図

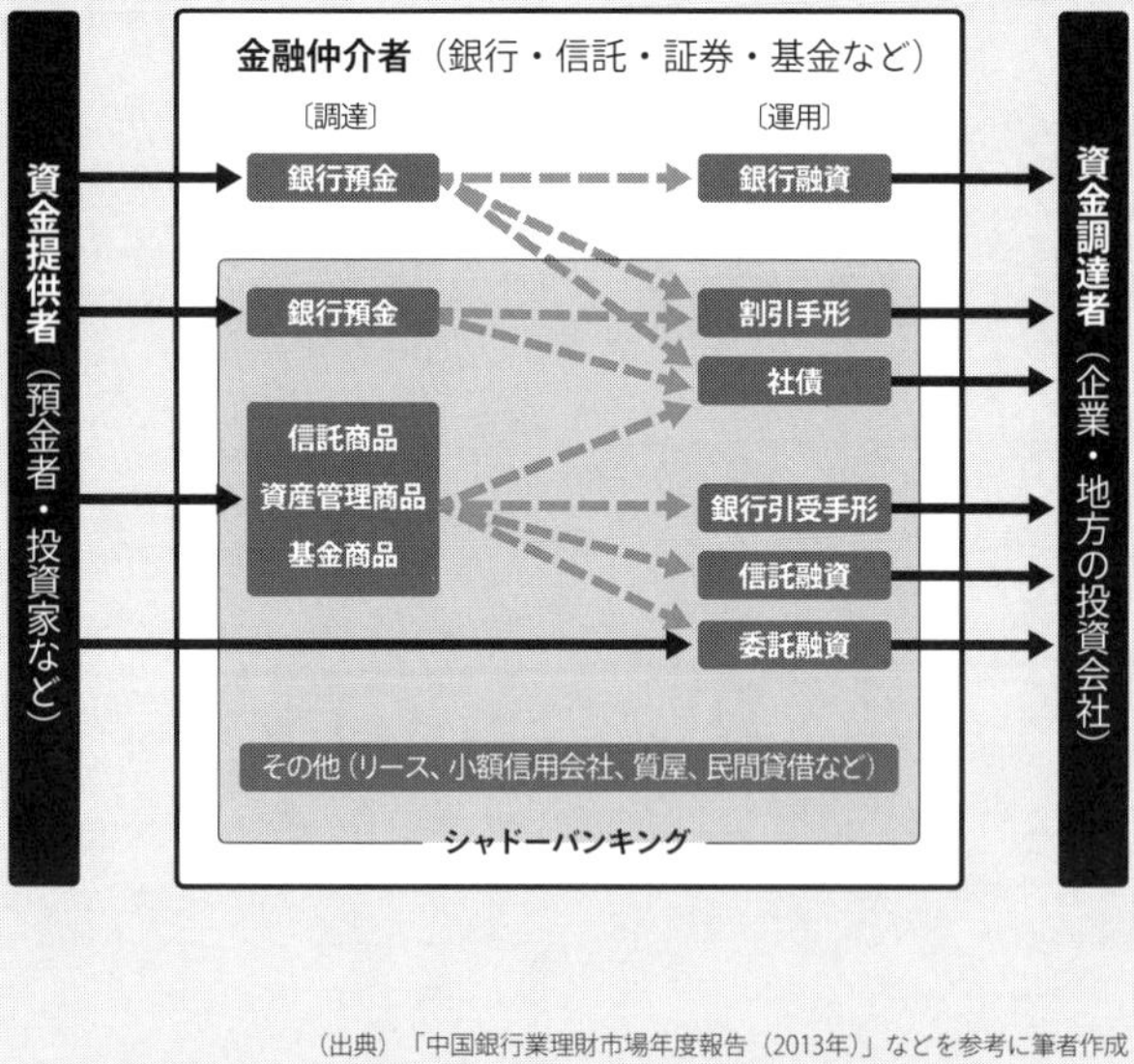

（出典）「中国銀行業理財市場年度報告（2013年）」などを参考に筆者作成

な銀行システムが抱えていた問題に適応し、資金配分の最適化を促して、実体経済に恩恵をもたらすはずのものだったといえます。

シャドーバンキングの問題点

このようにシャドーバンキングは金融自由化がもたらした新たな金融商品で、その存在自体が不健全というわけではありませんが、銀行システムほどリスク管理の仕組みが整っていないため、さまざまな問題を引き起こす恐れのある火薬庫のようになっています。

ひとつの問題点として挙げられるのが販売時の説明です。金融仲介者が資金提供者から資金を預かる際に、リスクに関する説明が不十分で、元本保証でないのに元本保証だと勘違いする事象があとを絶ちません。特に、中国では銀行が両方の金融商品を取り扱っているため、購入者が銀行理財商品を元本保証と勘違いしやすい状況にあるのです。

もうひとつは実態把握とデータ公表の問題です。預金で調達した資金を融資で運用する伝統的な銀行システムとは異なり、シャドーバンキングの資金の流れは**図表1-6**で示したように極めて複雑です。先行して金融自由化が進んだ国々でもまま見られた現象ではありますが、金融自由化に統計の整備が追いつかず金融当局による実態の把握やディスクローズ（データ公表）が遅れ、資金調達者が債務不履行（デフォルト）に陥るような事態になって初めて誰がどの位の損失を被るのかが問題となるため、さまざまな憶測が市場を駆け巡り混乱を引き起こすことになりやすいのです。

中国政府は今後も金融自由化を進める方針で、シャドーバンキングの残高は今後も増えるでしょう。しかし、金融テクノロジーを駆使した新たな金融商品が登場する度に、リスク管理の仕組みが後追いになるという構造問題を抱えているため、その動向には注意が必要です。

コラム

中国の政策金利は何か？

日本などの先進国では、中央銀行が金融政策の狙いを示すための政策金利を定め、その誘導目標を示しています。日本銀行は無担保コール・レート（翌日物）を、米連邦準備制度理事会（ＦＲＢ）はフェデラル・ファンド・レート（ＦＦ金利）を、政策金利として採用しています。

それでは、中国の政策金利は何なのでしょうか。結論から言うとまだ定まっていないというのが現状です。金融市場が未成熟な中国では、中国人民銀行（中央銀行）が市中銀行に預金と貸出の基準金利を提示し、直接コントロールしてきました。そして、貸出の基準金利には下限が、預金の基準金利には上限が設けられていたため、市中銀行は確実に利ざやを得ることができ、銀行経営は磐石でした。

しかし、中国人民銀行は、金融市場を育成するためには金利自由化や政策金利の採用が肝要と考えているようで、２０１５年までに段階的に、基準金利の上下限を撤

図表-1

各種金利の推移

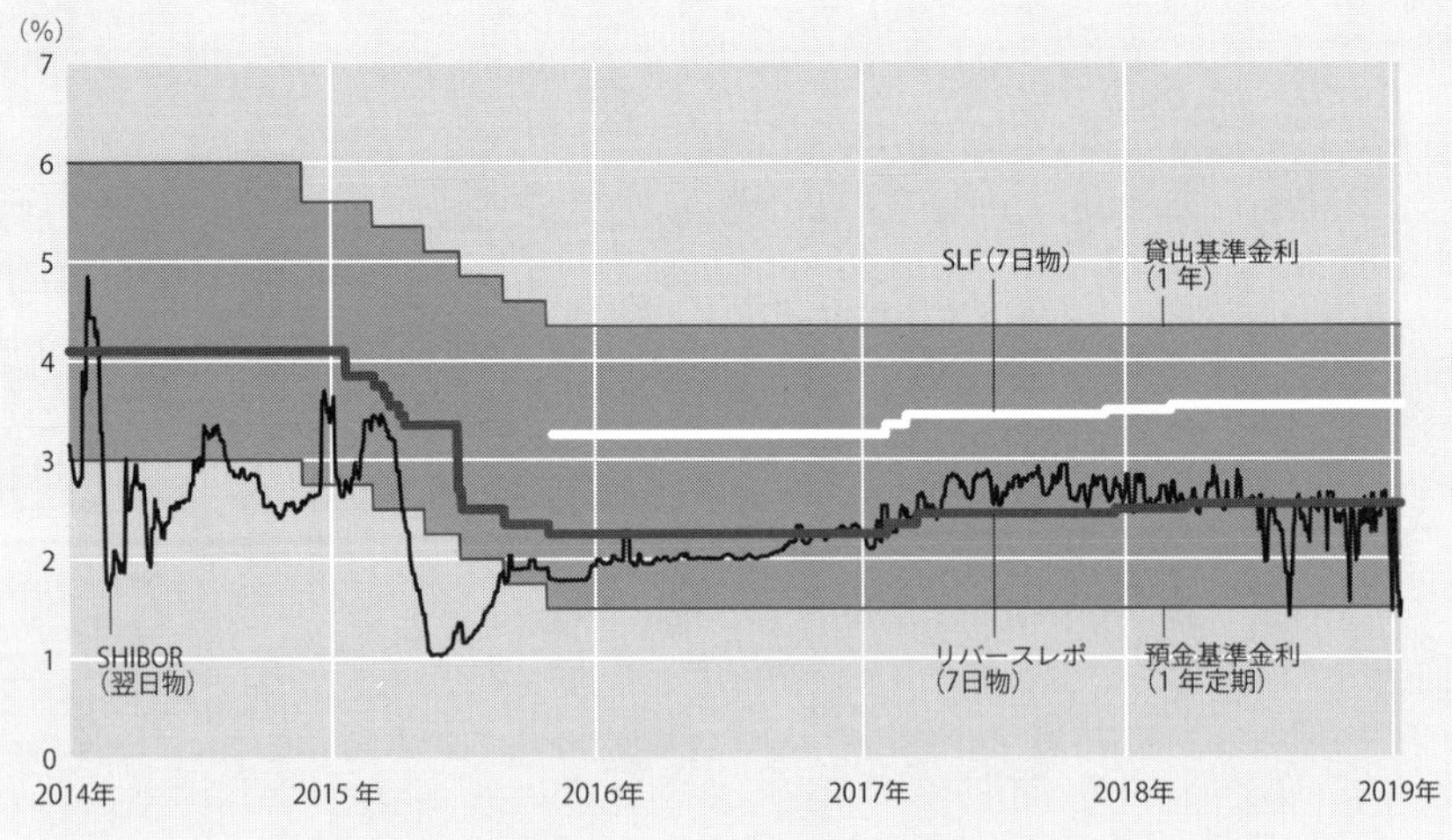

（出典）CEICのデータを元に作成

廃しました。これからは政策金利を何にするかの議論が進むものと見られます。現在最も有力な候補としてはリバースレポ（7日物）が挙げられます。また、常設貸出ファシリティ（Standing Lending Facility、略称「SLF」）の金利を上限とし、超過預金準備の金利を下限とした「金利コリドー」を考えているとの見方もあります。

ただし、中国の市中銀行はいまだに基準金利を参照して預金・貸出を行っているのが現状です。

9 証券市場に関する基礎知識

ポイント

❶現在の株式市場は、店頭市場を創設するなど多角化が進み、時価総額で日本と並ぶ。対外開放も徐々に進展し、世界株式指数への採用や、上海とロンドンの市場が相互接続へ
❷上海市場の業種構成は、東証より金融・エネルギーが多く、消費や情報技術が少ない
❸株式取引の中心は個人で約8割だが、株式保有では一般法人が約6割
❹近年、債券市場が急拡大中で、残高は日本円換算で約920兆円。特に対外開放を促進

株式市場

独特な株式市場の形成過程

中国の株式市場の歴史を振り返ると、1990年には上海証券取引所が、1991年には深圳証券取引所が相次いで営業を開始しました。当時は外資の導入と厳格な外貨管理を両立するため、国内投資家向けのA株（人民元建て）と外国投資家向けのB株（外貨建て）の、2つの市場に分けられました。そして、1993年には香港証券取引所に中国本土企業（青島ビール）が上場しH株市場も始まりました（図表Ⅰ-1）。

当時の中国は計画経済から市場経済への移行期にあり、計画経済下で国家が支配権を握っていた国有企業を、市場経済の象徴ともいえる株式市場の導入で一気に民営化すれば、計画経済を担ってきた国有企業の経営が混乱する恐れがありました。そこで、

図表-1

中国株市場の沿革と主要な市場統計

●中国株市場の沿革

時期	内容
1990年12月	上海証券取引所が営業を開始
1991年7月	深圳証券取引所が営業を開始
1993年6月	香港証券取引所にH株上場
2001年6月	非流通株改革（国家株の放出）
2002年11月	適格海外機関投資家（QFII）制度の新設
2004年5月	深圳証券取引所に「中小企業板」を新設
2005年4月	非流通株改革の再開
2006年4月	適格国内機関投資家（QDII）制度の新設
2009年10月	深圳証券取引所に「創業板」を新設
2010年3月	上海、深圳の両市場で信用取引を解禁（当初は試験実施）
2010年4月	中国金融先物取引所で株価指数先物取引を解禁
2011年12月	人民元適格海外機関投資家（RQFII）制度の新設
2012年9月	全国中小企業株式譲渡システム（新三板）を新設
2014年11月	「滬港通」の開始（香港と上海証券取引所の相互接続）
2016年12月	「深港通」の開始（香港と深圳証券取引所の相互接続）
2018年6月	MSCI新興国株指数に中国Ａ株を採用

●主要な市場統計

株式上場企業数（2018年末）	
上海証券取引所	1,450社
深圳証券取引所	2,134社
うち中小企業ボード	922社
うち創業ボード	739社
時価総額（2018年末）	**434,924億元**
上海証券取引所	269,515億元
深圳証券取引所	165,409億元
うち中小企業ボード	70,122億元
うち創業ボード	40,460億元
売買金額（2018年）	**902,959億元**
上海証券取引所	403,184億元
深圳証券取引所	499,774億元
信用取引残高（2018年末）	**7,557億元**
上海証券取引所	4,678億元
深圳証券取引所	2,879億元

（出典）上海証券取引所、深圳証券取引所など各種資料を元に筆者作成

市場で取引される「流通株」を少なめにし、国家が保有する「国家株」や「法人株（国有企業などの持ち合い）」など「非流通株」を多くすることで支配権を維持することとなりました。その結果、「非流通株」を流通させるようにする過程では株価に下押し圧力が掛かり、「非流通株改革」が加速した2000年代前半には株価が低迷しました。その後、2004年には「中小企業板」が、2009年には「創業板（ChiNext《チャイネクスト》）」が、2012年には店頭市場の「全国中小企業株式譲渡システム（新三板）」が新設され、2010年には信用取引と先物取引が解禁されるなど制度面の充実も進んでいます。そして、中国の株式市場は時価総額で米国に次ぐ世界第2位の地位を日本と競うほどに成長しました。

株式市場の対外開放

他方、株式市場の対外開放もゆっくりと進んでいます。2002年には適格海外機関投資家（QFII、注1）制度、2011年には人民元適格

海外機関投資家（ＲＱＦＩＩ、注2）制度を創設するなど海外機関投資家に門戸を開きました。なお、ＱＦＩＩとＲＱＦＩＩの2制度は将来的に統合する方向にあります。また、２００６年には適格国内機関投資家（ＱＤＩＩ、注3）制度を創設して国内機関投資家にも海外への門戸を開放しています。さらに、中国本土と香港で株式相互取引を可能にするストックコネクト（注4）を開始、２０１４年には「滬港《フウカン》通《トン》（香港と上海証券取引所の相互接続）」が開通、２０１６年には「深港通《シェンカントン》（香港と深圳証券取引所の相互接続）」が開通、そして２０１９年6月には、英国との間でも「滬倫通《フウルェントン》（ロンドンと上海証券取引所の相互接続）」が開通しました。

また、２０１８年６月には、米ＭＳＣＩ社（Morgan Stanley Capital International）が新興国株指数に中国A株を組み入れたのを皮切りに、２０１９年6月には英国のＦＴＳＥラッセルも中国A株を組み入れました。ＭＳＣＩ社のＡＣＷＩ（All Country World Index）に占める中国株のシェアは２０１８年末時点で3・3％弱と、世界ＧＤＰに占めるシェア（約15％）と比べて極端に低いだけに、中国市場の対外開放の進捗状況を睨みながらも、中国A株の組み入れ比率は徐々に上昇していくと見られます（図表-2）。なお、中国の対外・対内株式投資はともに概ね増加傾向にあります（図表-3）。

図表-2

MSCI（ACWI）の構成比（2018年末）

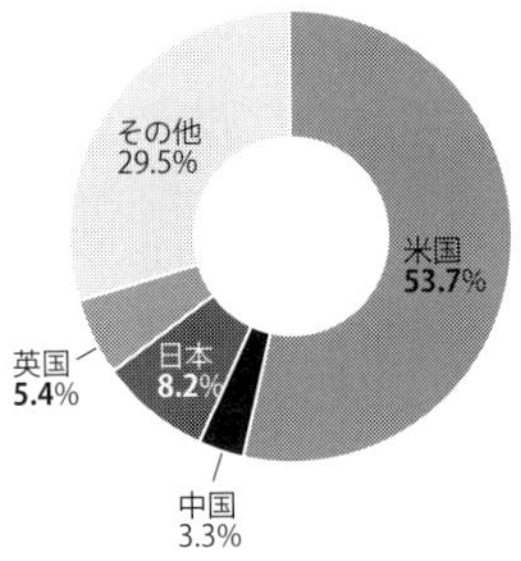

（出典）MSCIのデータを元に作成

注1　正式の英文名称は Qualified Foreign Institutional Investors で、海外投資家による資本取引を原則禁止している中国が外資を呼び込むことを目的に、資本市場を限定的に開放すべく２００２年に設けた制度。中国証券監督管理委員会（ＣＳＲＣ）の認定を受け、かつ中国国家外貨管理局

図表-3

対外・対内株式投資の推移

対外株式投資（残高）

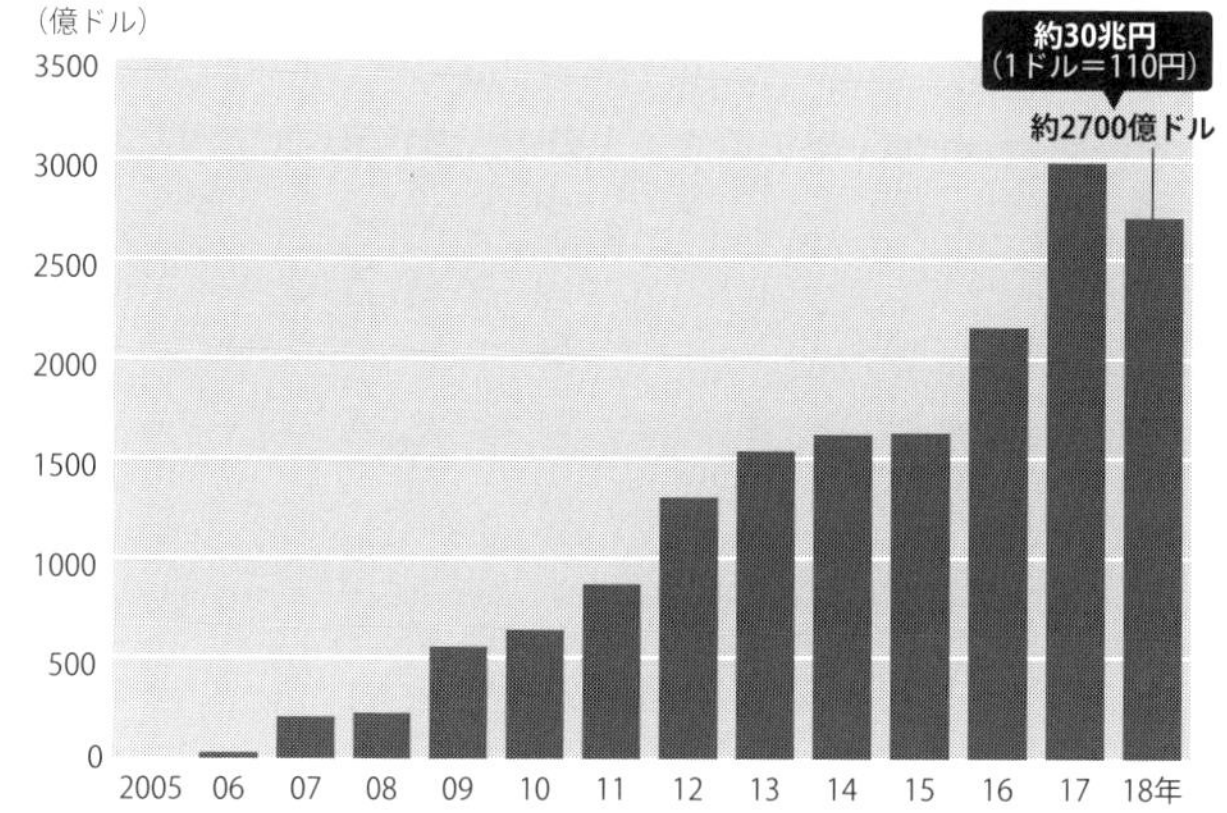

（出典）CEIC（出所は中国国家外貨管理局）のデータを元に作成

対内株式投資（残高）

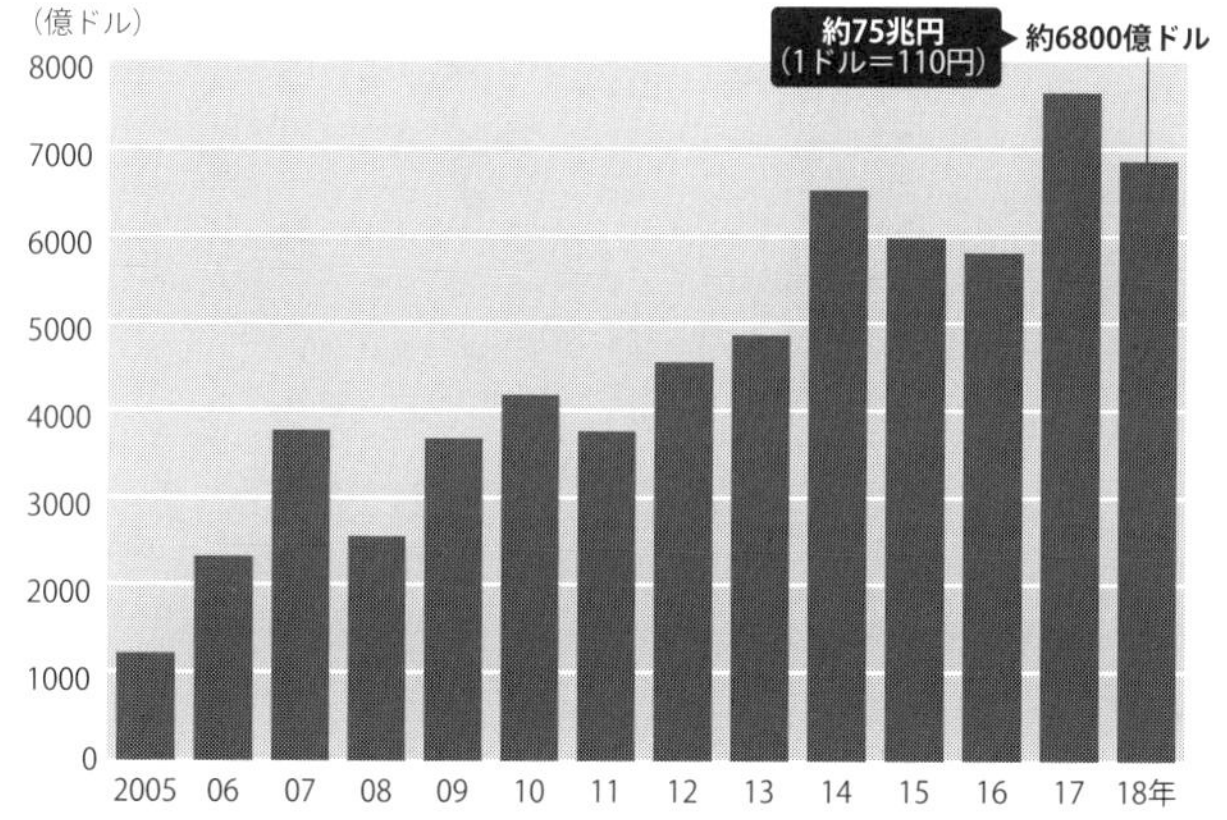

（出典）CEIC（出所は中国国家外貨管理局）のデータを元に作成

（SAFE）から投資限度額の認可を取得した海外機関投資家のみ利用可。認定・認可を受けていない機関投資家や個人投資家は対象外となる一方、認定・認可を受けた海外機関投資家は、専用口座を使用し、投資限度枠内で外貨を人民元に両替し、予め定められた規定の範囲内の人民元建て金融商品（上海A株、深圳A株や債券等）に投資することができる。

注2　正式の英文名称は RMB Qualified Foreign Institutional Investors で、ＱＦＩＩの実績の下で、香港などのオフショアで流通する人民元を、中国本土の人民元建て金融商品に投資できるようにするため、２０１１年に試行が始まった制度。２０１３年3月に「人民元適格海外機関投資家域内投資試行弁法」が公布され正式に運用体制が確立。中国証券監督管理委員会（ＣＳＲＣ）が資格と参入の認定を、中国国家外貨管理局（ＳＡＦＥ）が投資限度額の認可を、そして中国人民銀行が口座の管理に責任を負う管理監督体制となっている。

注3　正式の英文名称は Qualified Domestic Institutional Investors で、一定の条件を満たす国内機関投資家（商業銀行、保険会社、証券会社、投信会社等）を対象に、海外の金融商品に一定限度内で投資できるよう、２００６年に設けられた制度。その機関投資家は、個人投資家向けに香港株を組み入れたファンドを販売しており、銀行系ＱＤＩＩファンドの中には香港のほか、英国、シンガポール、日本、米国などの株式への投資も認められている。

注4　人民元の国際化、株式市場の流動性向上、投資家層の拡大等を目的に導入された制度。現在は上海証券取引所と香港証券取引所を相互接続する「滬港通」と深圳証券取引所と香港証券取引所との「深港通」がある。これにより海外の個人投資家は香港市場を経由して、上海市場や深圳市場に上場する人民元建て株式（Ａ株）に投資できるようになり、それまで適格機関投資家に限定されていた市場の開放が進んだ。また、中国本土の投資家も香港市場に上場する株式を売買できるようになった。なお、投資額には上限があり、当初は香港から上海へは1日当たり１３０億元、上海から香港へは1日当たり１０５億元だったが、18年5月には対外開放の一環として、前者は５２０億元へ、後者は４２０億元へ上限が引き上げられた。

業種構成の特色

上場株式の取引価格を一定の方法で計算し、上海証券取引所の相場の状況を示す上海総合指数の業種構成を見ると（図表-4）、第1位は金融の38・1％、第2位は資本財・サービスの14・6％となっています。東証株価指数（ＴＯＰＩＸ）と比べると、上海総合の方が金融では26・8ポイント、エネルギーでは7・9ポイント上回る一方、一般消費財・サービスでは13・2ポイント、情報技術では5・5ポイント下回ります。世界的に影響を与える投資環境変化が起きた際に、東証と上海総合で反応が異なることがある背景には、こうした業種構成の違いもあるのです。

図表-4

株式市場の業種構成比較

●業種構成の日中比較（時価総額、2018年12月末時点）

	中国（上海総合）	中国（深圳総合）	日本（TOPIX）	差異（上海-深圳）	差異（上海-日本）
一般消費財・サービス	6.6%	13.5%	19.8%	-6.9%	-13.2%
生活必需品	5.9%	7.8%	9.9%	-2.0%	-4.0%
エネルギー	8.9%	1.0%	1.0%	7.9%	7.9%
金融	38.1%	5.1%	11.3%	33.0%	26.8%
ヘルスケア	4.0%	10.6%	7.7%	-6.6%	-3.7%
資本財・サービス	14.6%	19.4%	20.6%	-4.7%	-6.0%
情報技術	4.6%	19.1%	10.0%	-14.5%	-5.5%
素材	8.0%	13.2%	6.3%	-5.2%	1.7%
不動産	3.3%	5.4%	2.6%	-2.0%	0.8%
コミュニケーション・サービス	1.7%	3.0%	9.0%	-1.3%	-7.3%
公益事業	4.2%	1.8%	1.8%	2.4%	2.4%

●上海総合・深圳総合の業種構成（2018年末）

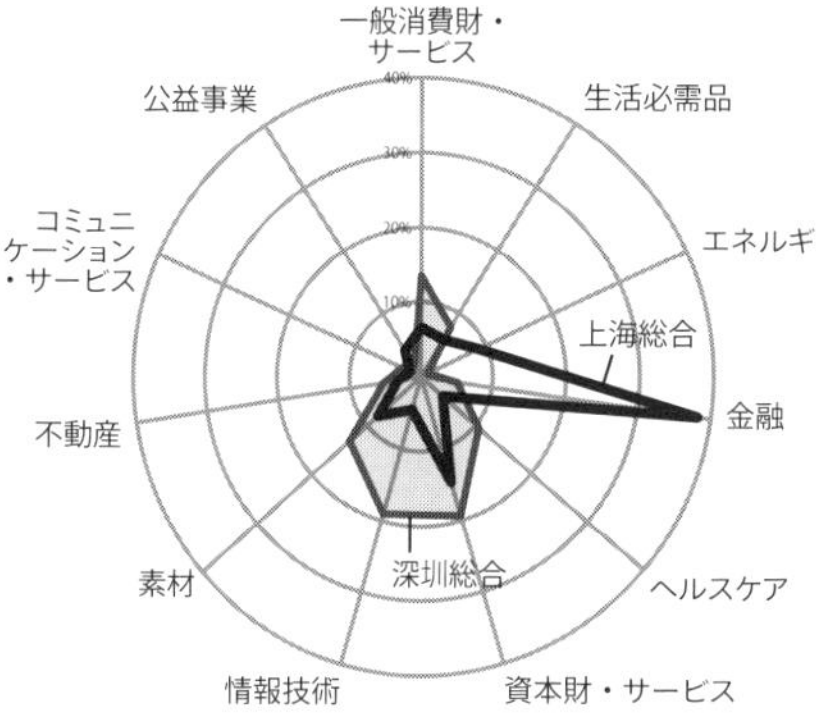

●上海総合・日本株の業種構成（2018年末）

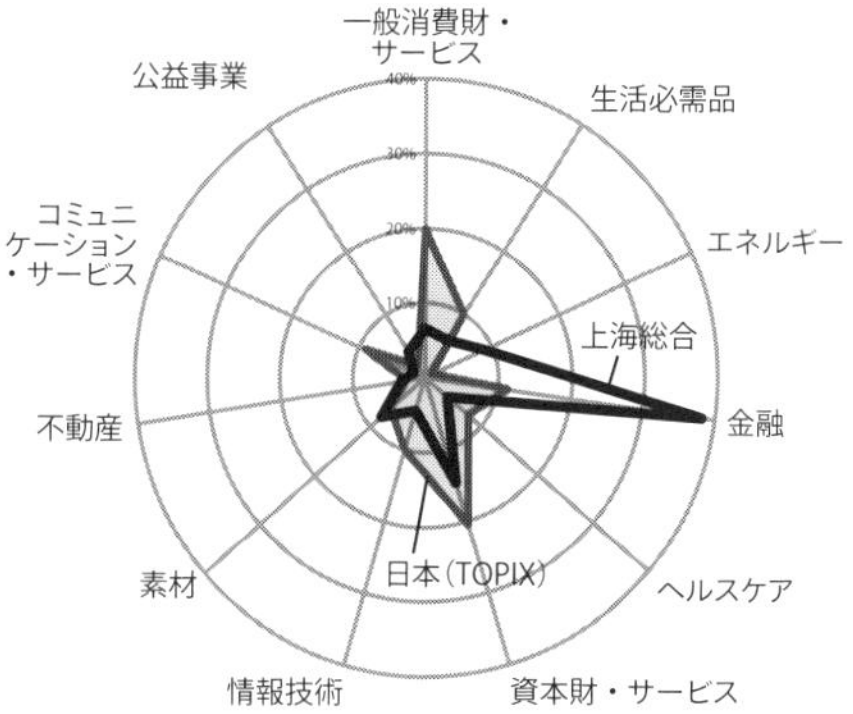

（出典）Bloombergのデータを元に筆者作成

さらに、同じ中国でも上海と深圳では大きく異なります。現在、進行中の構造改革で、国有大手銀行やエネルギー関連などが向かい風を受ける一方、今後の主役として期待される情報技術、ヘルスケア、消費関連などには追い風が吹いています。深圳総合指数の業種構成を見ると、追い風の吹く情報技術、ヘルスケア、消費関連が上海総合より多い一方、向かい風を受けやすい金融やエネルギーは少なくなっています。上海総合が2007年の最高値の半分以下で低迷しているのに対し、深圳総合がそれを上回る水準で堅調に推移しているのは、こうした事情が背景にあります。最近の両市場は同じような動きをしていますが、構造改革が再び進み始めれば、上海総合は冴えない動きをしていても、深圳総合は堅調に推移するようなことが起きる可能性があります。構造改革の先行指標としても深圳市場の今後の動きが注目されます。

投資家構成の特色

　上海証券取引所が公表した投資家に関する情報を見ると、保有シェアでは一般法人が61・5％で過半を占めており、個人が21・2％、日本の投資信託に相当する投資基金が3・3％、前述の滬港通が1・2％で、12・9％を占めるその他機関には証券会社（自己勘定）、社保基金、保険資金、資産管理、QFIIが含まれます（図表-5）。一方、売買シェアでみると（図表-6）、個人が売買の主役となっており82・0％を占めています。保有でトップの一般法人は1・9％に過ぎずバイ・アンド・ホールドの

図表-5

上海証券取引所の株式保有構成（2017年）

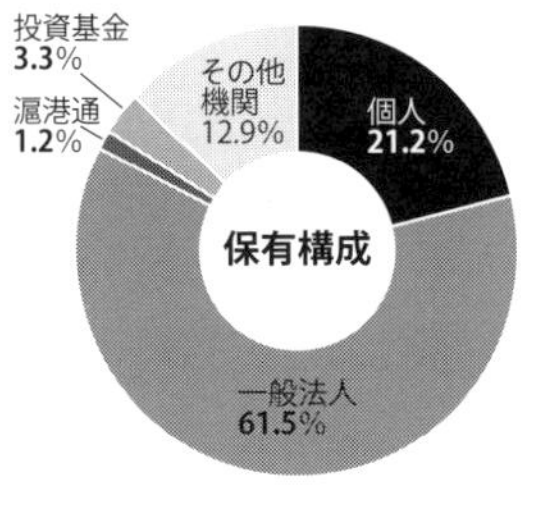

（出典）上海証券取引所のデータを元に作成

図表-6

上海証券取引所の株式売買構成（2017年）

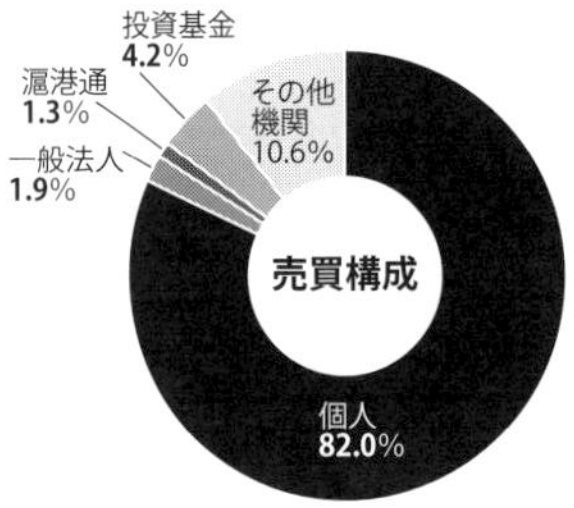

（出典）上海証券取引所のデータを元に作成

色彩が強い投資家です。

中国の債券市場

債券市場の概要

中国の債券残高（人民元建て）は、中央国債登記決済有限責任公司の統計によると、2018年末時点で57兆6184億元と、日本円に換算すれば約920兆円に及ぶ規模に達しました。10年前（2008年）の15兆1102億元に比べると約4倍に膨らんでいます（図表-7）。

債券種類別の内訳を見ると、2018年末時点では（図表-8、次ページ）、国債のシェアが24・9％、地方債が31・4％と政府債が過半を占めており、次いで金融債の32・5％、企業債の5・8％となっています。10年前と比較すると、国債のシェアが大きく低下した一方、金融債や企業債はシェアをやや増

図表-7

債券残高の推移

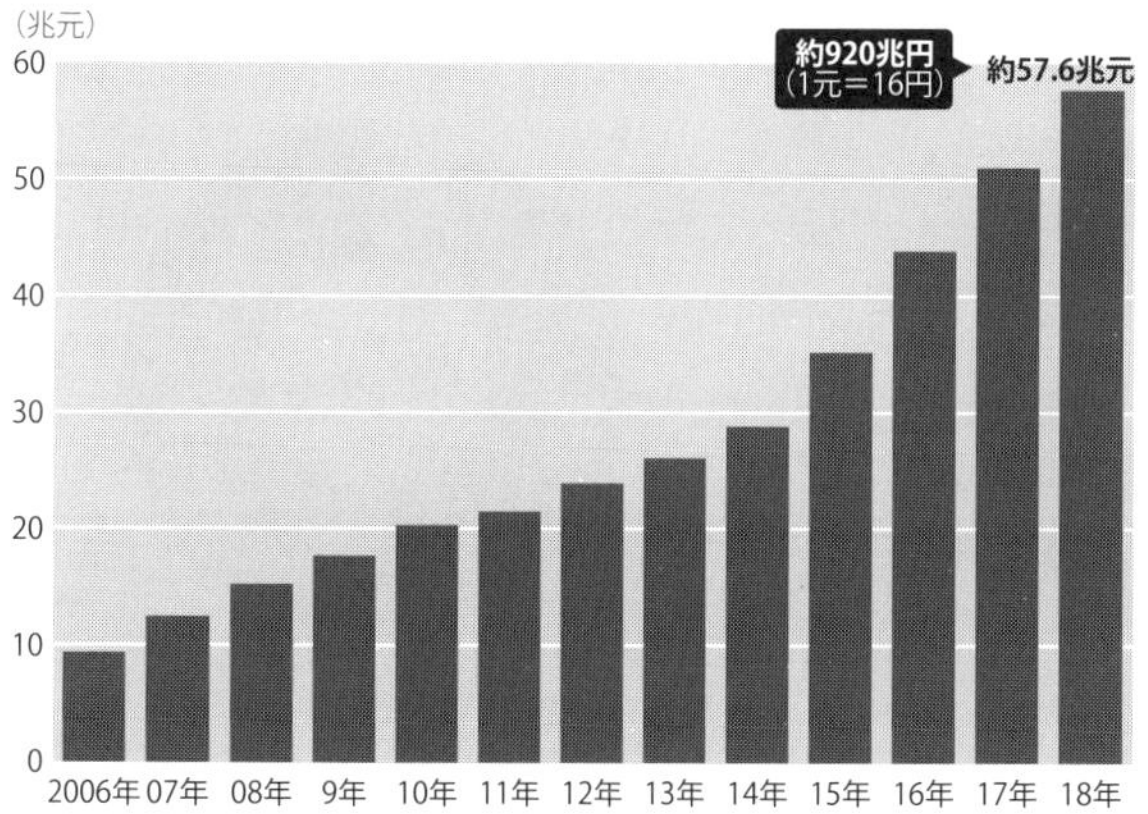

（出典）CEIC（出所は中央国債登記決済有限責任公司）を元に作成

やしました。また、10年前には発行されていなかった地方債が、地方政府債務の再編が進む中で発行が増え急激に存在感を高めています。

また、債券市場の投資家構成を見ると、商業銀行が3分の2を占める主要プレーヤーです。その他では、理財商品などのファンド類が18・2%と商業銀行に次ぐ存在感を発揮しています。しかし、域外機関と呼ばれる海外投資家は2・7%と低位に留まっています（図表-9）。

ボンドコネクト（債券通）

ボンドコネクトは、2017年7月、海外の機関投資家を対象に、香港経由で中国本土の銀行間債券市場で取引を行う制度（ノースバウンド）として始まりました。そして、これを機に中国本土の債券が国際的な債券指数に組み入れられ始めています。これを受けて、日本でも中国国債や政府機関債を組み入れた公募投信の設定が相次いでおり、日本の投資家にとっても新しい投資対象として注目されそうです。

図表-8

債券市場の種別構成（2018年末）

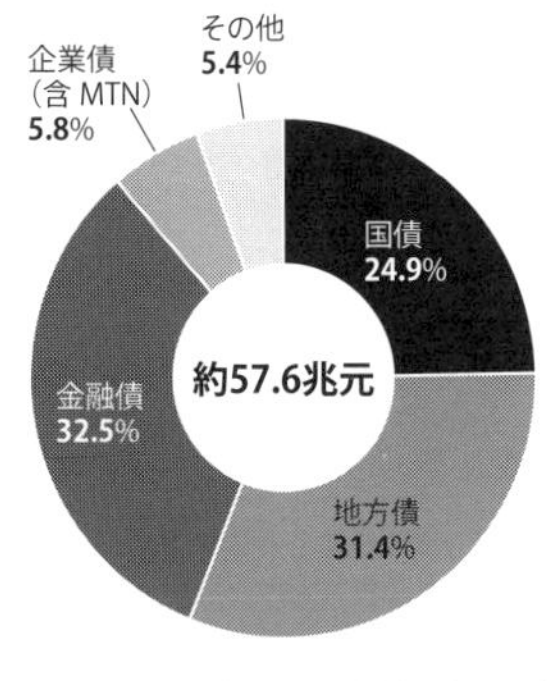

（出典）CEIC（出所は中央国債登記決済有限責任公司）を元に作成

図表-9

債券市場の投資家構成（2018年）

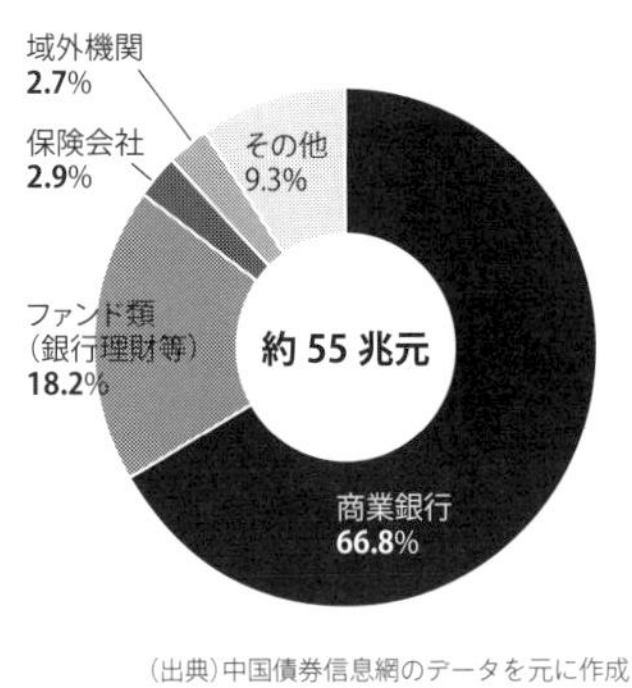

（出典）中国債券信息網のデータを元に作成

図表-10

対内債券投資（残高）

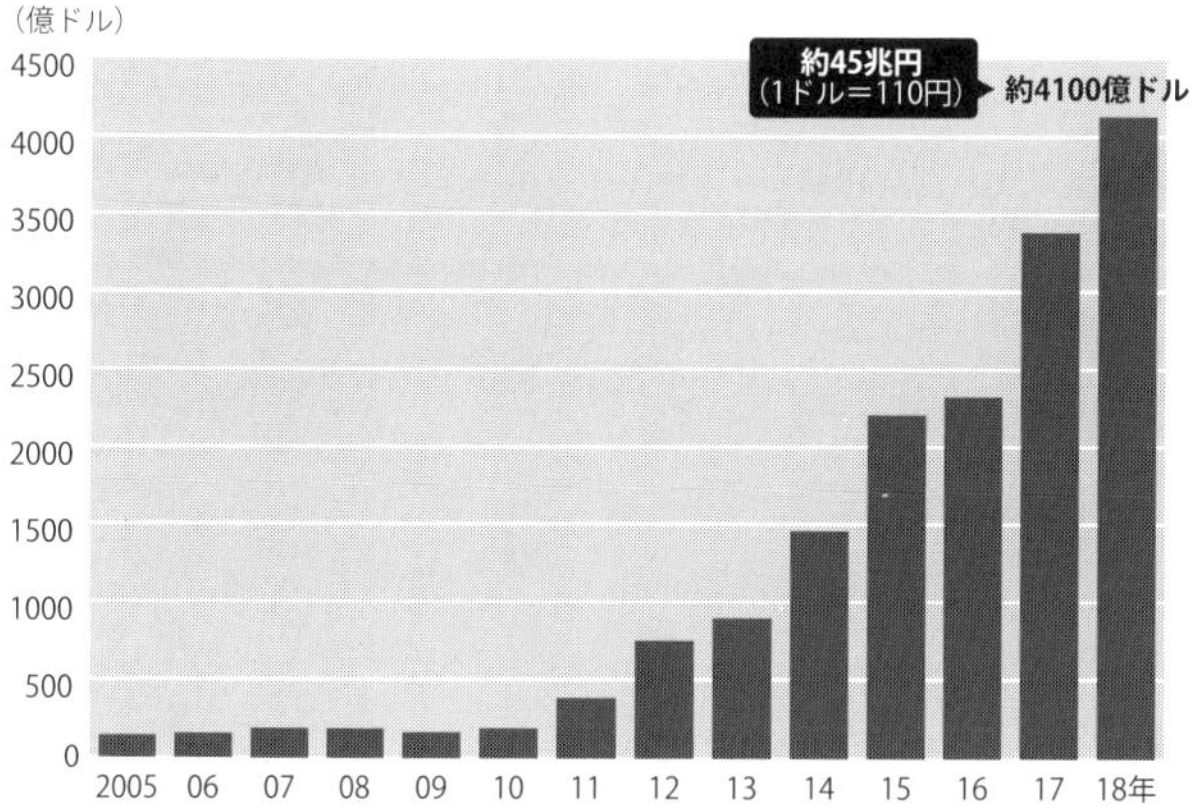

（出典）CEIC（出所は中国国家外貨管理局）のデータを元に作成

ボンドコネクトの下では、海外の機関投資家は事前に中国人民銀行に投資家登録を行った上で、中国本土ではなく香港の決済機関（ＣＭＵ）に債券口座を開設し、中国本土のマーケットメーカーと直接取引を行います。また、ＣＭＵは中国本土の決済機関に債券口座を開設し、自社の名義で海外の機関投資家のために債券を保有します。また、債券取引に使う通貨は、海外の機関投資家が保有していた人民元でも、外貨を必要な都度、人民元に両替しても良く、ＱＦＩＩ制度のように中国本土向け投資運用枠は設定されていません。その結果、中国の対内債券投資は急激に増加してきています（図表-10）。

なお、将来的には、中国本土の投資家が香港市場で債券売買を行えるサウスバウンドも創設されて、双方向のクロスボーダー債券売買制度とする計画です。

10 バラエティに富む地方経済

ポイント

❶面積が最も広いのは新疆（しんきょう）ウイグル自治区で、日本の4倍超
❷人口が最も多いのは広東省で、日本とほぼ並ぶ約1・1億人。経済規模（GRP）も最大で、メキシコを上回る約1・3兆ドル
❸経済成長率が最も高かったのは貴州省と西蔵（チベット）自治区、最も低かったのは天津市（2018年）
❹地方債務比率が最も高いのは貴州省で、債務残高（対GRP比）は64％（2017年）
❺GRP水増し問題は、19年に改革実施

日本の約25倍の面積を持つ中国は省級と呼ばれる31の行政区域に分かれており、その中には1億人を超える行政区もあれば千葉県ほどの人口の行政区もあるなどさまざまです。そこで、本章では各地方の経済状況を探る上で参考になるマクロ統計を紹介します。

面積

中国の国土面積は約960万km²ですが、省級行政区の中で最も広いのは新疆（しんきょう）ウイグル自治区の約166万km²で日本（約38万km²）の4倍を超えています。第2位は西蔵（チベット）自治区の約120万km²、第3位は内蒙古（内モンゴル）自治区の約114万km²となっています。一方、狭いのは上海市、天津市、北京市などで1万km²前後となっています（図表-1）。

図表-1

中国の省級行政区

図表-2

各省級行政区の人口（2017年）

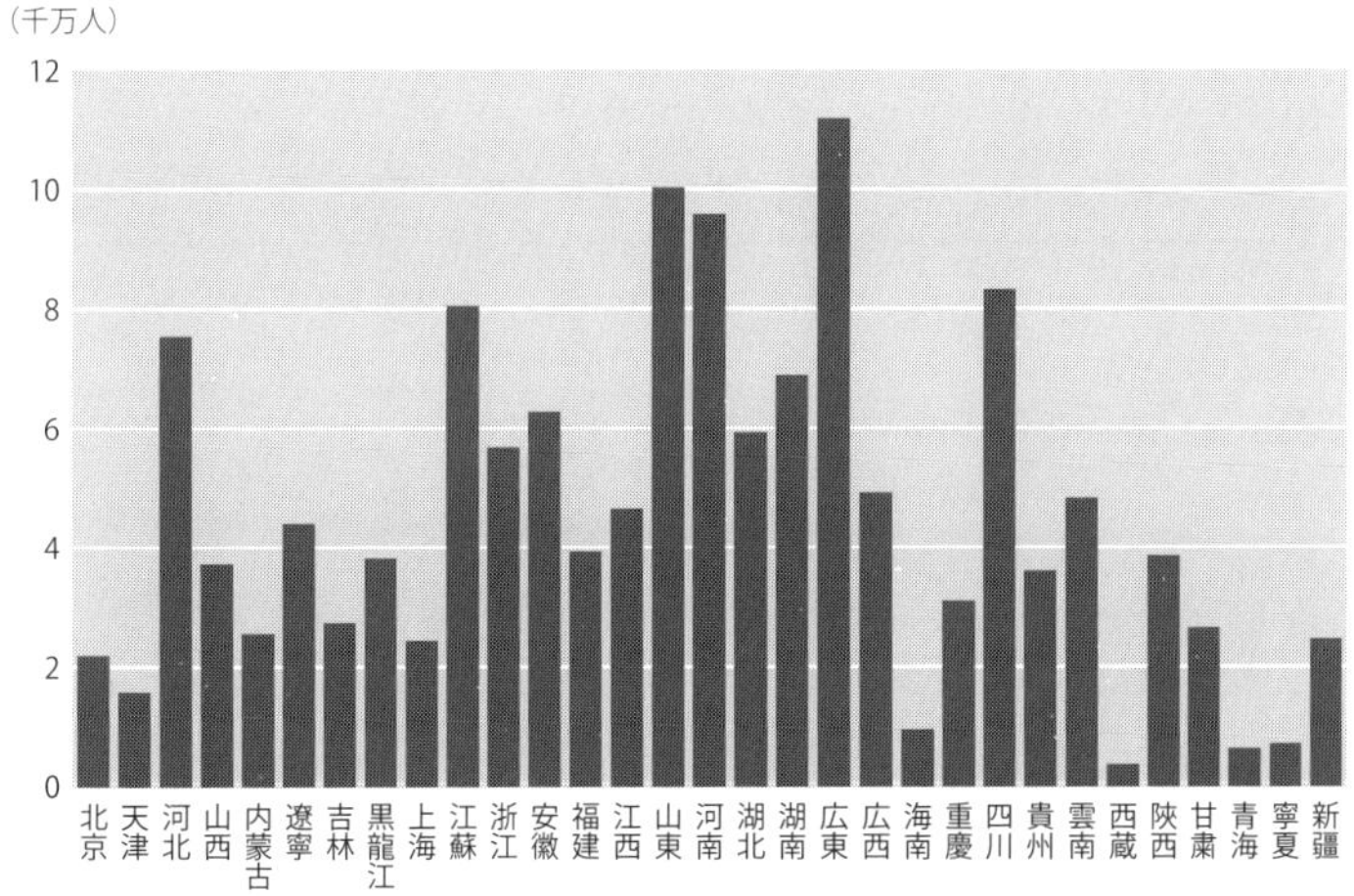

（出典）CEIC（出所は中国国家統計局）のデータを元に作成

人口

中国の人口は約14億人ですが、省級行政区の中で最も多いのは広東省の約1・1億人で（図表-2、前ページ）、日本の人口にほぼ並び、韓国の人口の2倍を超えています。また、第2位は山東省の約1億人、第3位は河南省の約9600万人となっています。一方、少ないのは西蔵自治区の約300万人で、横浜市の人口に及びません。また青海省や寧夏回族自治区の人口も1千万人に及びません。

経済規模（GRP）

中国の2017年の国内総生産（GDP）は約82・7兆元でしたが、省級行政区の中で最も域内総

図表-3

各省級行政区のGRP（2017年）

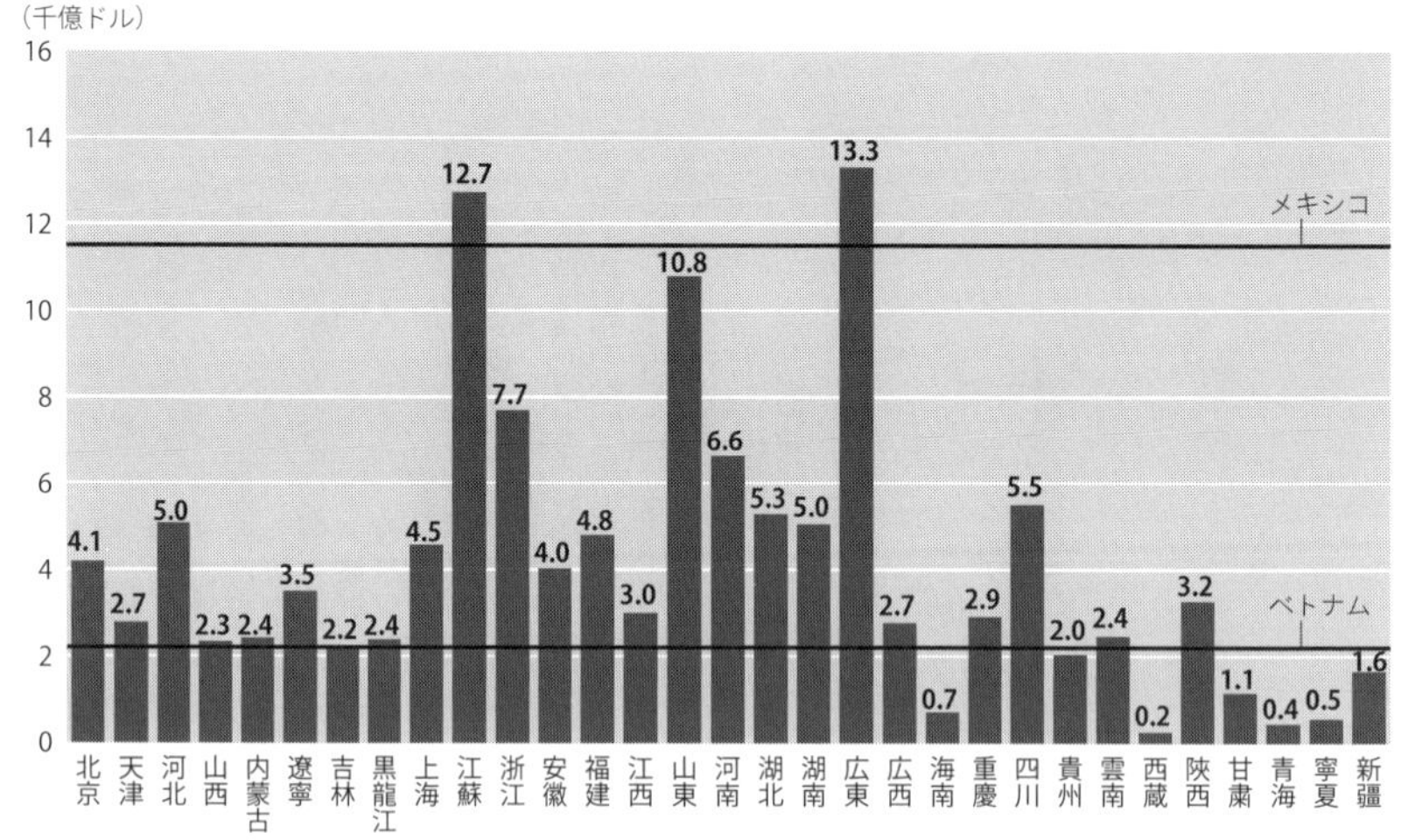

（出典）CEIC（出所は中国国家統計局）のデータを元に作成
（注）米ドル換算レートは1米ドル=6.7518

生産（GRP）が大きいのは広東省の約9兆元で、米ドルに換算すると1・3兆ドルとメキシコのGDP（約1・15兆ドル）を上回っています。また、第2位は江蘇省の約1・2兆ドル、第3位は山東省の約1・1兆ドルとなっています。また、ベトナムのGDPを規模で上回る行政区も24あります（図表-3）。

経済成長率

中国の2018年の経済成長率（実質）は前年比6・6％でしたが、省級行政区の中で最も高かったのは貴州省と西蔵自治区の同9・1％、第3位は雲南省の同8・9％となっており、経済発展が遅れていた行政区の伸びが目立ちます（図表-4）。一方、成長率が低かったのは遼寧省、吉林省、黒龍江省など東北地域でした。構造改革の遅れが指摘されています。そして、最も低かったのは天津市の3・6％

図表-4

省級行政区の実質成長率（2018年）

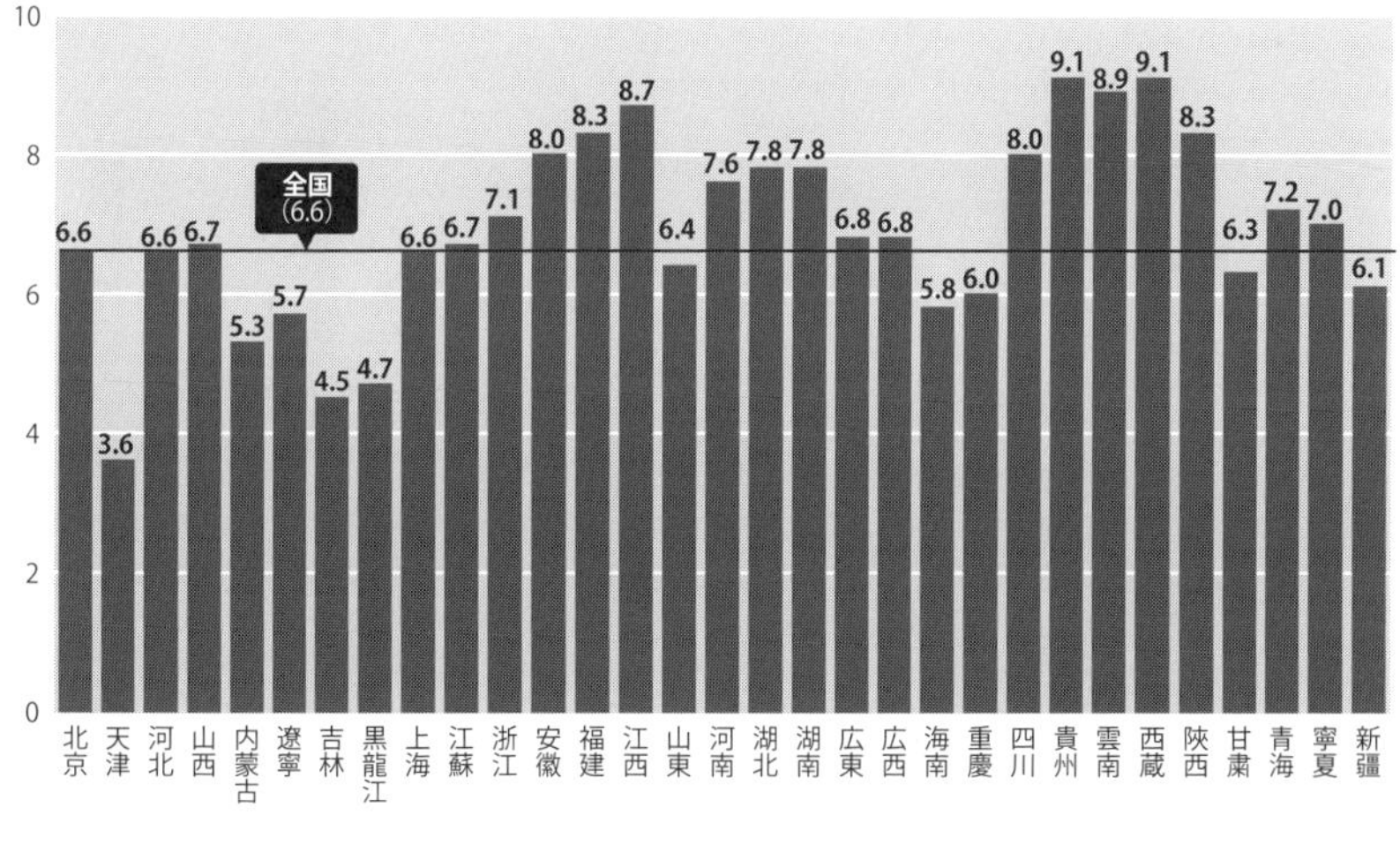

（出典）CEIC（出所は中国国家統計局）のデータを元に作成

でした。

債務残高

地方の財政状況を見ると、省級行政区の中で最も債務残高が多かったのは江蘇省の約1・2兆元で、第2位は山東省の約1・0兆元、第3位は浙江（せっこう）省の約0・9兆元となっており、沿海部の巨大行政区が並んでいます。また、債務残高の対GRP比を見ると、最も高かったのは貴州省の64％で、第2位は青海省の58％、第3位は雲南省の41％となっており、一人当たりGRPが低く貧しい行政区が並んでいます（図表1-5）。

図表-5

各省級行政区の債務残高（2018年）

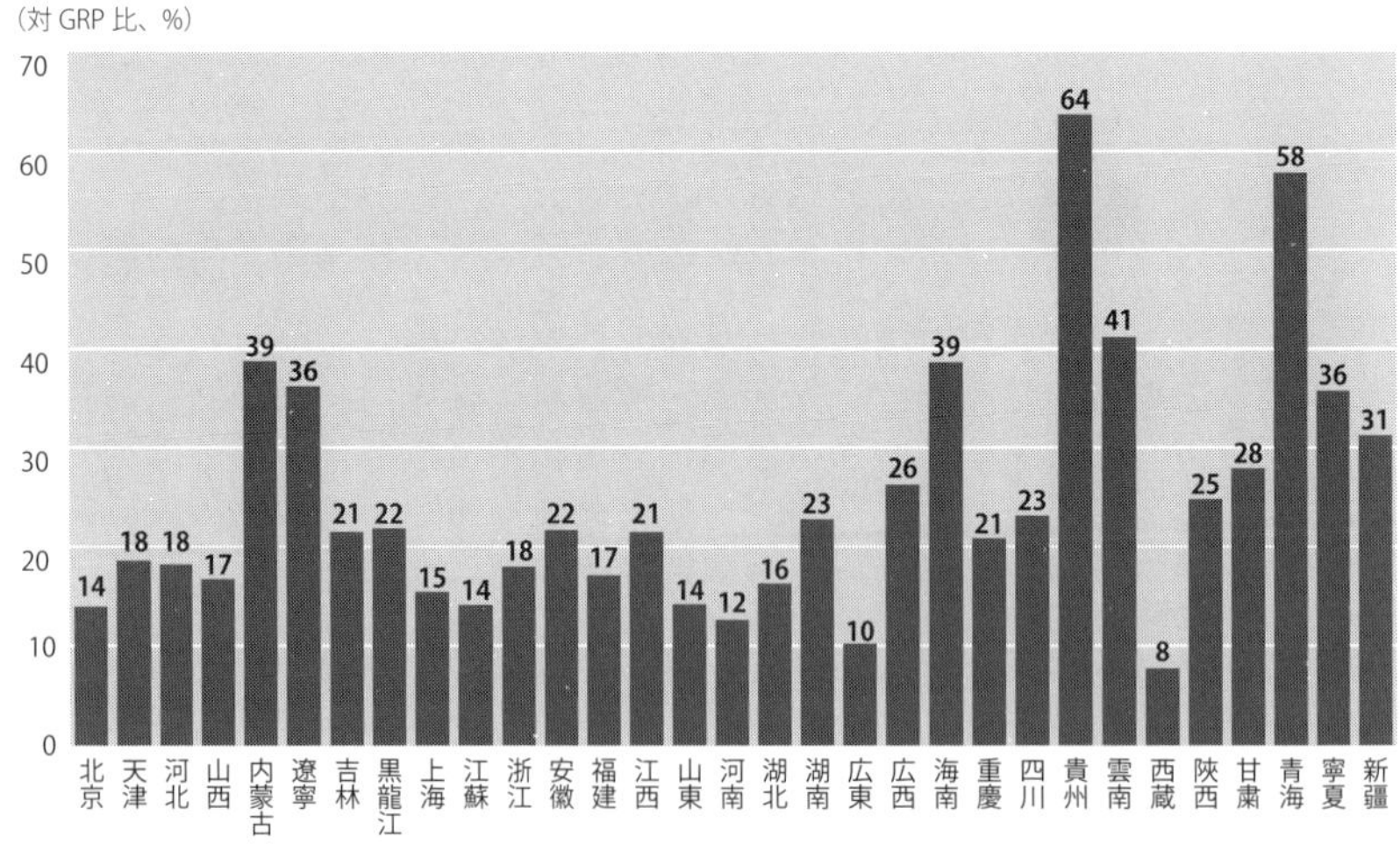

（出典）CEIC（出所は中国国家統計局）のデータを元に作成

コラム

地方GRP合計と全国GDPの乖離

地方の域内総生産（GRP）は、中国の統計が信用できない根拠の一つとして、しばしばマスコミで取り上げられます。実際、2018年1月には、天津市が経済規模の水増しを認めて、2016年のGRPの2割減修正を行いました。

全国GDPと地方GRP合計の推移を見ると、地方GRP合計は全国GDPを常に上回る経済規模で推移してきたことが分かります（図表）。ただし、両者の差分は2014年の4・3兆元をピークに2018年は1・4兆元と縮小してきています。

このままGDP統計の精度が改善に向かうのかは判然としません。しかし、中国政府は2018年の第4回全国経済センサスを機に、「2019年に地方の域内総生産（GRP）算出統一改革を実施する」として、国家統計局が各地統計局を指導して統計算出方法を改善する方向性を示しています。今後の改善に期待したいところです。

図表

地方GRP合計と全国GDPの推移

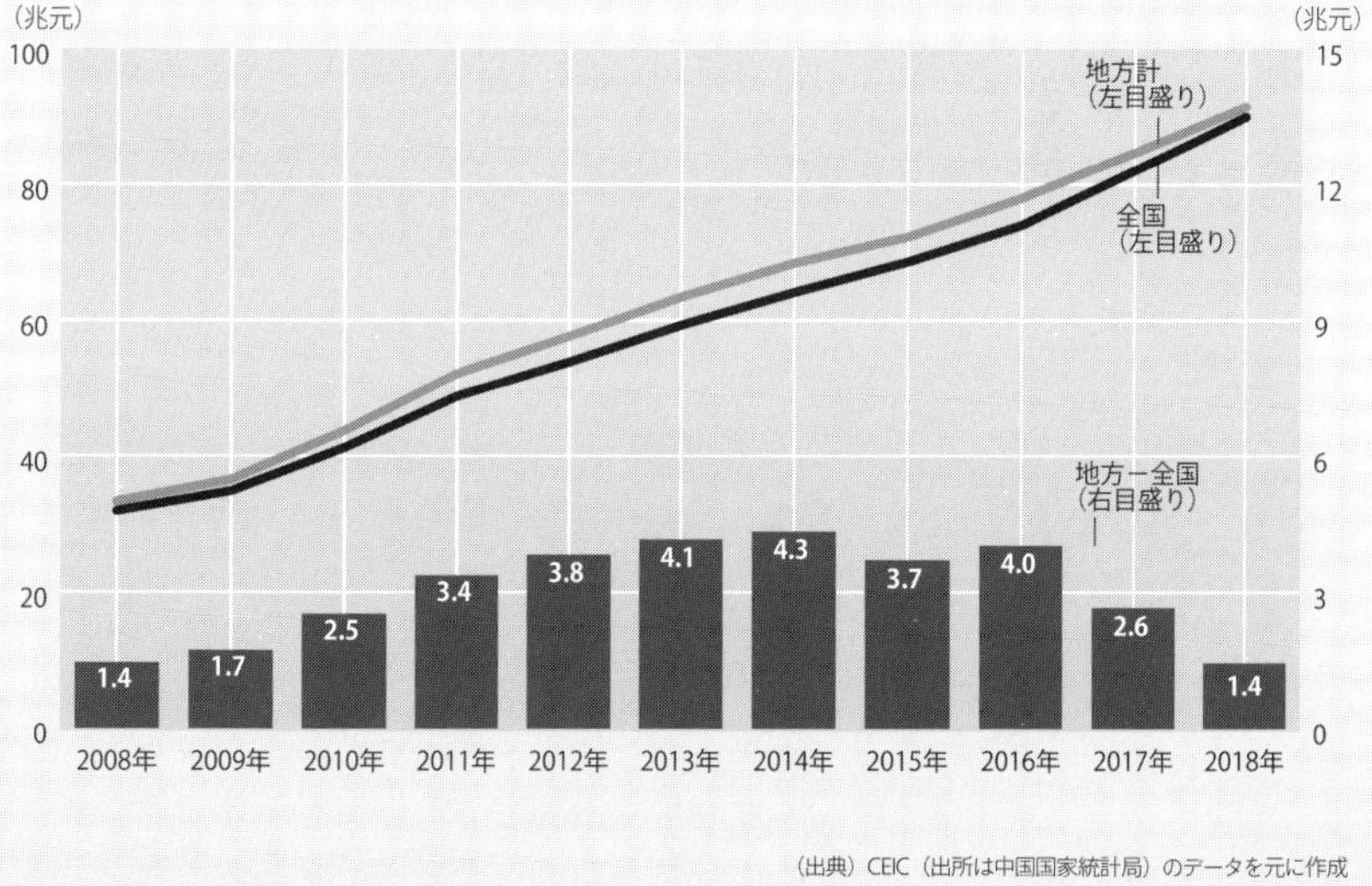

（出典）CEIC（出所は中国国家統計局）のデータを元に作成

中国の先行きを読み解く キーワード編

1 「人口問題」

ポイント

❶人口構成は、改革開放直後の「富士山型」から「つぼ型」へ変化
❷人口増加率の低下、生産年齢人口の減少、従属人口比率の上昇などで、経済成長にはマイナス要因
❸中国政府は「一人っ子政策」から「二人っ子政策」へ転換したが、その効果は限定的なものに留まる見込み
❹日本にとって中国の高齢化はビジネスチャンスになる面も

人口増加率の低下が経済成長のマイナス要因

現在の中国の人口は約13・95億人（男性は約7・14億人、女性は約6・82億人、2018年）です。前年と比べると約5百万人増えました。中華人民共和国が建国された1949年には約5・42億人でしたので約2・6倍に増えたことになります。

中国の人口は、1960〜61年には大躍進政策の失敗やその後の飢饉により2年連続で減少するという危機を経験しましたが、それを除けば右肩上がりで増加してきました。しかし、その増加率の推移を見ると、建国から「改革開放」（1978年）までは年率2％で増加していたものの、1980年代には年率1・5％へ、1990年代には同1・0％へ、2000年代には同0・6％へ、そして2011年以降は同0・5％前後へと伸び率は鈍化してきています（図表1-1）。そして、人口増加率の低下は、一

図表-1

人口の推移

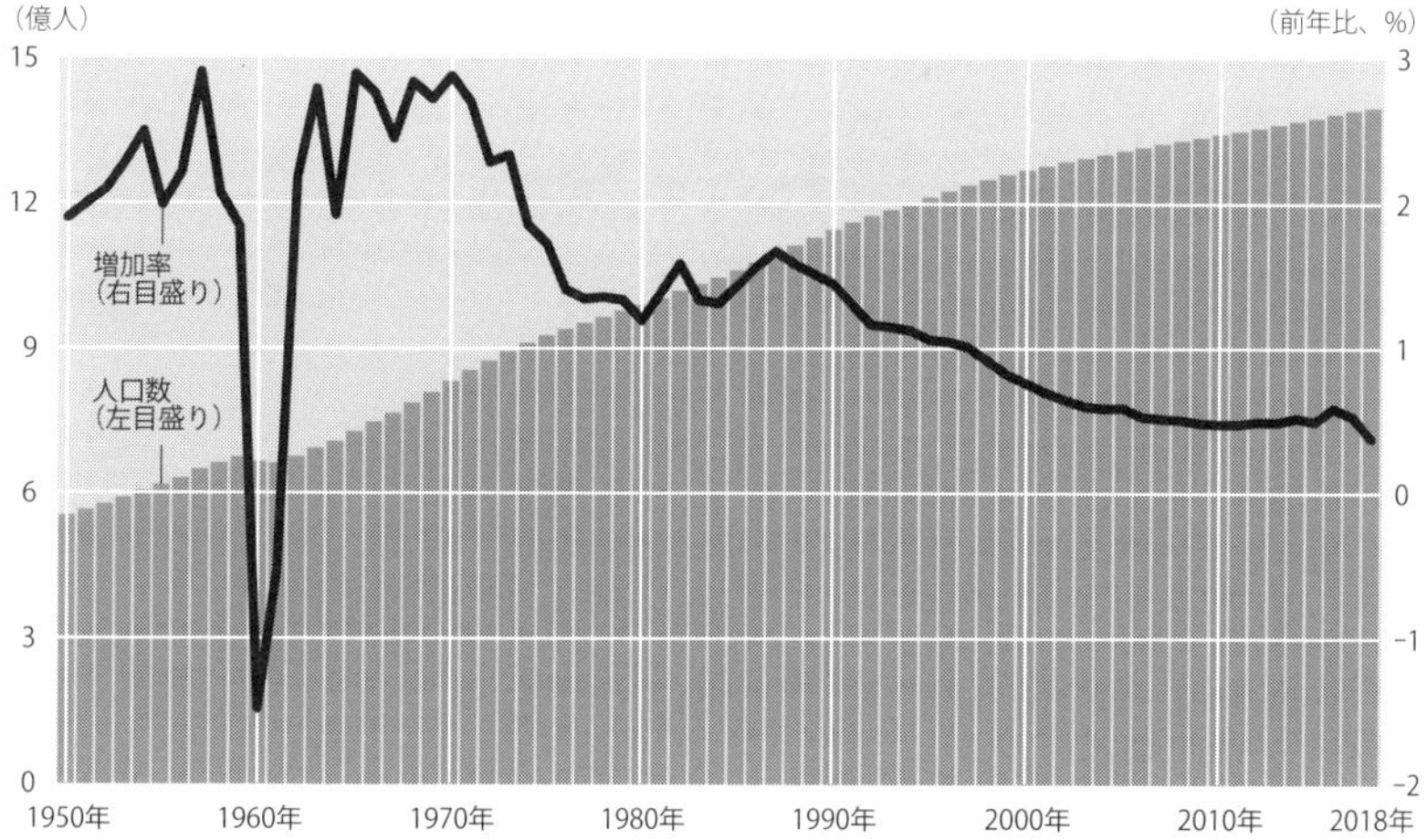

（出典）CEIC（出所は中国国家統計局）のデータを元に作成

人当たりの個人消費が増加しない限り、個人消費全体の伸び率低下を招くなど、経済成長にはマイナスになることが多いのです。

人口ピラミッドは「富士山型」から「つぼ型」へ変化

中国が改革開放に舵を切った直後の1982年、当時の人口ピラミッドを見ると、若い人が多く年齢が上がるに連れて少なくなるという典型的な「富士山型」でした（図表-2上、次ページ）。しかし、1979年に将来の食糧難に備え「一人っ子政策」を導入したため、出生率（年出生人数÷年平均人口）は2.091%（1981年）から1.094%（2018年）へ大きく低下し、人口増加率を低下させる要因となった（図表-3、97ページ）一方、文化大革命を終え政治的に安定していたことや、改革開放政策の成功で経済が発展し豊かになったことから、平均寿命は67・77歳（1981年）から76・34歳（2015年）へと伸び、死亡率が低水準で推移したため、人口増は続きました（図表-3）。

しかし、少子化によるマイナスの影響が長寿化によるプラスの影響よりも大きく、人口増加率は低下しました。

そして、最近の人口ピラミッドを見ると、生産年齢人口（15～64歳）のところが膨らんでいて、それより若い人と高齢者がともに少ない「つぼ型」となっています（図表-2下）。

図表-2

人口ピラミッドの変化

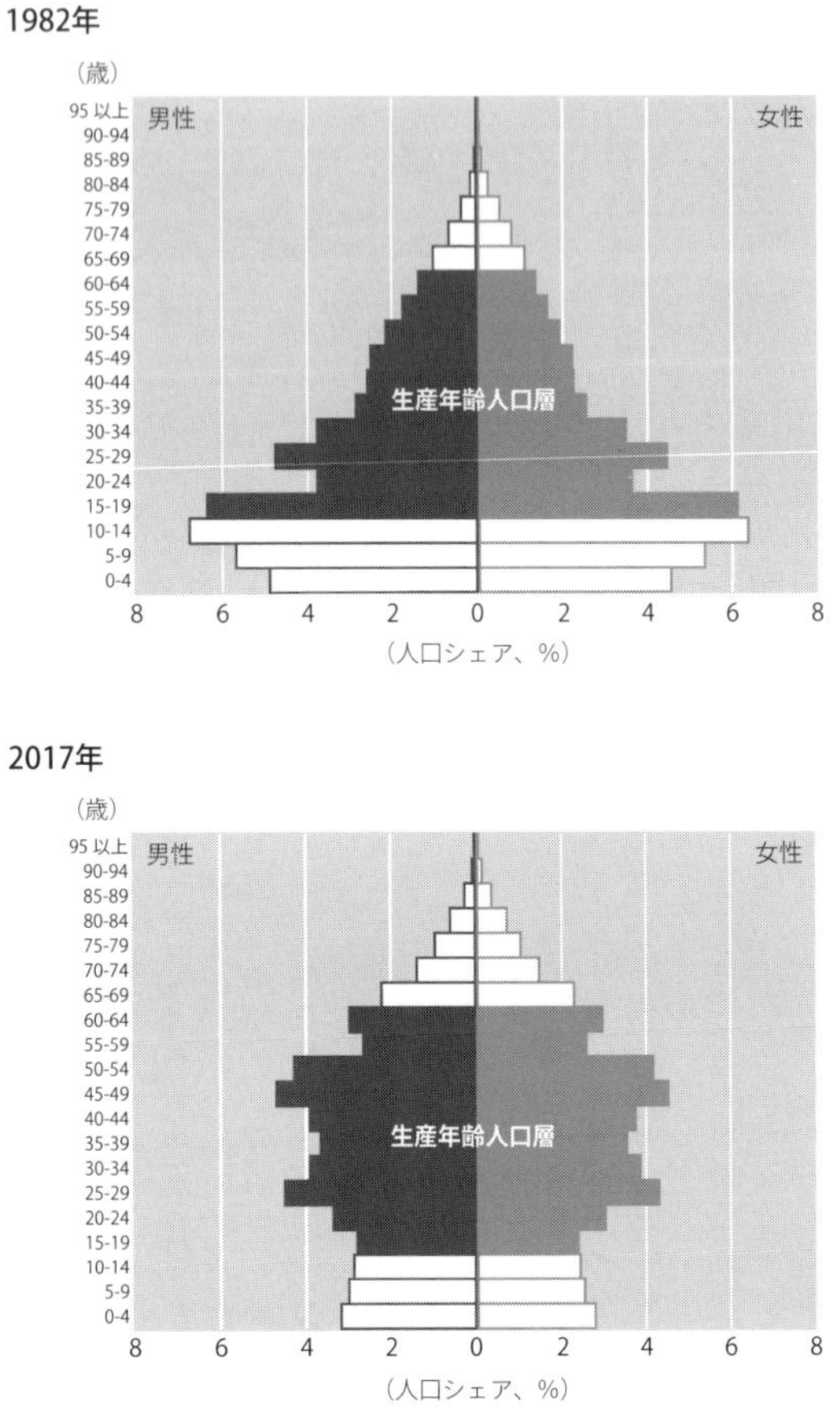

（出典）CEIC（出所は中国国家統計局）のデータを元に作成

図表-3

出生率・死亡率の推移

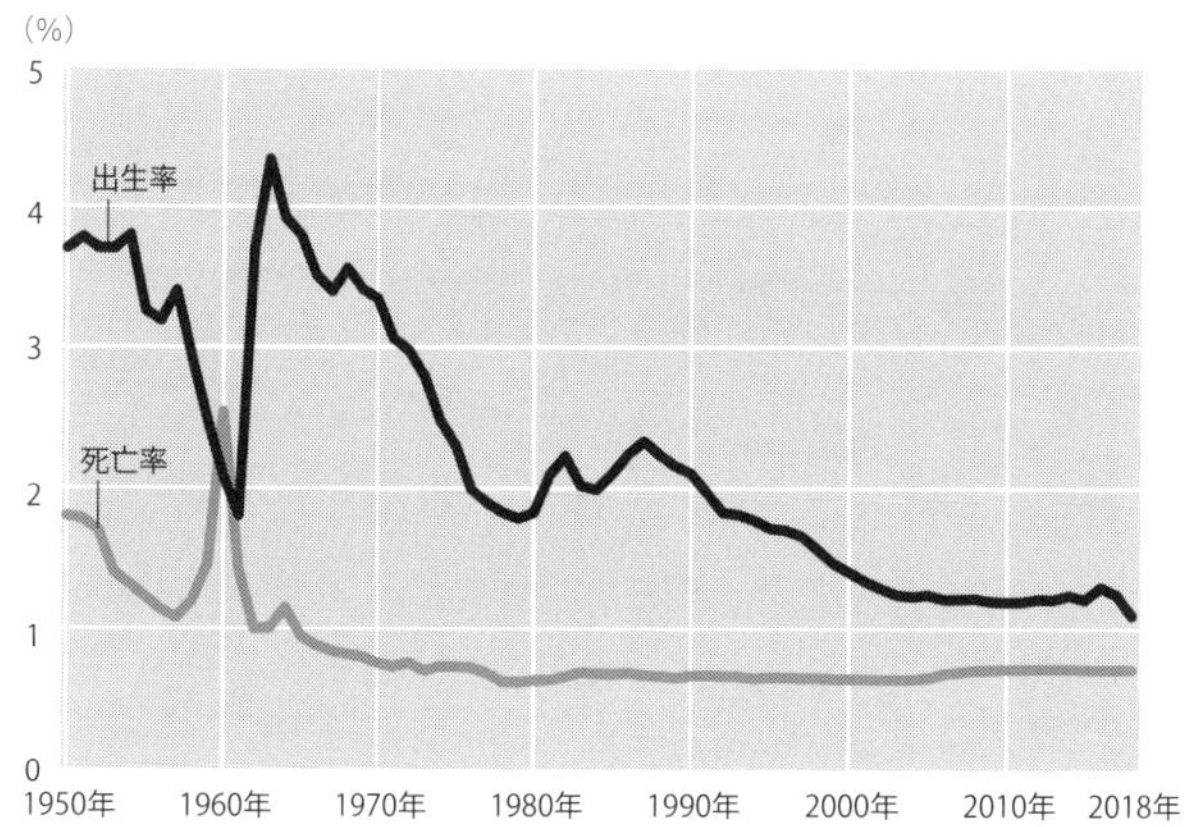

（出典）CEIC（出所は中国国家統計局）のデータを元に作成
（注）出生率は年出生人数÷年平均人口、死亡率は年死亡人数÷年平均人数

そして、中国は2013年に開催された中国共産党第18期中央委員会第3回全体会議（第18期3中全会、詳しくは深層分析編1コラム「第18期3中全会」の174ページ参照）で、「一人っ子政策」の軌道修正を決定し、2016年には「二人っ子政策」に移行しました。しかし、教育費が高いことなどを理由に二人目の子供の誕生を望まない家庭が多いため、人口構成に大きな変化が起きるとは考えづらいのが実情です。

なお、現在の人口ピラミッドを見ると、25～29歳の人口が多いことに気づきます。それは米国も同じで、「ミレニアル世代」と呼ばれています。そして購買意欲が強く情報発信力も強いこの世代の動向は、中国の消費市場を狙う企業にとって最大の注目点となっています。

生産年齢人口の減少もマイナス要因

また、人口構成が「富士山型」から「つぼ型」へ変化したことも経済成長する上ではマイナスの影響を与えます。「富士山型」の時期には、新たに経済

図表-4

経済活動人口と生産年齢人口（15-64歳）

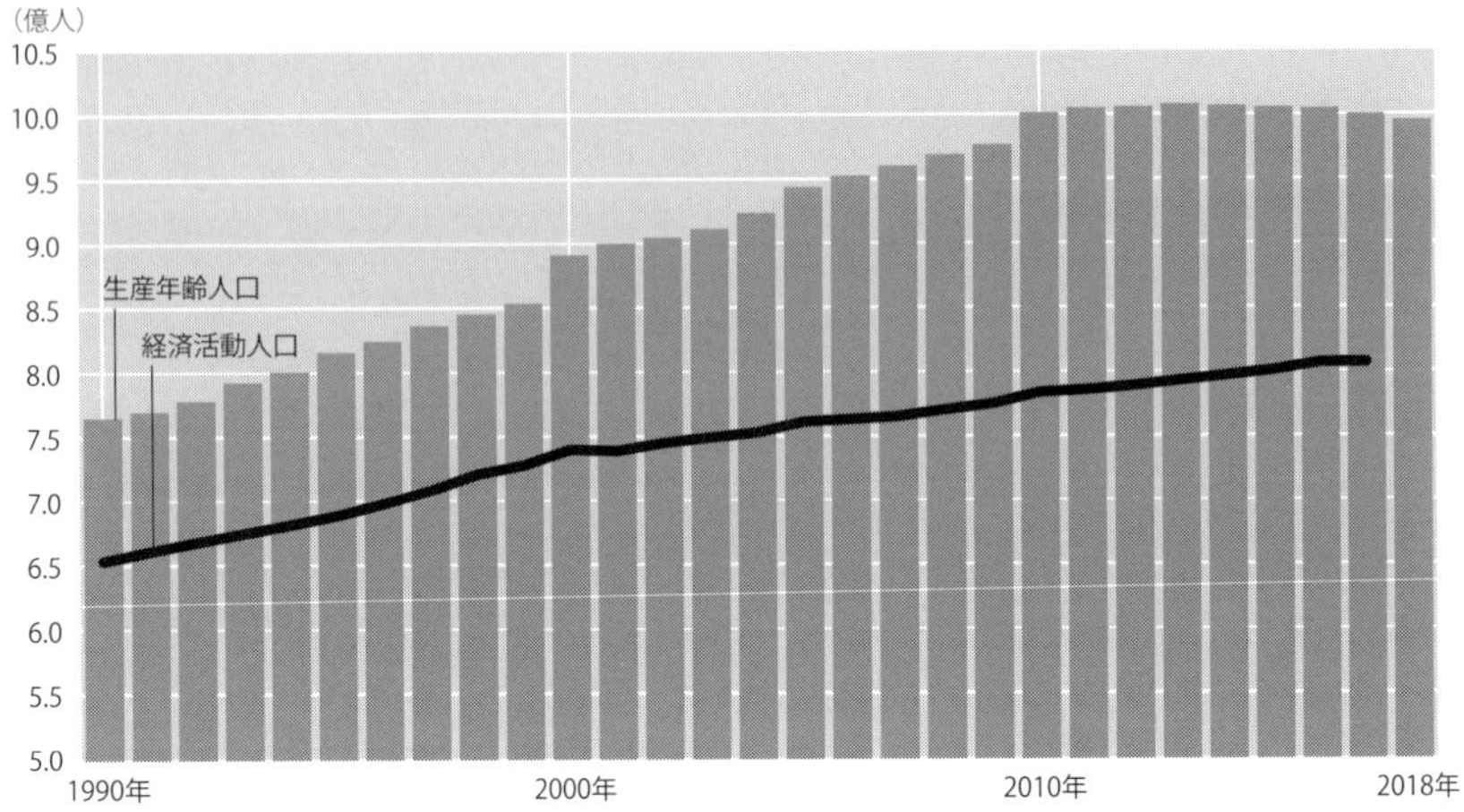

（出典）CEIC（出所は中国国家統計局）のデータを元に作成

活動に従事する若年層が年々増えるため、所得の伸びも高くなり経済成長を後押ししていました（人口ボーナス）。しかし、「つぼ型」の人口ピラミッドになると、新たに経済活動に従事する若年層が年々減少するため、経済成長の足かせとなってくるのです（人口オーナス）。これまでの経済活動人口（15歳以上の労働人口で、失業者は含むが働く意思のない人は含まない）の推移を見ると、長らく右肩上がりで増加して、中国経済に「人口ボーナス」をもたらしてきた様子がうかがえます。

　しかし、財やサービスの生産をする上で中心的な役割を担う生産年齢人口（15〜64歳の人口で、働く意思のない人やケガなどで就労できない人も含む）は、既に2013年の10億5882万人をピークに減少に転じており、2018年には9億9357万人と、ピークから1225万人も減少しました。そして、経済活動人口も2017年には減少に転じました（図表-4）。

図表-5

従属人口比率の推移

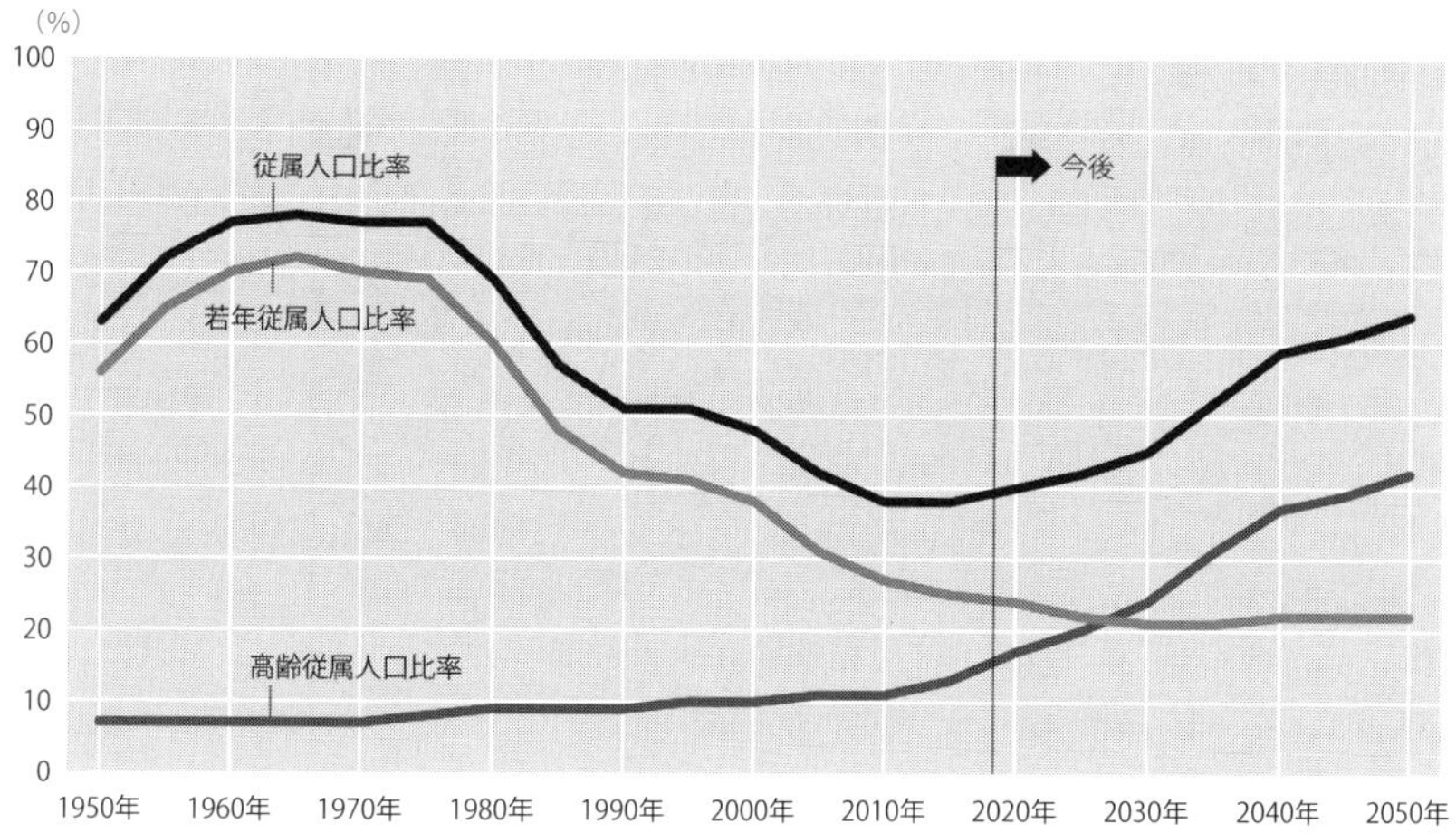

（出典）国連（World Population Prospects: The 2010 Revision）を元に作成

（注）従属人口比率は（0-14歳と65歳以上の人口の合計）÷生産年齢人口、若年従属人口比率は0-14歳の人口÷生産年齢人口、高齢従属人口比率は65歳以上の人口÷生産年齢人口

従属人口比率の上昇もマイナス要因

また、中国の従属人口比率（0〜14歳と65歳以上の人口の合計÷生産年齢人口）の推移を見る（図表-5）と、1970年代に8割弱の高水準にあった従属人口比率は、若年従属人口比率（0〜14歳の人口÷生産年齢人口）が一人っ子政策の影響で出生数が減少したため急低下し、現在では4割に落ちています。今後も若年従属人口比率の低下は続くとみられるものの、高齢化の進展で高齢従属人口比率（65歳以上の人口÷生産年齢人口）が上昇ピッチを速めたことから、従属人口比率は上昇に転じており、今後も上昇していく見通しです。

そして、先進国になる前に高齢化が進む「未豊先老（豊かになる前に高齢化社会になる）」の懸念が中国国内では高まっています。そこで、前述の第18期3中全会では「漸進的な定年引き上げ政策を研究・策定する」との方針を示し、「人口オーナス」がもたらす経済への悪影響を少しでも緩和しようと動き出しています。

日本にはフロントランナーとしてのチャンス

周知の通り日本は少子高齢化で世界の最先端を走るフロントランナーとなっており、そして日本経済はピンチだとの認識が支配的です。しかし、その日本を追うように中国ではこれから少子高齢化が進んでいきます。そこには、高齢者ビジネスを輸出するという大きなチャンスの芽があるのではないでしょうか。高齢者ビジネスの育成が世界に先駆けて進むという一種の先行者メリットを享受することが、日本の関連産業の大きな発展の機会につながる可能性があります。

特に、老人介護施設等の経営で、過度な財政負担とならない一方、十分な収益を上げ、高齢入居者は生きがいのある老後を過ごせるようなビジネスモデルを完成させることができれば、そのビジネスモデルを、中国などアジア諸国で展開するチャンスにつながると期待できます。世界に類を見ないピンチを迎えている日本経済ですが、高齢者ビジネスをアジア展開することで、このピンチをチャンスに変えたいものです。

2 「三大堅塁攻略戦」

ポイント

❶「三大堅塁」とは「小康社会」の完成を阻む、重大リスク防止・解消、的確な貧困脱却、汚染防止の3つの堅固な障害のこと。中国共産党創設100周年に向けての必達目標となる

❷「重大リスク防止・解消」は主に金融リスクの防止・解消を指す

❸「的確な貧困脱却」では2020年までに農村貧困人口ゼロが目標

❹「汚染防止」ではPM2・5などに2020年までの数値目標を設定

三大堅塁攻略戦とは？

「三大堅塁攻略戦《サンダージェンレイゴンリュエジャン》」という言葉は日本ではあまり報道されていませんが、習近平政権の肝いりで進む、中国では誰もが知る重要な改革方針です。「三大」は「重大リスク防止・解消」、「的確な貧困脱却」、「汚染防止」を指しており、「堅塁」は守りが堅くて容易に攻め落とすことのできない陣地のことなので、「三大堅塁」はその攻略を宣言したものといえます。「三大堅塁攻略戦」は習近平政権がこれまで攻略しようとしても抵抗が強くてなかなか進まず歯がゆい思いをしてきた問題でもあります。

また、その達成期限は2020年までとされています。中国共産党は、2017年に開催された党大会で、「小康社会（少しゆとりのある社会）」を2020年までに全面的に完成させる方針を示しましたが、その「小康社会」を完成する上で最大の障害となるのが、

この「三大堅塁」なのです。習近平政権はその一期目に、「ハエもトラも叩く」として腐敗汚職という「堅塁」の攻略に取り組みましたが、二期目はこの「三大堅塁」の攻略に取り組むことになりそうです。

そして、2018年3月に開催された第13期全国人民代表大会（全人代、国会に相当）第1回全体会議では、重大リスク防止・解消、的確な貧困脱却、汚染防止の「三大堅塁攻略戦」を断固戦い抜くとして、「2017年度国民経済・社会発展計画の執行状況および2018年度国民経済・社会発展計画案（以下、全人代報告と称す）」の中に、具体的な取り組み方針を明示しています。そこで本章では、その「三大堅塁攻略戦」のポイントを紹介することとします。

重大リスク防止・解消

「重大リスク防止・解消」に関して、前述の全人代報告では以下のように記載されています。

- **金融リスクの予防・抑制を強化し、**国務院金融安定発展委員会の役割を発揮し、**マクロプルーデンス**（金融システム全体のリスク・分析を行い、その安定を確保すること）**管理制度と政策の枠組みを確立し充実させる。**
- **銀行の不良債権を効果的に防止・処理し、シャドーバンキングなど脆弱部分に対する監督管理を強**化し、インターネット金融のリスクへの特別対策を円滑に推進、違法な資金集めや金融詐欺などの法律・規定違反行為を厳しく取り締まるとともに、学生ローンやキャッシング規準を定め、金融消費者の権利・利益を守る。
- **地方政府債務の管理をしっかりと強化**し、既存債務を積極的かつ着実に処理し、新規債務の増加を効果的に抑え、法律・規定違反のさまざまな起債・担保行為を厳しく禁じる。
- **国家戦略物資の備蓄体系の充実**を加速する。リス

図表-1

社会融資総量残高（対GDP比）の推移

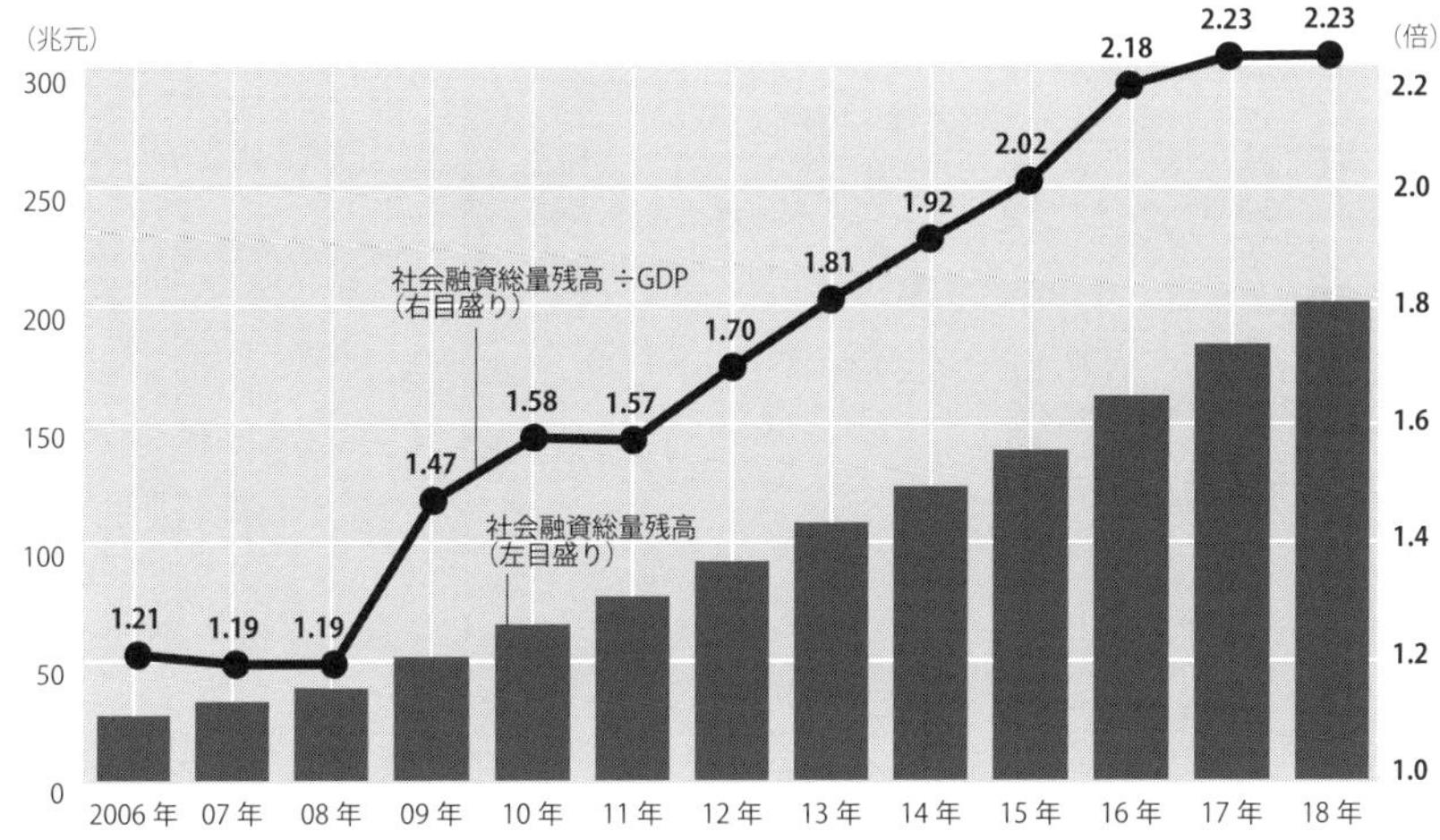

（出典）中国人民銀行、中国国家統計局のデータを元に作成

クの特定とモニタリング・早期警報システムを確立して充実させる。緊急対処メカニズムを十全化し、重要政策の解説を強化し、市場行為と社会期待を合理的に導く。

また、その翌月（2018年4月）に開催された習近平国家主席が主任を務める中央財経委員会第1回会議では、金融リスク防止・解消に関して、「構造的レバレッジ低減を基本的考え方とし、部門別、債務類型別にそれぞれ目標を提示し、地方政府と企業、特に国有企業はレバレッジ比率を早期に引き下げ、マクロレバレッジ比率の安定と段階的引き下げの実現に努力しなければならない」としています。そして、2018年の社会融資総量残高は、対GDP比で横ばいに留めました（図表-1）

以上を踏まえて「重大リスク防止・解消」のポイントを整理すると、①重大リスクとは主に金融リスクを指すこと、②地方政府や国有企業にレバレッジ比率の引き下げを指示したこと、③シャドーバンキング、インターネット金融、地方政府債務については法律・規定違反の取り締まりを強化すること、④早期警報システムの確立や緊急対処メカニズムの十全化などでリスク管理体制の強化を図ることの4つが今後3年のポイントとなるでしょう。

的確な貧困脱却

「的確な貧困脱却」に関して、前述の全人代報告では以下のように記載されています。

- 的確な貧困脱却の堅塁攻略戦を戦い抜くための3ヵ年行動に関する指導意見を策定し、極度貧困地区の貧困脱却扶助に力を入れ、**地域的な貧困の集中の解消を進める**ための行動案を大いに実施する。
- 産業面・教育面・健康面・生活保護面からの貧困救済を一層推進し、貧困村のインフラと公共サービス体系の整備を進める。
- 貧困救済支援と貧困地区・困窮者自身の貧困脱却への自信・能力向上支援と連携を保ち、着実な貧困脱却・再貧困化防止につながる長期的かつ効果

図表-2

農村貧困人口の推移

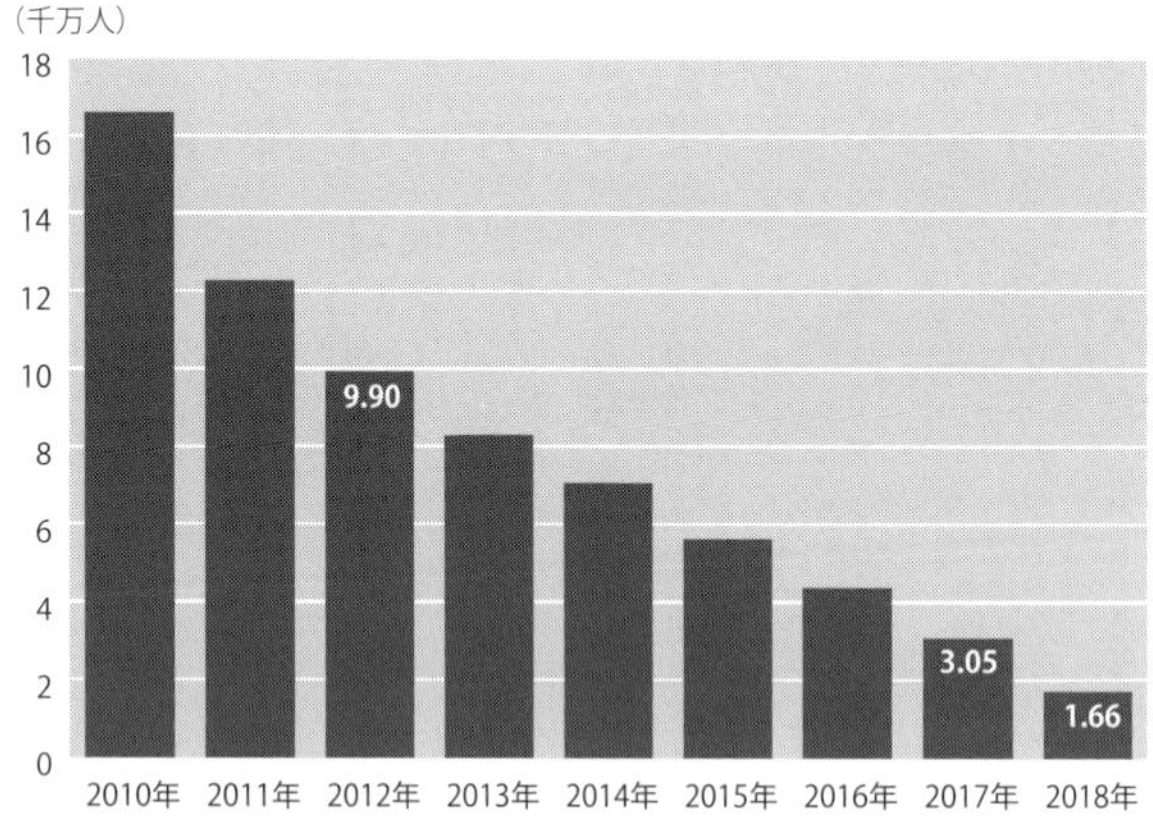

（出典）中国国家統計局のデータを元に作成
（注）農村貧困人口の基準は年収2300元（2010年固定価格）

的な仕組みを確立、充実させ、貧困層と貧困地区の自己発展能力を増強し、**高齢者・障害者・重病患者など特定の貧困層に対する的確な援助を強化**する。

- **極度貧困地区で公共事業の労務提供による貧困救済事業に力を入れ**、「三区三州（三区：西蔵（チベット）自治区、青海・四川・雲南・甘粛の4省のチベット族居住区域、カシュガル地区・ホータン地区・クズルスキルギス自治州・アクス地区の新疆ウイグル自治区南疆地方にある4地区と自治州。三州：四川省涼山州、雲南省怒江州、甘粛省臨夏州）」の貧困村における公共性中小型インフラの整備を重点的に支援する。
- 東部地区・西部地区間の貧困救済連携を踏み込んで実施する。
- 貧困脱却扶助活動に対する考課・監督を強化し、資金の流用・使い込み、成果の虚偽報告や水増しなどの法律・規定違反の問題を厳しく取り調べて処分する。

そして、中国共産党中央と国務院は2018年8月、前述の全人代報告で示されたとおり、「貧困脱却堅塁攻略戦に打ち勝つための3年行動に関する指導意見」を発表し、2020年までに農村貧困人口の残り約3000万人（図表-2、2017年時点）を貧困から脱却させるとして、2018年から2020年にかけて新たに2140億元を財政支出してそれを支援することとしています。

汚染防止

「汚染防止」に関して、前述の全人代報告では以下のように記載されています。

- 汚染対策の堅塁攻略戦を断固戦い抜くための計画と青い空を守る戦いの勝利に向けた行動計画を策定・実施し、大気・水質・土壌汚染対策を持続的に推し進める。

- クリーン電力の供給を増やし、浅層地熱エネルギーの利用、石炭ボイラーの省エネ化目的の改良、余熱暖房などの石炭消費量削減・代替重点プロジェクトを着実に推進し、地元の実情に応じて北方地区で冬場の暖房のクリーン化を着実に推し進める。
- 交通運輸構造の調整を推進し、複合一貫輸送の発展を速め、鉄道運輸の割合を高める。
- 地域間の共同汚染対策と京津冀（けいしんき。「京」は北京市、「津」は天津市、「冀」は河北省）など重点地域の大気汚染対策を強化し、ＰＭ２・５濃度と重度汚染日数の低減に大いに力を入れる。
- 「きれいな水を取り戻そう」キャンペーンの展開に力を入れ、集中型飲用水源地保護区を全面的に検査し、都市建設完了区の「黒臭水（黒く濁り、悪臭を放つ水）」の処理を行い、汚水処理施設の整備を急ぎ、農業のノンポイント汚染（汚染物質の排出源が面的に存在し、特定することが困難な汚染）対策にさらに力を入れる。
- 土壌の汚染対策と復元を強化し、重点地域の鉱工業企業が耕地に重金属汚染をもたらすリスクに対する全面調査・対策を実施する。
- 固形廃棄物とゴミの処理を強化し、「洋ゴミ（海外の固形廃棄物）」の密輸を断固禁止する。
- 汚染物質排出許可制の改革を引き続き深化させ、工業汚染源排出基準全面達成計画を実施し、汚染物質排出者責任を強化し、環境保護に関する信用評価、情報開示の義務付け、厳重な処罰などの制度を十全にし、大衆の健康を損ない社会の不満が大きく目立つ環境問題の解決に力を入れる。

そして、中国共産党中央と国務院は２０１８年６月、前述の全人代報告で示されたとおり、「生態環境保護の全面強化と、断固として汚染防止の攻略戦を戦うことに関する意見」を発表し、２０２０年までに環境汚染を改善するため、大気汚染、水質汚染、土壌汚染に関する数値目標を設定しました。環境汚染の象徴的な存在となり日本にも影響が出たPM2・5にも数値目標が設定されています（図表-3、4）。なお、翌7月には前述の全人代報告で示した「青空を守る戦いに打ち勝つための3年行動計画」も発表しましたが、内容に大きな変化はなく、引き続き大気汚染防止を重視していく決意を示したものと考えられます。

中国共産党は2021年に、創設100周年を迎えます。そして、記念式典が大々的に催されることでしょう。党トップの習近平氏は、その記念式典で「小康社会」を全面的に完成させたと宣言するものと見られますが、胸を張ってそれを宣言するためには、自ら掲げた前述の目標を2020年までに何としても達成しなければなりません。実際、2018年の景気悪化の背景には、米中貿易摩擦に加えて「三大堅塁攻略戦」の影響があったのです。2021年の記念式典まで、「三大堅塁攻略戦」は中国経済に大きな影響を与えることになりそうです。

図表-3

汚染防止に関する数値目標（2020年までの3年）

大気汚染	・微小粒子状物質「PM2.5」の平均濃度（1立方メートル当たり）が基準値（35マイクログラム）を上回っている都市を対象に、濃度を2015年比で18%以上引き下げる ・大気の質が「優良」となる日を年間の80%以上とする ・二酸化硫黄（SO_2）、窒素酸化物（NOx）の排出量を2015年比で15%以上削減する
水質汚染	・全国地表水の水質では、「1類」から「3類」が70%以上、最も劣悪な「劣5類」は5%以下となるようにする ・沿岸海域の水質では、優良（1類、2類）が70%前後とする ・化学的酸素要求量（COD）、アンモニア性窒素排出量を2015年比で10%以上削減する
土壌汚染	・汚染された土地の安全利用率を、耕地で90%前後に、その他は90%以上にする ・森林率を23.04%以上にする

（出典）中国環境保護部

図表-4

世界のPM2.5による大気汚染比較（2016年平均）

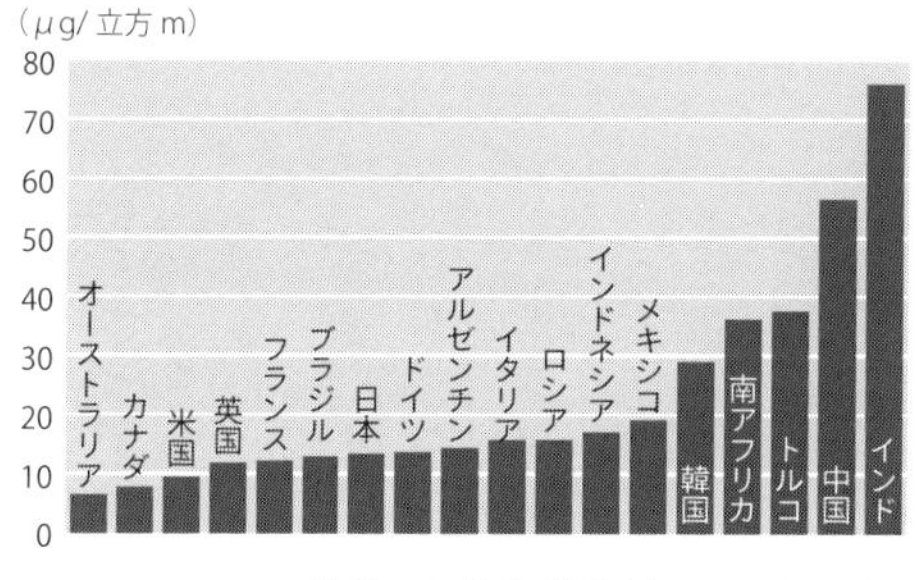

（出典）CEIC（出所は世界銀行）のデータを元に作成

3 「北京コンセンサス」

ポイント

❶米ソ冷戦終結後、米国主導で形成された開発途上国の政策に対する合意が「ワシントン・コンセンサス」

❷リーマン・ショック後、中国主導で形成された開発途上国の政策に対する合意が「北京コンセンサス」

❸ワシントン・コンセンサスのキーワードは〝自由〟、北京コンセンサスのキーワードは〝統制〟

❹米中対立の背景には、「自由資本主義vs国家資本主義」の覇権争いがある

ワシントン・コンセンサスの形成

第二次世界大戦後、過度な保護主義に反対するとともに自由貿易を推進してきたのは米国でした。1948年、米国主導でWTOの前身であるGATT（関税及び貿易に関する一般協定）が発足しました。第二次世界大戦が勃発する前（1929年）に発生した世界恐慌に際し、米国や英国などがブロック経済を形成して高関税を導入し、輸入を抑制し自国産業を保護、各国が自国第一主義に走ったことが大戦に突入した原因となったとの認識からです。

また、GATT体制が発足した当時の世界は、共産主義（東側）の盟主だったソビエト連邦（ソ連）と資本主義（西側）の盟主だった米国がイデオロギーを巡る対立を繰り広げていた東西冷戦の最中でした。その後、東側諸国（ソ連や中国など）の経済が停滞した一方、西側諸国（米国や日本など）は経済発展を遂

げたため、自由貿易の優位性が証明される結果となりました。

そして、１９９０年前後には、米国政府、国際通貨基金（ＩＭＦ）、世界銀行などワシントンを本拠地とする機関の間で、「ワシントン・コンセンサス」と呼ばれる、開発途上国の政策に対する合意が成立しました。元々は89年にピーターソン国際経済研究所（ＩＩＥ）のジョン・ウィリアムソンが用いた言葉で、累積債務を抱えた南米諸国に必要な経済改革として挙げた「財政赤字の是正」「貿易の自由化」「国営企業の民営化」など10項目を内容とするものです。

そして、１９９１年にソ連が崩壊すると、旧ソ連諸国は自由化に舵を切り、１９９２年には米国主導で運営されていた国際通貨基金（ＩＭＦ）と世界銀行に加盟、〝自由〟をキーワードとする「ワシントン・コンセンサス」を受け入れることとなりました。

その後、ＧＡＴＴのウルグアイラウンドが合意に至ると、１９９５年にはＧＡＴＴを発展的に解消してＷＴＯを設立、米国は唯一の超大国としてＷＴＯの基本原則（自由、無差別、多角的通商交渉）とその精神の主導者となりました。

しかしその後、中国が世界で存在感を増し、米国内で中国脅威論が勢いを増すと、開発段階にある途上国を優遇するＷＴＯは米国にとって目障りな存在となってきました。約14億の人口を擁する中国は一人当たりＧＤＰで見ると米国の７分の１に留まるためＷＴＯのルール上、そのプレゼンスにもかかわらず、開発途上国として優遇されています。トランプ米大統領が「ＷＴＯは米国を傷つけるために設立された」と主張したように、米国から見ると中国が覇権を脅かすのを支援しているように見え始めてきたようです。そして、ＷＴＯのドーハ開発ラウンド（２００１年〜）が暗礁に乗り上げた背景にも、開発途上国の立場を主張する中国と米国との覇権を巡る激しい対立があるのです。

北京コンセンサスの台頭

一方、1978年に「改革開放」に動きだした中国は、旧ソ連諸国に先駆けて1980年にIMFと世界銀行に加盟、1986年にはアジア開発銀行（ADB）にも加盟し、1993年には市場経済を通じた社会主義の実現を目指すとして憲法を改正、それまでの「社会主義統制経済」から「社会主義市場経済」へ移行しました。そして、2001年にはWTOに加盟、中国も〝自由〟をキーワードとする「ワシントン・コンセンサス」を受け入れて、漸進的に自由化を進め始めました。

中国は政府による強い統制を残したまま漸進的に自由化を進める経済運営を実施したため「国家資本主義」と呼ばれるようになりました。その中国が自らの経済運営に自信を深めたきっかけが2008年のリーマン・ショックです。「百年に一度の危機」

図表-1

世界の実質成長率の推移

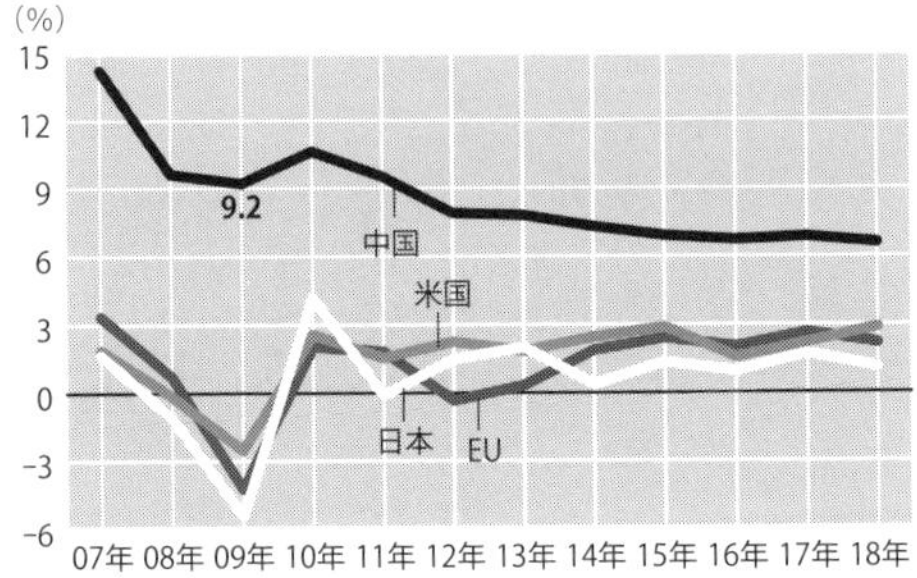

（出典）IMFのデータを元に作成

図表-2

世界経済成長への寄与率分析（2009 ～ 18年）

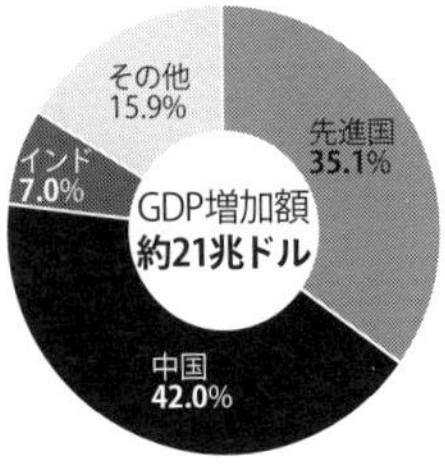

（出典）IMFのデータを元に作成

とまで言われた世界金融危機では、米国を発火点に世界経済を揺るがす事態となり、２００９年の欧米先進国の成長率は軒並みマイナスに落ち込みました（図表-1）。

ところが、政府による強い統制を残した中国では、いち早く大型景気対策を実行することができました。そして、成長率は２００９年も前年比９・２％増と高水準を維持、また世界通貨が米ドルに対して急落する中でも人民元は米ドルに対するペッグを続けたことで世界が通貨安競争に陥る防波堤となり、世界経済が悪循環に陥るのを救ったとの自負があります。世界そして、リーマン・ショック後の世界経済は中国が成長を牽引するようになりました（図表-2）。

また、中国は〝自由〟をキーワードとする「ワシントン・コンセンサス」が失敗したときの怖さを知るとともに、自由を重んじる市場経済においても政府による強い統制は必要と再認識することとなり、中国は〝統制〟をキーワードとする経済発展モデルに自信を深めるとともに、世界もそれに注目するよ

図表-3

リーマン・ショック後の世界の動き

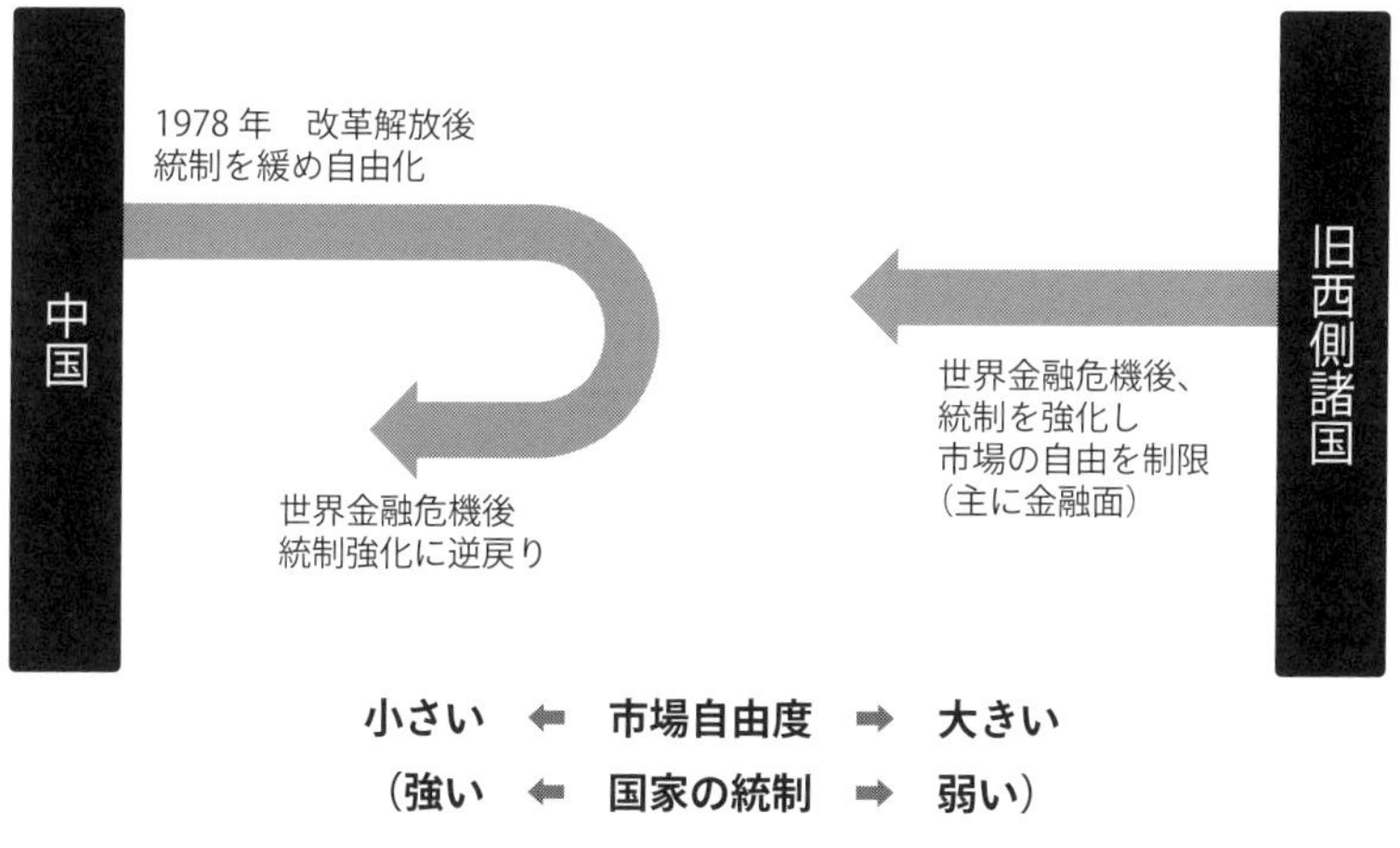

（出典）筆者作成

うになりました。国際政治学者のイアン・ブレマー氏は中国を「国家資本主義」を推進する中心的国家だと指摘し、その下での政策合意を「北京コンセンサス」と呼び始めました。一方、米国を含む旧西側諸国も、世界金融危機に対する反省を踏まえて、統制を強化し、市場の自由を制限する方向に舵を切りました（図表1-3、前ページ）、さらに、「北京コンセンサス」に自信を深めた中国は、世界にそれを広めようと動き出しています。

２０１３年には「一帯一路」構想を発表、２０１５年にはアジアインフラ投資銀行（ＡＩＩＢ）を設立、２０１７年には第一回の国際協力サミットフォーラムを開催して北京に世界１００ヵ国以上を集め、「北京コンセンサス」を広める土俵を築き始めました。

そして、２０１７年10月に開催された党大会では、中国は21世紀中葉までに「社会主義近代化強国」になるという長期ビジョンを示すとともに、中国が発展を遂げたことで「途上国の近代化への道を切り開き、発展の加速だけでなく自らの独立性の維持も望む国々と民族に全く新しい選択肢を提供した」と主張、中国の成功は他の開発途上国のモデルになると考えているようです。

米中との距離感を探る世界

世界が米国一極体制から米中二極体制へと変化しつつある中で、その他の国々は米中両大国との距離感を微調整し始めたようです。日本も例外ではなく、同盟国である米国と二国間の物品貿易協定（ＴＡＧ）にどう対応するのか、そして中国が協力を求める「一帯一路」にどう取り組んでいくかなど、世界戦略の再構築を迫られています。

さらに、米中両大国の経済面での対立が、イデオロギー論争に発展し縄張り争いになったときの対応を準備しておく必要もあるでしょう。

しかし、今のところ「ワシントン・コンセンサス」と「北京コンセンサス」がイデオロギー面で大きく対立する事象は観察できていません。中国が「ワシントン・コンセンサス」の枠組みの下で紛争を解決する姿勢を維持しているからです。

また、米国のトランプ政権は「米国第一」を掲げて保護主義的な政策を打ち出し、環太平洋パートナーシップ協定（ＴＰＰ）から離脱するなど多国間交渉よりも米国に有利な二国間交渉を進めようとしています。そして、２０２０年以降の地球温暖化対策の国際的枠組みを定めたパリ協定からも離脱するなど、米国以外のＧ７諸国との足並みは乱れ気味であり、〝自由〟をキーワードとする「ワシントン・コンセンサス」を旗印にＧ７をまとめて「北京コンセンサス」に対峙する姿勢を見せていないからでもあります。

とはいえ、米中の対立が、いずれ米国主導の「ワシントン・コンセンサス」と中国主導の「北京コンセンサス」のイデオロギー論争に発展し、縄張り争いとなる恐れを排除することはできません。民主的な制度で国家指導者を選び三権分立で国家権力の乱用を防ごうとする「ワシントン・コンセンサス」と、マルクス・レーニン主義を掲げ中国共産党による国家の指導を正当化する「北京コンセンサス」との間には、政治理念の上で大きな隔たりがあるからです。

また、中国の経済規模は今でこそ米国の約6割に過ぎませんが、中国がこのまま6％前後の経済成長を続け、米国が2％前後の経済成長に留まれば、10年後には米中の経済規模は拮抗してきます。科学技術の面では今のところ中国は米国に遠く及ばないものの、通信機器メーカーの中興通訊（ＺＴＥ）や華為技術（ファーウェイ）の躍進には目を見張るものがあり、米国のＧＡＦＡ（グーグル、アップル、フェイスブック、アマゾン）が支配する世界のネット空間においても、中国のＢＡＴ（百度《バイドゥ》、阿里巴巴《アーリーバーバー》、騰訊《テンセント》）が「一帯一路」沿線地域で急速に存在感を高めています。

さらに、米国が支配する宇宙空間に関しても、米国のＧＰＳ（全地球測位システム）を利用したままではカーナビからミサイル誘導に至るまで米国に頼ることになるため、中国は独自の北斗衛星導航系統（北斗）を構築し、「一帯一路」沿線地域にサービスを展開し始めました。

このように中国は、経済面だけでなく軍事面でも米国に対抗できる体制を構築し始めており、米中の経済規模が拮抗し、情報技術（IT）などの科学技術面でも米国のレベルに追い付いてくれれば、軍事力の面でも米中のパワーは拮抗していくでしょう。そして、台湾を巡る「一つの中国」の問題や人権侵害問題などを引き金に、米中の対立がイデオロギー論争に発展すれば、米中の覇権争いは深刻化しかねません。

そのとき、日本はどうするか今から考えておく必要があるでしょう。この点に関しては、深層分析編7「米中対立はどうなるのか？」（234ページ～）で、米中対立の構図を説明したあと、筆者の意見を述べたいと思います。

4 「人民元の国際化」

ポイント

❶中国は「人民元の国際化」を国是として進めている。為替リスク軽減など経済面のメリット追求と国際的地位向上を狙う

❷現状は、貿易決済、金融決済、外貨準備において人民元の利用率は期待ほど高まっておらず、国際化の前途は多難

❸国際化の遅れの主因は厳しい資本取引規制が残るため。自由化すれば国際化が進む一方、政府の統制が効かなくなるというジレンマに直面

1 国際化を進める理由

中国は「人民元の国際化」を国是として進めています。その背景には大きく分けて2つの理由があると考えられます。

第一に挙げられるのは「人民元の国際化」が進むと為替変動リスクを軽減できるという経済面のメリットです。世界には米ドル、日本円、ユーロなどさまざまな通貨があり、その通貨の境界を越えて（クロスボーダー）、モノやサービスの貿易や資本取引をするには通貨の交換が必要になります。グローバリゼーションが進む中でそうした外国為替取引は増加傾向にあり、人民元を自国通貨とする中国が、貿易取引をするたびに人民元を米ドルに交換すれば、大きな為替変動リスクを伴います。しかし、人民元建てで取引することができれば、それを抑制できるからです。

第二に「人民元の国際化」は中国の国際的地位向上に繋がるという点です。「人民元の国際化」が進展し、①計算単位として、②支払手段として、③価値保蔵手段としての3つの機能を備えると、中国以外の第三国でも人民元が使われるようになり、海外での存在感が高まります。

例えば、ある開発途上国の企業が海外から資金を調達して、海外から機械設備を購入し国内に工場を建ててモノを製造し、それを輸出して外貨を稼ごうと動き出した場合、開発途上国の企業が自国通貨で機械設備を輸入しようと思っても、開発途上国の自国通貨は国際的信用がないことが多いため、国際的信用の高い米ドルやユーロなどに交換した上で、機械設備を購入することになります。もし「人民元の国際化」が進めば、米ドルではなく人民元に交換する国が出てくることになるでしょう。そして、人民元を調達しておきたい、人民元で運用しておきたいという需要が中国以外の第三国で高まって、国際金融市場における中国の地位が向上することにつながります。この点で現在、最も高い国際的地位にあるのが米ドルで、国際金融市場における「基軸通貨」という支配的な地位を得ています。それはまた、米国の国際的地位の高さを裏づけることともなっています。

2 国際化の進捗状況

中国が積極的に「人民元の国際化」を推進し始めたのは、2008年9月に米国で起きたリーマン・ショック以降です。世界最大の経済を持つ米国に端を発する問題だった上、米ドルが唯一の基軸通貨だったことからアジア各国の金融も大混乱に陥り、それは貿易金融にまで波及することとなりました。それ以降、中国は過度に米ドルに依存したアジア金融からの脱却を目指し、「人民元の国際化」への取り組みを積極化したのです。そして、それは習近平国家主席が掲げる「中華民族の偉大なる復興」という夢ともつながっています。

中国政府は「人民元の国際化」を進めるため、3つの機能の充実を進めてきました。計算単位・支払手段としての機能を高めるため、人民元建て「貿易決済」や人民元建て「資本取引（直接投資）」の解禁を段階的に進めています。また、価値保蔵手段としての機能を高めるため、2004年に香港で人民元建て預金を解禁したのを手始めに、対外・対内証券投資における資本規制を段階的に緩和、国内金融市場の金利自由化も進めました（図表-1）。

また、人民元クリアリングバンクの設置や人民元

図表-1

人民元国際化に向けた動き

①人民元建て「貿易決済」の解禁

2009年	人民元建て決済の試行開始 （国内：5都市、 国外：香港、澳門、ASEAN）
2010年	試行地域の拡大 （国内：20省・直轄市・自治区、国外：地域制限撤廃）
2011年	国内の地域制限も撤廃

②人民元建て「資本取引（直接投資）」の解禁

2011年	人民元建て対外直接投資の解禁 人民元建て対内直接投資の解禁
2014年	人民元出所証明の廃止（大幅に自由化）

③人民元の「価値保蔵手段」としての発展

2004年	香港で人民元建て預金
2005年	中国本土で非居住者人民元建て債券（パンダ債）
2007年	香港で居住者人民元建て債券
2010年	香港にオフショア人民元市場が誕生（覚書） 香港で非居住者人民元建て債券
2011年	人民元建て適格海外機関投資家（RQFII）
2013年	香港（HIBOR）にCNHを追加（商品多様化）
2014年	人民元建て適格国内機関投資家（RQDII） 滬港通（香港と上海証券取引所の相互接続）
2016年	深港通（香港と深圳証券取引所の相互接続）
2017年	債券通（ボンドコネクト）

④人民元の「国際準備通貨」としての発展

2006年	海外中央銀行のQFIIの認可
2008年	人民元建て通貨スワップ協定の締結
2010年	海外中央銀行の銀行間債券市場投資の認可
2016年	IMFのSDR構成通貨に人民元を採用

（出典）各種報道等より作成

図表-2

2016年のSDR構成通貨の変更

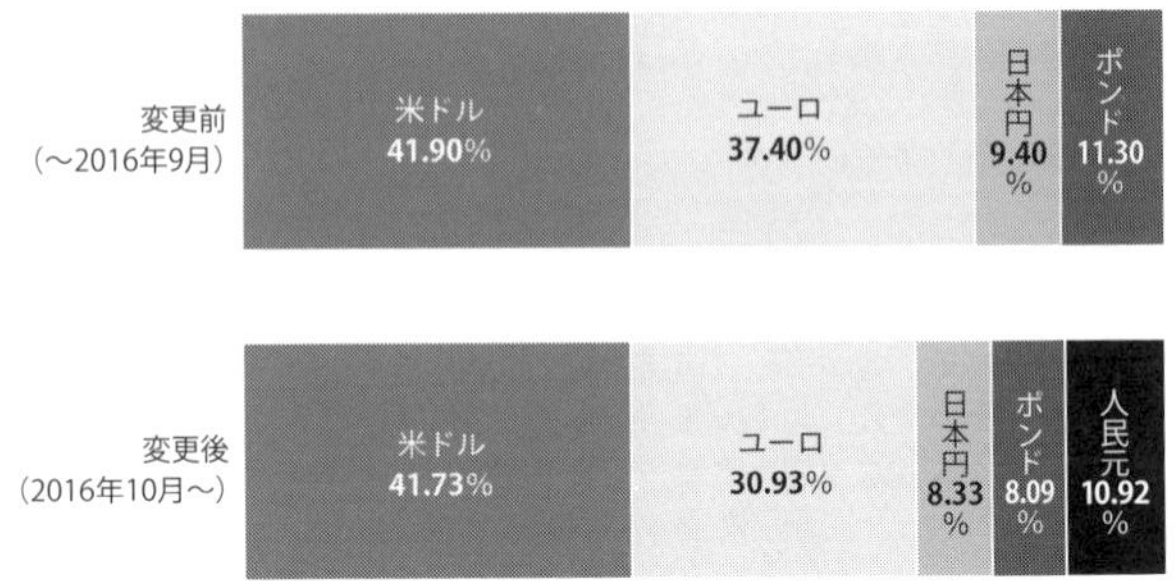

（出典）国際通貨基金（IMF）の資料を元に作成

クロスボーダー決済システム（ＣＩＰＳ）の稼動などインフラ整備を同時並行的に進めるとともに、経済関係が親密な国々と通貨スワップ協定を締結したり、アジアやアフリカなどの後発新興国に人民元建ての資金援助を実施したりすることで、政策的にも「人民元の国際化」を支援してきました。

そして、国際通貨基金（ＩＭＦ）は２０１６年10月、特別引き出し権（ＳＤＲ）の構成通貨に中国の通貨（人民元）を加えることとなり、ＳＤＲバスケットに占める比率は10・92％と日本円やポンドを上回りました（図表-2）。これに関して、当時のＩＭＦのラガルド専務理事は「中国の通貨、為替、金融システムの改革努力の前進を反映したものだ」と表明しています。

3 国際化の現状

しかし、現状を見ると「人民元の国際化」は順調に進んでいるとは言いにくいものがあります。人民元建て貿易決済額の推移を見ると、２０１０年の

5348億元から2015年には7兆2343億元（貿易総額に占める比率は23・3％）に達したものの、その後はむしろ減少傾向に陥っています（図表-3）。

図表-3

人民元建て貿易決済額の推移

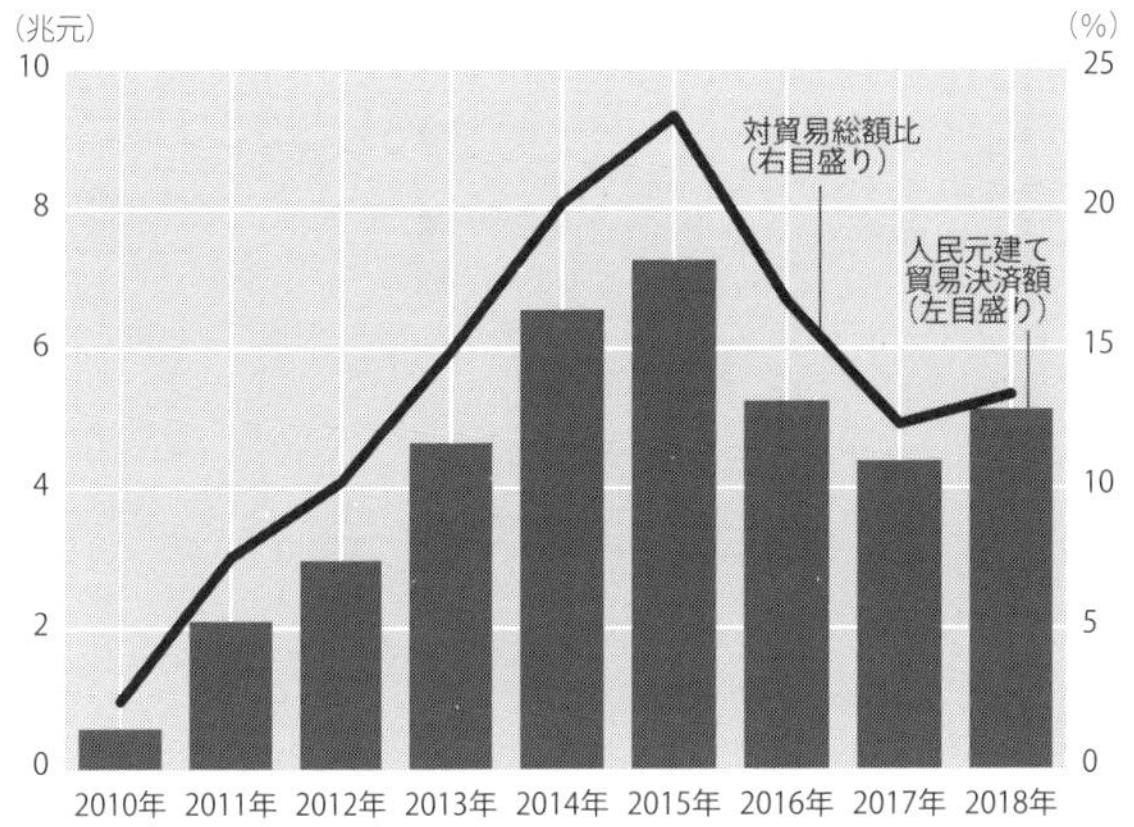

（出典）CEIC（出所は中国人民銀行、中国国家外貨管理局）のデータを元に作成

図表-5

世界の外貨準備の通貨別シェア（2018年4Q）

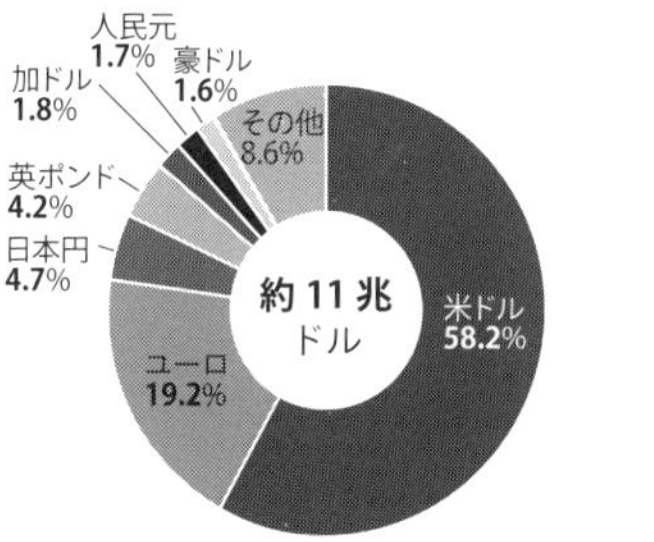

（出典）国際通貨基金（IMF）のデータを元に作成

図表-4

世界の貿易・金融決済額の通貨別シェア（2018年12月）

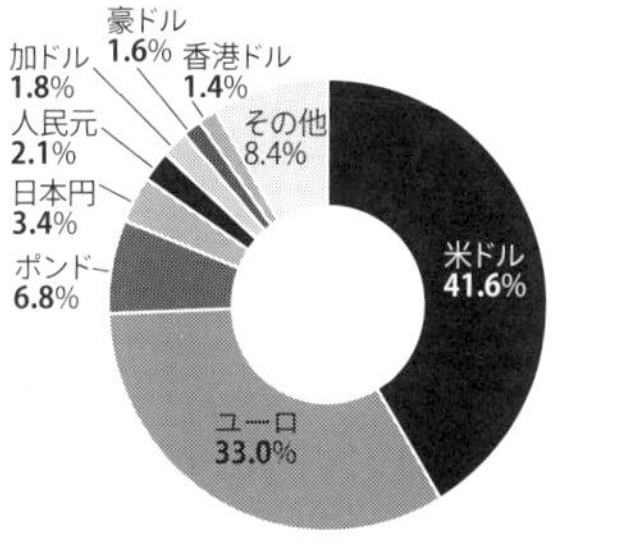

（出典）国際銀行間通信協会（SWIFT）のデータを元に作成

また、国際銀行間通信協会（ＳＷＩＦＴ）の統計で貿易・金融決済額を見ると、人民元の比率は２０１８年12月に２・１％と、米ドル、ユーロ、ポンド、日本円に次ぐ第５位で存在感はまだ小さいのが現状です（図表Ⅰ-4、前ページ）。また、国際通貨基金（ＩＭＦ）の統計で世界外貨準備の通貨別シェアを見ると、人民元の比率は１・７％である一方、米ドルが58・２％と突出しており、人民元は第６位に留まっています（図表Ⅰ-5、前ページ）。この両統計ともにＳＤＲバスケットの新しい比率（10・92％）を大きく下回っています。

4 今後の注目ポイント

このように、中国は「人民元の国際化」に積極的に取り組んできたものの、国際的に見た存在感は未だに小さいと言わざるをえません。その背景には資本取引の規制緩和が遅れ、完全変動相場制への移行が実現していないことがあります。資本取引の自由化を進めれば、市場経済化に伴うベネフィットを得られる一方、内外の資金移動が盛んになることで国内金融の量的コントロールが難しくなり、また投機的な資金移動も排除し切れず、金融市場が混乱するリスクも大きくなるからです。

そして、その混乱が社会不安を招けば、中国共産党に対する批判にも結び付きかねないため、中国は慎重に国際化を進めざるをえません。したがって、今後、金融市場の混乱を回避しつつ完全変動相場制へ移行し、さらに国際化を進めていくためには、内外の急激な資金移動に耐えうる国内金融市場の成熟化を図るとともに、市場を監督する金融当局にも高度なリスクコントロールのスキルが求められます。「人民元の国際化」は最大の難所を迎えたといえるでしょう。

一方、その難所をうまく切り抜けて「人民元の国際化」を軌道に乗せることができれば、「一帯一路」沿線地域に中国の通貨（人民元）を基軸通貨としたアジア金融圏が形成される可能性もあります。現在、中国を含むアジアのサプライチェーンでは米ドルが基軸通貨となっており、米ドルで製造コストを計算し利益を見積もる構造となっていますが、米ドルに代わって人民元で計算するようになれば、アジアにおける基軸通貨は人民元ということになります。こうして、人民元の国際的地位が高まれば、中国の国際的地位の向上にも結び付くため、今後の「人民元の国際化」の行方が注目されています。

なお最近では、阿里巴巴集団が進める支付宝《アリペイ》の国際送金が注目されています。香港とフィリピンの間で始まったこのオンライン決済システムはブロックチェーン技術（分散型台帳技術。ビットコインなどの「仮想通貨」の基幹技術としても使われる）を活用したもので、既存の国際送金システムとは全く異なります。米ドルが基軸通貨となっている既存の国際送金システムでは、米国が実質的にルールを決める「金融覇権」を握っていましたが、それを脅かす存在になるかもしれません。ドルを介さない国際金融取引が増えるからです。「人民元の国際化」と並んで「支付宝の国際送金」の動きにも、注目しておく必要があるでしょう。

5 「一帯一路」

ポイント

❶習近平国家主席の強力なイニシアティブで進む広域経済圏構想
❷実体はアジア圏を覆う、鉄道、道路、パイプラインなどのインフラ・ネットワークと国際経済協力イニシアティブ
❸公式には共同発展（Win-Win）を目指し、対象国の産業育成と中国の産業強化を狙う
❹沿線国には中国への不信感もあるため、日本も参加することに期待感
❺英語名は「OBOR」から「BRI」へ

一帯一路とは？

「一帯一路《イーダイイールー》」はデジタル大辞泉（小学館）によると、まず「中国の習近平国家主席が提唱した経済圏構想」であること。また「中国西部と中央アジア・欧州を結ぶ『シルクロード経済帯』（一帯）と、中国沿岸部と東南アジア・インド・アラビア半島・アフリカ東部を結ぶ『21世紀海上シルクロード』（一路）の2つの地域」で構成されており、英語名は「OBOR（One Belt, One Road）」であること。そして「インフラ整備および経済・貿易関係を促進する」ものであるとのことです。本章では、中国経済を読み解く上で重要なキーワードである「一帯一路」について、さらに詳しく見ていきます。

習近平氏が自らイニシアティブ

第一のポイントである「習近平国家主席が提唱した経済圏構想」に関しては図表-1に示した年表を見ても明らかです。2013年3月に国家主席に就任した習近平氏は、その年の9月には「シルクロード経済ベルト」を提起、同年10月には「21世紀海上シルクロード」を提起し両者を合わせて「一帯一路」と命名しました。その後も、2015年2月には「一帯一路」建設推進指導グループを設置し、「シルクロード基金」やアジアインフラ投資銀行（AIIB）の設立で金融面の支援体制を整えた上で、2017年には「一帯一路」国際協力サミット・フォーラムを開催し世界の認知度を高めるなど、習近平国家主席が最重要視し自らイニシアティブを取って推進している広域経済圏構想だと言えるでしょう。

図表-1

「一帯一路」を巡るこれまでの主な動き

2013年9月	習近平国家主席、「シルクロード経済ベルト」建設を提起
2013年10月	習近平国家主席、「21世紀海上シルクロード」建設と「AIIB」設立を提起
2013年12月	中央経済工作会議で「一帯一路」構想という名称で政策推進することを確認
2014年12月	中国、「シルクロード基金」を発足（人民銀行傘下の単独基金、当初資本100億ドル）
2015年2月	中国、国務院に「一帯一路」建設推進指導グループを設置
2015年3月	「シルクロード経済ベルトと21世紀海上シルクロードの共同建設推進のビジョンと行動」を発表
2015年5月	中国とロシア、「一帯一路」を「ユーラシア経済連合（EEU）」との連携で合意
2015年12月	アジアインフラ投資銀行（AIIB）設立（創設メンバーは57ヵ国、授権資本1000億ドル）
2017年3月	中国、公式サイト「中国一帯一路網」を開設
2017年5月	中国、『「一帯一路」共同建設：理念、実践と中国の貢献』を公表
2017年5月	第1回「一帯一路」国際協力サミット・フォーラム開催
2017年6月	AIIBがムーディーズから「Aaa」の格付けを取得
2019年4月	第2回「一帯一路」国際協力サミット・フォーラム開催

（出典）各種報道等より作成

図表-2

「一帯一路」の元となったシルクロード経済帯と21世紀海上シルクロード

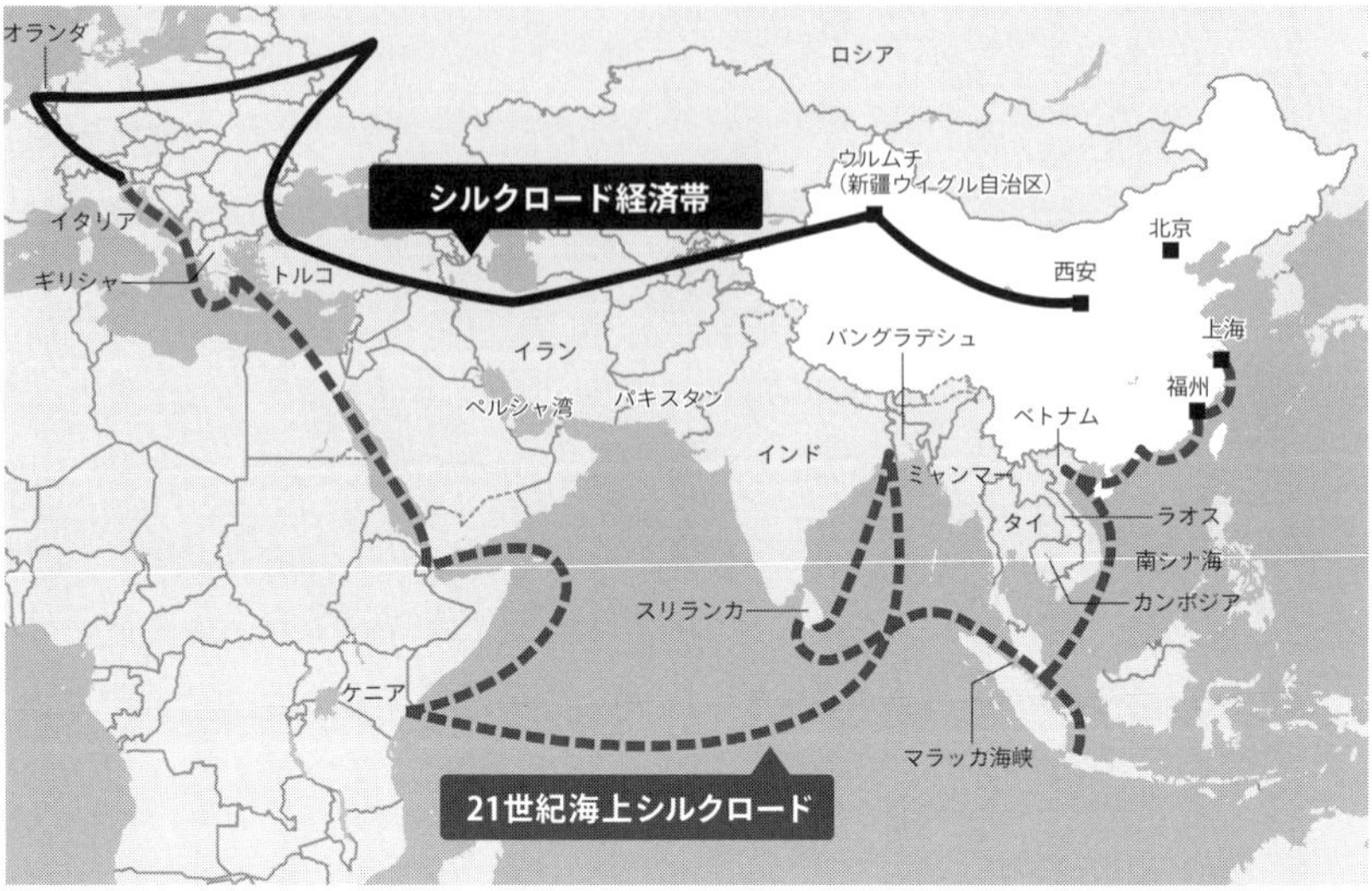

（出典）新華社の報道で使われた地図を参考に作成

地域としては「一帯一路」、インフラは「六路」、経済圏は「六廊」

「一帯一路」は、中国西部と中央アジア・欧州を結ぶシルクロード経済帯と、中国沿岸部と東南アジア・インド・アラビア半島・アフリカ東部を結ぶ21世紀海上シルクロードの2つの周辺地域を指していることは間違いないでしょう。新華社の報道で使われた地図を見てもそれは裏付けられます（図表-2）。

ただし、シルクロード経済帯は1つでなく3つあり、21世紀海上シルクロードも1つでなく2つあることには留意が必要です。前述の「一帯一路」建設推進指導グループが2017年5月に発表した『「一帯一路」共同建設：理念、実践と中国の貢献』によれば、シルクロード経済帯には3つの経路があり、第一は中国西北、東北から中央アジア、ロシアを経て欧州、バルト海に至るもの、第二は中国西北から中央アジア、西アジアを経てペルシャ湾、地中海に至るもの、第三は中国西南からインドシナ半島を経てインド洋に至るものとされています。また、21世紀海上シルクロード（一路）には2つの経路があり、第一は中国の沿海港から南シナ海を通り、マラッカ海峡を経てインド洋に至り、欧州へ延伸するもの、第二は中国の沿海港から南シナ海を通り、南太平洋へ延伸するものとされています。

また、前述の『「一帯一路」共同建設：理念、実践と中国の貢献』では、インフラの整備に関しては「六路」、経済帯の建設に関しては「六廊」という注目すべき概念が登場しました。

「六路」とは、鉄道、道路、海運、航空、パイプライン、宇宙の総合情報ネットワークの6つのインフラのことを指しており、その相互接続を内容としています。〝宇宙〟に関しては中国版GPSと言われる「北斗」によって、「一帯一路」沿線国にサービスを提供しはじめました。

他方、「六廊」とは新ユーラシアランドブリッジ、中蒙ロ、中国・中央アジア・西アジア、中国・イン

図表-3

「六廊」開発の進捗状況

i．新ユーラシアランドブリッジ経済回廊
- 2016年末までの中欧コンテナ列車は、運行路線が39線、本数が3000本近くに達し、欧州の9ヵ国、14都市をカバー
- 中国カザフ国際物流協力プロジェクトの進捗は順調
- 中国カザフ・コルガス国際国境協力センターの建設は着実に進展
- ピレウス港の運営は順調

ii．中蒙ロ経済回廊
- 「中蒙ロ経済回廊建設計画要綱」に調印（16年6月）
- これを受けて、具体的な実施段階に入ったところ

iii．中国・中央アジア・西アジア経済回廊
- カザフスタン、ウズベキスタン、タジキスタン、キルギス、トルコ、イラン、サウジ、カタール、クウェートとは調印済み
- 「トルコ東西高速鉄道プロジェクト協力」でも共通認識に達した

iv．中国・インドシナ半島経済回廊
- ラオス、カンボジアとは覚書に調印
- 中国ラオス鉄道は着工
- 中国タイ鉄道は始動
- 中国ラオス磨憨（モーハン）・ボテン経済協力区を設立

V．中国・パキスタン経済回廊
- パキスタン-カラコルム高速道路は2期工事が着工
- ペシャワール-カラチ高速道路は着工
- パキスタンのグワダル港自由区の建設は順調

VI．バングラデシュ・中国・インド・ミャンマー経済回廊
- 2013年12月に第一回会合
- 2014年12月に第二回会合

（出典）各種報道等より作成

ドシナ半島、中国・パキスタン、バングラデシュ・中国・インド・ミャンマーの6つの国際経済協力回廊のことを指しており、『「一帯一路」共同建設：理念、実践と中国の貢献』ではその進捗状況が報告されています（図表I-3）。また、経済貿易協力区を建設し、中国企業が一部を出資する共同プロジェクトが増えており、第一回「一帯一路」国際協力サミット・フォーラムでは、中国企業が約20ヵ国に56の経済貿易協力区を建設したとの報告がありました。

したがって、「一帯一路」の〝一〟にそれほど大きな意味はなく、その実態は「六廊」の建設と「六路」の整備を推進するいわば「六廊六路」のようです。そして、英語名も「OBOR（One Belt, One Road）」から「BRI（The Belt and Road Initiative）」に変わりつつあります。

推進の目的

中国の、「一帯一路」推進の目的は何でしょうか。第一回「一帯一路」国際協力サミット・フォーラム最終日、円卓サミット会議で閉会の挨拶を述べた習近平国家主席は、この一連の会議を通じて5項目の重要共通認識を得たと総括しました。①「一帯一路」建設協力の推進に尽力し、世界経済が直面する試練に手を携えて対応する、②経済政策の協調と発展戦略の連携を支持、強化し、協同連動発展の実現に努力する、③各分野の実務協力で新たな成果を図る、④各国民間交流の架け橋を築く、⑤「一帯一路」建設は開放と包摂の発展プロジェクトであり、各国はみな平等な参加者、貢献者、受益者である、の5項目です。

この共通認識をもとに「一帯一路」の目的を整理すると、「一帯一路」沿線国でバラバラに進む経済

図表-4

第1回「一帯一路」国際協力サミットフォーラムの成果

1 政府間の協力覚書	・中国政府は、モンゴル、パキスタン、ネパール、クロアチア、モンテネグロ、ボスニア・ヘルツェゴビナ、アルバニア、東ティモール、シンガポール、ミャンマー、マレーシアなどの政府と政府間「一帯一路」協力了解覚書に調印した。
2 経済・貿易面の協力	・中国政府はパキスタン、ベトナム、カンボジア、ラオス、フィリピン、インドネシア、ウズベキスタン、ベラルーシ、モンゴル、ケニア、エチオピア、フィジー、バングラデシュ、スリランカ、ミャンマー、モルディブ、アゼルバイジャン、グルジア〈ジョージア〉、アルメニア、アフガニスタン、アルバニア、イラク、パレスチナ、レバノン、ボスニア・ヘルツェゴビナ、モンテネグロ、シリア、タジキスタン、ネパール、セルビアの30ヵ国政府と経済・貿易協力取り決めに調印した。
3 インフラ関連の協力	・中国鉄路総公司は関係国の鉄道会社と「中国、ベラルーシ、ドイツ、カザフスタン、モンゴル、ポーランド、ロシア鉄道中欧班列〈中国と欧州を結ぶ貨物便〉協力取り決め」に調印した。 ・中国国家開発銀行は、インドネシア中国高速鉄道会社とジャカルタ-バンドン高速鉄道事業融資取り決めに調印し、スリランカ、パキスタン、ラオス、エジプトなどの関係機関と港湾、電力、工業団地などの分野のインフラ融資協力取り決めに調印した。
4 金融関連の協力	・シルクロード基金は資金を1000億元増やす。 ・中国は金融機関が人民元海外基金業務を進めることを奨励し、当初の規模を約3000億元とし、「一帯一路」のために資金支援を行う。 ・中国国家発展改革委員会は、中国ロシア地域協力発展投資基金を設置し、総規模を1000億元、第1期を100億元とし、中国東北地区とロシア極東の開発協力を後押しする。 ・中国国家開発銀行は、「一帯一路」インフラ特別融資（1000億元相当）、「一帯一路」生産能力特別融資（1000億元相当）、「一帯一路」金融協力特別融資（500億元相当）を設ける。 ・中国輸出入銀行は、「一帯一路」特別融資枠（1000億元相当）、「一帯一路」インフラ特別融資枠（300億元相当）を設ける。 ・中国人民銀行（中央銀行）は国際通貨基金（IMF）と協力して基金組織、中国能力づくりセンターを設立し、「一帯一路」沿線国に対し研修を行う。 ・アジア金融協力協会を正式に設立した。
5 沿線途上国の支援	・中国政府は「一帯一路」沿線途上国に対する援助を強化し、今後3年間の全体的援助規模を少なくとも600億元とする。 ・中国政府は沿線途上国に対し20億元の緊急食糧援助を行う。南南協力援助基金に10億ドルを追加拠出する。
6 今後の国際会議運営	・「一帯一路」国際協力サミットフォーラムを定期的に開催し、またフォーラム諮問委員会、フォーラム連絡弁公室などを設置する。 ・中国国家発展改革委員会は、「一帯一路」建設促進センターを設置し、「一帯一路」公式サイトを正式に開設し、海上シルクロード貿易指数を発表する。

（出典）各種報道等より作成

政策、発展戦略、インフラ整備、問題解決などに協同で取り組むとともに、人や文化の交流を盛んにして共同発展（win-win）を目指す広域経済圏構想だということになるでしょう。「一帯一路」沿線国にとっては、中国の金融機関から借りる資金を元手にインフラ整備を進め、鉱業や製造業などの国内産業を育成して経済発展への道が開けます。一方、中国にとっては食糧、鉱物・エネルギー資源の調達先やその輸送ルートを確保できる上、中国企業を中核とするサプライチェーンは「一帯一路」沿線国に安価な製造拠点を持つことで最適化の水準が上がり、「一帯一路」に広がる情報ネットワークができれば中国のプラットフォーマーに大きなビジネスチャンスをもたらすこととなります。

なお、第一回「一帯一路」国際協力サミット・フォーラムの成果を見ると、特に目を引くのは中国による金融関連の協力の手厚さでしょう（図表Ⅰ-4、前ページ）。

日本のとるべき立ち位置

それでは、中国が主導する「一帯一路」の広域経済圏構想はこのまま順調に実現していくのでしょうか。2019年4月に北京で開催された第二回の「一帯一路」国際協力サミット・フォーラムには国際連合のグテレス事務総長など国際機関の代表団やロシアのプーチン大統領やイタリアのコンテ首相など37ヵ国の首脳級、150ヵ国余りの各界代表が集まるなど、これまでのところ順調に進んでいるように見えます。中国による金融面からのサポートに期待する「一帯一路」沿線国がいかに多いかを示しています。

他方、「一帯一路」沿線国には、自国の経済発展をサポートする姿勢を見せる中国に対して、重要なパートナーとしての期待は強いものの、それとは裏腹に不信感もあるようです。一帯一路は、公式には共同発展（win-win）を目指していますが、中国は当事国が策定した返済不能な発展計画に高利で融資して、担保となった鉱山や港の権益を奪うという裏の目的があるのではないかという疑念を持つ人もいます。

現に、スリランカが中国からの融資を元手に建設を進めたハンバントタ港の開発では、思うように港湾の稼働率が上がらず、結局、2017年8月には港湾運営権を中国企業に貸与せざるをえなくなり、国際社会からは「中国の新植民地主義」と批判される事態となりました。その背後には、中国が「北京コンセンサス（キーワード編3、108ページ参照）」を世界に広めるという中国の夢があるとの見方です。

そして、中国による中東欧諸国への関与が、EUの結束を揺るがすとして、欧州諸国の間でも中国に対する警戒感が高まり始めています。このような中

図表-5

開発途上国にとっての日本と中国

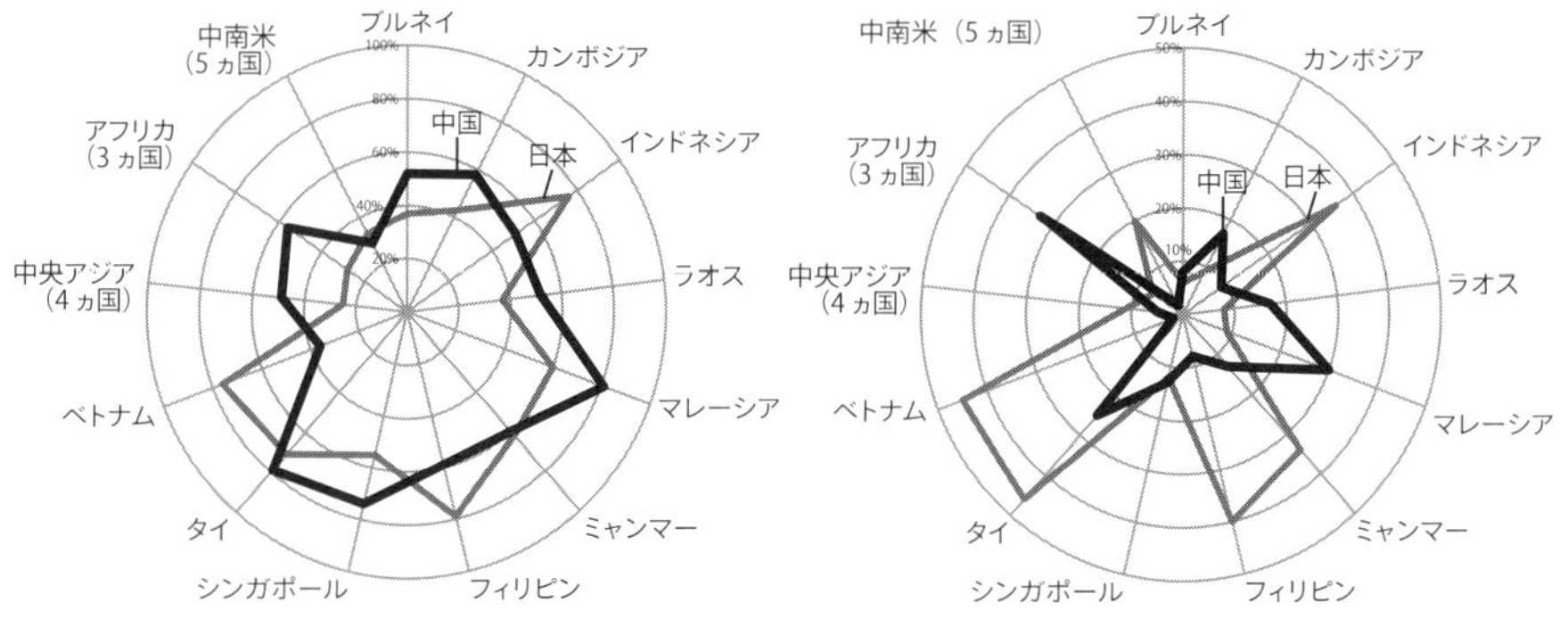

現在重要なパートナー　　**最も信頼できる国**

（出典）日本外務省のデータを元に作成

（注）調査期間：東南アジア・アフリカは17年3月、中央アジアは15年12月～16年1月、
中南米は14年12月～15年2月
調査対象国は：中央アジアはウズベキスタン，カザフスタン，キルギス，タジキスタン
アフリカはケニア，コートジボワール，南アフリカ
中南米はメキシコ，ブラジル，コロンビア，チリ，トリニダード・トバゴ

国に対する不信感がさらに高まれば、「一帯一路」の広域経済圏構想は失速し、ＡＩＩＢに参加している欧州勢が離反することになれば、中国と特に親密な関係にある国々だけのこぢんまりとした経済圏に留まる可能性があります。

一方、日本が一帯一路に参加すれば成功する可能性は格段に高まるでしょう。中国主導の「一帯一路」の広域経済圏構想がこれまで順調に進んだ背景には、中国が持つ世界第2位の経済力と、開発途上国が抱える問題に対する深い理解力、そして新興国を束ねる統率力があります。いずれも「改革開放」後のたかだか40年で最貧国から中所得国に発展することに成功した実績に基づくもので、中国国内で行ったインフラ整備や経済特区運営の経験が生かせます。

しかし、中国が開発途上国をサポートする上では、政治体制の異なる海外での巨大プロジェクト開発の経験が不足しています。

その点、日本はプラザ合意以降の円高で国内にあった工場を海外移転した経験が豊富で、そうしたプロジェクトに融資するため、計画を審査し、問題を解決して成功に導くスキルも蓄積してきています。その他の地道な外交努力もあって、各地域において日本は国際的に高い信用を得る国となっています（図表I-5、前ページ）。

したがって、「一帯一路」の広域経済圏構想に日本が積極的に参画することになれば、中国に欠けている点を補い、一帯一路の信用は飛躍的にアップすると思われます。

しかし、それには日本が中国に対して堂々と意見を述べる必要があります。中国の主張が間違っているときは反対し、正しいときは賛成するという是々非々のスタンスです。つまり、中国が「一帯一路」の広域経済圏構想を進める上で、当事国と中国の意見が対立することもあるでしょう。そうしたときに、国際的な信用が高く第三者的な立場にある日本の意見が重要となります。具体的には、２０１８年11月にＡＰＥＣ（アジア太平洋経済協力会議）で合意した「透明性」「開放性」「経済性」「対象国の財政健全性」「環境配慮」「質の高い地域の発展」などの要素が評価のポイントとして重要です。このような時に、日本が中国の意向を忖度した言動を繰り返すと、沿線国にとって日本が参画する意味は薄れて、逆に日本が国際的な信用を失うことになる恐れもあります。

したがって、日本は一帯一路に積極的に参画して、中国に対するご意見番として広域経済圏構想の実現に協力するのがよいと筆者は考えています。

ただしそうするには、同盟国である米国の理解が肝要です。世界の経済勢力図が米中2極体制に移りつつある中では、米国が反対するかもしれません。日本はどうふるまうべきか、正念場です。

6 「イノベーション（創新）」

ポイント

❶中国政府は生産要素投入重視からイノベーション重視に転換
❷そして研究開発員（ヒト）と研究開発費（カネ）の投入を積極化
❸科学技術論文など学術面では、すでにその成果は顕著に
❹ビジネス面でも創業や国際特許出願の増加などの成果があがり始めている
❺知的財産権を〝侵害する立場〟から〝守る立場〟へ移行中

イノベーション重視に転換した中国

中国経済は「世界の工場」に導いた従来の成長モデルを卒業して新しい成長モデルに移行する転換点に立っています。従来の成長モデルでは生産要素（土地、資本、労働）を大量に投入することによって「世界の工場」に発展することができましたが、中国全土で開発が進み、過剰投資が顕著となり、生産年齢人口が減少に転じる中で、その限界が見えてきました。そこで、李克強（りこっきょう）首相は２０１５年３月に開催された全人代で、「大衆創業、万衆創新」という言葉を用いて、新しい成長モデルを軌道に乗せるべくイノベーション重視へと舵を切りました。その後２０１６年７月には「第13次５ヵ年国家科学技術イノベーション計画」を発表し、具体的な数値目標を掲げて強力にイノベーションを推進し始めています（図表1、次ページ）。

そして、その成果は少しずつ出始めています。世界知的所有権機関（WIPO）が公表した2018年世界イノベーション順位では、中国がカナダやノルウェーなど5つの国を抜いて、世界第22位から第17位へと躍進しています（図表-2）。

なお、李克強首相は前述2015年3月の全人代で、「イノベーション（大衆創業、万衆創新）」と同時に「中国製造2025」と「インターネットプラス」も打ち出しました。この3つが密接に関係しているからで、いわば三位一体といえるでしょう。本章ではイノベーションに焦点を絞って説明し、中国製造2025はキーワード編7（141ページ～）、インターネットプラスはキーワード編8（147ページ～）で説明します。

図表-1

第13次5ヵ年国家科学技術イノベーション計画の主要目標

	指標	2015年（実績値）	2020年（目標値）
1	国家総合イノベーション能力（世界順位）	18	15
2	科学技術進歩の貢献率（対GDP比%）	55.3	60
3	研究開発費（対GDP比%）	2.1	2.5
4	就業者1万人当たりの研究開発者数（人）	48.5	60
5	ハイテク企業の営業収入（兆元）	22.2	34
6	知識集約型サービスの付加価値（対GDP比%）	15.6	20
7	大手工業企業の研究開発費（対営業収入比%）	0.9	1.1
8	国際科学技術論文の被引用件数（世界順位）	4	2
9	特許協力条約（PCT）に対する特許申請数（万件）	3.05	倍増
10	人口1万人当たりの発明・特許保有数（件）	6.3	12
11	技術契約の取引額（億元）	983.5	20000
12	科学技術の素養を擁する国民の比率（%）	6.2	10

（出典）中国政府の資料を元に作成

図表-2

世界イノベーション順位（2018年）

	2018年の順位	2017年
1	スイス	1
2	オランダ	3
3	スウェーデン	2
4	英国	5
5	シンガポール	7
6	米国	4
7	フィンランド	8
8	デンマーク	6
9	ドイツ	9
10	アイルランド	10
⋮		
13	日本	14
⋮		
17	中国	22

（出典）世界知的所有権機関（WIPO）

研究開発の現状

中国は、研究開発にヒトとカネを積極的に投入しています。中国国家統計局が公表した統計によれば、研究開発の従事者は約４０３万人（２０１７年）で10年前の２・３倍に増え、研究開発費は１・76兆元（日本円に換算すると約28兆円、２０１７年）で10年前の４・７倍になりました（図表-3）。また、世界銀行の統計を見ると、中国の研究開発費はＧＤＰ比でも増えており、日本や米国の水準に近付いてきました（図表-4、次ページ）。

研究開発人員の内訳を所属機関別に見ると、研究機関が約１割、企業が８割弱、大学等が１割弱でした（図表-5上、次ページ）。20年ほど前には研究機関が２割、企業が６割、大学等が２割の構成比だったので、研究機関や大学等から企業へシフトしていることが分かります。また、分野別に見ると、基礎研

図表-3

研究開発の人員と投入費用

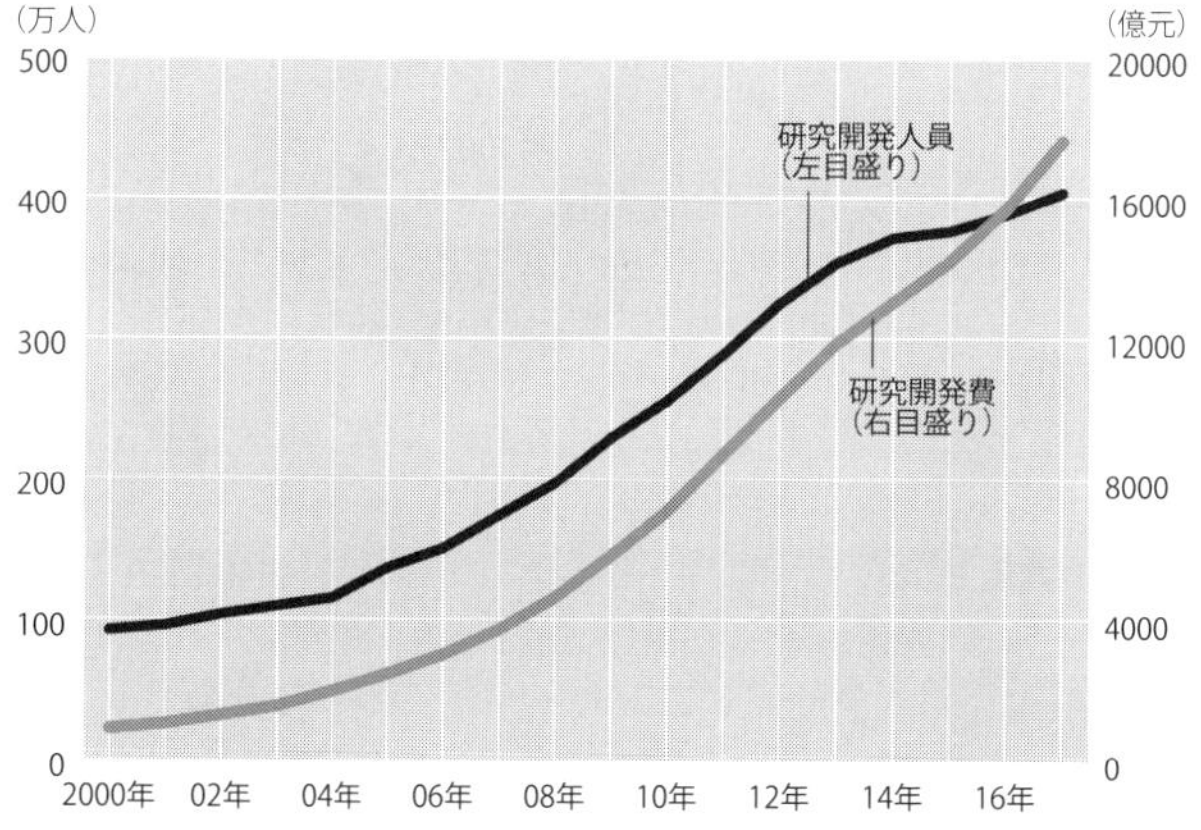

（出典）CEIC（出所は中国国家統計局）のデータを元に作成

究が7・2%、応用研究が12・1%、試験的開発が80・7%となっています（図表-5下）。

図表-4

日米中の研究開発費の推移比較

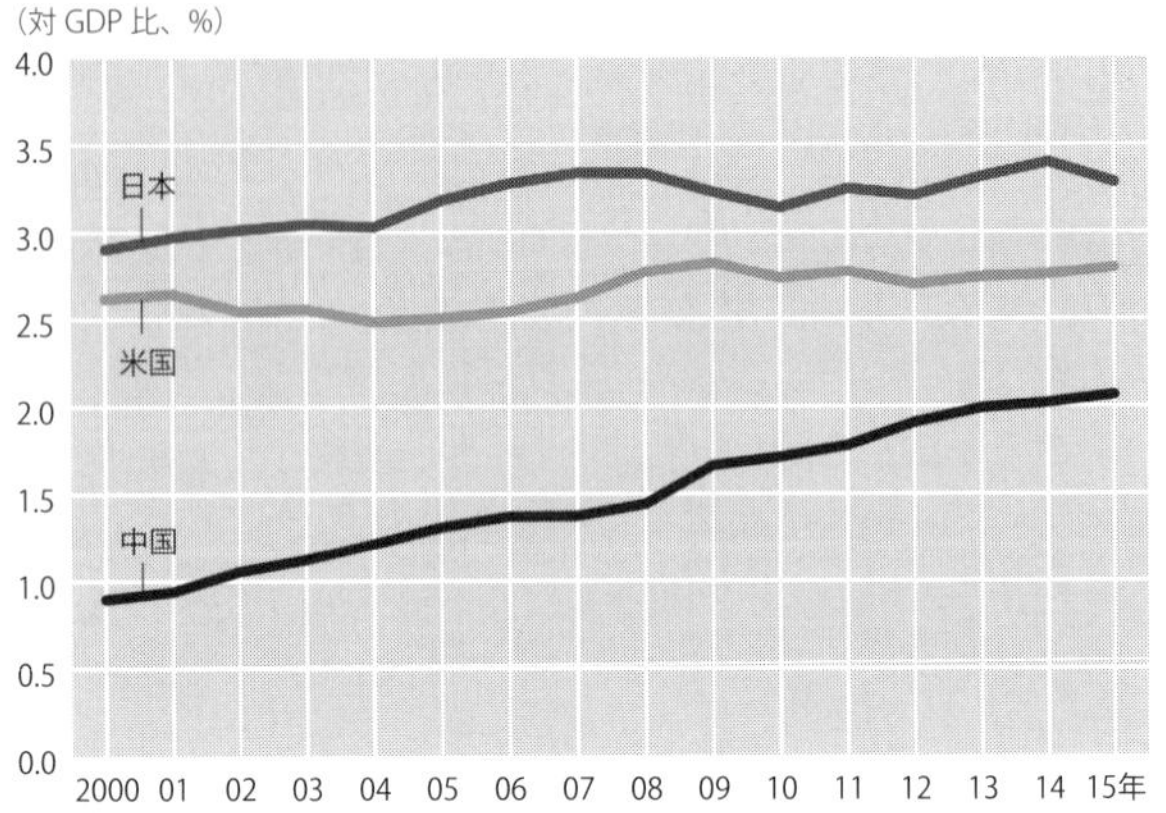

（出典）世界銀行のデータを元に作成

図表-6

研究開発費の内訳

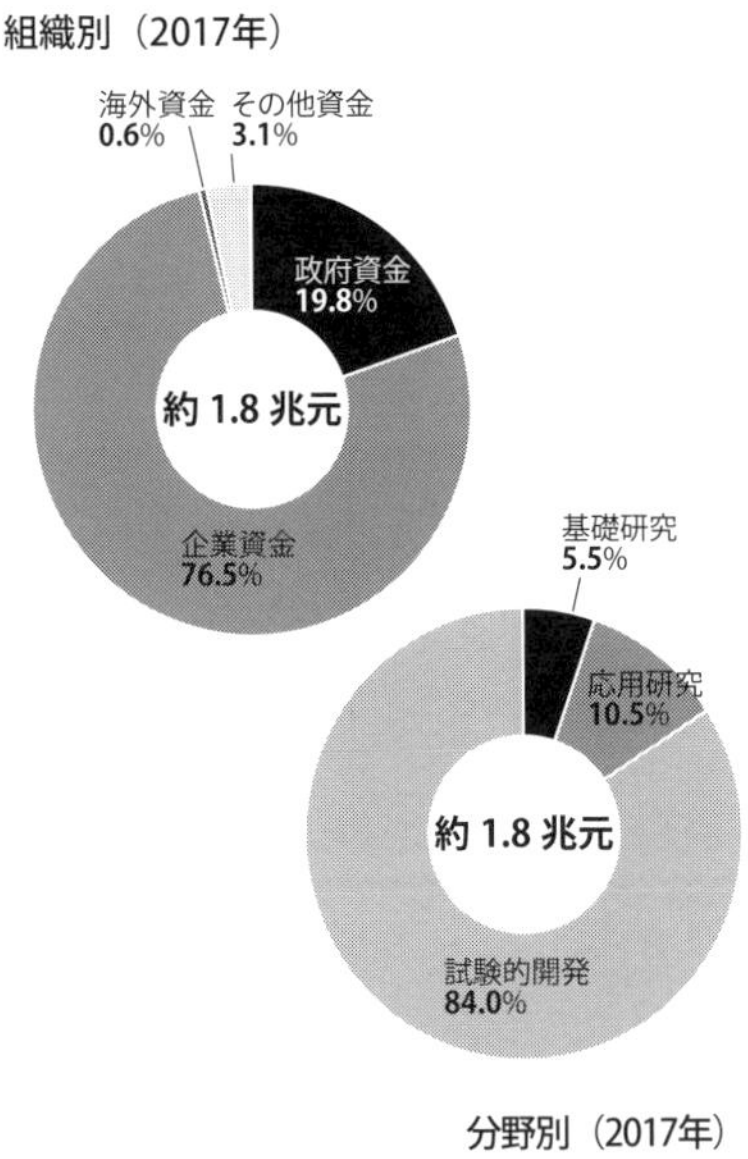

（出典）CEIC（出所は中国国家統計局）のデータを元に作成

図表-5

研究開発人員の内訳

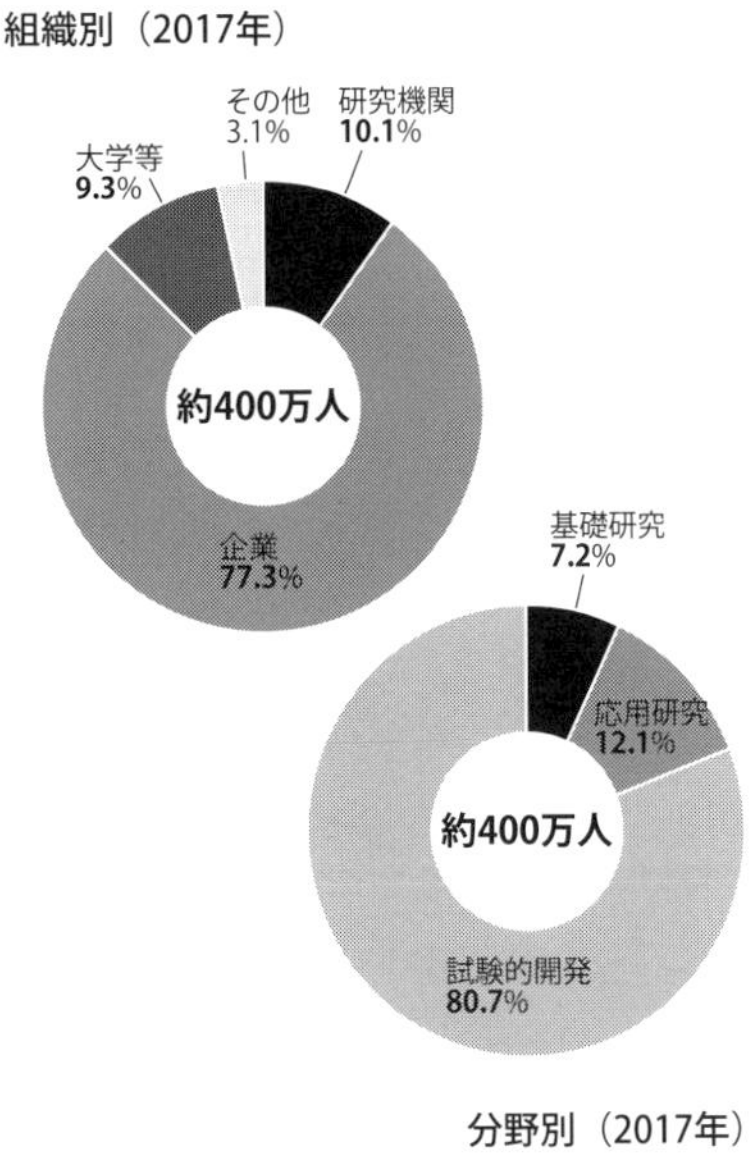

（出典）CEIC（出所は中国国家統計局）のデータを元に作成

一方、研究開発費の内訳を見ると、研究組織別では、政府資金が2割、企業資金が8割弱となっています（図表-6上）。2003年には、政府資金が3割、企業資金が6割でしたので、政府資金から企業資金へシフトしていることが分かります。また、研究分野別では、基礎研究が5・5％、応用研究が10・5％、試験的開発が84・0％となっています（図表-6下）。

成果の概況

学術面の成果

中国の研究開発へのヒトやカネの投入はどのような成果を挙げているのでしょうか。

中国の大学のレベルは着実に上昇してきているようです。上海交通大学高等教育研究院が行った分析によると2015年には、学術レベルで世界トップ500の大学のうち、中国の大学は44校を占め、米国の146校に次ぐ世界第2位となりました。2005年の同じ調査では世界第8位だったので実力を大きく伸ばしたことになります（図表-7）。なお、研究分野別のトップ1000を公表している英国の大学評価機関「クアクアレリ・シモンズ社（Quacquarelli Symonds：QS）」による2019年の世界大学ランキングを見ると、人文科学、技術工学、

図表-7

世界大学学術ランキング
（トップ500内の学校数）

順位	2005年		2015年	
1	米国	168	米国	146
2	英国	40	中国	44
3	ドイツ	40	ドイツ	39
4	日本	34	英国	37
5	カナダ	23	フランス	22
6	イタリア	23	イタリア	20
7	フランス	21	オーストラリア	20
8	中国	18	カナダ	20
9	オーストラリア	14	日本	18
10	オランダ	12	スペイン	13

（出典）上海交通大学高等教育研究院

生命科学・医薬、自然科学、社会科学・経営の5つ全ての分野で、米国には遠く及ばないものの、日本を上回ってきました（図表-8）。

また、科学技術に関する論文数も増えています。世界銀行の統計を見ると、中国の科学技術論文数は右肩上がりで増えており、2016年には約43万件と米国の約41万件を上回りました（図表-9）。しかも質も上がっています。科学技術・学術政策研究所が行った分析によると、指標となる「TOP10%補正論文数」で、中国がシェアを増やして世界第2位になったのです。10年前には日本よりも低い世界第6位でしたので、目覚ましい伸張といえるでしょう（図表-10）。

図表-8

世界トップ1000入りした大学数の日米中比較（2019年）

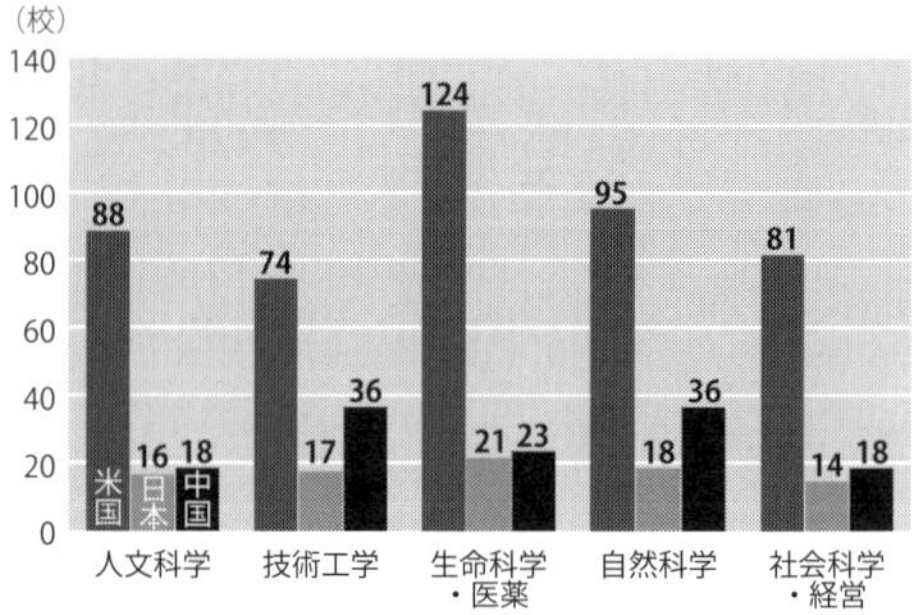

（出典）Quacquarelli Symondsのデータを元に作成

図表-9

日米中の科学技術論文数の推移比較

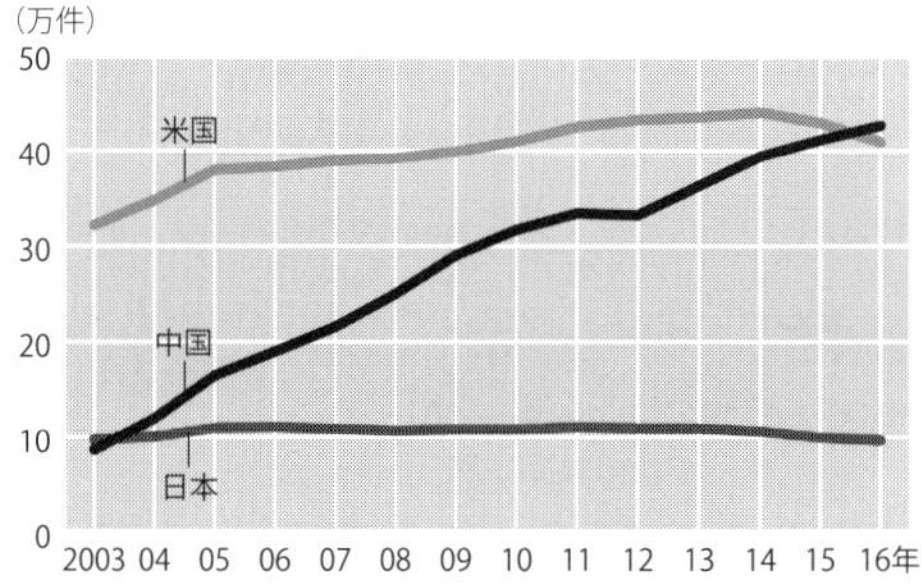

（出典）世界銀行のデータを元に作成

図表-10

TOP10%補正論文数の変化

単位：%

順位	2003～05年		2013～15年	
1	米国	39.4	米国	28.5
2	英国	7.5	中国	15.4
3	ドイツ	6.5	英国	6.2
4	日本	5.5	ドイツ	5.7
5	フランス	4.4	フランス	3.6
6	中国	4.3	イタリア	3.5
7	カナダ	3.7	カナダ	3.2
8	イタリア	3.1	オーストラリア	3.1
9	オランダ	2.4	日本	3.1
10	オーストラリア	2.3	スペイン	2.7

（出典）科学技術・学術政策研究所

ビジネス面の成果

　また、中国の研究開発へのヒトやカネの投入はビジネスにも結びつき始めており、中国では新しい企業が次々に誕生しています。中国国家市場監督管理総局が公表した統計によると、新規設立企業数がここ数年、右肩上がりで増加しており、２０１７年には約６００万社と、5年前の3倍になりました（図表-11）。前述のように中国では、「大衆創業、万衆創新」を合言葉として、イノベーションと創業をセットで推進してきており、中国政府による手厚い政策支援が受けられるためです。また、１９９４年に「百人計画」、２００８年に「千人計画」という海外ハイレベル人材の呼び戻し政策を始めたことで、米シリコンバレーなどで活躍していた中国人科学者が国内に戻り、起業に大きく貢献をしており、「海亀族」と呼ばれています。こうして、スタートアップ企業を生み出すエコシステム（産業の生態系）ができ上がりつつあります。

　また、国際特許出願も急増しています。世界知的所有権機関（ＷＩＰＯ）の統計によると、２０１７年に中国からは4万８８７５件の出願があり、日本の4万８２０６件を上回りました。日本からの出願も増加傾向にありますが、中国ではそれを大きく上回って増加しています（図表-12・13、次ページ）。

　また、個々の産業を見ると、中国企業の躍進が目

図表-11

新規設立企業数の推移

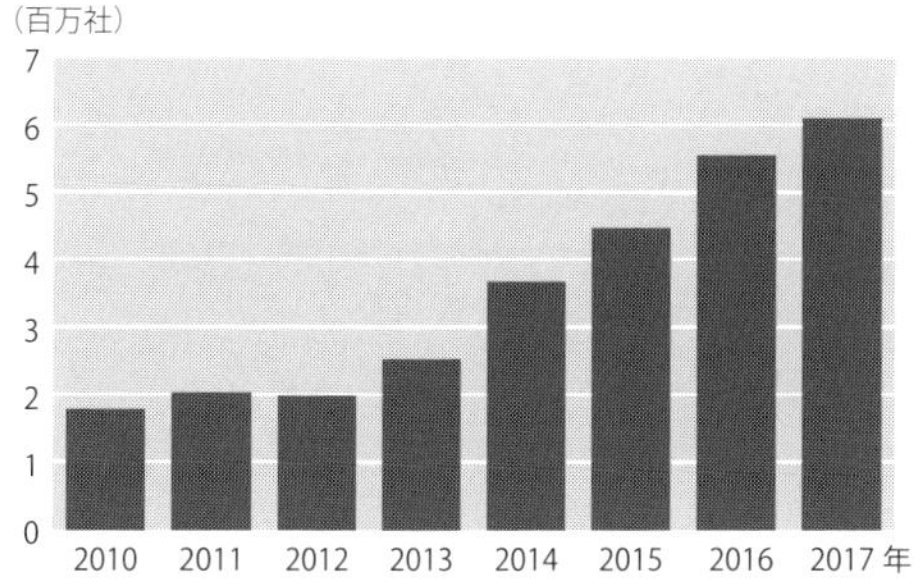

（出典）CEIC（出所は中国国家市場監督管理総局）のデータを元に作成

図表-12

日米中の国際特許出願の推移比較

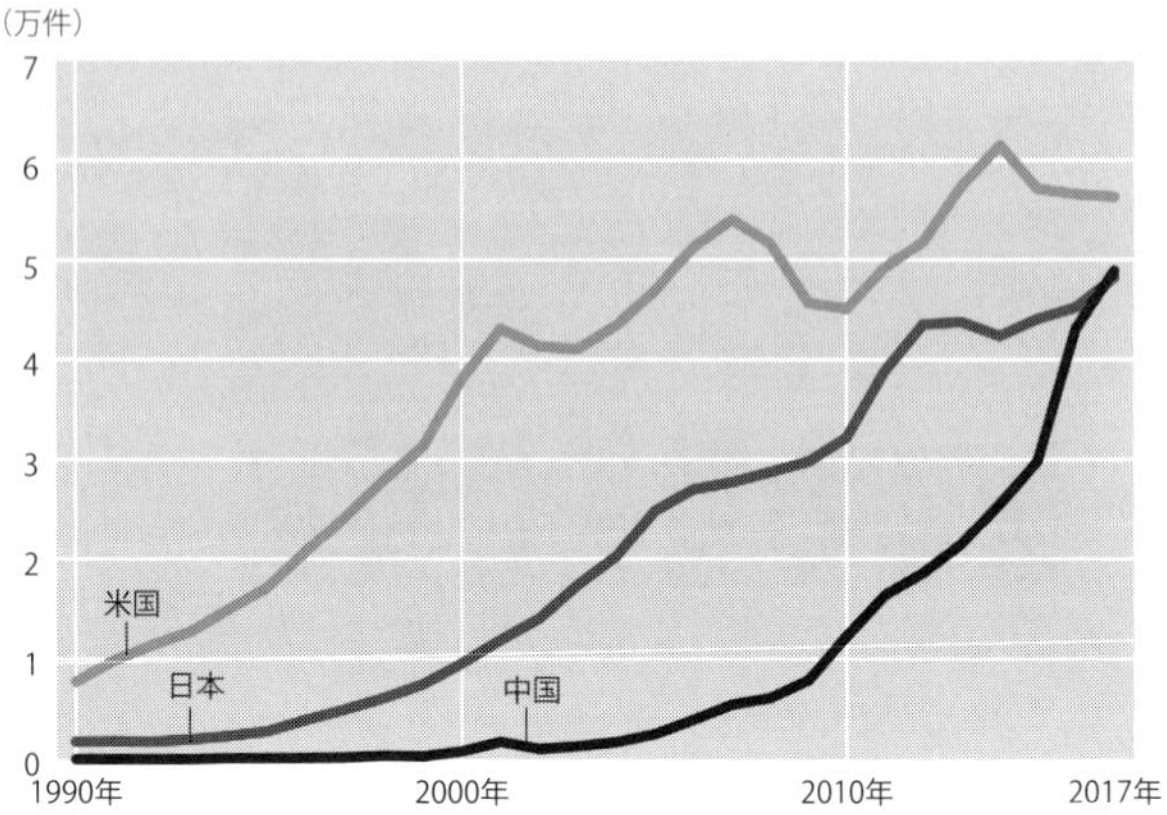

(出典) 世界知的所有権機関 (WIPO) のデータを元に作成

立つようになってきました。その一例として挙げられるのがスマートフォンです。２０１８年の世界シェアを見ると、第1位は韓国のサムスン電子、第2位は米国のアップルでしたが、第3位には華為技術

図表-13

世界の国際特許出願件数 (PCT、2017年)

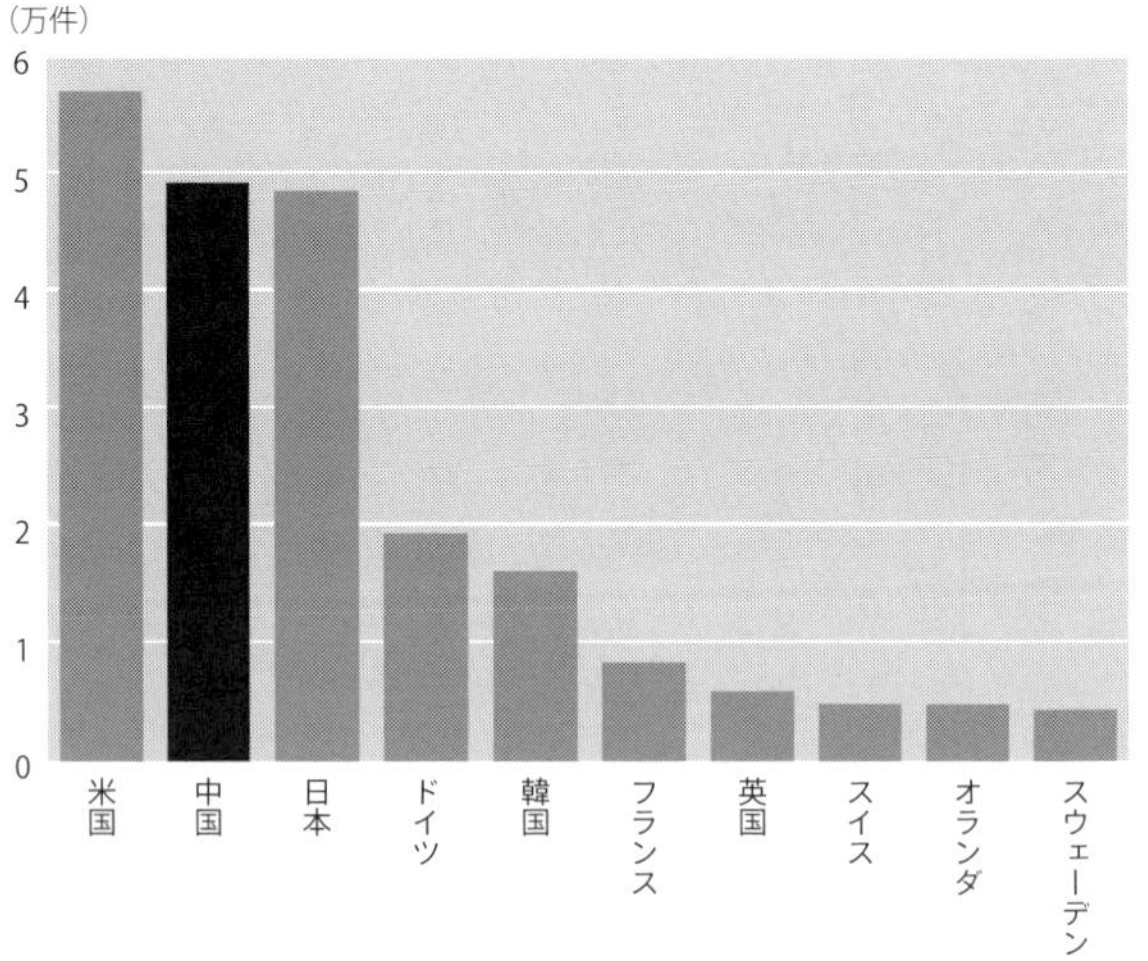

(出典) 世界知的所有権機関 (WIPO) のデータを元に作成

(ファーウェイ)、第4位には小米科技(シャオミ)、第5位にはＯＰＰＯ(オッポ)と、中国企業3社がベスト5に入りました。これら3社の合計は31・4%で、サムスン電子の20・8%を上回りました(図表

‐14）。２０１２年に中国企業はありませんでしたので、たかだか6年で大きく状況が変わったことが分かります。中国のイノベーションがビジネス面で成果を上げる事例は、今後もあちこちの業界で見られるようになりそうです。

図表-14

スマートフォンの世界シェアの変化

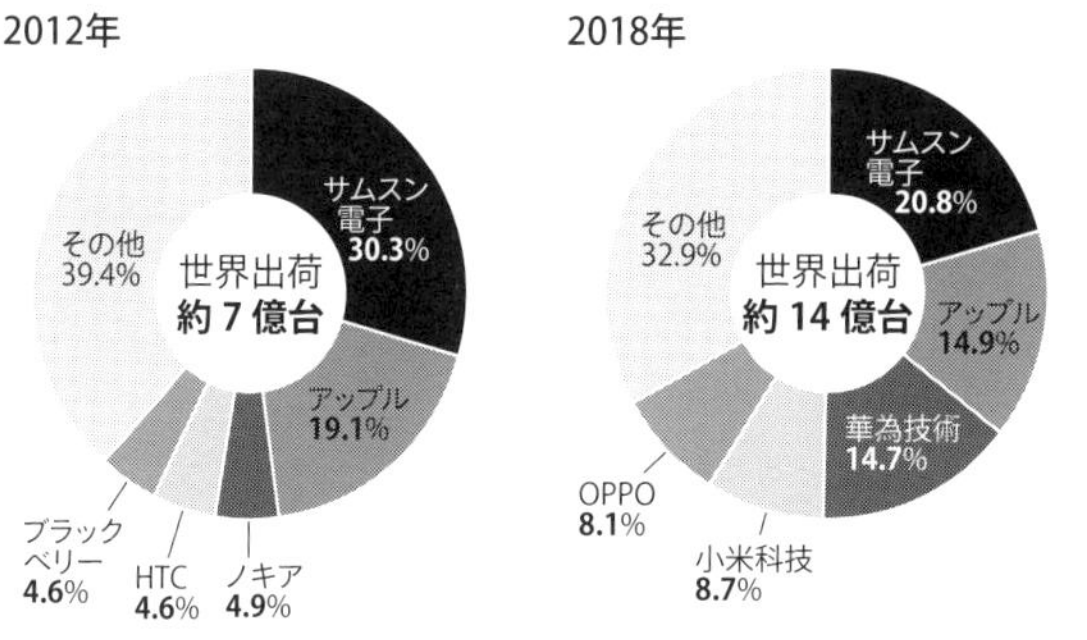

（出典）IDCのデータを元に作成

いずれ知的財産権を〝侵害する立場〟から〝守る立場〟へ

イノベーション重視に転換した中国は、研究開発にヒトとカネを積極的に投入し、具体的な数値目標を定めて取り組み、学術面に加えてビジネス面でも成果が表れ、知的財産権収入が増加傾向にあります。そして、中国でも知的財産権を守る必要性が増してきました。研究開発費を大量に投入し、研究開発従業者が苦労を積み重ねて生み出した知的財産権が侵害されると、知的財産権収入に結び付かず、イノベーションに対する意欲が失われてしまうからです。

李克強首相は２０１８年８月、世界知的所有権機関（ＷＩＰＯ）のガリ事務局長と会談した際に、知的財産権の保護は「イノベーションを保護し、イノベーション人材の情熱を保護するもの」と述べています。

これまでの中国は日米欧先進国が生み出した知的

図表-15

世界の知的財産権収入の比較（2017年）

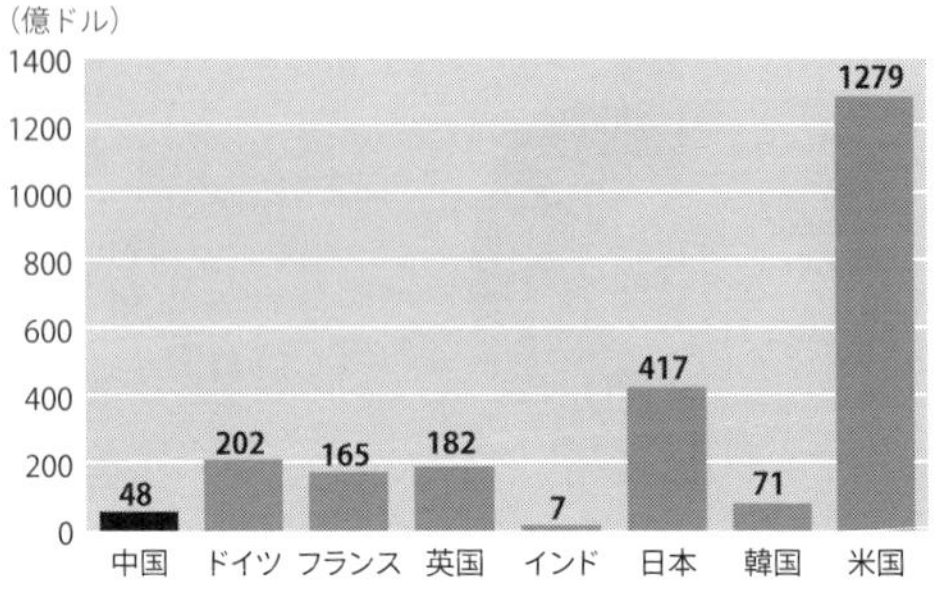

（出典）世界銀行のデータを元に作成

財産権を〝侵害する立場〟でしたが、今後の中国は自ら生み出した知的財産権を〝守る立場〟へと徐々に変化していくことになるでしょう。特に「一帯一路」沿線地域への進出に際しては、知的財産権を保護するための枠組み作りが重要ポイントとなりそうです。

図表-16

日米中の知的財産権（収入－支払）の推移

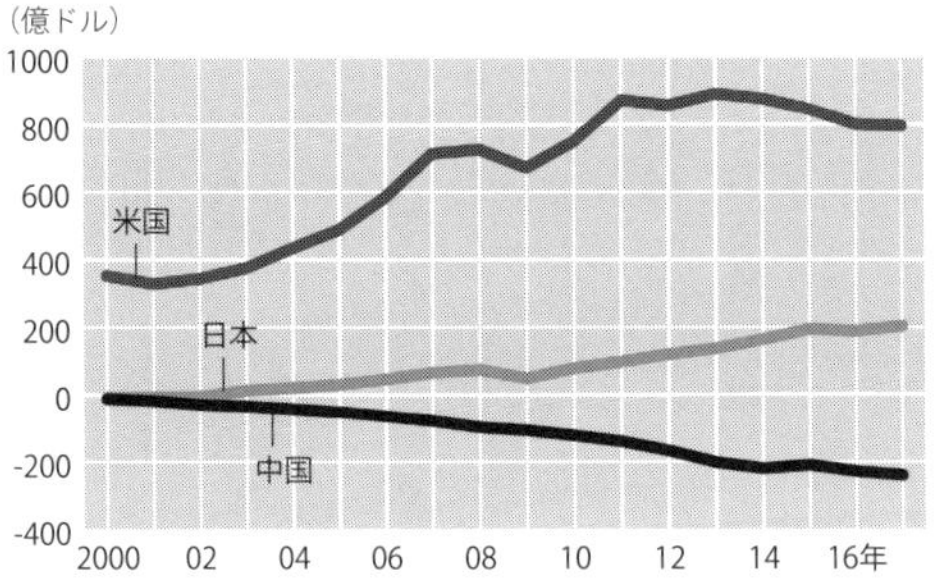

（出典）世界銀行のデータを元に作成

なお、〝侵害する立場〟から〝守る立場〟へ、完全に転換する時期は少し先のことになりそうです。イノベーション重視に転じてから日が浅く、知的財産権のストックが蓄積されていないため、中国の知的財産権収入はまだ少なく、ネット（収入－支払）では大幅な赤字だからです（図表-15、16）。

7 「中国製造2025」

ポイント

❶このイニシアティブが目指すのはイノベーション重視、品質改善、ブランド力強化
❷10の重点分野として情報技術、ロボット、バイオなどを設定
❸減税、補助金、金融支援、モデル地区設置など手厚い政策的支援を実施
❹製造大国から製造強国への第一ステップとして位置付け
❺その国家資本主義的な運営が米中貿易摩擦の争点の一つに

「中国製造《ジョングゥオジーザオ》2025（メード・イン・チャイナ2025）」は、李克強首相が2015年3月の全国人民代表大会（全人代）の政府活動報告で、「中国は製造大国から製造強国へ転換する必要がある」と打ち出したことに始まります。1978年の「改革開放」以降、中国経済は順調に発展し世界の工場と呼ばれる「製造大国」となりました。しかし、中国企業のイノベーション（技術革新）能力は低レベルに留まっており、コア部品や素材を海外からの調達に頼らざるをえない企業が依然として多く、また先進国企業の製品に比べ品質やデザインの面で劣るため、ブランド力も弱い状況でした。そして、高付加価値のハイエンド製品に関しては先進国企業に劣後し、中国製品の優位性はミドルエンド製品までに留まっているものが多数となっています。そこで、製造業の高度化を目指す「中国製造2025」を打ち出すこととなったのです。

また、前述の政府活動報告で李克強首相は、「中国製造2025」とともに「インターネットプラス（キーワード編7、147ページ）」も打ち出しており、

図表-1

中国製造2025の10大重点分野

10大重点分野	主な内容
1 新世代情報技術	・集積回路（IC）及び専用機器 ・情報通信機器：第5世代（5G）移動通信技術の獲得など ・基本ソフト（OS）、工業用ソフト
2 高度数値制御工作機械・ロボット	・高性能NC装置、3Dプリンターなど ・工業用ロボット、サービス分野のロボットなど
3 航空・宇宙装置・設備	・航空機、ヘリコプター、ドローンなど ・新世代運搬ロケット、大型宇宙船の開発など
4 海洋工学装置・設備及びハイテク船舶	・深海探査や海洋資源開発など ・深海スペースステーション、豪華客船、LNG汽船など
5 先進軌道交通装置・設備	・新素材、新技術、新工法の応用など ・次世代の軌道交通システムや先進的な鉄道交通システムの開発
6 省エネ・新エネルギー自動車	・電気自動車、燃料電池自動車の開発やコア技術の獲得 ・自主ブランドの省エネ・新エネ車を世界トップ水準へ
7 電力装置・設備	・クリーン型石炭発電、超大容量の水力発電、原子力発電など ・新エネ、再生可能エネ設備、スマートグリッドなどの開発
8 農業機械・設備	・食糧や綿花など戦略物資の生産工程に使う農業機械・設備 ・大型トラクターや高機能コンバインなどハイエンド農業設備
9 新素材	・特殊金属機能材料、高性能構造材などのコア技術と設備の開発 ・超伝導素材、ナノ素材、グラフェンなどフロンティア材料の開発
10 バイオ医療・高性能医療機器	・化学薬品、漢方薬、バイオテクノロジー新薬品の開発促進 ・映像設備、医療ロボットなど高機能診療設備の開発促進

（出典）中国国務院「中国製造2025に関する通知」より作成

その後「中国製造２０２５」はＩｏＴ（モノのインターネット）と結び付いて「インターネット＋製造業」として位置づけられていきました。そして、中国政府は２０１５年５月、「中国製造２０２５」と題する行動綱領を発表し、製造業は「技術革新（イノベーション）の主戦場」であると認識するのとともに、製造の中国から創造の中国へ、スピードの中国から品質の中国へ、製品の中国からブランドの中国への転換を図らなければならないとして、イノベーション重視、品質改善、ブランド力強化の方向性を示しました。そして、育成に注力していく産業として、情報技術、ロボット、バイオなど10の重点分野を明記しています（図表-1）。

なお、「中国製造2025」より前にも中国には産業政策がありました。第12次5ヵ年計画（2011～15年）では、「省エネ・環境保護」、「新世代情報技術」、「バイオ」、「ハイエンド設備製造」、「新エネルギー」、「新素材」、「新エネルギー自動車」の7産業を「戦略的新興産業」と位置付けて発展と育成に取り組みました。それと比較してみると、「省エネ・環境保護」と「新エネルギー自動車」を「省エネ・新エネルギー自動車」に統合したのとともに、「ハイエンド設備製造」を「高度数値制御工作機械・ロボット」、「航空・宇宙装置・設備」、「海洋工学装置・設備及びハイテク船舶」、「先進軌道交通装置・設備」、「農業機械・設備」と細分化したことが分かります（図表-2）。このように「中国製造2025」は、科学技術の進歩や時代の流れを反映して常に進化するものだと考えるのが妥当でしょう。

なお、19年1月には「戦略的新興産業」の定義を6

図表-2

中国製造2025と戦略的新興産業

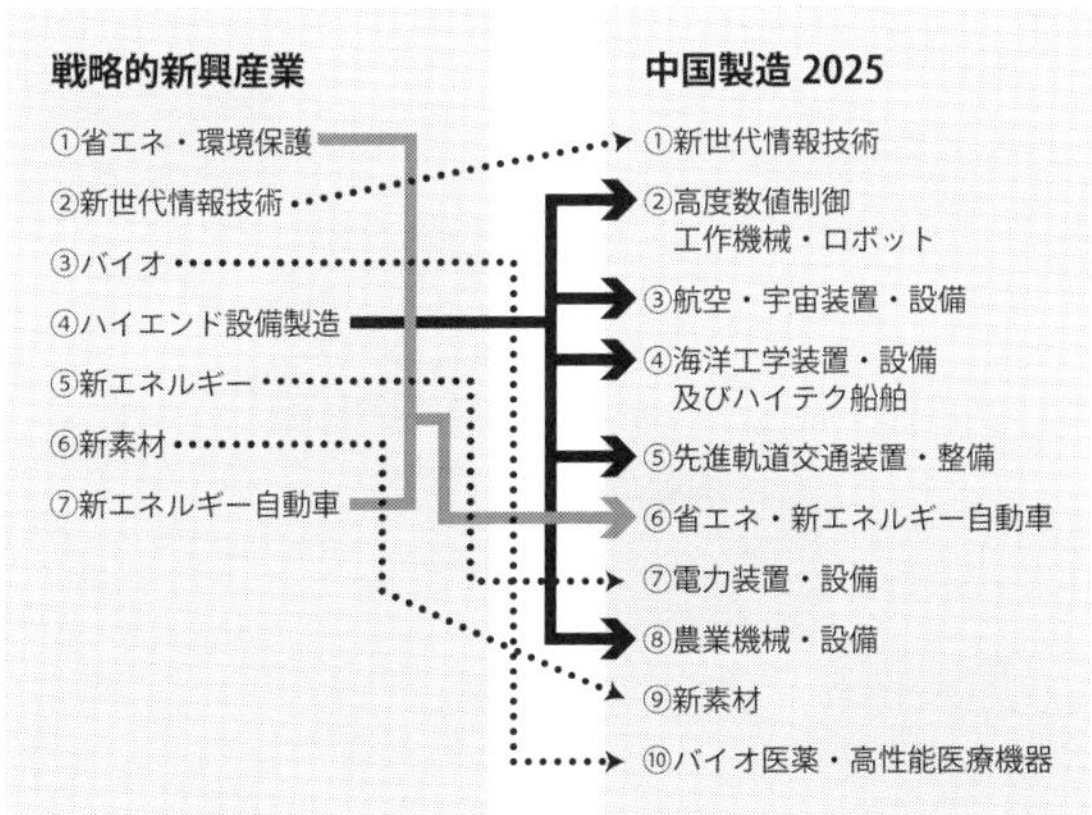

（出典）筆者作成

年ぶりに改定している一方、米国が「中国製造２０２５」という言葉に神経をとがらせているため、ほぼ同じ内容の「戦略的新興産業」という言葉を使うようになるかもしれません。

製造強国に向けたステップ

「中国製造２０２５」では、製造強国の戦略目標を三段階で実現するとしています。第一段階の２０２５年までは、基礎固めをした上で製造強国の仲間入りを果たすことを目標としています。第二段階の２０３５年までは、中国の製造業全体のレベルを世界の製造強国陣営の中等レベルに引き上げることを目標としています。そして第三段階の新中国成立１００年（２０４９年）までには、総合力で世界の製造強国のトップ集団に入ることを目標としています（図表-3）

図表-3

中国製造2025の長期ビジョン

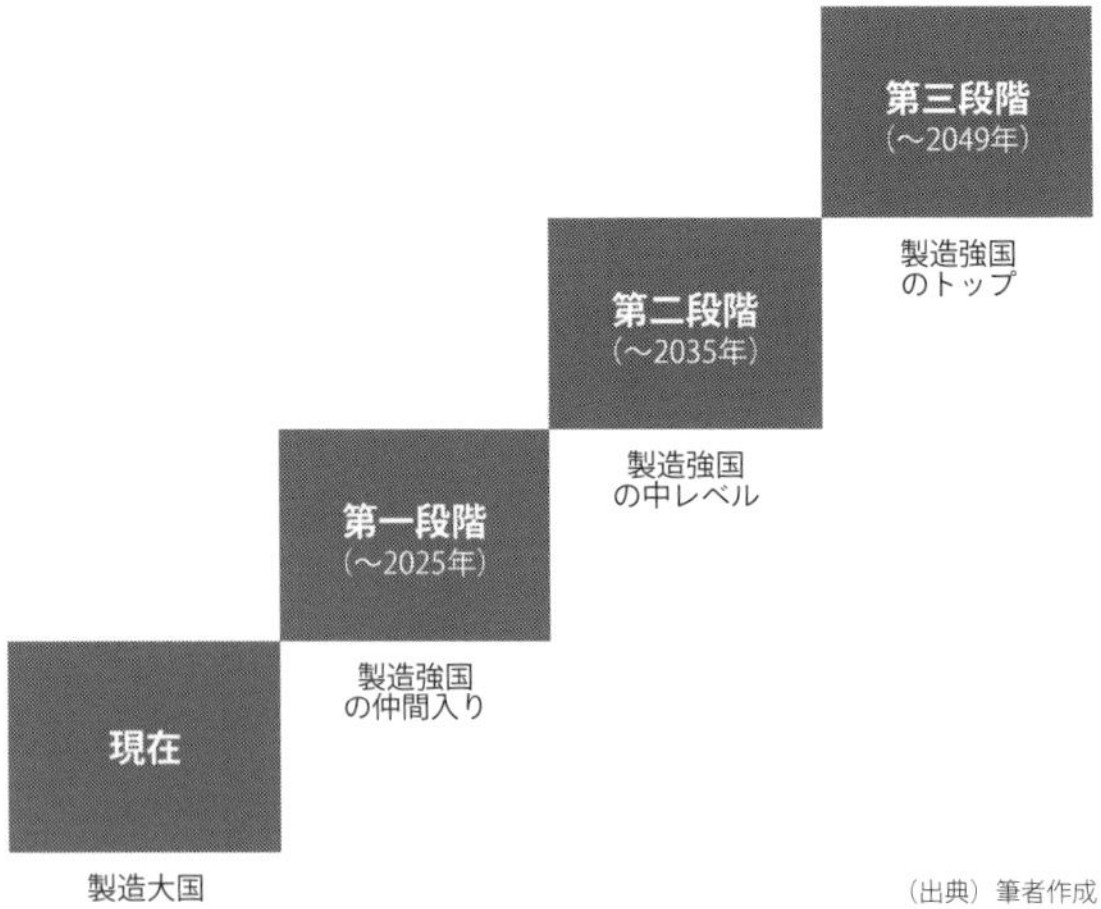

（出典）筆者作成

手厚い政策的支援

中国政府は、「中国製造２０２５」と戦略的新興産業育成に向け、チャレンジする企業に手厚い政策的支援をしています。

「中国製造2025」の趣旨に沿った研究開発（R&D）費は、法人税から一部控除できるようにしているほか、研究開発のために購入した固定資産の耐用年数を短縮するなどの減税措置もあります。また、10大重点分野のひとつと位置付けられる新エネルギー車では、購入時に補助金を出すことで消費需要を喚起し、新エネルギー車産業の発展を支援しています。

また、金融面から「中国製造2025」の実現を支援するため、ファンド（基金）を続々と設立しています。半導体産業の振興にあたっては、2014年9月に発足した「国家集積回路産業投資基金」が、2000億元を超える資金を集めたとされるのに加えて、北京、上海、天津、深圳などの地方政府が組成したIC産業振興基金も5000億元に達したようです。さらに、政策金融機関である国家開発銀行も第13次5ヵ年計画（2016～20年）の期間中に1兆5000億元を戦略的新興産業に融資するとしています。

なお、減税・補助金と金融支援以外でも、「中国製造2025」を全国に先駆けて実践するモデル地区を設置し、財政、金融、土地供給、人材確保などの面での支援、「大衆創業、万衆創新」を合言葉として起業やイノベーションを促進するモデル基地の全国展開、世界で活躍する外資系IT企業などのR&D拠点の誘致、政府調達での優遇など、中国製造2025をさまざまな面から後押ししています。

米中貿易摩擦と「中国製造2025」

一方、米国政府は「中国製造2025」を安全保障上の脅威だと感じ始めたようです。一般的に、「中国製造2025」のような経済発展戦略を打ち出すことは、ドイツが「インダストリー4・0」を打ち出したように珍しいことではありません。実際に、「中国製造2025」はドイツの「インダストリー4・0」を手本にしたとされており、中国とドイツでは経済の発展段階こそ大きく異なるものの、インターネットをカギとして製造業の高度化を図ろうとする点では共通点が多いのです。ところが米国政府は、ドイツの「インダストリー4・0」に対しては脅威と捉えなかったにもかかわらず、中国製造2025に対しては脅威と感じたようです。

その背景には、ドイツの「インダストリー4・0」が産官学のゆるやかな連携体制で推進されているのに対し、「中国製造2025」は国家主導で推進しており、政府による補助金・減税や金融支援など非常に手厚い優遇策があるため、中国が国家資本主義的な運営で生産を増やし、自由市場で運営される欧米経済の需給バランスを歪めることを警戒したものと見られます。さらに、「中国製造2025」では中国産の比率の目標が設定されたため、欧米先進国企業のコア技術が中国に流出するとの懸念を一層高めることとなりました。

一方、中国サイドから見れば、中国政府が補助金・減税で企業を政策的に支援する国家資本主義的な運営だとはいえ、その成否は企業経営者の手腕に懸かっており、市場経済での国際競争に負ければ財政負担が増えて国家が危機に陥るリスクもあります。また、欧米先進国企業でも、国家の存亡を左右するような大企業に対しては救済する場合もままあり、決して自由資本主義と相容れないものではないと考えているようです。

前述のように「中国製造2025」は常に進化するものであるため、米中貿易摩擦という国際情勢の変化を反映して、変化する可能性があります。今後の動きが注目されます。

8 「インターネットプラス」

ポイント

❶インターネットをさまざまな領域で活用してイノベーションを引き出すイニシアティブ
❷国家情報化発展戦略要綱で21世紀半ばまでのビジョンを提示
❸サービス分野では草の根的に発展
❹製造業と農業については、トップダウン型で進行
❺移動通信規格第5世代（5G）への移行で、そのシーズの増加が期待

「インターネットプラス（互聯網＋）」は、２０１５年3月に開催された中国の全国人民代表大会（国会に相当）において、李克強首相が政府活動報告で提起したことに始まります。当時の中国は、インターネットが急速に普及する過程にあり、利用者の比率が5割を超え電子商取引（ＥＣ）が2桁の伸びを示し、新たなビジネスを生み出すようになっていました（図表I-1、次ページ）。

そのインターネットとさまざまなものを結び付けてプラスすることにより、イノベーションを加速させようとしたのが「インターネットプラス」です。日本でも話題となったモバイクやｏｆｏ（オフォ）が手掛けたシェア自転車や滴滴出行《ティティチューシン》のライドシェア（自動車の相乗り）は、インターネットに交通をプラスした「インターネット＋交通」ということになりますし、住百家《チューバイチア》や途家《トウチア》が手掛けた民泊は、インターネットに宿泊をプラスした「インターネット＋宿泊」になるといった具合です。今のところ米国など海外の先行事例を手本にしたものが多いのが現実で

すが、中国人のライフスタイルに合わせてさまざまな工夫を施しているのも事実です。「インターネットプラス」はシェアリング経済化

図表-1

日米中インターネット利用率の推移比較

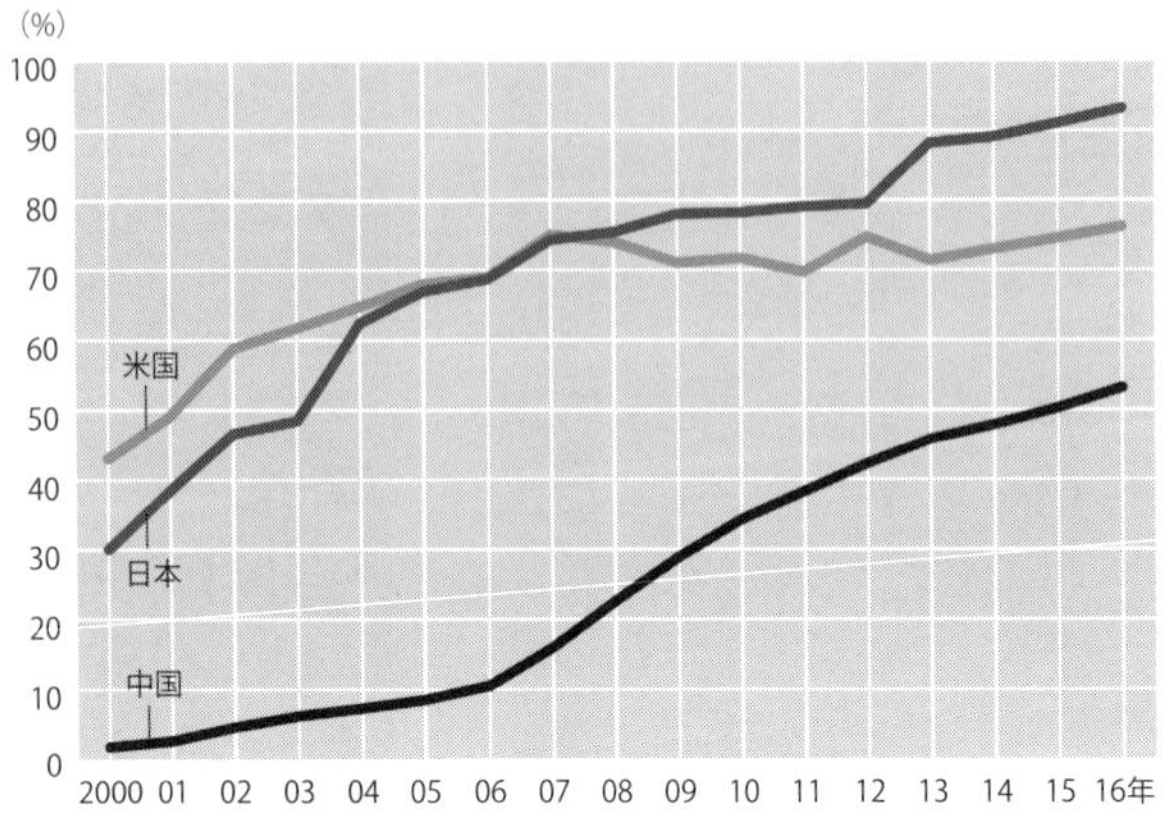

（出典）国際電気通信連合（ITU）のデータを元に作成

（所有から共有へ）だけを目指したものではありません。中国政府が２０１５年７月に発表した「インターネットプラス」行動計画を積極的に推進することに関するガイドラインでは、図表-2のような具体例を挙げています。

「インターネットプラス」とは経済のほとんど全ての分野でインターネットを有効に活用することであると言ってしまえば、われわれにとっては当たり前のようにも思えますが、インターネットが普及段階にあった中国では目新しさもあり、さまざまな領域で活躍する14億人が自分の仕事とインターネットを結び付けて何かできないかを考えるきっかけを得て、その想像力を掻き立てイノベーションを引き出す起爆剤となっているようです。そして、「インターネットプラス」は「アジアインフラ投資銀行（ＡＩＩＢ）」や「パリ同時多発テロ事件」などとともに、中国において２０１５年の流行語トップ10に選ばれることとなりました。

図表-2

「インターネットプラス」行動計画を積極的に推進することに関するガイドラインに挙げられた具体例

〔1〕「インターネットプラス」による起業と革新
起業と革新を支えるインターネットの役割を十分に活用し、さまざまな資源の集積、開放と共有を促し、大衆創業・万衆創新を推進する好ましい環境を整える。

〔2〕「インターネットプラス」による協同製造
IM（インテリジェント・マシナリー、AIなどを使った自動生産）とカスタマイズされた大規模な特注生産を積極的に発展させ、ネットワーク化による協同製造のレベルを引き上げ、製造業のサービス化を促し、これまでのやり方からの転換を加速する。

〔3〕「インターネットプラス」近代農業
インターネットに立脚した新しいタイプの農業生産・経営システムを構築し、高精度生産方式を発展させ、多様なインターネット・サービスモデルを育成する。

〔4〕「インターネットプラス」によるスマートエネルギーの推進
エネルギー生産と消費のスマート化を進め、分散型エネルギー・ネットワークを構築し、送電網による通信施設や新しいタイプの業務を発展させる。

〔5〕「インターネットプラス」によるインクルーシブ・ファイナンス（貧困層の差別をなくす包括的金融支援）
インターネット・ファイナンスやクラウドファンディングのプラットホームを構築し、金融機関がインターネットを利用してサービス分野を拡大し、インターネット金融サービスの改革を深め、拡大するのを奨励する。

〔6〕「インターネットプラス」によって民衆に恩恵をもたらすサービス
政府のネットワーク化管理とサービスを刷新し、オンライン・オフラインの新興消費、インターネットを用いた医療、ヘルスケア、教育、観光、社会保障などの新興サービス業の発展に力を入れる。

〔7〕「インターネットプラス」による高効率物流
物流情報共有システム、スマート在庫管理システムを構築し、スマート物流配送仕分けシステムを整備する。

〔8〕「インターネットプラス」による電子商取引
農村電子商取引、産業電子商取引、クロスボーダー電子商取引の発展に力を入れ、電子商取引の応用とイノベーションを推進する。

〔9〕「インターネットプラス」による利便性の高い高速交通
交通インフラ、輸送手段、運行情報のネット化レベルを引き上げ、高速交通輸送サービスを改革する。

〔10〕「インターネットプラス」によるグリーン生態
インターネットとエコ文明建設の深い融合を推進し、資源や環境に対する動態観測を強化し、生態環境データの相互接続、開放と共有を実現する。

〔11〕「インターネットプラス」による人工知能
人工知能に関するコア技術のブレークスルーを急ぎ、人工知能に関する新興産業を育成・発展させ、知能製品のイノベーションを推進、端末製品の知能化レベルを高める。

（出典）新華社の報道を元に作成

中国政府の方針

中国共産党と中国政府は2016年7月、統一的推進、革新（イノベーション）による牽引、発展の駆動、民生への恩恵、協力・win-win、セキュリティーの確保という5つを基本方針とする「国家情報化発展戦略要綱」という文書を発表しました。この文書は今後10年間の情報化に関する綱領的文書と位置付けられています。そして、「国家情報化発展戦略要綱」には中国の情報化に関する戦略目標が記載されています。そのポイントは図表-3のとおりです。

図表-3

国家情報化発展戦略要綱の戦略目標（ポイント）

●2016年から2020年まで
・固定ブロードバンドの世帯普及率を中進国のレベルに
・情報産業の国際競争力を向上、一帯一路の実施をサポート

●2020年から2025年
・固定ブロードバンドの世帯普及率を先進国のレベルに
・世界最先端の独自コア技術、一帯一路でIT企業を輩出

●2025年から2049年まで
・情報化で富強、民主、文明、調和の近代化をサポート
・ネット強国の地位を固め、世界の情報化発展をリード

（出典）国家情報化発展戦略要綱を要約

インターネット〝+α〟の具体例

インターネット+小売り

ここで、インターネットプラスの具体例をいくつか簡単に紹介したいと思います。最初に取り上げるべきなのは、インターネットに小売りをプラスした「インターネット+小売り」でしょう。中国の小売販売は店舗から電子商取引（EC）へと急激に変化しています。EC化の動きはインターネットプラスが提起される前からのことですが、食品への不純物

の混入などで不信感を持っていた人々も、国家のお墨付きを得たことで利用するようになり、その勢いを加速させたといえるでしょう。また、EC化は世界的な潮流でもありますが、中国のインターネットユーザー数は2016年時点で7・3億人（図表-4）、米国の約3倍、日本の約6倍と巨大であり、国外から商品を仕入れる越境ECを通じて、世界の小売企業にも影響を与えるため注目を集めています。なお、ECに関してはアウトルック編4の「消費市場に関する基礎知識」の章（29ページ）でも解説していますので参照ください。

インターネット＋医療と＋教育

インターネットを〝医療〟や〝教育〟といったサービス産業と結び付ける動きも勢いを増してきています。「インターネット＋医療」では、インターネットを通じた遠隔診療や電子処方箋が増えており、中国政府も医療機関の少ない地方の「看病難（診察難）」を改善することにつながると前向きです。特に、

図表-4

インターネットユーザー数世界シェア（2016年）

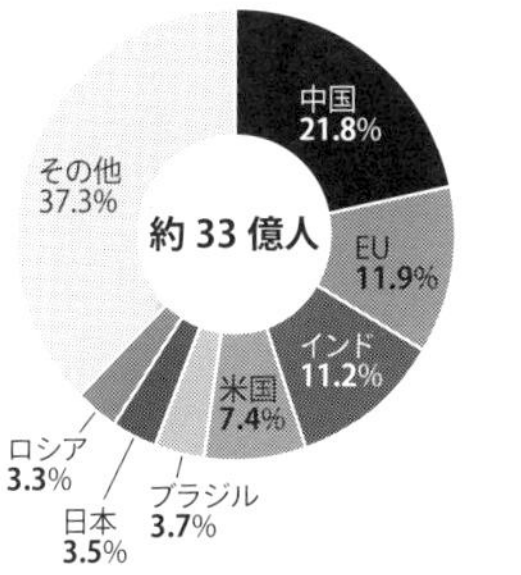

（出典）米国CIAのデータを元に作成

図表-5

モバイル医療の利用者数の推移

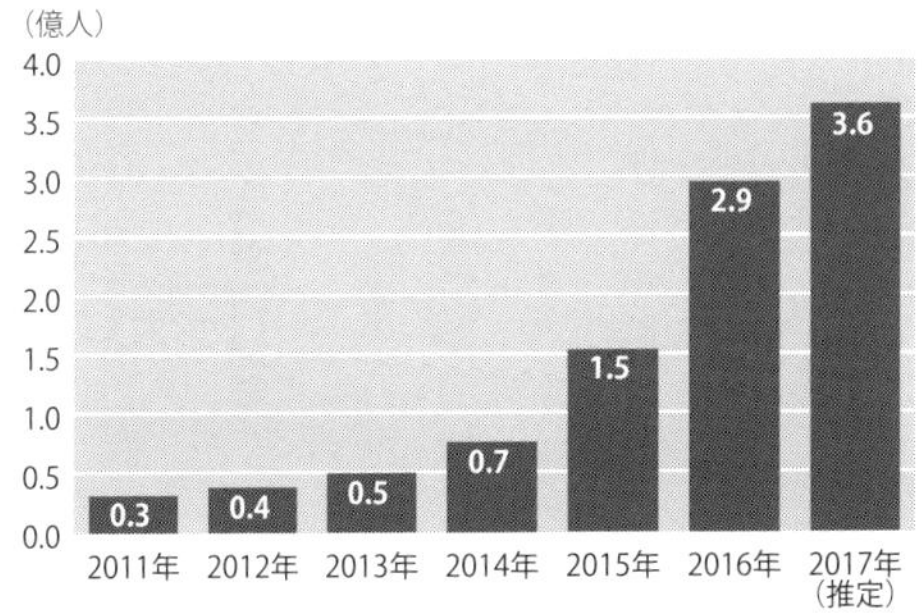

（出典）比達咨詢（BigData-Research）を元に作成

図表-6

ネット教育の利用者数の推移

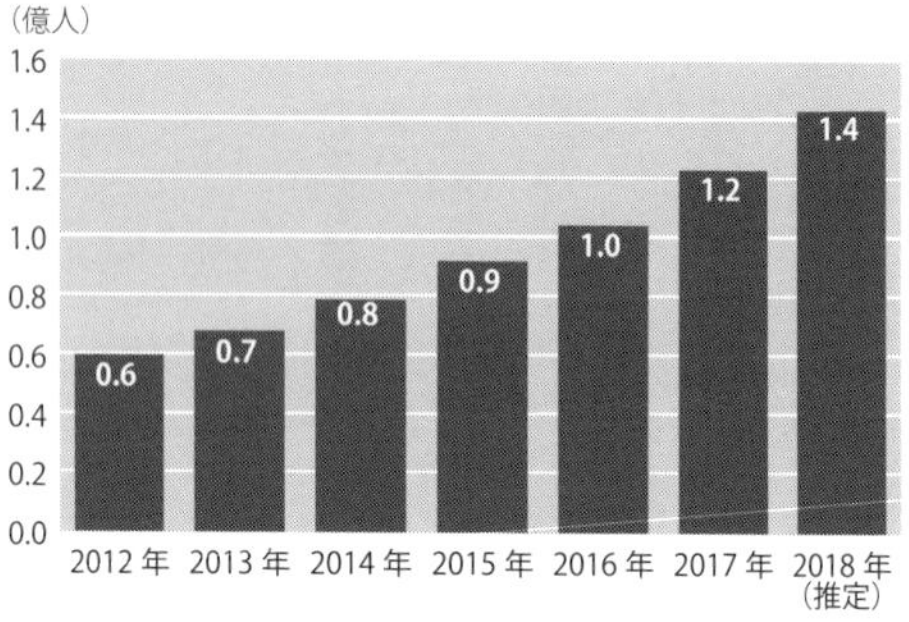

（出典）比達咨詢（BigData-Research）を元に作成

医療機器で診断しなくても済む再診では効果が大きく、利用者は右肩上がりで増加しています（図表-5、前ページ）。また、「インターネット＋教育」では、インターネットを通じた小中学生向けのライブ配信授業や家庭教師サービスなどの利用者が増えています（図表-6）。一人っ子の家庭が大半の中国では子供の教育に熱心な親が多く、中国政府も教育機関や教員の少ない地方都市の子供たちにもすぐれた教育を受けるチャンスを与えられると前向きです。

インターネット＋先進製造業

インターネット＋小売り、＋医療、＋教育が草の根的な企業活動で盛り上がりを見せる一方、中国政府がトップダウンで進めるインターネットプラスもあります。中国の国務院常務会議は2017年10月、「インターネット＋先進製造業」の推進に向けた基本方針を決定しました。その会議では、中国経済を近代化し製造強国になるためには「中国製造2025」の実施をインターネットプラスと結び付けることが重要だと指摘しています。なお、「中国製造2025」に関しては、キーワード編7（141ページ～）で解説していますので、そちらをご参照ください。

また、前述の基本方針には長期ビジョンもあり、2020年までの3年間で製造業向け次世代インターネットなどの基盤を整え、2025年には国際競争力を備えたインフラと産業体系を構築し、2035年をメドにインダストリアル・インターネットの先進的な技術と応用能力を養成し、21世紀半ばには総合力で世界トップレベルを目指すとしています。

なお、世界の製造業シェアを見ると、中国は米国を量の面では既に上回っています（190ページ図表-7参照）」。その中国が質の面でも世界一になると宣言したことに、米国は脅威に感じ、米中貿易摩擦の激化につながったようです。

インターネット＋農業

インターネットに農業をプラスした「インターネット＋農業」もトップダウン型で進められています。中国の国務院常務会議は2018年6月、インターネットプラスを農業分野で強力に推進することを決定しました。その会議では、農業生産面、農作物出荷面、農業関連起業という3つの施策を打ち出しました。

第一の農業生産面では優良品種の育成、作物と施肥の管理、病害虫駆除、収穫・貯蔵などでインターネットを活用した生産管理を挙げています。第二の農作物出荷面では、ＥＣ企業と農家との連携を強める手段として、インターネットを活用するのに加えて、コールドチェーン（冷蔵・冷凍状態を保つ物流ネットワーク）整備などのインフラ建設に取り組む方針です。第三の農業関連起業に関しては、スマートフォンを農家の新しい「農具」にするというキャッチフレーズの下、農家向けのＩＴ利用講習を強化するとともに、都市部などの企業が農家と協力すること

図表-7

就業者の構成比（2017年）

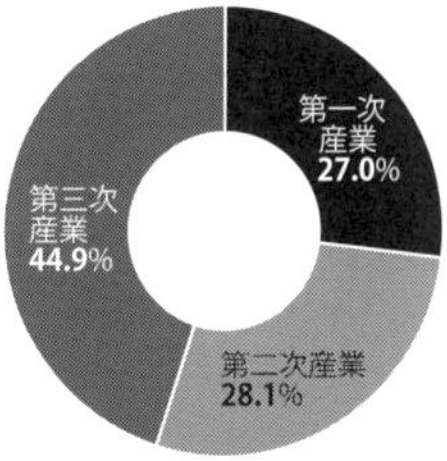

（出典）CEIC（出所は中国人的資源・社会保障部）のデータを元に作成

図表-8

電子商取引業務量指数の推移

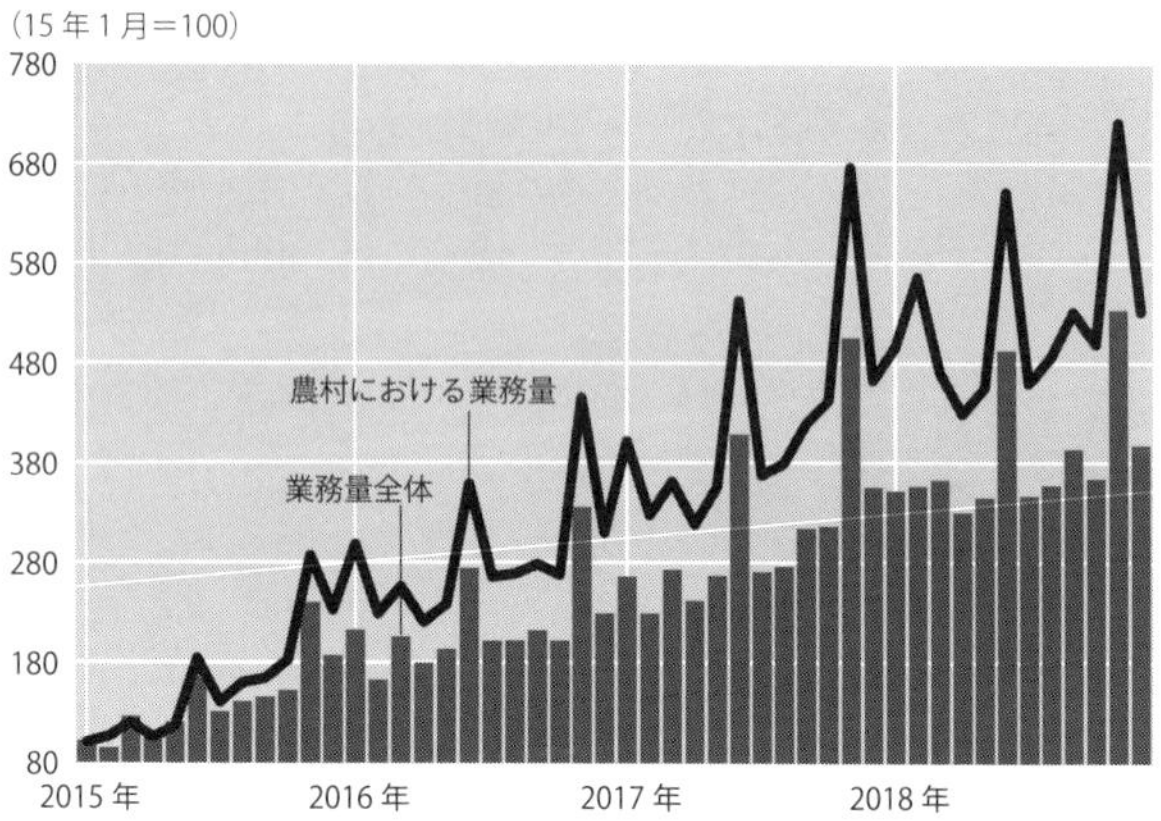

（出典）CEIC（出所は中国物流購買連合会）のデータを元に作成

を奨励し、農業関連の起業を増やす意向です。

中国では「インターネット＋農業」が極めて重要です。「世界の工場」と呼ばれるようになった中国ですが、就業者の27％に当たる約2億人は今でも第一次産業で働いており（図表‐7、前ページ）、第二次産業や第三次産業でインターネットプラスがイノベーションを起こしても、農業でイノベーションが起きなければ、都市と農村の所得格差がさらに開いて社会問題となりかねないからです。

農村部のインターネット普及率は38・4％と都市部の74・8％に比べて遅れていますが、その差は縮小傾向にあり、電子商取引業務量指数（2015年1月＝100）は全体を大きく上回る伸びを示しています（図表‐8）。また農村の伝統工芸品を都市部で販売するような起業の動きもしばしば報道されるなど「インターネット＋農業」は農村部のイノベーションの起爆剤となる可能性を持っています。

今後の展望

以上のようにインターネットプラスは、中国の多様な分野でイノベーションを起こす経済の起爆剤となっています。そして、2020年前後に商用化される次世代移動通信規格「第5世代（5G）」が始まれば、通信速度が飛躍的に向上して、インターネットプラスが生み出すイノベーションのシーズ（種）もますます増えるでしょう。

5Gの導入で、ビッグデータの蓄積も飛躍的に進み、人工知能（AI）の学習能力も高まりそうです。中国はAIにも前向きで、AI成功のカギを握るビッグデータに関しては14億の人口を抱える中国は有利で、そのビッグデータを処理するスーパーコンピュータの数は米国を上回り世界一多い状況です（図表-9）。

また、小中高校にAI教育科目を新設するなどデータサイエンティストの育成にも意欲的で、5GとAIを活用した新たなインターネットプラスが生まれる可能性もあります。さらに、中国は米国のGPSに代わる「北斗衛星導航系統」という独自の全地球測位システム（GNSS）を18年末に全世界で運用を開始し、今後も衛星12基を打ち上げて位置情報の精度向上を図る計画です。これが5GやAIと結び付き新たなインターネットプラスを生みだす可能性もあるでしょう。

ただし、中国の製造業にはコア技術の不足という大問題があります。米中貿易摩擦が深刻化して、米中関係が根本から崩れてしまうと、米国から部品を輸入できなくなり、2018年に中興通訊（ZTE）が通信機器の生産停止に追い込まれたようなことが多発する恐れもあります。コア技術が不足する中国

図表-9

TOP500に入ったスーパーコンピューターの数（2018年6月）

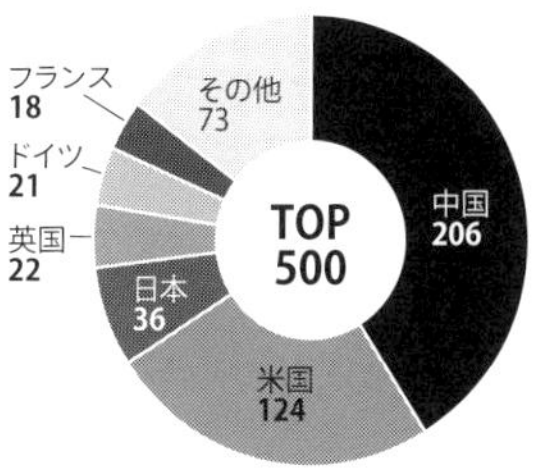

（出典）Wikipediaのデータを元に作成

企業には製造できない部品がまだ多いからです。インターネットプラスを進める上でも米国との良好な関係が重要です。

中国経済
深層分析編

1 中国共産党はどのように統治するのか？

その運営の仕組みと「19大」の概要

ポイント

❶共産党が国家を指導することを憲法で定めており、民主国家の政治体制と大きく異なる
❷直近の党大会で、習近平《シーチンピン》一強の体制が確立。党規約を変更し、その権威を高めた
❸同じ党大会で、21世紀半ばまでに「社会主義近代化強国」を築くとしたため、鄧小平の「韜光養晦」政策変更の疑念が世界で高まった
❹今後の経済運営の方向性を知る上では、改革の綱領的文書と言われる「第18期3中全会」の内容を把握しておくと良い

共産党が国家を指導するのはなぜ？

中国の政治体制は、国家権力機関として法律の制定などの権限を有する全国人民代表大会（全人代）、国家権力の執行機関として行政を司る国務院（中国政府）、司法機関として最高人民法院と最高人民検察院で構成されています。この政治体制を見る限り、立法府、行政府、司法府の三権が相互にチェックし合う日本のような西側諸国の政治体制と大きな違いはないようにも見えます。

しかし、民主的な選挙で政権を選択する国と根本的に異なるのは、中国共産党が国家を指導（中国語で「領導《リンタオ》」）するという点です。中華人民共和国の憲法第1条では「中華人民共和国は、労働者階級の指導する労農同盟を基礎とした人民民主主義独裁の社会主義国家である」と定めています。また、その憲法前文では「人民民主主義独裁」とは「実質上のプ

図表-1

統治体制の比較

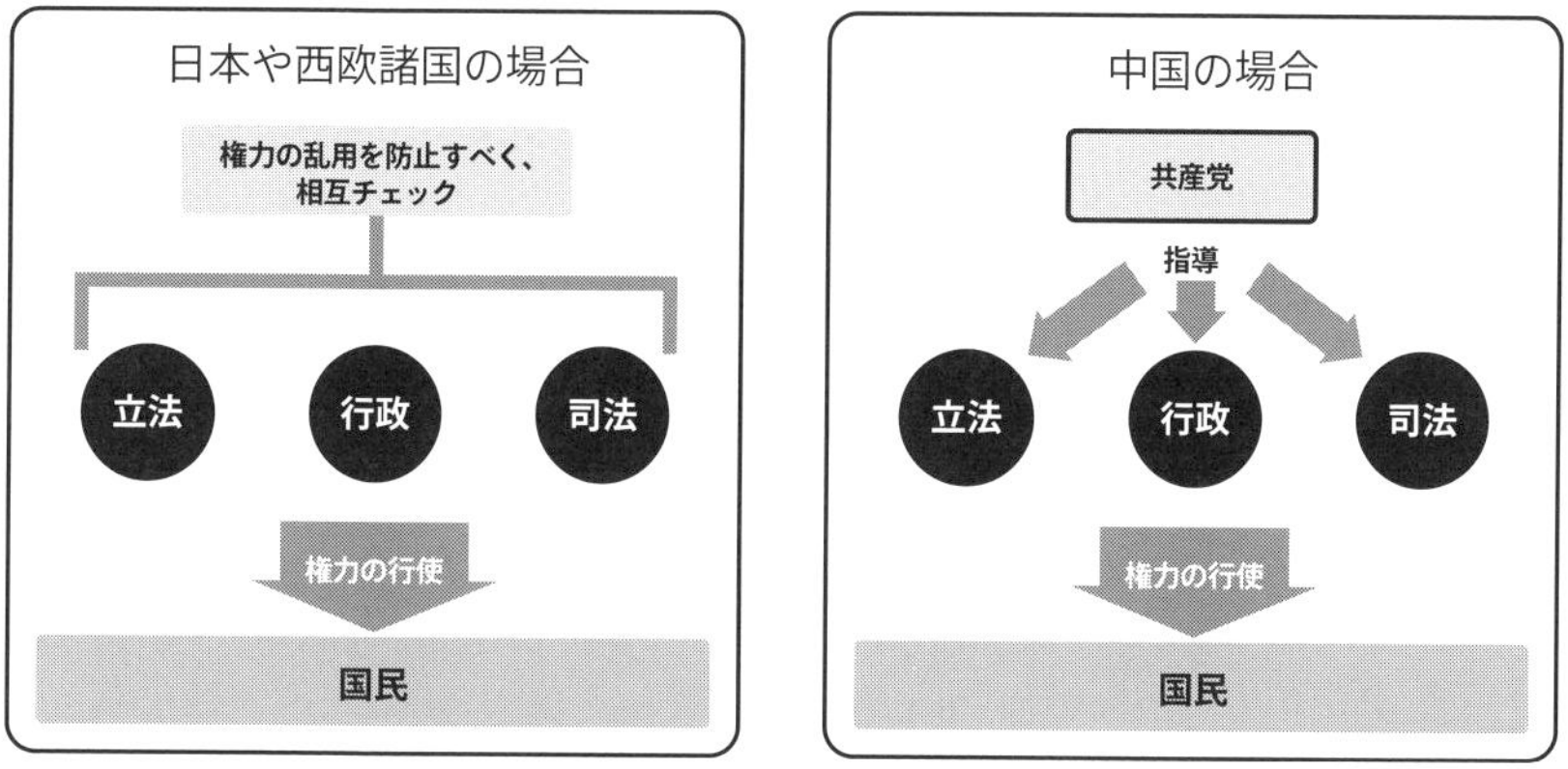

（出典）筆者作成

ロレタリアート独裁」であるとして、国家の統治階級であるプロレタリアート（労働者と農民）がブルジョワジー（資本家や地主）に対して独裁を行うことを認めるとともに、そのプロレタリアートの先頭に立つとして、中国共産党が国家を指導することを正当化しています。つまり、三権の上に共産党があり、さまざまな統治行為を「指導」することができるのです（図表1-1）。

指導の仕組み 党大会と中央委員会、n中全会

その中国共産党が5年に1回、1週間程度の会期で定期的に開催している最高機関が全国代表大会（党大会）です。直近では、2017年に開催された党大会が世界の注目を集めました。中国共産党の結成を決めた1921年の第1回から数えて今回は19回目にあたるため、中国共産党第19回全国代表大会

というのが正式名称（略称は「19大」）です。党大会では、今後の基本方針や党規約の改定などの重大問題を討議・決議し、次の党大会が開催されるまでの党運営を担う中央委員会メンバーを選挙で決めて閉会するのが、通常の会議運営パターンとなっています。

　党大会が閉幕した後、その基本方針を実行に移し、全ての業務の指導にあたっているのが、党大会でメンバーを選出した中央委員会です。ただし、中央委員会は常設ではないため、党大会閉幕直後に第1回の中央委員会全体会議を開催して中央政治局委員、中央政治局常務委員会委員、中央委員会総書記を選出し、中央委員会総書記である習近平氏をトップとする指導部が全ての党運営を取り仕切ることになります。なお、次の党大会が開幕するまでの期間を「第m期」と呼ぶため、「m大」の直後に開催された中央委員会全体会議は「第m期中央委員会第1回全体会議（略称は「第m期1中全会」）」と呼ばれます。そして、その次に開催される中央委員会全体会議は

図表-2

第19期の指導部人事

第19期中央委員会の構成

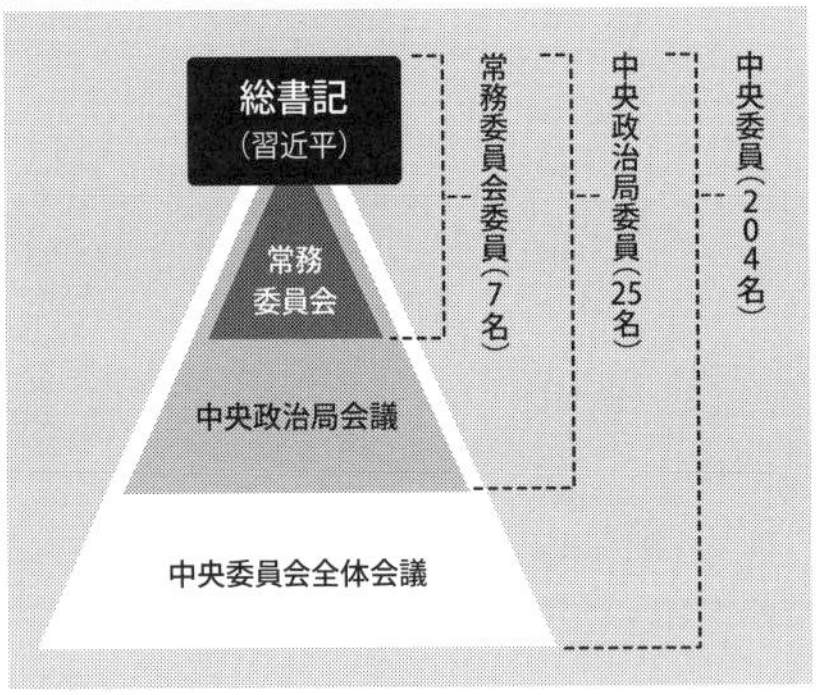

第19期中央政治局常務委員会委員

氏名	主要役職	任期開始
習近平	中国共産党中央委員会総書記 中国共産党中央軍事委員会主席 中華人民共和国主席 中華人民共和国中央軍事委員会主席	再任
李克強	国務院総理	再任
栗戦書	全国人民代表大会常務委員長	2018年3月
汪洋	中国人民政治協商会議主席	2018年3月
王滬寧	中国共産党中央書記処常務書記	2018年3月
趙楽際	中国共産党中央規律検査委員会書記	2018年3月
韓正	国務院常務副総理	2018年3月

（出典）筆者作成

「第m期2中全会」という具合に、次の党大会が開幕するまでナンバリングされていきます。

直近の第19期の指導部人事を見ると、中央政治局委員25名のうち過半数の約15名が習近平氏に近い人物とされており、中央政治局常務委員会委員7名（俗にいうチャイナセブン）の顔ぶれを見ても側近が2名入ったことから、第19期の指導部人事は習近平総書記の意向がほぼ通せる構成となったといえるでしょう（図表1-2）。

19大閉幕後、その決定内容が学習活動などを通じて約9000万人に及ぶ共産党員に周知徹底され、その実現に向けて本格的に動き出しています。また、

図表-3

習近平政権の一期目の主な動き

	中国共産党		全人代や国務院など
2012年	第18回党大会（含む第18期1中全会）	■習近平が総書記に就任 ■中国の特色ある社会主義の道に沿って前進 ■小康社会の全面的建設のために奮闘 ■「所得倍増計画」を表明（胡錦濤前総書記） ■経済発展パターンの転換加速	
2013年	第18期3中全会	■「改革の全面的深化」を表明 ■「市場に資源配分の決定的な役割を担わせる」	■習近平が国家主席に就任（全人代、13年3月）
2014年	第18期4中全会	■「法による国家統治」を表明	■「新常態」への移行を表明（経済工作会議、14年12月） ■「シルクロード基金」創設（14年12月）
2015年	第18期5中全会	■「第13次5ヵ年計画（2016-20年）」（成長率目標は「年平均6.5%以上」へ引き下げ） ■「5大発展理念（注1）」を提示	■「中国製造2025」（全人代、15年3月） ■「インターネット＋」（全人代、15年3月） ■「供給サイド構造改革」（経済工作会議、15年12月） ■「三去一降一補（注2）」（経済工作会議、15年12月） ■「アジアインフラ投資銀行（AIIB）」創設（15年12月）
2016年	第18期6中全会	■習近平氏が「党の核心」となる ■「従厳治党（厳しく党を統治する）」	
2017年	第19回党大会	■小康社会の全面的完成の決戦を進める ■新しい時代の「中国の特色ある社会主義」 ■「社会主義近代化強国」を目指す長期ビジョンを提示 ■「高速成長段階から質の高い発展段階への転換」を表明	■第1回の「「一帯一路」国際協力サミット・フォーラム」開催（17年5月） ■「金融安全保障（金融の安全は国家の安全の重要な構成部分）」（17年7月） ■「三大堅塁攻略戦」（経済工作会議、17年12月）

（注1）「5大発展理念」とは、①イノベーション、②協調（都市と農村など）、③グリーン、④開放（対内・対外双方向）、⑤共に享受（≒共同富裕）
（注2）「三去一降一補」とは、過剰生産能力の解消、過剰住宅在庫の解消、過剰債務の解消、企業コストの低減、脆弱部分の補強
（注3）「三大堅塁攻略戦」とは、①重大リスク防止・解消、②的確な貧困脱却、③汚染防止。詳しくはキーワード編2「三大堅塁攻略戦」101ページ〜参照

（出典）筆者作成

その成果は5年後に開催される「20大」で、中国共産党トップの習近平氏が自ら振り返って報告することになるため、「19大」の基本方針やその後の指導に大きな誤りや失敗があったとなれば責任を問われることにもなりかねません。

民主的な選挙で政権を選択する西側諸国では掲げていた基本方針が間違っていたとしても政権交代でうやむやになる場合もありますが、事実上選挙がなくイデオロギーを重視する中国の場合は事情が大きく異なります。したがって、経済運営を取り仕切る中国政府が今後どのように動くかを見極める上で、党大会などで示される中国共産党の方針が重要なヒントを与えてくれます。

ちなみに、習近平一期目（第18期）の主な動きを年表にしたのが図表Ⅰ-3（前ページ）です。2012年11月に開催された「18大」で中央委員会総書記に就任した習近平氏は、翌2013年3月の全人代で国家主席に就任しました。また、2013年11月に開催された第18期3中全会では習近平氏の改革方針を示し、そこで示された方針が順次実行に移されています（【コラム】「第18期3中全会」168ページを参照）。

「19大」で改定された党規約の概要

党規約の正式名称は「中国共産党章程」です。日本では章程という言葉にあまり馴染みがないので章程を規約と訳したものと思われます。そもそも党規約とは、中国共産党では最高規則に当たるもので、党員なら誰もが熟知しています。19大が閉会すると直後に『第19回党大会党規約修正案学習Q&A』などの参考書が刊行されて周知徹底が図られるからです。

中国共産党の党員は約9000万人で、約14億の人口の6%余りに過ぎませんが、中国では中央政府の行政から地方政府の行政まで、国有企業の経営から民間企業の経営まで、さらには外資系企業や農村に至るあらゆるところで中国共産党員が指導的な役割を果たしているため、党規約を理解しておくことは、とても重要です。中国の政治や経済がこれからどういう方向に動いていくかを読み解く上でカギを握っているからです。

その党規約が19大で大幅に改定されました。多岐にわたり難解な用語も多いので詳細な説明は専門書に譲り、ここでは筆者が注目した重要なポイントを3点紹介します。

第1点は「習近平の新時代の中国の特色ある社会主義思想」を、中国共産党の行動指針としたことです。これまでのマルクス・レーニン主義、毛沢東思想、鄧小平理論、「三つの代表」重要思想、科学的発展観に加えて、自らの名前を冠した思想が盛り込まれたことで、習近平氏の権威は飛躍的に高まりました。前述の指導部人事と合わせて考えると、第19期は習近平一強体制となったといえるでしょう。それでは、「習近平の新時代の中国の特色ある社会主義思想」とは何なのでしょうか。「習近平」は人名で、「中国の特色ある社会主義」は以前からあった表現ですので、重要なポイントは「新時代」にあるといえます。

第2点の重要なポイントは「主要な矛盾」の定義を変え、「人民の日増しに高まる、より良き生活へのニーズと、不均衡で不十分な発展との矛盾」としたことです。日本語で「矛盾」というと、一方では肯定し他方では否定するなど論理の辻つまが合わないことを指すのが一般的ですが、ヘーゲル弁証法の影響を受ける中国共産党では、日本語の「問題」に近い意味で捉えています。毛沢東は1937年に『矛盾論』という論文を書きました。その中で、矛盾（≒問題）には「主要な矛盾」と「主要でない矛盾」があり、「主要でない矛盾」は一時的、副次的、従属的であり、「主要でない矛盾」に惑わされず「主要な矛盾」に狙いを定めて解決することの重要性を述べています。

今回の党規約改定では、その「主要な矛盾」を、改定前の「人民の日増しに増大する物質・文化面の必要と、立ち遅れた社会的生産との矛盾」から、「人民の日増しに高まる、より良き生活へのニーズと、不均衡で不十分な発展との矛盾」に変更しました。前者は鄧小平が採用した考え方で、「立ち遅れた社会的生産」こそが「主要な矛盾」であるとの認識の下、「先富論（まず富裕な地域や富者を作り、次に落伍した地域・人に富を再配分すれば良い）」を展開し、社会主義市場経済に舵を切ることになりました。その「主要な矛盾」を「習近平の新時代の中国の特色ある社会主義思想」では変更したのです。鄧小平が唱えた「先富論の前半（まず富裕な地域や富者を作り）」の旧時代から「先富論の後半（次に落伍した地域・人に富を再配分すれば良い）」の新時代へと時代が変化したということでしょう。そして、前ページで第1点目の重要ポイントであると指摘した「新時代」には「不均衡で不十分な発展」こそが「主要な矛盾」であるとの認識の下で、新たな改革に取り組むことになります。そして19大では、「新時代の中国の特色ある社会主義を堅持し発展させる上での基本方針」を示しているため、この14条の基本方針に沿った改革を進めると見て間違いないでしょう（図表-4）。例えば、法に基づく国家統治なども進められることになりそうです。

第3点は、対外活動の方針として「一帯一路」建設が盛り込まれたことです。ただし、これは別章（キーワード編122ページ）で説明しましたので、ここでは党規約に記載されたことを記しておきます。

図表-4

習思想の14条の基本方針

(1) 全活動に対する党の領導を堅持
(2) 人民を中心とすることを堅持
(3) 改革の全面的深化を堅持
(4) 新たな発展理念を堅持
(5) 人民主体を堅持
(6) 全面的な法に基づく国家統治を堅持
(7) 社会主義の核心的価値体系を堅持
(8) 発展の中で民生の保障・改善を堅持
(9) 人間と自然との調和的共生を堅持
(10) 包括的国家安全保障観を堅持
(11) 人民軍隊に対する党の絶対的指導を堅持
(12)「1国2制度」と祖国統一の推進を堅持
(13) 人類運命共同体の構築の促進を堅持
(14) 全面的な厳しい党内統治を堅持

（出典）中国共産党新聞ネット

「19大」で示された長期ビジョンの概要

習近平氏は19大の冒頭で、「小康社会の全面的完成の決戦を進め、新時代の中国の特色ある社会主義の偉大な勝利を勝ち取る」と題する報告を行い、その中で、中国建国百年となる21世紀半ばまでの長期ビジョンを示しました。

この長期ビジョンは、中国共産党の創設百周年（2021年）と、中華人民共和国の建国百周年（2049年）の2つをターゲットとしたビジョンです。ひとつは中国共産党が創設百周年を迎える前年の2020年までで、それまでの期間を「小康社会（少しゆとりのある社会）の全面的完成の決戦期」と位置付けたことです。19大では、これまで目標としてきた「人民の衣食の問題を解決し、人民の生活を全般的に小康水準に到達させる」に関しては、予定より早く実現できたと認識した上で、主要な社会矛盾の変化をしっかりと踏まえること、重大リスク防止・解消、的確な貧困脱却、汚染対策を進めること、小康社会の全面的完成が人民から認められ、歴史の検証に耐えうるようにすることなどを主張しており、2020年までは別章（キーワード編101ページ）でも取り上げた「三大堅塁攻略戦」に注力し、その成果を得た上で2021年の中国共産党創設百周年を迎えようとする意図がうかがえます。

もうひとつは中華人民共和国の建国百周年（2049年）を迎える21世紀半ばまでの期間ですが、それをさらに第一段階（2020年から2035年まで）と第二段階（2035年から21世紀半ばまで）に分けた長期ビジョンとなっています。19大では、2つの段階に分けた方が良い理由として「国際・国内情勢とわが国の発展の条件」を挙げていますが、その真意は必ずしも明らかではありません。習近平氏は1953年6月生まれなので2035年には82歳となり、毛沢東が死去した年齢と同じになるため、自分が生きているうちに達成する目標が第一段階で、第二段階は次の指導者に任せるつもりだとの見方もあります。

その第一段階（２０２０年から２０３５年まで）の目標は「社会主義近代化」を基本的に実現することで、具体的には、経済面・科学技術面の近代化、国家統治体系・統治能力の近代化、ソフトパワー（軍事力や経済力でなく、文化や価値観などの魅力により発揮される国際的な力）の増強、所得格差の是正、生態環境の改善と「美しい中国」の実現などが目標となってきます。

その後、第二段階（２０３５年から21世紀半ばまで）の目標は「社会主義近代化強国」を築き上げることで、やや抽象的ですが、次のように表現されています。「近代化の基本的実現を土台に、さらに15年奮闘して、わが国を富強・民主・文明・調和の美しい社会主義近代化強国に築き上げる。その暁にはわが国は、物質文明・政治文明・精神文明・社会文明・生態文明が全面的に向上し、国家統治体系・統治能力の近代化を実現し、トップレベルの総合国力と国際的影響力を有する国となり、全人民の共同富裕が基本的に実現され、人民がより幸せで安心な生活を送っているであろうし、中華民族はますます溌剌として世界の諸民族の中にそびえ立っているであろう」。

この長期ビジョンを見る限りにおいては、中国はあくまでも平和的に近代化を進めて、美しい中国、強い中国を築きたいとも考えられます。しかし、同じ報告の後半で習近平氏は、「国家富強・軍隊強化」が時代の要請だと主張したため、世界は脅威に感じています。習近平氏は次のように述べています。「世界の新たな軍事革命の発展の趨勢と国家安全保障の需要に適応して、国防・軍隊建設の質と効率を高め、２０２０年までに機械化を基本的に実現し、情報化建設を大きく進展させ、戦略能力を大きく向上させる。国の近代化のプロセスと歩調を合わせて、軍事理論の近代化、軍隊の組織形態の近代化、軍事要員の近代化、武器装備の近代化を全面的に推進し、２０３５年までに国防・軍隊の近代化を基本的に実現し、21紀半ばまでに人民軍隊を世界一流の軍隊に全面的に築き上げるよう努める」。

すなわち、「社会主義近代化強国」になろうとするだけでなく、「韜光養晦」（とうこうようかい、才能を隠して内に力を蓄えること）という外交・安全保障のスタンスを卒業しようとしているのではないかとの疑念が強まっています。ちなみに韜光養晦は、鄧小平が1990年ごろから唱え始めた考え方で、1989年の天安門事件（六四）の結果、中国が国際的に孤立した際、当時の中国は経済力の面でも軍事力の面でも欧米先進国との格差が大きく、当面は経済力の向上に努めることになったとされています。

コラム

第18期3中全会

習近平が就任直後に示した改革の大方針

「第18期3中全会」は、2013年11月に開催された「中国共産党第18期中央委員会第3回全体会議」の略称で、その会議で決定された「改革の全面的深化における若干の重大な問題に関する中共中央の決定」(以下「第18期3中全会の決定」と略す)は、地味で堅苦しい表現が多い難解な文章ではありますが、〝改革の綱領的文書〟と言われ、経済運営の方向性を知る上でカギを握る最重要文書です。

その「第18期3中全会の決定」から5年が経ちましたが、その間の経済運営を振り返ると、この文書で示された方向で改革が進んできたことが分かります。そして、「2020年までに重要分野とカギとなる部門の改革で決定的成果を収め、この決定で提起された改革の任務を完遂し、体系が整い、科学的にルール化され、運用が可能な制度体系を作り上げ、各方面の制度がより一層成熟し、より一層整備されるようにする」としていることか

図表-1

第18期3中全会で決定された「改革の全面的深化における若干の重大な問題に関する中共中央の決定」の章建て

各章の表題	経済への影響度
①改革全面深化の重大な意義と指導思想	◎
②基本的経済制度を堅持し充実させる	○
③近代的市場体系の整備を加速する	○
④政府の機能転換を加速する	○
⑤財税制改革を深める	○
⑥都市・農村の一体化した発展の体制・仕組みを整える	○
⑦開放型経済の新しい体制を築く	○
⑧社会主義民主政治の制度づくりを強化する	×
⑨法治中国の建設を進める	×
⑩権力運用の制約・監督体系を強化する	×
⑪文化体制・仕組みの刷新を進める	×
⑫社会事業の改革、革新を進める	○
⑬社会統治体制を刷新する	×
⑭エコ文明の制度づくりを急ぐ	○
⑮国防と軍隊の改革を深める	×
⑯改革全面深化に対する党の指導を強化・改善する	×

(注)◎=全体の考え方を示す章、○=経済に関係が深い章、×=経済への関係が少ない章

(出典)「改革の全面的深化における若干の重大な問題に関する中共中央の決定」を参考に作成

ら、2020年まで〝改革の綱領的文書〟であり続ける文書でもあります。そして、翌2021年には中国共産党創立百周年の記念式典が開催され、この文書で設定された目標の達成度合を、そこで習近平氏が胸を張って自分の成果として主張できるか否かにも関わるだけに真剣なのです。

「第18期3中全会の決定」は、政治、経済、文化、社会、エコ文明建設、党建設という幅広い領域において、重要な事項を記載した文章が約2万1600字に及び、16の章、60の項目から構成されています。そこで、全体を貫く基本的な考え方が述べられた「改革全面深化の重大な意義と指導思想」と、経済に関係する8分野（前ページ図表1-1に○印を付した8つの章）に示された改革方針を紹介します。

基本的な考え方

「第18期3中全会の決定」の第1章では「改革全面深化の重大な意義と指導思想」と題し、全体を貫く基本的な考え方を示しています。

第一項では、第11期3中全会（1978年12月）以降35年に及ぶ「改革開放」の成果を振り返り、その成果を高く評価するとともに、「改革開放に終わりはない」として、「中華民族の偉大な復興という中国の夢」を実現するには、改革を全面的に深化させることが重要としています。

第二項では、改革を全面的に深化させるためには、指導思想の下に一致団結する必要があること、改革全面深化の全般的目標は「中国の特色ある社会主義制度」を充実・発展させて国の統治体系と統治能力の近代化を進めるところにあることなどが記述されています。

第三項では、改革を全面的に深化させるためには、発展が依然として全ての問題を解決するカギであること、改革を全面的に深化させる上での重点は経済体制改革にあり、**核心の問題は政府と市場の関係にあり、「市場が資源配分の中で決定的役割を果たす」**ようにし、政府の過剰介入と政府の監督が不十分という両面から問題解決を図ることが肝要であることなどが記述されています。

第四項では、改革を全面的に深化させるためには、これまでの改革開放の実践が重要な経験を提供しており、**「実事求是（現実に基づいて物事の真理を追求する意）」**や**「摸着石頭過河（物事を注意深く確実に進める意）」**などを挙げて、中国の特色ある社会主義制度の完成・発展を推進するとしています。

経済に関わる8つの分野の改革方針の内容

①社会主義市場経済における「公有」と「非公有」のあり方

第2章は「基本的経済制度を堅持し充実させる」と題して、公有制経済と非公有制経済の関係について記述しており、中国が掲げる社会主義市場経済において、**社会主義の根本である「公有」と市場経済の根本である「非公有」**のあり方に関する改革方針を示したものといえるでしょう。

第一項では、「財産権保護制度をより完全にする」として、**公有制経済の財産権が不可侵であると同様に非公有制経済の財産権も不可侵**であり、両者ともに**法律の下で保護され監督を受ける**としています。

第二項では、「混合所有制経済を積極的に発展させる」として、国有資本と非国有資本が相互に資本参加する混合所有制経済の発展を支持しています。また、国有資本は安全保障や国民経済の命脈に係わる分野により重点を置くべきであるとするとともに、その収益の国家財政への上納比率を2020年までに30％へ引き上げて社会保障の充実などに充てるとしています。

第三項では、「国有企業における近代的企業制度の整備を推進する」として、市場化という新たな情勢に合わせて、**効果的牽制の働く企業統治構造の整備**や、国有企業の機能を整理し電力網などの整備部門とその運営部門とを分離する〝網運分離〟を実施して**競争的業務は自由化するなど国有企業改革**の方向性を示しています。

第四項では、「非公有制経済の健全な発展を支持する」として、非公有制経済に対するさまざまな形の不合理な規制を廃止し、さまざまな目に見えない障壁を取り除くなどとしています。

②社会主義市場経済における「市場」のあり方

第3章は「近代的市場体系の整備を加速する」と題して、市場が資源配分で決定的役割を果たす上で、その基礎となる市場システムのあり方について述べており、社会主義市場経済における「市場」のあり方に関する改革方針を示したものといえるでしょう。

第一項では、「公平性、開放性、透明性のある市場ルールを作る」として、ネガティブリストを策定した上でそのリスト以外の分野には法に基づいて**平等に参入できるようにする**などビジネス環境を整備するとともに、**市場の監督管理制度も改革**し、独占・不正競争・地方保護主義に反対するとしています。また、市場原理に基づく退出の仕組みとして**企業破産制度**にも言及しています。

第二項では、「主に市場が価格を決定する仕組みを整える」として、水、石油、天然ガス、電力、交通、通信など価格改革を進める分野を具体的に挙げるとともに、**政府が価格を決定する範囲を主に重要な公共事業、公益的サービス、電力網などに限定**するとしています。

第三項では、「都市・農村統一の建設用地市場を作る」として、**計画や用途規制に反しない限り、集団所有による建設用地**（業務用）**の譲渡、賃貸、現物出資を認め、国有地と同一権利・同一価格での取引とする制度を確立**することなどを挙げています。

第四項では、「金融市場システムを整備する」として、**民間資本による金融機関設立や株式発行の登録制への移**行などを進めるとともに、**金利の市場化を加速し資本取引における人民元の交換性の実現を急ぐ**としています。また、金融監督管理の改革を進めるとともに、**預金保険制度の構築や金融機関が退出する仕組みの改善**にも言及しています。

第五項では、「科学技術体制改革を深める」として、**産学研共同のイノベーションの仕組み作り**や、**知的財産権の利用・保護**を通じた技術革新のインセンティブ・メカニズム構築などの方向を示しました。

③社会主義市場経済における「政府」のあり方

第4章は「政府の機能転換を加速する」と題して、政府の役割について述べており、社会主義市場経済における「政府」のあり方に関する改革方針を示したものといえるでしょう。

第一項では、「マクロコントロール体系を整える」として、**財政政策と金融政策を主な手段とするマクロコントロール体系を整備し**、マクロコントロール目標の制定と政策手段利用の**メカニズム化**を進めるとしています。また、発展成果の考課・評価体系についても言及し、単に経済成長の速さだけで政府の業績を評定する偏向を正すとしています。

第二項では、「政府の機能を全面的に正しく果たす」として、市場メカニズムで上手く調整できる経済活動については審査・認可を廃止するなど**政府機能を簡素化**する一方で、**政府は発展戦略、計画、政策、規格などの制定や市場活動の監督管理の機能を強化**、中央政府はマクロコントロールの職責と能力を強化し、地方政府は公共サービス、市場監督管理、社会管理、環境保護などの職責を強化することなどを挙げています。

第三項では、「政府の組織機構を最適化する」として、権限と責任の一体性確保、機構・指導者・職員の数の抑制などを挙げています。

④財政問題に関する改革方針

第5章は「財税制改革を深める」と題して、財政改革・税制改革の方向性を示しており、財政問題に関する改革方針を示しています。

第一項では、「予算管理制度を改善する」として、年度を越えて予算を均衡させる仕組みを作り、発生主義に基づく政府総合財務報告制度を作り、**中央と地方政府でルール化された合理的な債務管理とリスク警戒の仕組みを作る**ことなどを挙げています。

第二項では、「租税制度を整備する」として、消費税の課税範囲に環境汚染品を組み入れることや、**総合課税と分離課税を合わせた個人所得税制の確立**、**不動産税の立法化**、資源税の改革、環境保護費の租税化などを挙げています。

第三項では、「職権と支出責任が対応した制度を作る」として、特に複数地域に跨る大型プロジェクトや公共サービスの職権と支出権限の対応の適正化について記述しています。

⑤都市と農村の格差是正に関する改革方針

第6章は「都市・農村の一体化した発展の体制・仕組みを整備する」と題して、都市と農村の関係について記述しており、都市と農村の格差是正に関する改革方針を示したものといえるでしょう。

第一項では、「新しいタイプの農業経営体系の構築を急ぐ」として、家族経営の基礎的地位を堅持しつつも、**家族経営、集団経営、組合経営、企業経営などがともに発展する農業経営パターンへの革新**を進めるとともに、請負経営権などを抵当・担保にする権利を農民に与え、その出資や流通を認めることにより、**農業の大規模経営の発展を奨励**することなどを挙げています。

第二項では、「農民に、より多くの財産権を付与する」として、農家宅地の用益権や農民の住宅の財産権などを例に挙げています。

第三項では、「都市・農村の要素の平等な交換と公共資源の均衡のとれた配分を進める」として、都市と農村のインフラ建設と地域社会建設を統一的に考え、**都市と農村の基本公共サービスの均等化を進める**としています。

第四項では、「健全な都市化（町を含む）のための体制・仕組みを整備する」として、都市建設管理を刷新して地方政府が起債など複数の方法で資金調達することを認めること、条件を満たす離農者（農村から都市への移住者）には、都市・町の住民と認めて住宅・社会保障体系にも組み込むことなどが記述されています。

⑥諸外国との経済関係に関する改革方針

第7章は「開放型経済の新しい体制を築く」と題して、改革と対外開放の関係について述べており、諸外国と中国との経済関係に関する改革方針を示したものといえるでしょう。

第一項では、「投資の流入を緩和する」として、金融、教育、文化、医療などのサービス業分野で秩序ある開放を進め、**保育・養老、建築・設計、会計・監査、商業・流通、電子商取引などのサービス業分野で外資参入制限を撤廃**し、一般製造業も一段と自由化するとしています。また、改革の全面深化と開放拡大のための新たな方途を探るものとして上海自由貿易試験区の設立にも言及しています。

第二項では、「自由貿易圏建設を進める」として、全世界を対象とした高い基準の貿易圏ネットワークを形成するとしています。

第三項では、「内陸の国境地域の開放を拡大する」として、東中西を貫き南北をつなぐ対外経済回廊の構想を示すとともに、国境沿いの開放の歩みを速め、**重点通関港、国境都市、経済協力区が人の往来、加工・物流、観光などの面で特別な方法・政策をとることを認める**としています。

⑦社会問題に関する改革方針

第12章は「社会事業の改革、革新を進める」と題して、社会事業の改革について述べており、社会事業に関する改革方針を示しています。

第一項では、「教育分野の総合改革を進める」として、教育の公平を強力に進め、経済的に苦しい家庭の児童・

生徒を援助するシステムを整えること、情報化手段を利用して**地域間、都市・農村間、学校間の格差の縮小**を目指すこと、一回の試験で人生が決まる弊害を解決するため入学試験制度の改革を進めることなどを挙げています。

第二項では、「就業・起業促進の体制と仕組みを整える」として、大卒者を重点にした若者、農村から移った労働者、都市・町の困窮者、退役軍人の雇用を促進すること、産業の高度化に合わせて大卒者に適した多くの就業ポストを開発することなどを挙げています。特に大卒者の就業・起業には多くの字数を費やしており、**大卒者の自主起業を奨励する政策や大学新卒者の雇用促進計画の実施**などを記載しています。

第三項では、「合理的で秩序ある所得分配制度を作り上げる」として、一次分配における労働報酬の割合を高めるよう努力すること、租税、社会保障、移転支出を主な手段とする再分配調節の仕組みをより完全にすること、個人の所得と財産の情報システムを作り、**隠れた所得や違法な所得を取り締まる**ことなどを挙げています。

第四項では、「一層公平で持続可能な社会保障制度を作る」として、社会的プールと個人口座を合わせた基本年金制度を堅持しつつも個人口座制度をより完全にし、多く納めれば多く受け取れるというインセンティブ・メカニズムを整えること、**都市・農村住民の基本年金保険制度、基本医療保険制度を統合すること、都市・農村の最低生活保障制度の統一的な発展を図ること**、社会保障の財政投入制度を整え社会保障基金の投資運用の多様化や監督管理の強化を進めること、高齢化に対応して高齢者向けサービス産業の発展を加速することなどを挙げています。また、**漸進的な定年引き上げ政策の研究・策定**（注1）にも言及しています。

第五項では、「医薬品・医療衛生体制の改革を深める」として、医療保障、医療サービス、公衆衛生、薬品供給、監督管理体制の総合的改革を統一的に進めるとの方針を示すとともに、**計画出産**（注2）にも言及して、**片方が一人っ子である夫婦が二人の子供を産める政策をスタート**させるとしています。

注1　当時の退職年齢は男性が満60歳、女性幹部が満55歳、女性一般労働者が満50歳。

注2　計画出産については中華人民共和国憲法、中華人民共和国人口計画出産法及び各省（自治区、直轄市を含む）の人口と計画出産に関する条例で定められている。現在は「二人っ子政策」を導入ずみ（キーワード編1「人口問題」97ページ参照）。

⑧環境問題に関する改革方針

第14章は「エコ文明の制度づくりを急ぐ」と題して、生態環境を保護・修復する上で必要な制度体系整備の方向性について述べており、環境問題に関する改革方針を示しています。

第一項では**天然資源の財産権制度を作る**とともに**用途規制制度を整備する**こと、第二項では**資源・環境受容能力の監視・早期警戒の仕組み**を作り、受容超過区域に対しては制限的措置を講じるなど生態保護のレッドラインを定めること、第三項では資源の利用で費用を払う、環境を汚染した者はそれを補償する原則に基づく資源の有償使用制度と生態補償制度を実施すること、第四項では生態環境に被害をもたらした責任者には刑事責任を追及するなど生態環境の保護管理体制を改革することなどを記述しています。

2 中国は「中所得国の罠」にはまるのか？

ポイント

❶改革開放後、概ね順調に発展してきたが、「中所得国の罠」に陥る懸念が浮上
❷中所得国の罠に陥った先行国の事例を見ると、一人当たりGDPの水準は概ね3千ドル～1万3千ドルで、1万ドル弱の中国はその可能性を排除できない
❸世界178ヵ国のデータを用いて経済の発展段階と成長率の関係を分析すると、財政に頼らず達成できる成長ペースは5％程度
❹人口問題、過剰債務問題、住宅バブル問題、米中貿易摩擦など課題が山積しており、前途は多難

1 「中所得国の罠」に直面する中国

世界第2位の経済大国へと発展を遂げた中国ですが、その人口は約14億人と多いため、GDPを人口で割った一人当たりで見ると8643ドル（2017年）と、経済的な豊かさでは日本の4分の1にも達していません。世界順位を見ても191ヵ国・地域のなかで74位と、中の上という位置にようやく達したところです。それでも、「改革開放」が始まった1978年には156ドルで世界137ヵ国・地域のなかで134位と下から4番目の貧しさだったので、その後の経済発展は目覚ましいといえます（図表1-1、アウトルック編3「所得水準と所得格差」23ページも参照）。

中国の8643ドルという一人当たりGDPの水準は、約3千～1万3千ドルとされる中所得国のレンジにあり、ここからさらに大きく伸ばすことがで

図表-1

アジア諸国の一人当たりGDPの推移

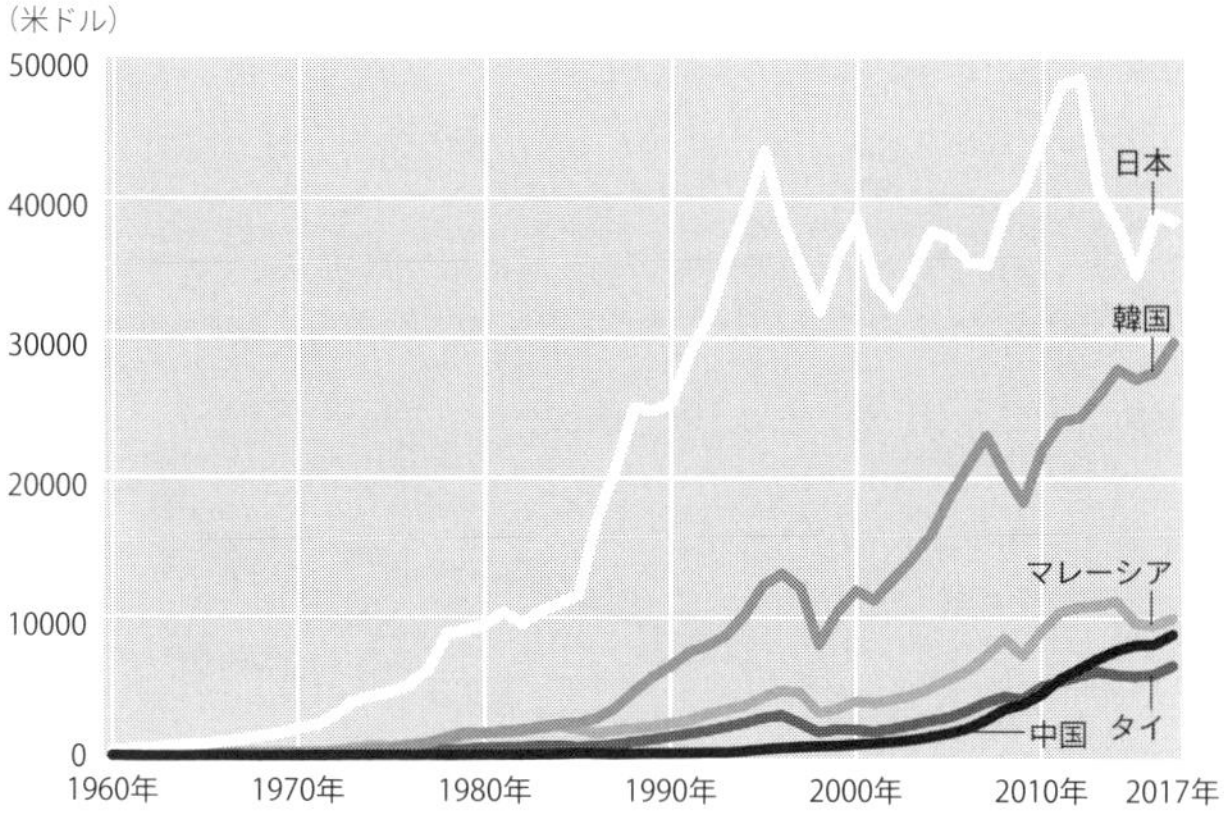

（出典）世界銀行のデータを元に作成

きない「中所得国の罠（middle income trap）」に陥る危惧が広く認識されています。「中所得国の罠」とは、ある国が開発途上国から中所得国へと経済発展を遂げたものの、そこで壁にぶつかり、先進国になる前に経済が停滞してしまう状況を指します。その国が開発途上国だったときには、安価な賃金を武器に世界市場を開拓することができましたが、中所得国になると賃金が上昇するため、後発の開発途上国との競争に負けることが多くなります。また、後発の開発途上国との競争を意識しすぎて賃金上昇を抑えれば、所得の伸びは停滞することとなり、高くなった賃金に見合うだけの高付加価値化を目指せば、最先端の技術力を持つ先進国との競争になるため、その壁を突破するのは容易ではないのです。

2 中所得国の罠に直面した先行事例

それでは、開発途上国から中所得国に経済発展を遂げた国は、どの水準で「中所得国の罠」に陥るのか、アジア諸国の事例を元に考察してみましょう。図表-2（次ページ）は一人当たりGDPが3千ドル

図表-2

アジア諸国の一人当たりGDPの推移（3000ドル超え＝0年）

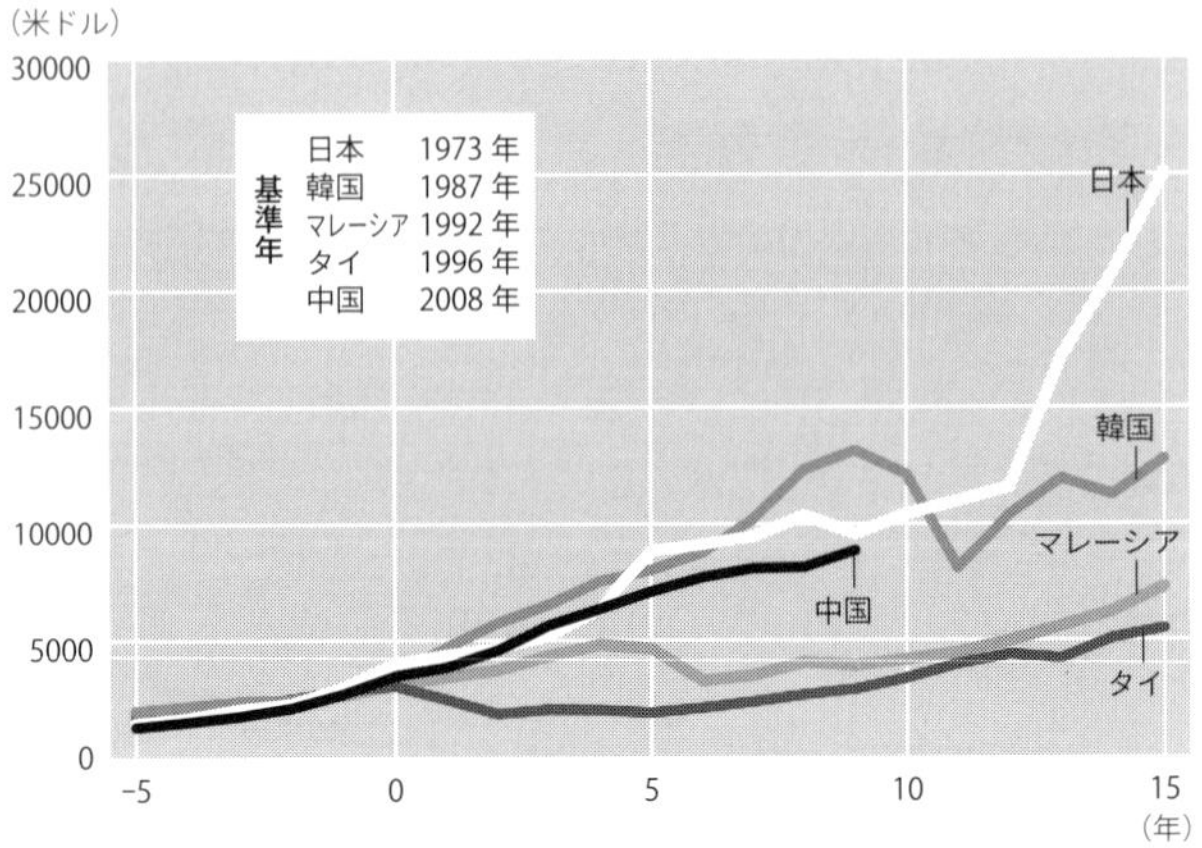

（出典）世界銀行のデータを元に作成
（注）一人当たりGDPが3000ドルを超えた年を基準（＝0）として表示

に達した時点を基準（＝0年）として、その後の推移を見たグラフです。ここで挙げたアジア諸国は、全般的に右肩上がりで経済発展を遂げましたが、日本は1980年代前半に1万ドル前後で一時停滞、韓国は1990年代後半に1万3千ドル前後で停滞、マレーシアは1990年代後半に5千ドル前後で停滞、タイは1990年代後半に3千ドル前後で経済が停滞しました。このようにアジア諸国の前例を見ると「中所得国の罠」に陥る水準は概ね3千〜1万3千ドル程度のところにあるようです。

他方、同様の分析を一人当たりGDPの絶対水準ではなく相対水準で行ったのが図表-3です。これを見ると、韓国は1990年代前半まで順調に相対順位を上げたものの1990年代後半以降は25%前後で停滞、マレーシアは1990年代前半まで緩やかに順位を上げたものの25%ラインの手前で停滞、タイは1970年代に75%前後で停滞した後、1980年代には勢いよく順位を上げ、1990年代後半以降は再び50%前後で経済が停滞することとなりました。このようにアジア諸国の前例を見ると「中所得国の罠」に陥る相対水準は25%前後、50%前後、75%前後に節目があるようです。

図表-3

アジア諸国の一人当たりGDPの相対水準比較

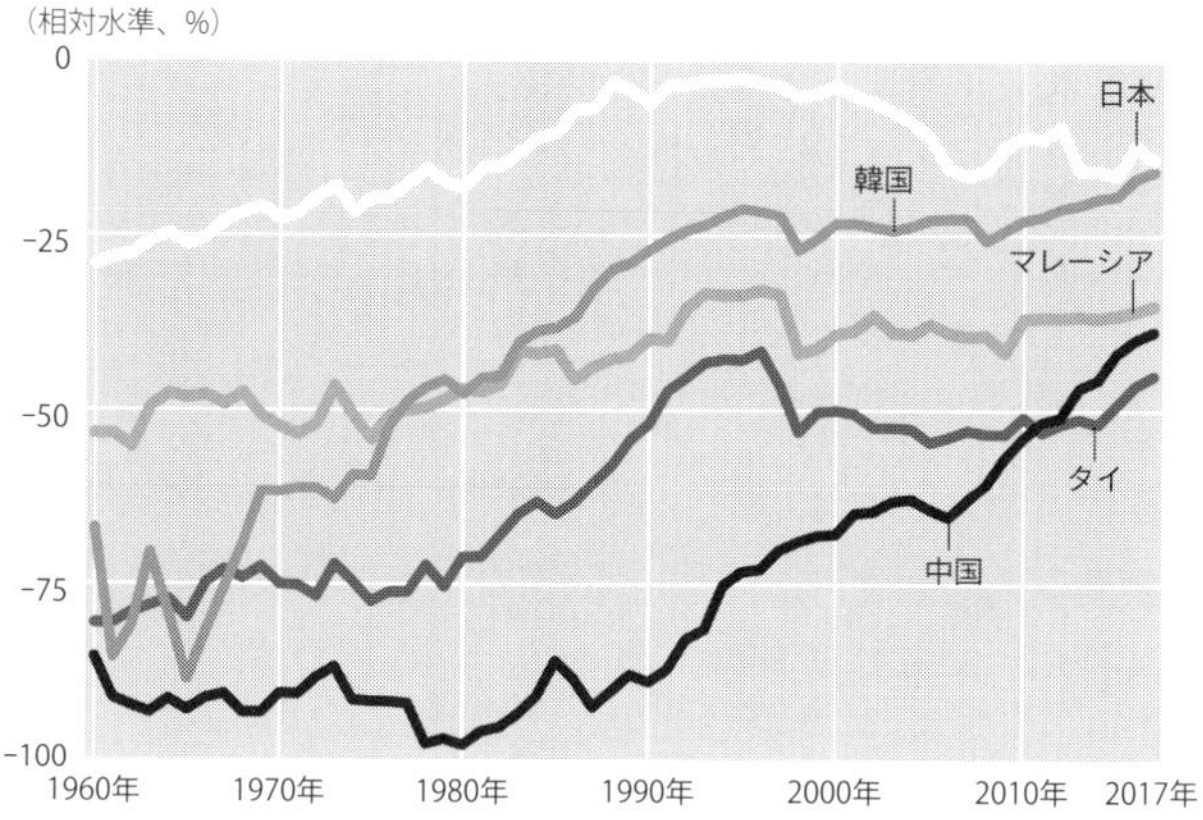

（出典）世界銀行のデータを元に作成
（注）相対水準＝世界順位÷対象国数（0%が最上位、100%が最下位）

また、一人当たりＧＤＰの絶対水準を見る上では為替レートの変動が大きく影響していることにも注意が必要です。一人当たりＧＤＰは米ドルを基準に計算するため、自国通貨（韓国ウォン、タイバーツなど）が米ドルに対して上昇すれば一人当たりＧＤＰも上昇し、逆に下落すれば一人当たりＧＤＰも下落することになるからです。

一方、為替レートの影響を排除するため購買力平価（ＰＰＰ）ベースで見るのが良いのかというと、そうとは言えません。実際にモノやサービスを輸出入したり直接投資したりするのは米ドルを基軸通貨とした為替レートで行われており、こうした市場メカニズムが働かないＰＰＰベースの動きは架空のものに過ぎないからです。すなわち、次のようなダイナミズムを見ることができません。

［ある国の為替レートが割安なとき］その国の輸出は増加し、その国への直接投資も増えるという市場メカニズムが働いて、その国の経済が発展。

［その国の為替レートが割高なとき（経済発展の影響など）］輸出は減少に転じ、直接投資も減少に転じて、その国の経済発展は停滞。

アジア通貨危機後に、韓国やタイなどで一人当たりGDPが落ちたのは、こうした為替レート調整（市場メカニズム）が働いた結果であり、アジア通貨危機前に一人当たりGDPが上昇した反動ともいえます。

3 発展段階別の成長率と中国経済

最後に、経済の発展段階と成長率の関係を分析した結果を紹介します。今回の分析では、データが取得できる世界178ヵ国を5つの発展段階に分割し、経済発展が進んだ方から順に、一人当たりGDPの相対水準で0～20％に位置する国を第1分位、20～40％に位置する第2分位、40～60％に位置する第3分位、60～80％に位置する第4分位、80～100％に位置する第5分位としています。また、対象期間は2000～10年の10年間です。ブラジル、ロシア、インド、中国の4ヵ国がBRICsと世界の先

図表-4

経済発展段階と成長率の関係

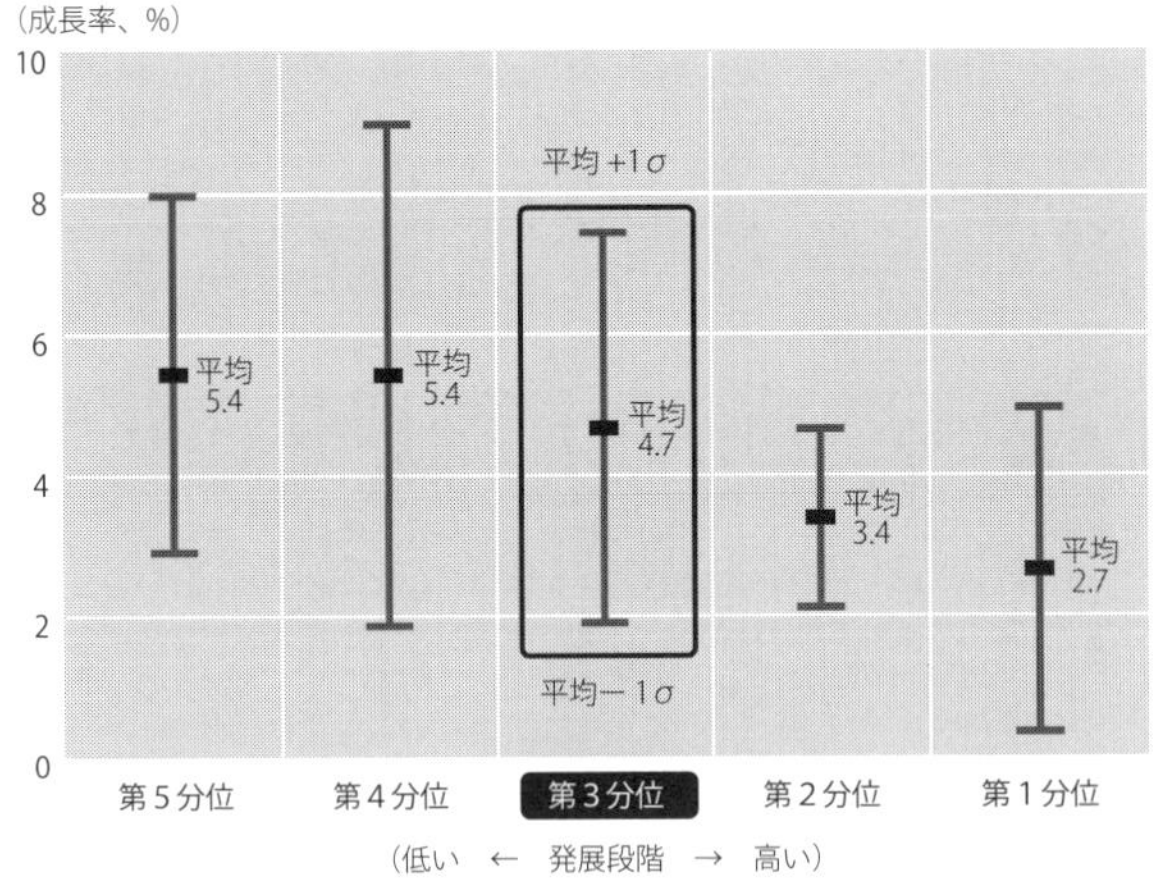

（出典）IMFのデータを元に作成
（注1）発展段階は2000年時点の一人当たりGDPの世界順位、5分位で表示（例えば第1分位は上位20%以内）
（注2）成長率は、その後10年間（2001-10年）の平均

進国からもてはやされた時期も含めば、リーマン・ショックで世界経済が大混乱に陥った時期も含むため、検証するには良い期間でもあります。

その分析結果を示したのが図表I-4です。これを見ると、経済発展段階別の年平均成長率は、米国や日本などを含む第1分位が2・7%、韓国やマレーシアなどを含む第2分位が3・4%、ロシアやタイなどを含む第3分位が4・7%、インドやインドネシアを含む第4分位が5・4%、ラオスやミャンマーを含む第5分位が5・4%となりました。発展段階が進むに連れて経済成長率は低下する傾向を持つことが確認できます。そして現在、第3分位にある中国経済が、財政に頼らず、無理なく達成できる成長ペースは5%程度と考えられます。

また、中国が「中所得国の罠」に陥ることなく、第3分位の年平均成長率（4・7%）を持続的に超える成長を遂げて、経済発展の歩を進めることができるか否かを考えるために、2000年時点で第3分位にあった35ヵ国を詳細に見ると、10年後（2010年）に第2分位へランクアップできた国は全体の7分の1に過ぎないという結果でした。1978年の改革開放時点で第5分位にあった中国は、第4分位から第3分位へと順調に経済発展を遂げてきました。しかし、中国が現在位置する第3分位から第2分位へと歩を進めるのは狭き門と言えそうです。

ただし、人口問題、過剰債務問題、住宅バブル問題、米中貿易摩擦などの諸問題を上手く乗り切り、中国製造2025やインターネットプラスなどをテコに、イノベーションで経済発展する構造改革に成功すれば、第3分位の年平均成長率（4・7%）を超える発展を実現して、前述の7分の1に入る可能性も残されています。中国共産党・政府の舵取りの巧拙や、中国国民の企業家精神の発揮がカギを握ることになるでしょう。

コラム

「中所得国の罠」の特質

「中所得国の罠」は、世界銀行が2007年に『東アジアのルネッサンス』の中で提示した枠組みですが、「中所得国の罠」に陥る国もあれば突破する国もあり、また壁となる所得水準も一定ではないため、その特質に関しては諸説あるところです。

筆者は「中所得国の罠」をイメージ図のように整理しています。左下に位置する「未開発の途上国」は、自給自足的で余分な物は生産しない段階から、農産品の増産、地下に眠る天然資源の開発で輸出を増やして外貨を獲得するとともに、輸入に頼っていた工業製品の一部を国内生産に切り替えることで外貨流出を抑制し、取得した外貨を工場やインフラへ投資することで経済発展が始まります。この段階では、読み書きや算数などの初歩的な教養を身に付けた人材が大量に必要になるため、義務教育制度を充実させることが重要です。また農産品を、農村から

図表-1

「中所得の罠」のイメージ図

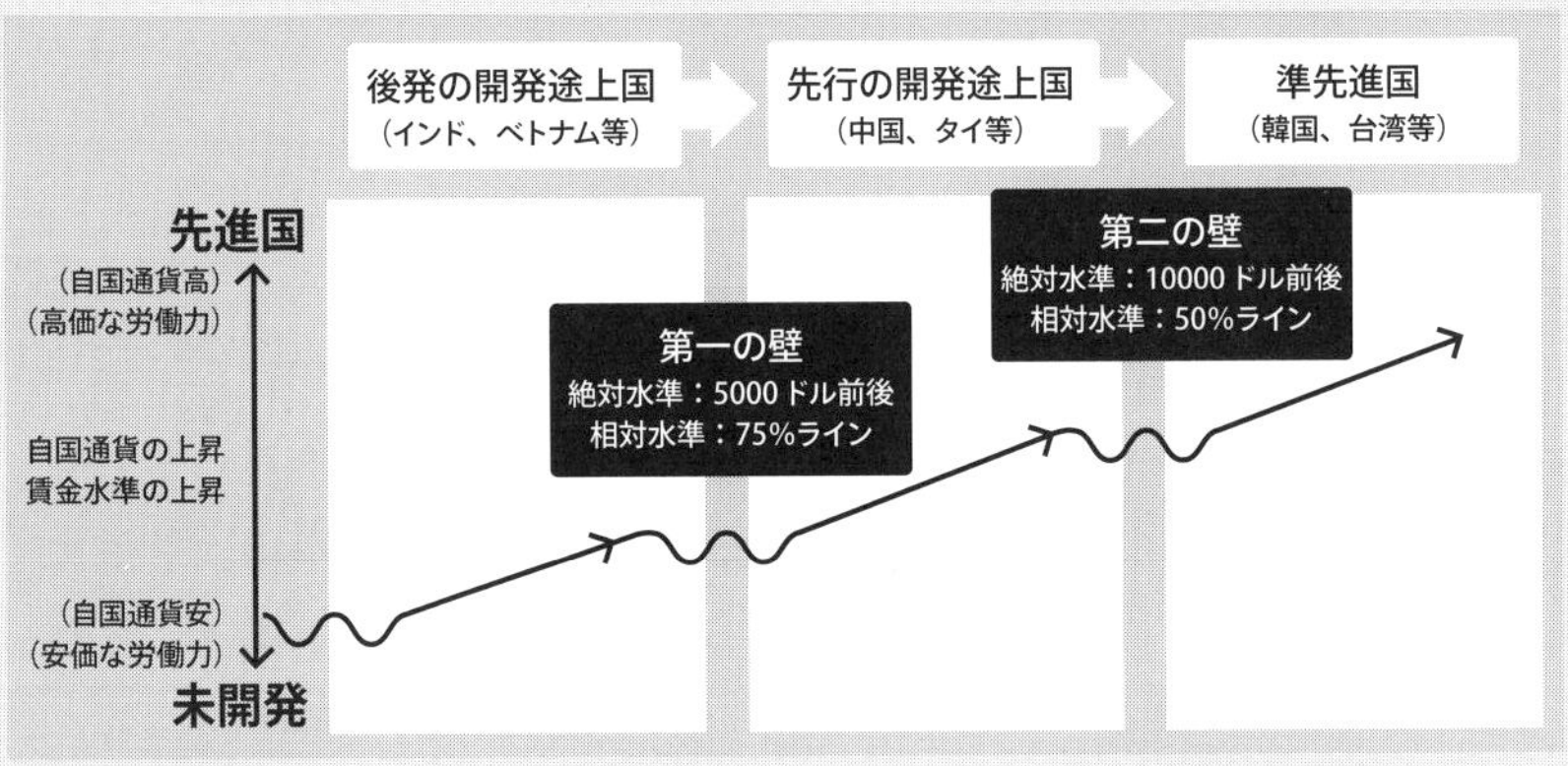

未開発から抜け出すポイント
- 自給自足的な閉鎖経済から脱却、輸出向け農産品・天然資源の生産、工業品の国内生産等で外貨獲得力を高める必要がある（義務教育充実、初歩的インフラ整備）。

第一の壁を抜け出すポイント
- 自国通貨高や賃金上昇による生産コストの上昇で国際競争力が低下、壁にぶつかる。
- 教育の高度化やインフラ充実で、製造業の高度化を図ることが必要になる。

第二の壁を抜け出すポイント
- さらなる自国通貨高や賃金上昇による生産コストの上昇で、国際競争力が再び低下する。
- 製造業をさらに高度化するため、コア技術習得やブランド力向上のための研究開発へ。

（出典）著者作成

都市へ移動させる必要性が増すため、鉄道や港湾などの物流網の整備も重要です。こうした初歩的なインフラ整備を足がかりとして経済発展が始まります。

こうして「未開発の途上国」が「後発の開発途上国」になると、次第に賃金が上昇し自国通貨も上昇し、一人当たりGDPが上昇して豊かになるものの、国際的に見た相対水準の上昇で国際競争力が徐々に低下していきます。そして新たに発展が始まった「未開発の途上国」の追い上げを受けて「第一の壁」にぶつかります。そのレベルは絶対水準で5千ドル前後、相対水準で75％前後と見られます。

「第一の壁」にぶつかった「後発の開発途上国」が経済成長を持続するためには、「未開発の途上国」の安価な労働力に対抗できるだけの高度人材の育成制度や既存インフラのレベルアップが必要となり、製造業の高度化を図るべく努力することになります。

「第一の壁」を突破してさらに経済成長を続けると、さらなる賃金上昇や自国通貨高を受けて、再び国際競争力が低下し「第二の壁」にぶつかることになります。そのレベルは絶対水準で1万ドル前後、相対水準で50％前後と見られます。この段階では、教育制度の高度化やインフラの高度化など制度面の整備はすでに進んでおり、イノベーションが「第二の壁」を突破する上でのカギとなります。そして、研究開発のヒトやカネを積極的に投入し、高度専門人材によりコア技術を開発したり、高い信頼性を築き独自のデザインを生み出してブランド力を向上させたりして、製品の付加価値を高め、先進国との競争に挑むことになるのです。

現在の中国を考えると、一人当たりGDPの絶対水準は1万ドルをやや下回っていますが、相対水準では50％を上回っており、ちょうど「第二の壁」のところに位置していると思われます。その壁を難なく突破して「準先進国」へと歩を進めるのか、それとも撥ね返されて「中所得国の罠」に陥ってしまうのか、中国経済はまさに正念場に立っていると考えられます。

3 中国は債務危機に陥るのか？

ポイント

❶リーマン・ショックの衝撃を緩和するために実施した大型景気対策の副作用として、非金融企業を中心に債務が大幅増

❷先行事例を見ると、その後、債務危機に陥った結果、投資比率が大幅低下しマイナス成長に転落した国が多く、注意を要する。ただし、その蓋然性は今のところさほど高くない

❸債務危機に陥るとすれば、現在の過剰債務に加えて住宅バブルの崩壊、一帯一路向け融資の債務不履行、米中貿易摩擦による工場の海外流出などが重なった場合

中国は、いずれ債務危機に陥り、世界経済を揺るがすのではないかとの懸念が高まっています。債務の膨張による繁栄が限界に達し、株式市場などを崩壊させる〝ミンスキー・モーメント（瞬間）〟が到来しつつあるとの見方です。これを提唱した、米経済学者ハイマン・ミンスキーの名前から取られた概念です。

過剰債務が圧縮される過程では、投資が減って景気が悪くなります。景気が悪化すれば輸入も減るため、中国向け輸出に依存している国々の経済にも悪影響が波及します。また、債務が返済できない企業が増えて金融不安に陥る恐れも出てきます。

中国人民銀行の周小川（しゅうしょうせん）前総裁も、2017年に開催された第19回共産党大会中のイベントで、「物事が円滑に進んでいるときに過度に楽観的であれば緊張が高まり、それが急激な調整につながる可能性がある。ミンスキー・モーメントと呼ばれる状況で、われわれは特にこれを防がなければならない」と述べるとともに、企業の借り入れ

は「非常に高水準」だと指摘しています。

巨大化した中国経済がこうした事態に陥れば世界に悪影響が及ぶだけに、債務問題に対する注目度は高いのです。そこで本章では、「中国は債務危機に陥るのか?」をテーマに筆者の見方を紹介します。

1 中国で巨大化した債務

国際決済銀行（ＢＩＳ）の統計で中国の債務残高を確認すると、金融セクターが非金融セクター向けに貸し出した債務の残高は、２０１８年６月末には２１９兆元と、日本円に換算すれば約３５００兆円に達しています。貸出先別の内訳を見ると、一般政府（国と地方の合計）向けは41・３兆元、家計（含む対家計民間非営利団体（ＮＰＩＳＨｓ）。ＮＰＩＳＨｓは私立学校などの民営で会社以外の法人、あるいは法人でない団体）向けは43・６兆元、そして非金融企業向けは最も多い１３４・３兆元で、全体の61・３％を占めています（図表-１）。

図表-1
中国の非金融セクターの債務残高構成（2018年6月末）

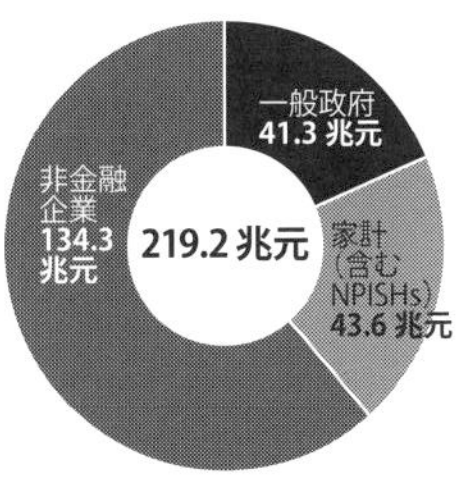

（出典）国際決済銀行（BIS）のデータを元にして作成
（注）NPISHsはNon-profit institutions serving householdsの略

債務残高の推移を見ると、リーマン・ショック前の２００７年には対ＧＤＰ比１４２％だったものが、２０１８年６月末には同２５３％と１１１ポイントも増えました（図表-２、次ページ）。貸出先別に見ると、一般政府向けが２００７年の29％から48％へと19ポイント上昇、家計向けが19％から50％へと31ポイント上昇に留まった一方、非金融企業向けは96％から１５５％へと59ポイントも上昇しました。リーマン・ショック直後の２００９年、世界経済はマイ

図表-2

中国の非金融セクターの債務残高（対GDP比）の推移

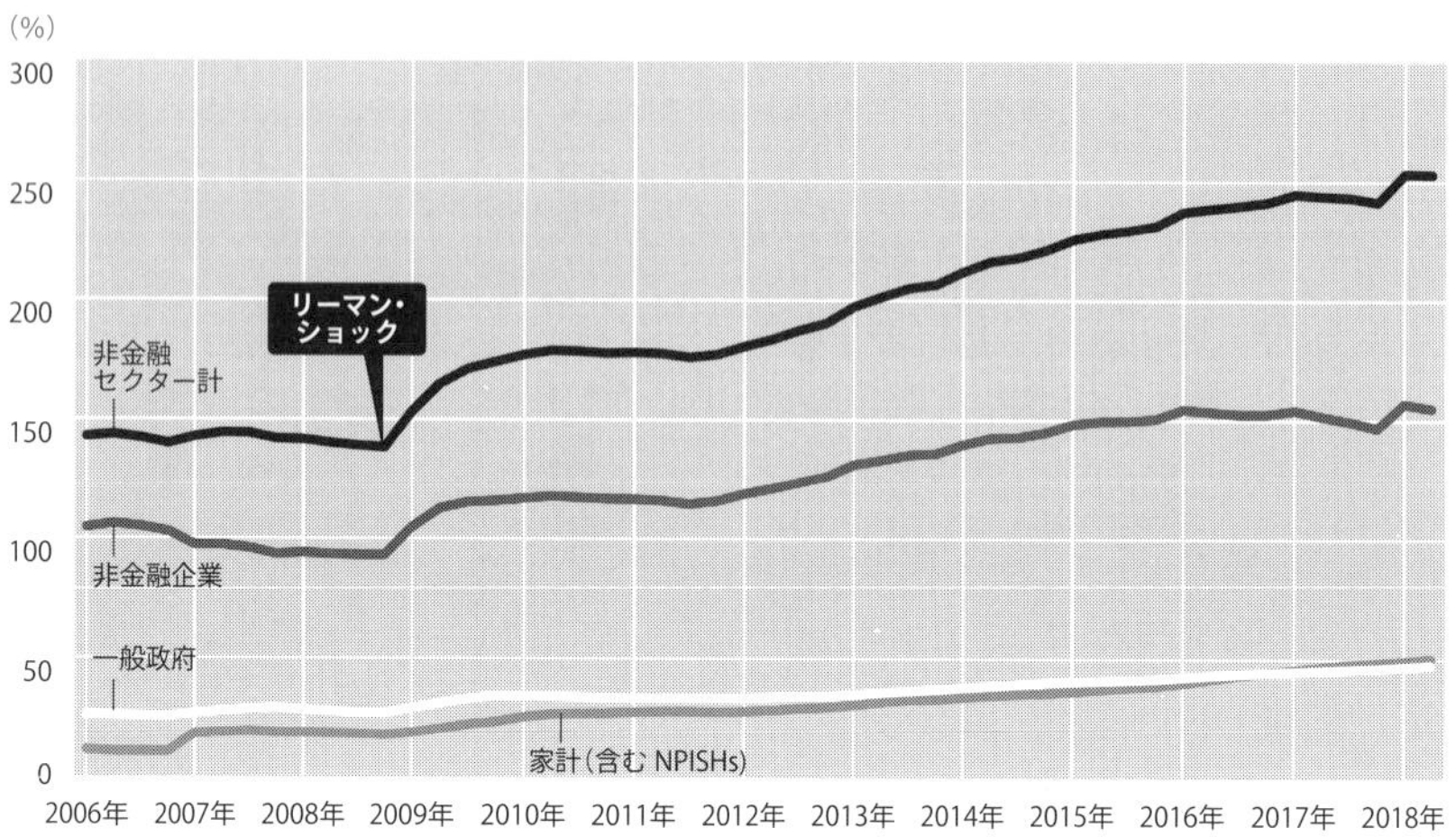

（出典）国際決済銀行（BIS）のデータを元に作成

ナス成長に落ち込みましたが、中国はインフラ投資を加速させて前年比9・2％増の高成長を保ちました。そして、世界経済が悪循環に陥るのを食い止める上でアンカー役となり中国の存在感は一気に高まりました。しかし、その背後では、中国の非金融企業の債務が急増していたのです。

なお、債務残高（対GDP比）を国際比較してみると、非金融企業向けは極めて大きく、G20平均（70％）を85ポイントも上回っていますが、一般政府向けや家計向けはそれほど多くないことも忘れてはならない事実です（【コラム】「国際比較で見る中国の債務の特徴」196ページ参照）。

2 債務危機を経験した先行事例

中国の巨大化した債務が今後どうなるのかを考える上では、1997年のアジア通貨危機で債務危機に陥ったアジア諸国の先行事例を分析し、中国との類似点や相違点を確認しておくことが有要です。

アジア通貨危機前の状況を振り返ると、タイの非金融企業の債務残高（対ＧＤＰ比）は、１９９１年の66％から１９９７年には１１５％まで急拡大しました。そして、債務が増えるとともに、貸借対照表（バランスシート）の反対側では投資が拡大、総固定資本形成（対ＧＤＰ比）はアジア通貨危機で急減するまで40％前後の高水準を維持していました。また、韓国の非金融企業の債務残高（対ＧＤＰ比）は、１９９０年の77％から１９９７年には１１０％まで急拡大しました。そして、債務が増えるとともに、バランスシートの反対側では投資が拡大、総固定資本形成（対ＧＤＰ比）はアジア通貨危機で急減するまで35％超の高水準を維持していました。なお、かつての日本でも、高度成長期後半（１９６９～74年）には非金融企業の債務残高（対ＧＤＰ比）が急拡大し、総固定資本形成（対ＧＤＰ比）が35％前後で推移していました。

それでは、その後の経済はどうなったのでしょうか。図表-3は総固定資本形成（対ＧＤＰ比）が急減する前年を基準年（＝０年）として前後７年間の動きを示したものです。これを見ると、高水準の投資が

図表-3

アジア諸国の投資比率の屈折

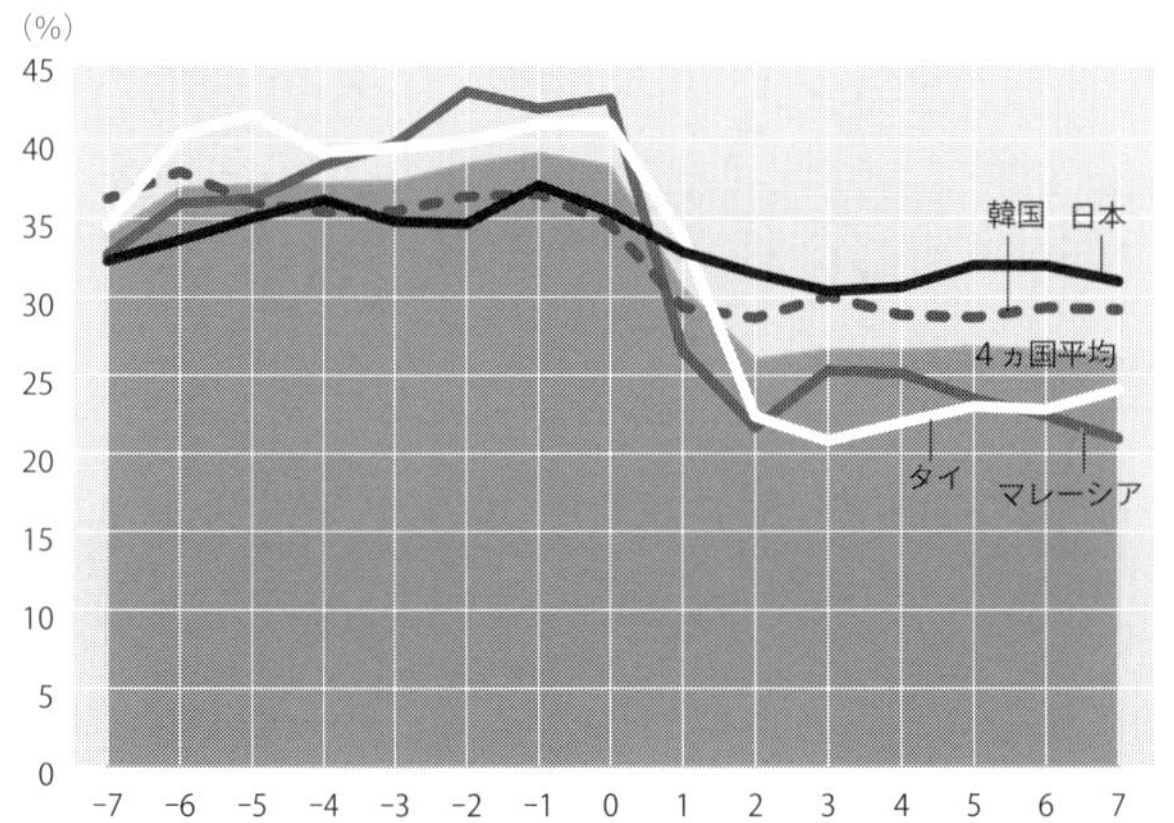

（出典）国連のデータを元に作成

（注1）投資比率は総固定資本形成÷名目GDP
（注2）基準年（=0年）は日本が1974年、タイが1996年、マレーシアと韓国が1997年
（注3）1969年以前の日本の投資比率はニッセイ基礎研究所で推計

図表-4

同時期の経済成長率の推移比較

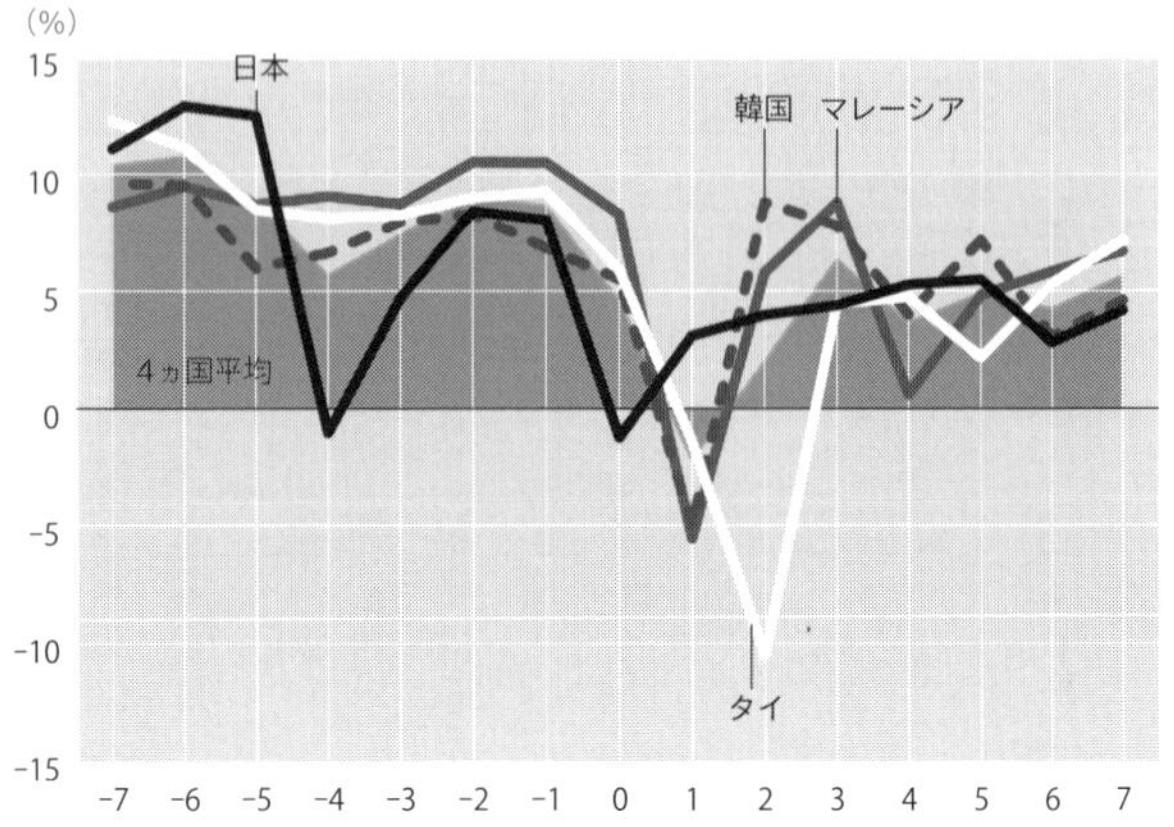

（出典）国連のデータを元に作成

（注1）4ヵ国平均は日本、タイ、マレーシア、韓国の単純平均

（注2）基準年（=0年）は日本が1974年、タイが1996年、マレーシアと韓国が1997年

続いた後に、投資比率の屈折（急低下）が起こり、その後は調整前の投資比率の水準に戻れなかったことが分かります。

他方、図表-4は同じ基準・時間軸で経済成長率の動きを見たものです。これを見ると、投資比率が屈折した年を含めて2年以内に経済成長率がマイナスに陥ったことが分かります。また、マイナス成長になったのは1年だけで、その後は比較的安定した経済成長に移行しています。ただし、経済成長率の水準はマイナス成長に陥る前の半分前後にスピードダウンしています。

3 中国でも投資と債務が同時に巨大化

中国の場合もアジア通貨危機時のタイや韓国、それに高度成長期後半の日本と同様に、非金融企業の債務残高が巨大化した背景には、長期にわたり高水準の投資が続いたことがあります。非金融企業が設備などに投資するため、金融セクターから資金を借り入れ、バランスシートの規模を拡大させたからです。

中国のGDPに占める総固定資本形成比率の推移を見ると（図表-5）、「改革開放」が始まった直後の1980年代に30%前後で推移した後、1989年の天安門事件後には低下し、1992年に鄧小平が

図表-5

中国の投資比率と債務残高の推移

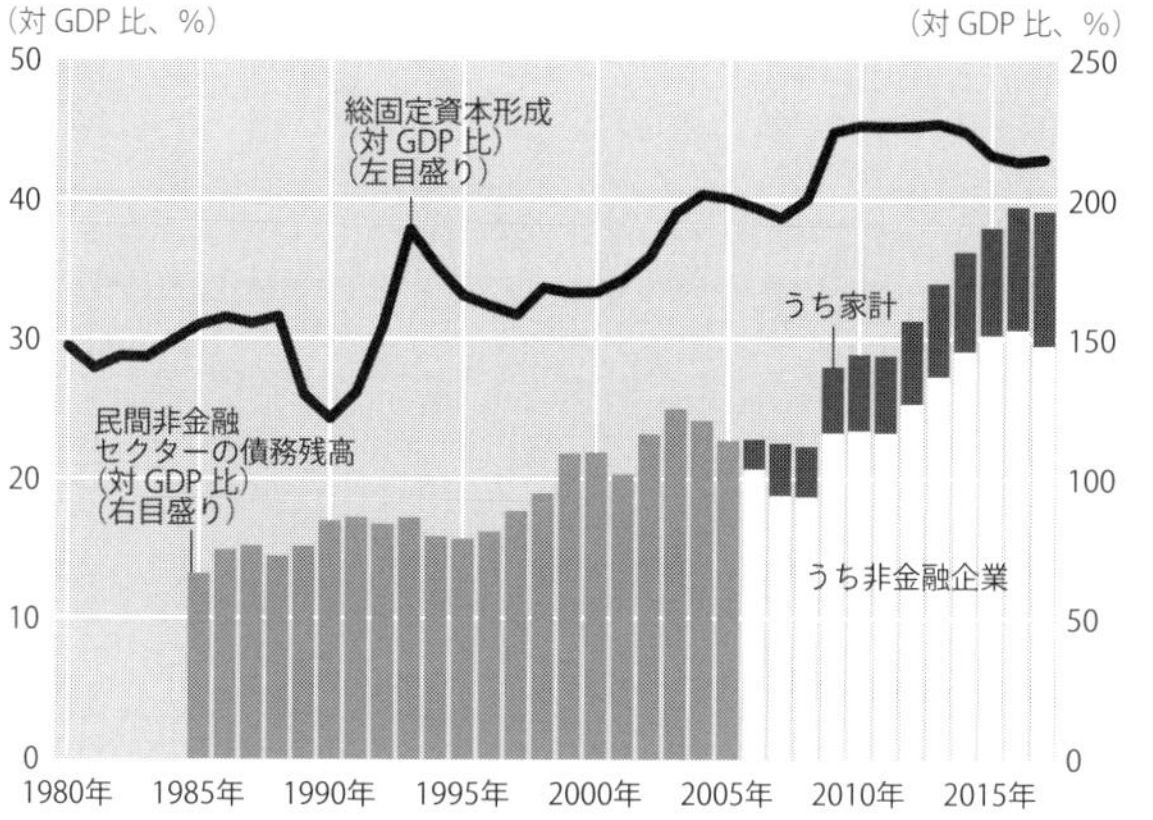

（出典）中国国家統計局、BISのデータを元に作成

「改革開放」の加速を呼びかけた南巡講話後には急上昇するという谷と山を経た後、右肩上がりで上昇し、リーマン・ショックで大型景気対策が打たれた2009年以降は45%前後で推移しています。これを国際比較して見ると、中国は主要先進国（G7）の比率を20ポイント程度上回っており、経済発展が遅れたインドやインドネシアに比べても10ポイント

図表-6

世界の投資（総固定資本形成）の比率比較（2017年）

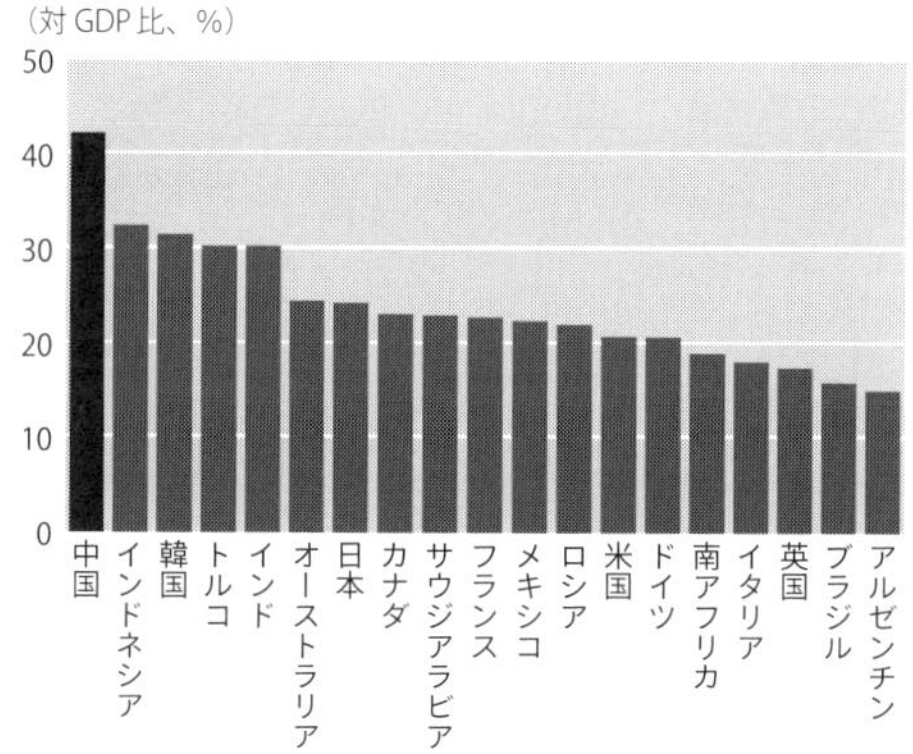

（出典）国連のデータを元に作成
アウトルック編2『「改革解放」以降の4つの経済転換点』図表-11を再掲

前後上回っています（図表-6、前ページ）。そして、非金融企業が投資する上で必要な資金の多くが金融セクターからの借り入れで賄われたため、非金融企業の債務残高は急増し、国際的に見ても突出した大きさとなりました。

そして現在、中国経済を「世界の工場」に導いた従来の成長モデルが限界に達したことで、長年にわたる高水準の投資で積み上げられた生産設備が十分に稼動しなくなってきました。歴史を振り返ると、文化大革命を終えて改革開放に乗り出した中国は、まずは農業の改革に着手、それが成功すると工業の改革に乗り出しました。外国資本の導入を積極化して工業生産を伸ばし、その輸出で外貨を稼いだのです。稼いだ外貨は主に生産効率改善に資するインフラ整備に回され、中国は世界でも有数の生産環境を整えました。この優れた生産環境と安価な労働力を求めて、工場が世界から集まって中国は「世界の工場」と呼ばれるようになりました。そして、世界経済における中国のＧＤＰシェアは２０１７年時点で

図表-7

世界の製造業シェア（2017年）

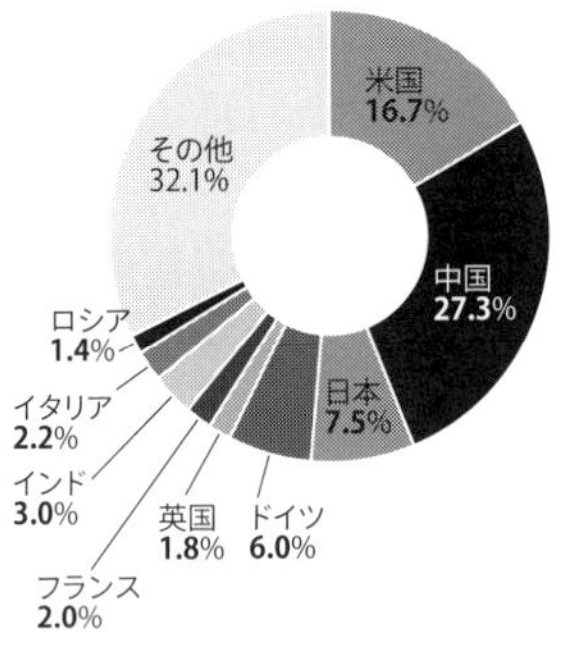

（出典）国連、中国国家統計局の資料を元に作成

図表-8

世界の製造業シェアとGDPシェアの差比較（2017年）

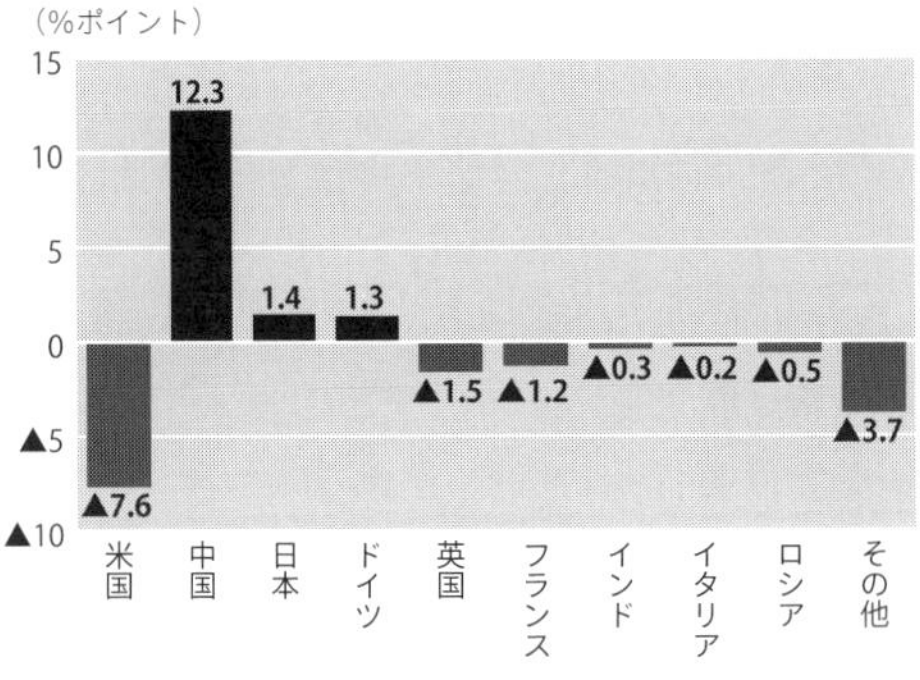

（出典）国連、中国国家統計局の資料より算出

15・0%でしたが、製造業シェアは27・3%と12ポイント以上のギャップのある、偏った経済構造となりました(図表-7、8)。

また、経済発展とともに賃金も上昇し、また中国の通貨(人民元)が上昇したこともあって製造コストは急上昇しました。そして、中国に集まっていた工場が、より安く生産できる製造拠点を求めて後発の開発途上国へと流出し始めたため、国内工場の設備稼働率が低下し、中国政府は過剰生産能力の解消に取り組み始めています。

新たな成長モデルが成功のカギ

こうして過剰投資・過剰債務が問題になると、中国政府は過剰生産能力の淘汰に取り組むとともに、その経済に与える負のインパクトを和らげようと、新たな成長モデルの確立に向けた構造改革を進め始めました。具体的には、需要面では外需依存から内需主導(特に消費)への構造転換、供給面では製造大国から製造強国への構造転換、同じく供給面では第二次産業から第三次産業への構造転換の3点です。

そして、過剰生産能力淘汰のスピードは新たな成長モデルへの転換の進捗次第となりそうです。過剰生産能力の淘汰に伴って失業者が増えても、第三次産業や戦略的新興産業で新たな雇用機会が生まれれば、それを吸収できます。中国政府が最も恐れているのは、社会不安を引き起こしかねない失業問題だけに、過剰投資・過剰債務問題を円滑に乗り切るためには、新たな成長モデルの雇用創出力が成功のカギを握っています。

4 本章のまとめと今後の展望

ここまで見てきたように中国の非金融企業が抱える債務残高は世界でも突出して高い水準に積み上がっており、その背景には長年にわたる高水準の投資の蓄積で生産能力が過剰になったことがありました。

過剰投資・過剰債務を抱えたのは中国が初めてではなく、工業化の道を歩んだ国々が既に経験した問題です。これらの先行事例を見ると、一時的ながらマイナス成長に陥っており、しかも調整後の経済成長率は調整前の半分程度に減速しています。

これらの国々の当時の経済環境と現在の中国経済には多くの類似点があり、中国でも過剰投資・過剰債務を調整した後の経済成長率は、調整前の半分程度、即ち5％前後に減速する可能性が高いと思われます。

一方、過剰投資・過剰債務の調整過程においてマイナス成長に陥るシナリオをたどる可能性はさほど高くないと考えています。第一の理由としては、海外資本が債権を一気に引き上げるという形での調整が中国では起こり難いという点が挙げられます。中国の対外債務は対GNI（国民総所得。GDPに海外との交易による所得を加えたもの）比14％に過ぎず（図表-9）、アジア通貨危機時のアジア諸国と比べると極めて小さいのが現状です。しかも、高い貯蓄率に支えられ、対外債務に頼る必要性が今のところ低いと言えます（図表-10）。海外資本が債権を一気に引き上げる事態に至ったとしても、その影響は相対的に小さいと考えられます。

第二の理由としては政府に債務を増やす余地が残っている点です。前述のとおり中国の非金融企業の債務残高（対GDP比）は世界でも突出して高くなり

図表-9

世界の対外債務残高比較（対GNI比1997年・2017年）

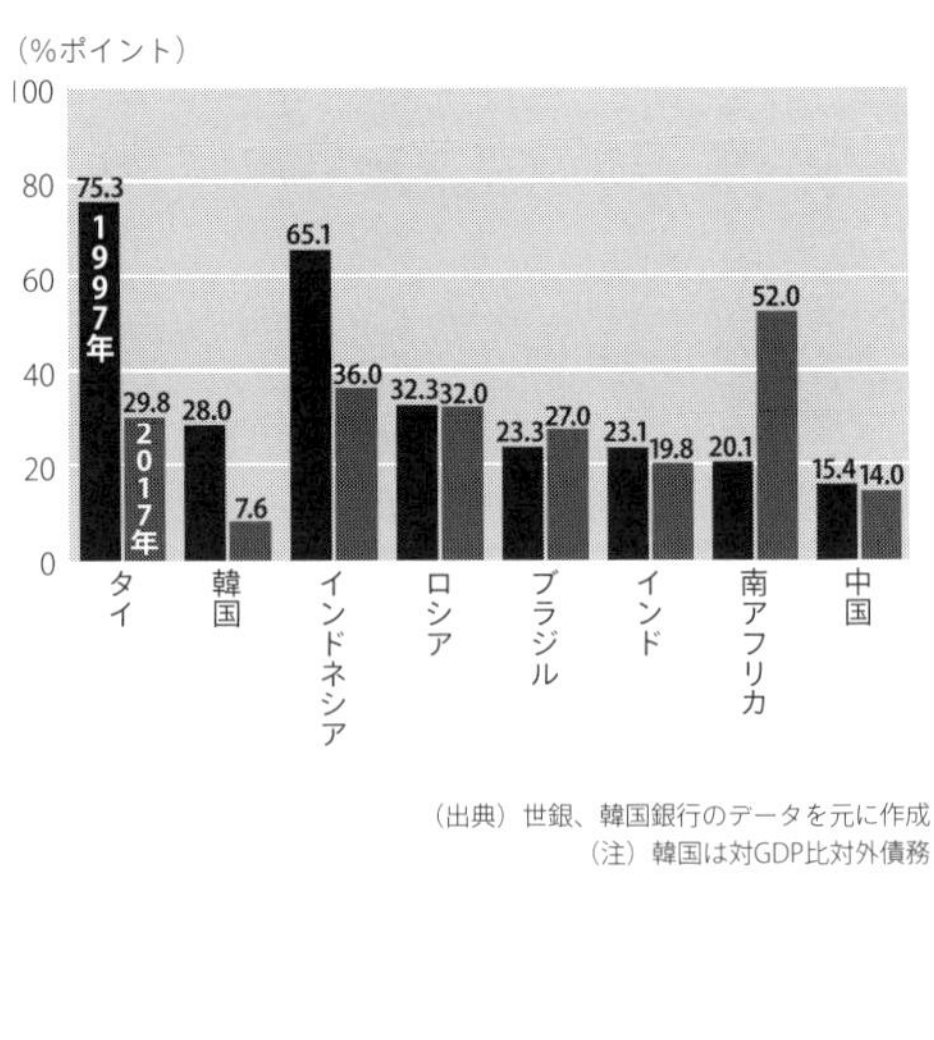

（出典）世銀、韓国銀行のデータを元に作成
（注）韓国は対GDP比対外債務

図表-10

世界の貯蓄率比較（対GDP比、2016年）

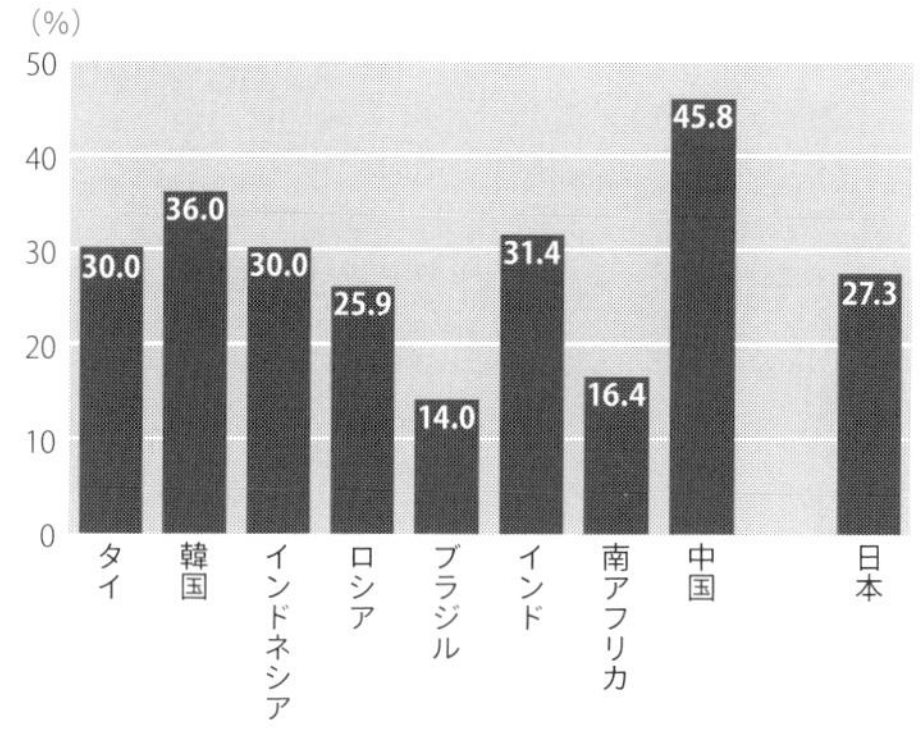

（出典）世銀銀行のデータを元に作成

ましたが、政府の債務残高（対GDP比）はG20平均を下回っています（196ページ図表1-2）。非金融企業が債務残高を減らす過程において、景気が過度に落ち込むような状況になれば、中国政府は債務を増やして景気を支えることができます。

第三の理由としては、国家資本主義のメリットが生かせるという点です。国家資本主義の中国では、過剰投資・過剰債務を抱える非金融企業も、そこに資金を供給している金融セクターも国家の強い統制下にある企業が多くなっています。したがって、新しい成長モデル構築の進捗に合わせて、従来の成長モデルの調整ペースを決めるなど中国政府がコントロールすることが十分可能だと考えられます。

中国が債務危機に陥るとすれば？

それでは、中国が債務危機に陥るとすればどんな場合でしょうか。中国政府は債務問題の深刻さに気付いており、既に債務の削減（デレバレッジ）を、景気の下振れに配慮しつつも計画的に進めているため、今のところ統制は可能で大きな心配はいらないでしょう。しかし、それは現在の経済環境のままであることを前提としており、今後の経済環境次第では債務危機に陥る恐れが高まる可能性もあります。

具体的に現在、筆者の視野に入っているリスクとしては3点挙げられます。第一に挙げられるのが「住宅バブル崩壊」です（詳しくは深層分析編4「中国

図表-11

債務危機に陥るシナリオ

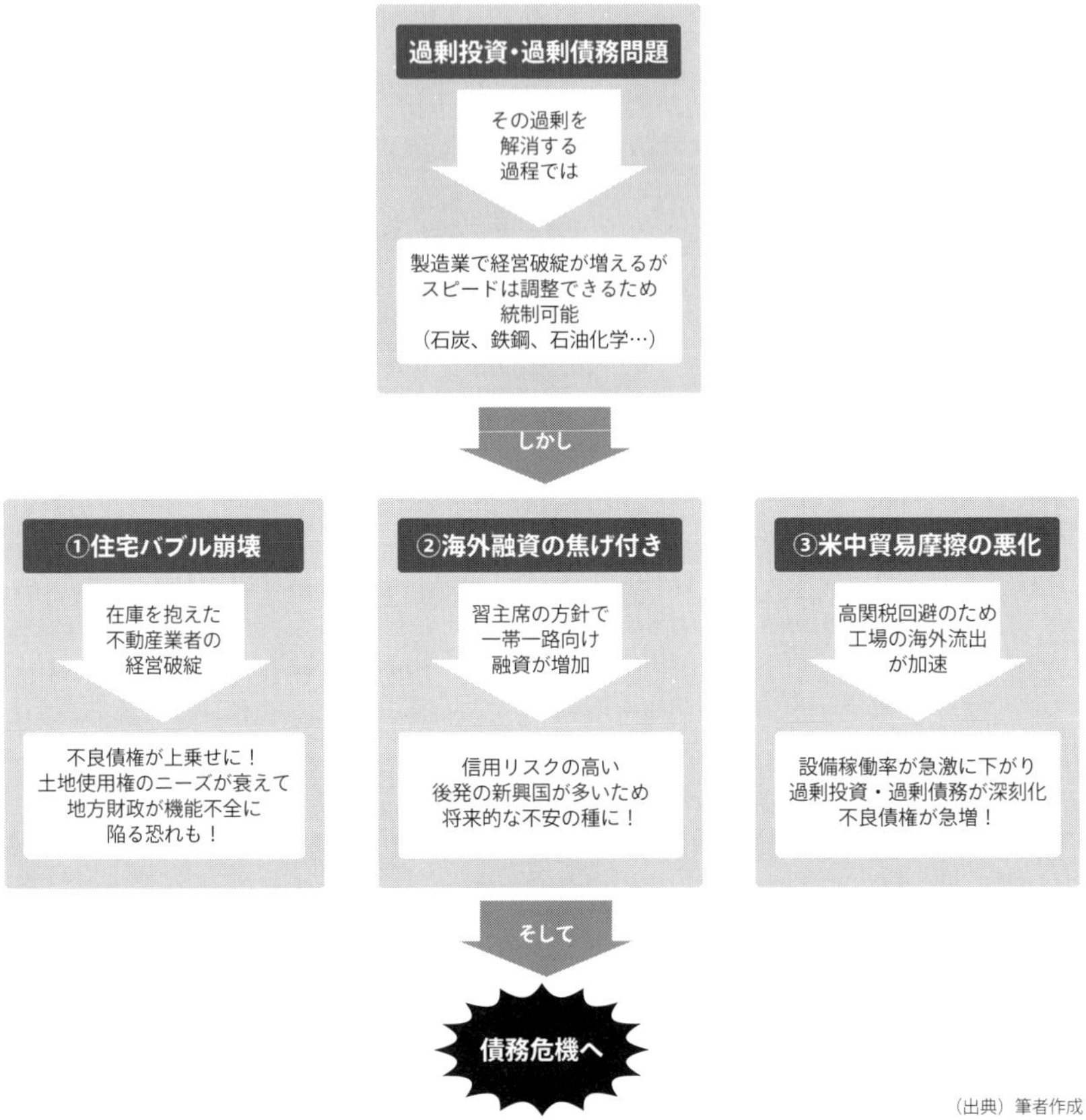

(出典) 筆者作成

の住宅バブルは崩壊するのか?」205ページ〜)。住宅バブルが崩壊すれば、銀行は過剰投資・過剰債務に関わる不良債権に加えて、不動産業者向けの融資も不良債権として加わって、調整すべき債務が想定より増えるからです。日本ではバブル崩壊後の1994年に、非金融企業向け債務残高(対GDP比)が150%弱でピークアウトし減少に転じましたが、それと同じような状況に陥る恐れが出てくるのです。

また、住宅バブル崩壊で土地使用権の需要が弱まると、「土地財政」といわれる地方政府の歳入が減り、地方財政が機能不全に陥る恐れも出てきます。

第二にはこれもキーワード編5(122ページ〜)で取り上げた「一帯一路」沿線地域向けの融資が挙げられます。「一帯一路」沿線地域のインフラ整備にあたっては、習近平国家主席が奨励していることを背景に、中国の政策金融機関や国有銀行は、極めて積極的なスタンスでプロジェクトに資金を提供しています。しかし、「一帯一路」沿線地域には後発の開発途上国が多く、借りた資金を返済する経済力があるのか不安な国も少なくありません。もし「一帯一路」沿線地域向けの債権が不良化すれば、これも調整すべき債務量を想定より増やす要因になりかねません。

第三に米中貿易摩擦の深刻化が挙げられます。これも深層分析編7「米中対立はどうなるのか?」(234ページ〜)で取り上げますが、米国が中国からの輸入に高関税をかける動きがエスカレートし、それが常態化してくると、グローバル企業はサプライチェーンを切り替え、中国に置いていた製造拠点を中国以外に移動させるでしょう。それは、中国国内の設備がさらに過剰になることを意味しており、過剰設備の裏にある過剰債務問題も深刻化するからです。また、米中貿易摩擦の深刻化にはもうひとつ大きな懸念があります。前述のとおり過剰投資・過剰債務の調整が成功するカギは新たな成長モデルが握りますが、米国はその柱である「中国製造2025」を強く警戒しています。米中貿易摩擦が深刻化し「中国製造2025」が暗礁に乗り上げるようだと、債務削減が進まなくなる恐れもあります。

巨大化した債務の削減は、前例を見ても円滑な処理が難しい問題で、経済環境の変化に左右される複雑な問題でもあるため、今後も注視が必要でしょう。

コラム

国際比較で見る中国の債務の特徴

中国の金融機関が、非金融企業向けに融資した債務残高の対GDP比に関しては、本文でも触れたとおり、中国は第1位で、日本よりも50ポイント超高くなっています（図表-1）。ただし、一般政府向けの債務残高では（図表-2）、中国は第12位でG20平均（68・0％）を20ポイント下回っており、家計向けの債務残高でも（図表-3）、中国は第9位でG20平均（47・0％）とほぼ同水準です。そして、この3つを合計した非金融セクター全体では（図表-4）、中国は第6位の位置にあり、第1位の日本よ

図表-1

世界の非金融企業の債務残高（2018年6月末）

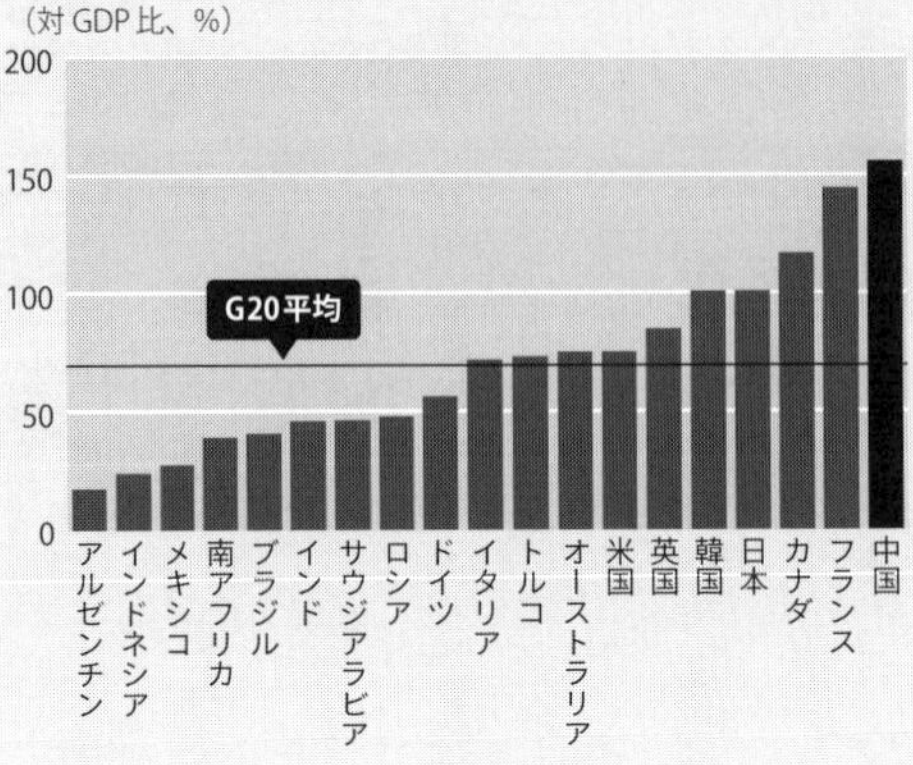

（出典）国際決済銀行（BIS）のデータを元に作成

図表-2

世界の一般政府の債務残高（G20、2018年6月末）

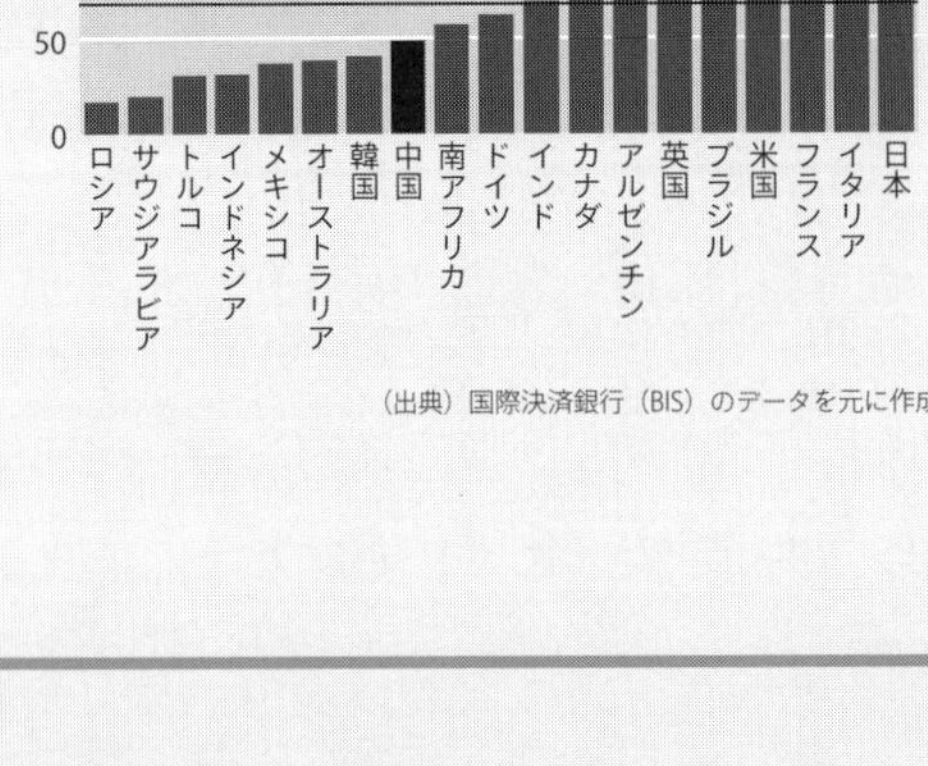

（出典）国際決済銀行（BIS）のデータを元に作成

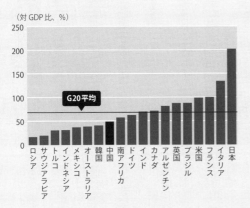

りもはるかに少なく、米国やイタリアとほぼ同水準です。

日本はバブル崩壊後の1994年、非金融企業向け債務残高が対GDP比で150%近くに達し、現在の中国に類似した過剰債務の状況にありました。一方、家計向けは約70%で現在の中国よりも多く、一般政府向け債務は、国際通貨基金（IMF）の統計を参考に推計すれば、現在の中国の2倍前後だったものとみられます。

その後の日本では（図表-5、次ページ）、非金融企業向けの債務残高が減少に転じると同時に、一般政府向けが増加して肩代わりする形となりました。したがって、中国でも今後は当時の日本と同様の肩代わりが起こる可能性があります。そして、非金融企業向け債務残高は当時

図表-3

世界の家計の債務残高（G20、2018年6月末）

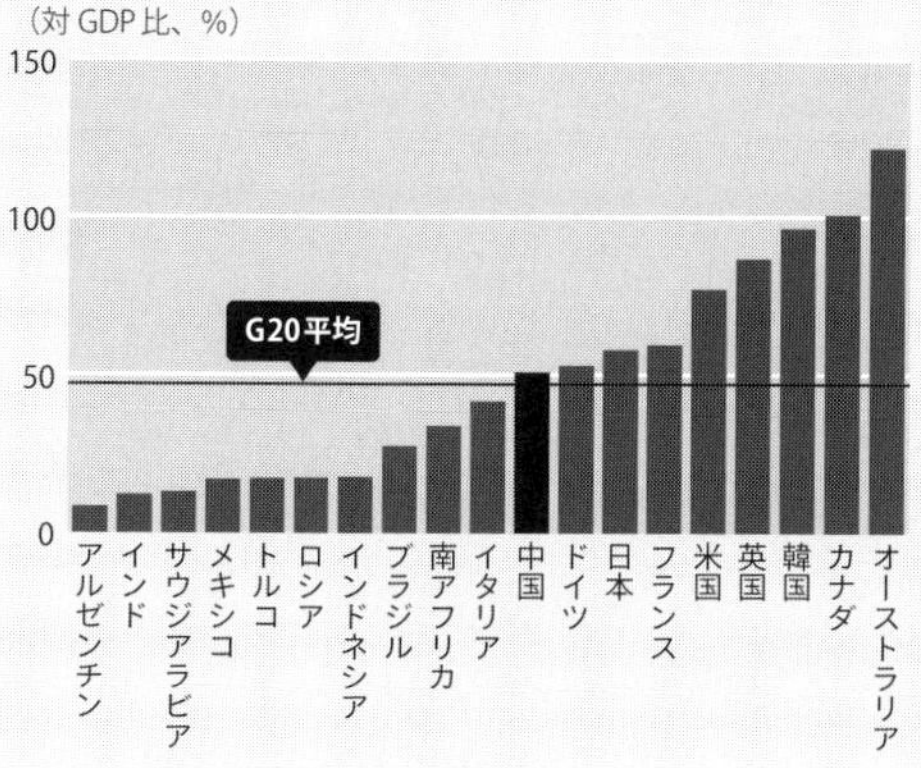

（出典）国際決済銀行（BIS）のデータを元に作成

図表-4

世界の非金融セクター合計の債務残高（G20、2018年6月末）

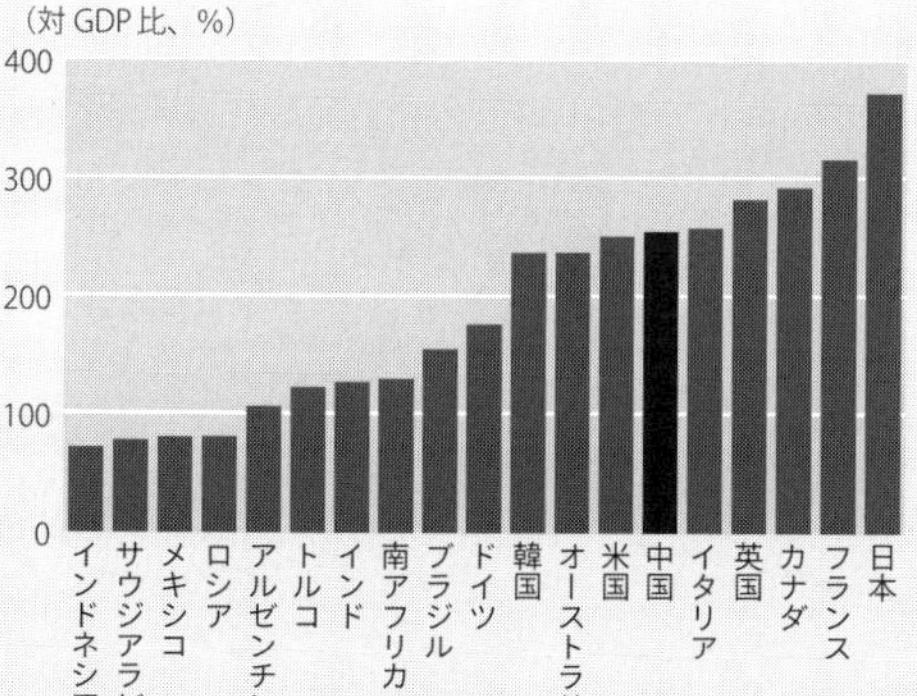

（出典）国際決済銀行（BIS）のデータを元に作成

の日本よりやや多いものの、一般政府向けや家計向けはむしろ少ないので、肩代わりする余地は当時の日本よりも大きいでしょう。

また、経済の発展段階も当時の日本とは異なります。当時の日本は既に先進国だったため先進国を真似してキャッチアップ型で経済発展する余地は小さかったのですが、現在の中国にはその余地がまだ残っています。

こうした日本との類似点と相違点を踏まえた上で、中国の巨大化した債務が今後どのように調整されていくのかを注視することが必要でしょう。

図表-5

日本の非金融セクター債務残高（対GDP比）の推移

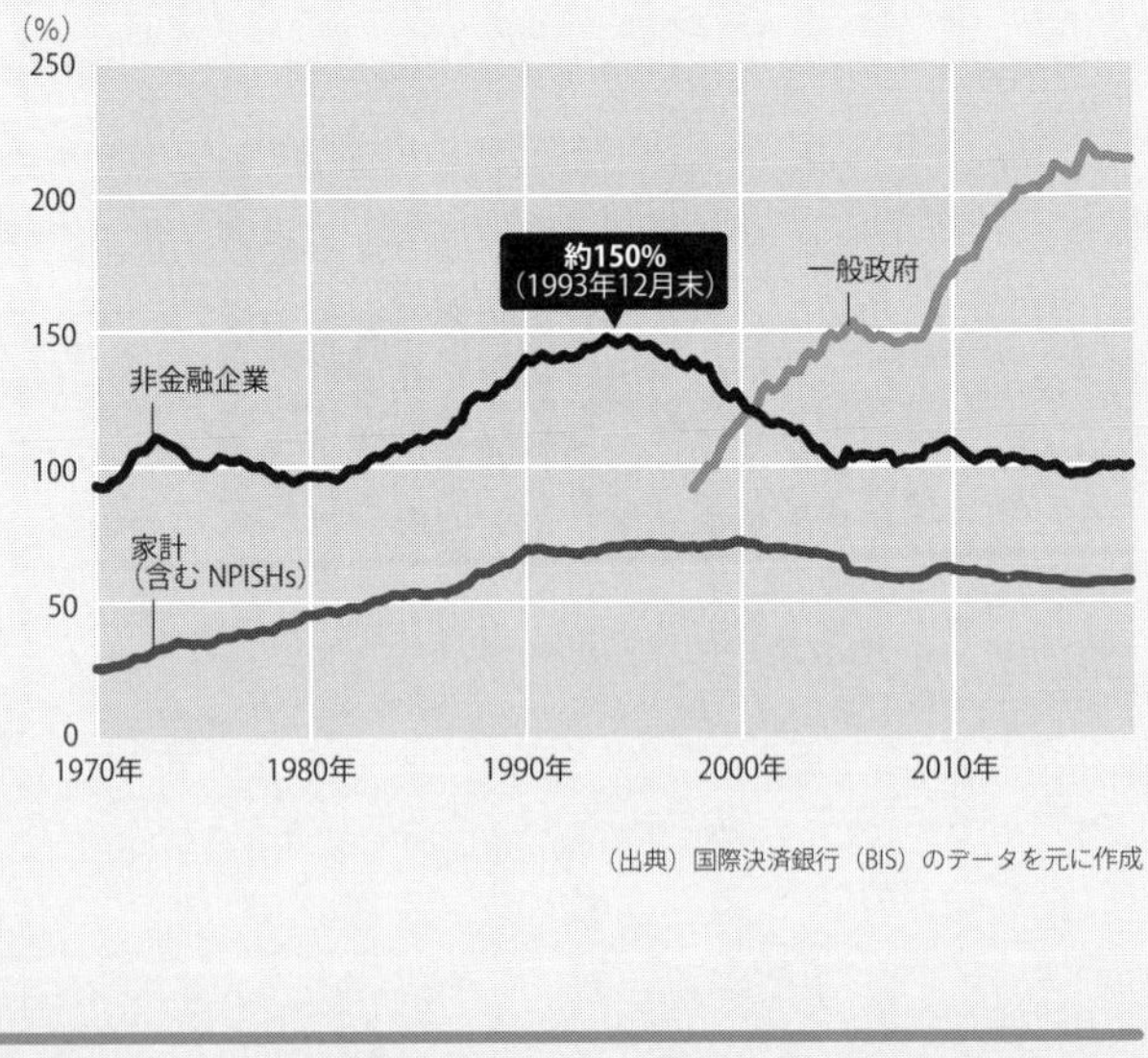

（出典）国際決済銀行（BIS）のデータを元に作成

コラム

商業銀行の不良債権の特徴

債務が巨大化しても、その利払いや元本返済が正常に行われているのであれば債務危機に陥ることはありません。そこで注目されるのが銀行の抱える不良債権の状況です。中国の商業銀行が抱える不良債権残高は、中国銀行保険監督管理委員会（銀保監会）が公表した統計によれば2018年12月末時点で2兆2544億元と、貸出債権全体に占める不良債権の比率は1・83％でした（図表-1）。2012年末時点の0・95％をボトムにじわじわと上昇してきてはいますが、今のところ1％台に留まっており、1990年代後半の不良債権問題（アウトルック編2「改革開放以降の4つの経済転換点」9～10ページを参照）の影響が残っていた2000年代前半に比べると低位で、金融システム不安を懸念するのは早過ぎるかもしれません。

しかし、巨大債務を抱える企業の経営不振が長引けば、不良債権が雪ダルマ式に増えて深刻化する恐れもありま

図表-1

商業銀行の不良債権比率の推移

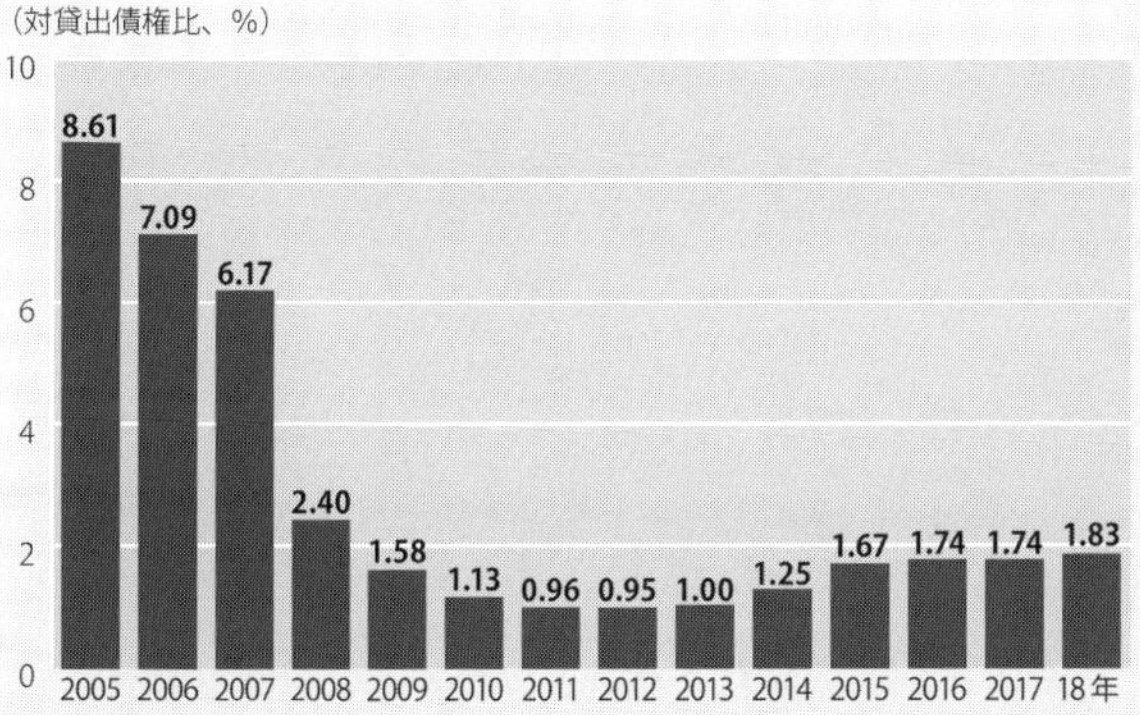

（出典）CEIC（出所は中国銀行保険監督管理委員会）のデータを元に作成

す。国際通貨基金（IMF）は、2016年4月に公表した国際金融安定性報告の中で、事業収益が支払利息を下回るような、潜在的に貸し倒れリスクを抱える債権が多いと指摘しました。IMFはインタレスト・カバレッジ・レシオ（注1）が1未満を「潜在的に貸し倒れリスクを抱える債権」とした上で、非金融企業向け債権（52・6兆元）のうち、こうしたリスクを抱えた債権は、8・2兆元（比率15・5%）もあると推計しています。習近平国家主席も、2017年7月に開催された全国金融工作会議で、「金融の安全は国家の安全だ」と表明、金融リスクの防止・解消は、食糧やエネルギーと並ぶ安全保障上の重要問題であるとの認識を示しています。

注1　インタレスト・カバレッジ・レシオは、企業の信用力を評価するための財務指標のひとつで、計算式は（営業利益＋受取利息＋受取配当金）÷（支払利息＋割引料）。

不良債権の種類と内訳

中国では貸出債権を「正常類」「関注類」「次級類」「可疑類」「損失類」の5種類に分類して管理しています。「正常類」は借入人が契約を履行することが可能で元利金を期限どおり残額を返済できないと疑う理由がない債権、「関注類」は現時点では借入人が元利金を返済する能力はあるが返済する上で不利な要素が発生する可能性がある債権、「次級類」は借入人の返済能力には顕著な問題があり、その正常な営業収入では元利金を返済できず担保権を実行しても一定の損失が発生する債権、「可疑類」は借入人が元利金を全額返済することはできず担保権を実行しても比較的大きな損失が発生する債権、「損失類」は全ての措置またはあらゆる必要な法的手段を用いても元利金の回収が不可能または僅かな部分しか回収できない債権と定義されています。そして、「次級類」「可疑類」「損失類」の合計が不良債権と位置付けられます。

図表-2

商業銀行貸出残高の内訳（2018年12月末）

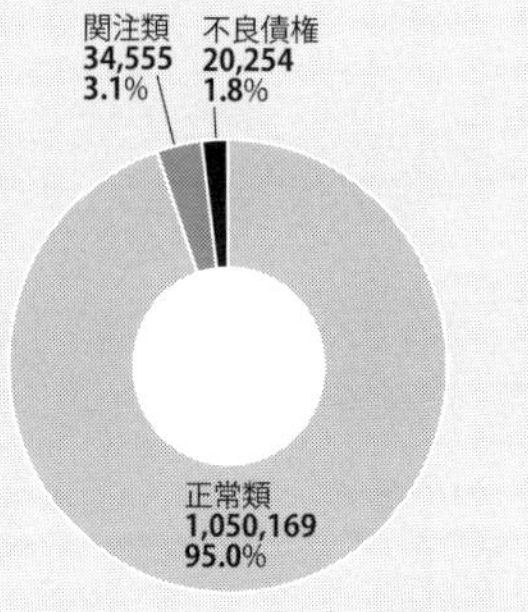

（出典）CEIC（出所は中国銀行保険監督管理委員会）のデータを元に作成
（注）残高の単位は億元

前述のとおり、2018年12月末時点の不良債権比率は1・83%でしたが、不良債権ではないものの返済に不安が残る「関注類」を含めると4・96%に増えます（図表-2）。諸外国の事例を見ても不良債権に分類するのを銀行経営者は躊躇しがちなことを考えると、通常の不良債権比率に加えて、「関注類」を含めた「広義の不良債権比率」も確認しておくと良いと筆者は考えています。

図表-3

業種別に見た不良債権比率（2017年）

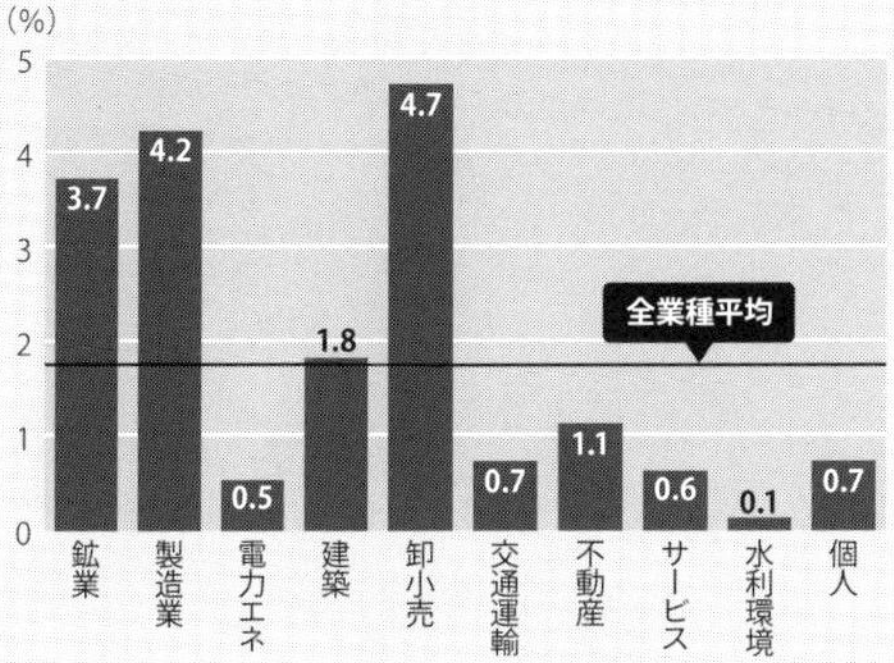

（出典）CEIC（出所は中国銀行保険監督管理委員会）のデータを元に作成

不良債権の業種別内訳

最も高いのは卸小売で4・7%、第2位は製造業の4・2%、第3位は鉱業の3・7%と、この3者は平均を大きく上回っています（図表-3）。鉱業と製造業は過剰生産能力を抱える構造不況業種で、卸小売はネット通販普及の流れの中で店舗販売の低迷に苦しんでいます。

また、銀行の融資先構成を見ると（図表-4）、製造業は12・8%、卸小売は7・8%とシェアの大きい業種ですが、鉱業は2・2%に留まります。なお、銀行融資の

図表-4

銀行の融資先構成（2016年）

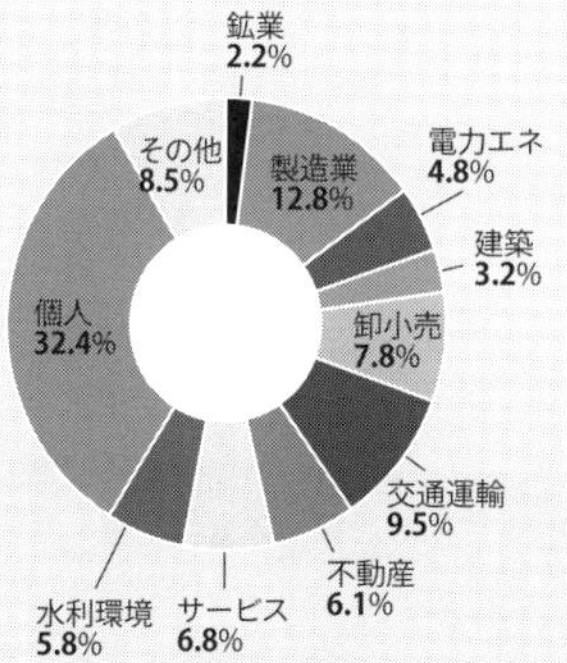

（出典）CEIC（出所は中国人民銀行）のデータを元に作成

32・4%を占める個人の不良債権比率は0・7%と、今のところ低位に留まります。

地域別に見た不良債権

省級行政区別の不良債権比率を見てみます（図表-5）。不良債権比率が低いベスト3は第1位が西蔵（チベット）自治区の0・3%、第2位が北京市の0・5%、第3位が上海市の0・6%である一方、不良債権比率が高いワースト3は第1位が内蒙古（内モンゴル）自治区の3・8%、第2位が甘粛（かんしゅく）省の3・4%、第3位が雲南省の3・0%となっています。

不良債権リスクを見極める上で重要な3指標

不良債権問題は、本来的には個々の銀行ごとに見るべきもので、いわばミクロ分析の問題と考えられます。しかし、一部の中小銀行が経営破綻しただけで金融システム不安に陥るわけではありません。ここでは、不良債権問題をマクロ的に捉えて、金融システム不安に陥るか否かを判断する場合に、確認すべきリスク管理指標を紹介します。

第一には貸倒引当金カバー率が挙げられます。商業銀行は貸し倒れに備えて、2018年末時点で3兆7734億元の貸倒引当金を計上しています（図表-6）。

図表-5

省級行政区別の不良債権比率（2017年）

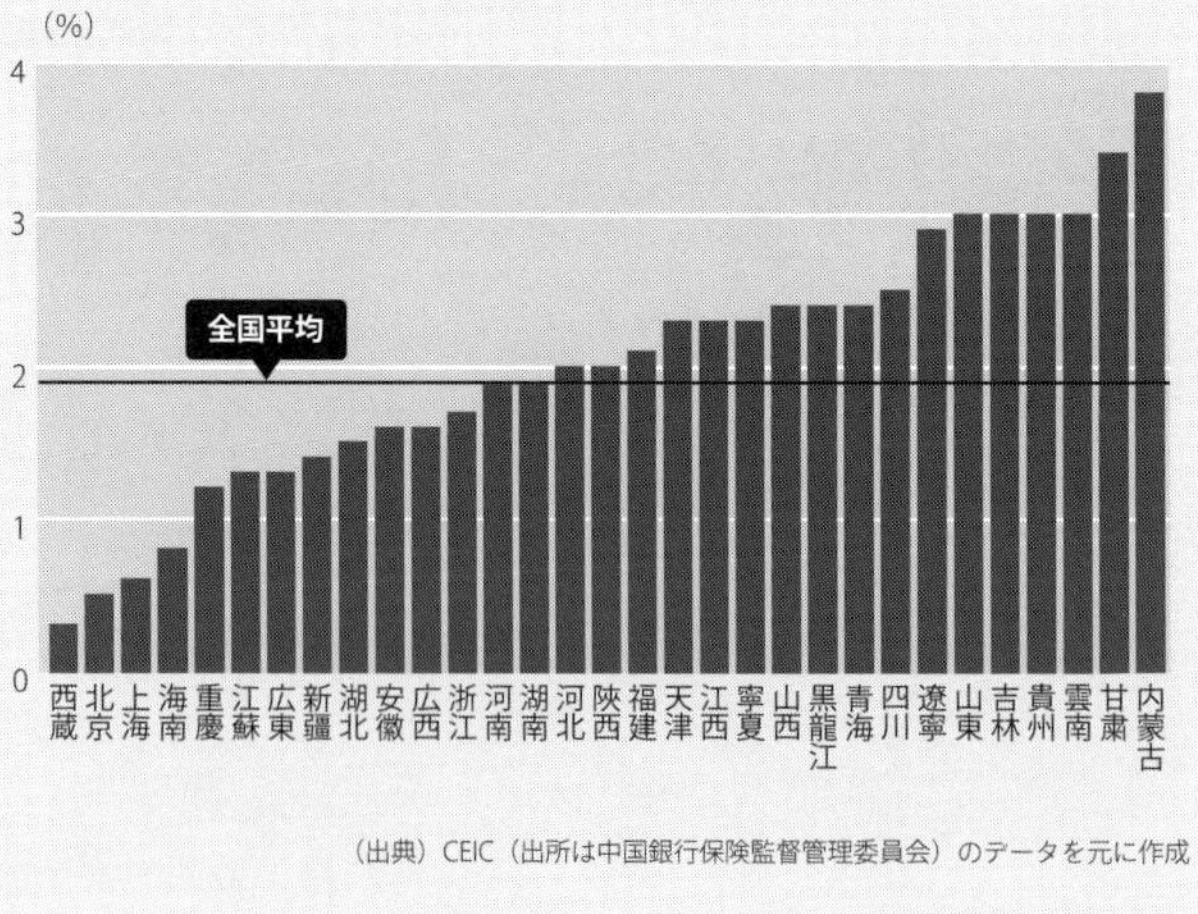

（出典）CEIC（出所は中国銀行保険監督管理委員会）のデータを元に作成

これは不良債権残高を上回り、貸倒引当金カバー率は186・31%となっています。しかし、不良債権に「関注類」を加えた「広義の貸倒引当金カバー率」を見ると68・9%と100%を大きく下回っており、安心できる水準とはいえないことが分かります。

第二には自己資本比率が挙げられます。商業銀行は万が一のリスクに備えて、2018年末時点で14・2%の自己資本比率を持っており（図表-7）、Tier1（注2）比率は11・6%、コアTier1（注3）比率は11・0%と高水準を維持しています。

図表-6

商業銀行の貸倒引当金と貸倒引当金カバー率の推移

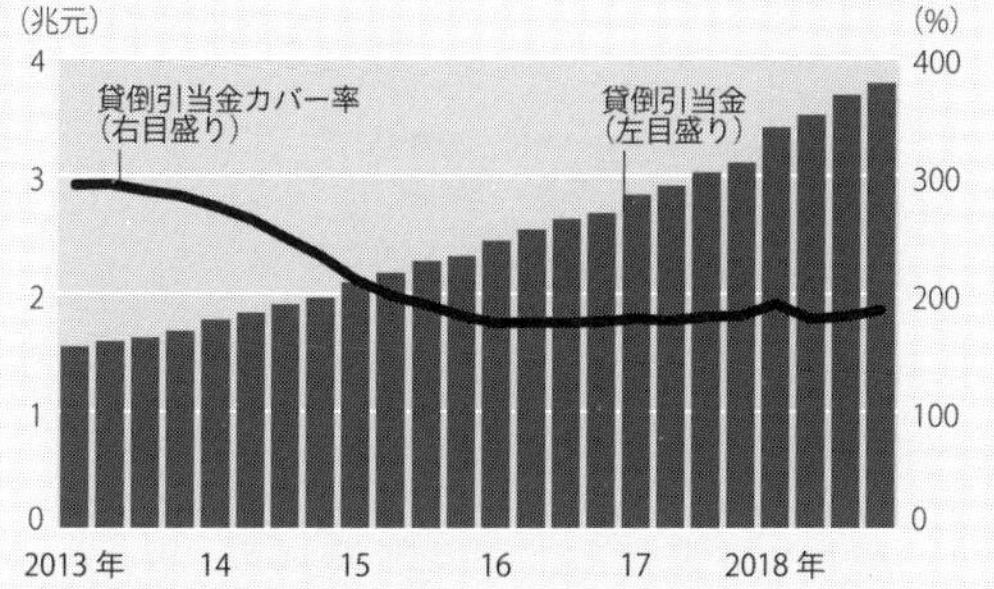

（出典）CEIC（出所は中国銀行保険監督管理委員会）のデータを元に作成

図表-7

商業銀行の自己資本比率推移

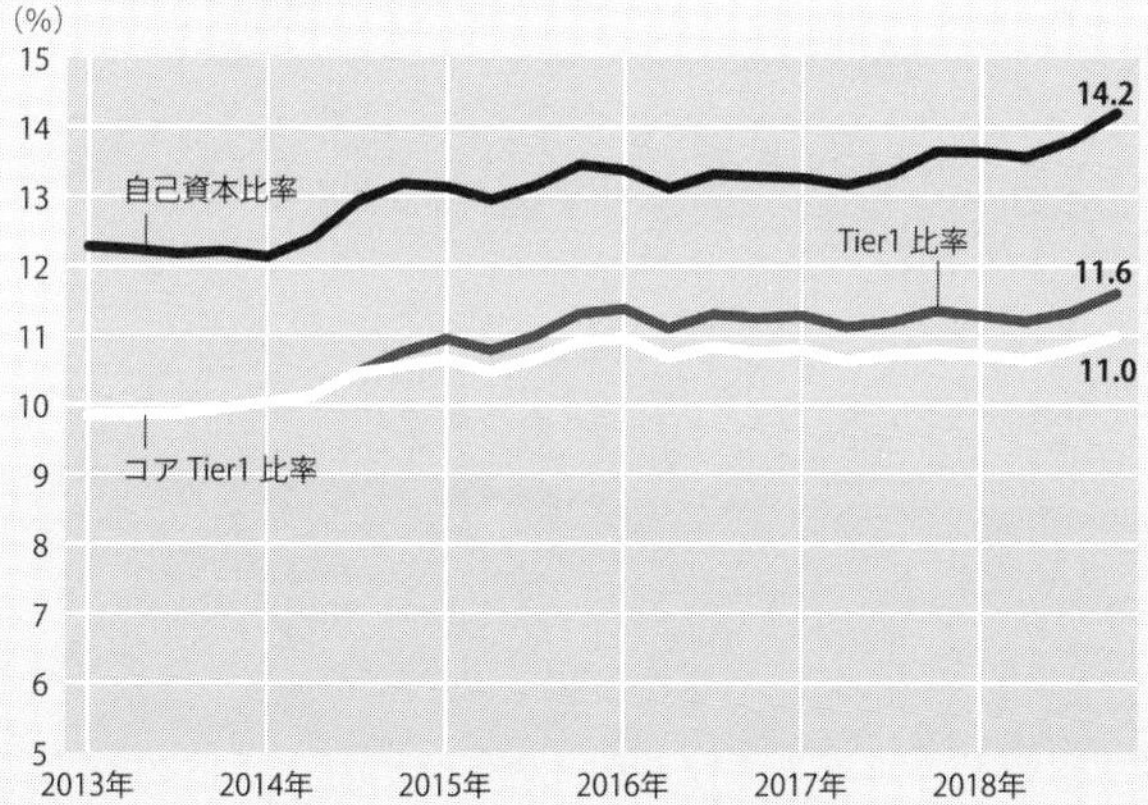

（出典）CEIC（出所は中国銀行保険監督管理委員会）のデータを元に作成

第三には純利益が挙げられます。不良債権が増えたとしても、銀行にそれを上回る収益力があれば、不良債権の処理は円滑に進むからです。中国銀行保険監督管理委員会が公表した「商業銀行主要監督管理情況表」によれば、商業銀行が2018年に計上した純利益は1・8兆元でした。「関注類」を含めた広義の不良債権残高は約5・5兆元で、そのうち約3・7兆元は既に貸倒引当金を計上しているので、差し引いて残った約1・8兆元が、回収に一定の不安がある債権ということとなり、前述の純利益とほぼ同額で、単年度で不良債権を処理すれば、赤字決算になる恐れがある状況にあります。

なお、本来は全ての商業銀行の財務諸表を集計して、営業収入から営業費用を差し引き、それに貸倒引当金や直接償却による減損損失の計上を加味した営業利益を計算した上で、不良債権や関注類を含めた広義の不良債権の増加額を上回っているかを見るべきでしょうが、ここでは簡便法による評価を紹介しました。

注2　Ｔｉｅｒ1は、国際決済銀行（ＢＩＳ）が金融機関に対する自己資本比率規制の中で使う概念のひとつで、資本勘定（資本金や法定準備金など）から所定の控除額を差し引いて計算される。

注3　コアＴｉｅｒ1は、バーゼルⅢで導入された概念で、Ｔｉｅｒ1の自己資本から優先株などを除いた中核的自己資本のことを指す。

4 中国の住宅バブルは崩壊するのか?

ポイント

❶住宅バブルの程度は、全国平均では年間所得の7・4倍で3割ほどのバブルと試算。地方ではバブルでない都市もあるが、北京市は18・7倍と深刻なバブル状態

❷住宅バブルの崩壊のきっかけは、金融引き締めと見られる。過去とは異なり今後は住宅需要層の人口が減少し始めることも懸念材料

❸都市化の進展が北京など主要都市の住宅需要を支えている面もあるが、農村から都市への移住が減速してきた時も住宅バブル崩壊の危険度が増大

1 価格上昇が続く住宅市場

中国では不動産価格の上昇が続いています。2017年時点の分譲住宅販売価格は(図表-1)平

図表-1

分譲住宅販売価格の推移

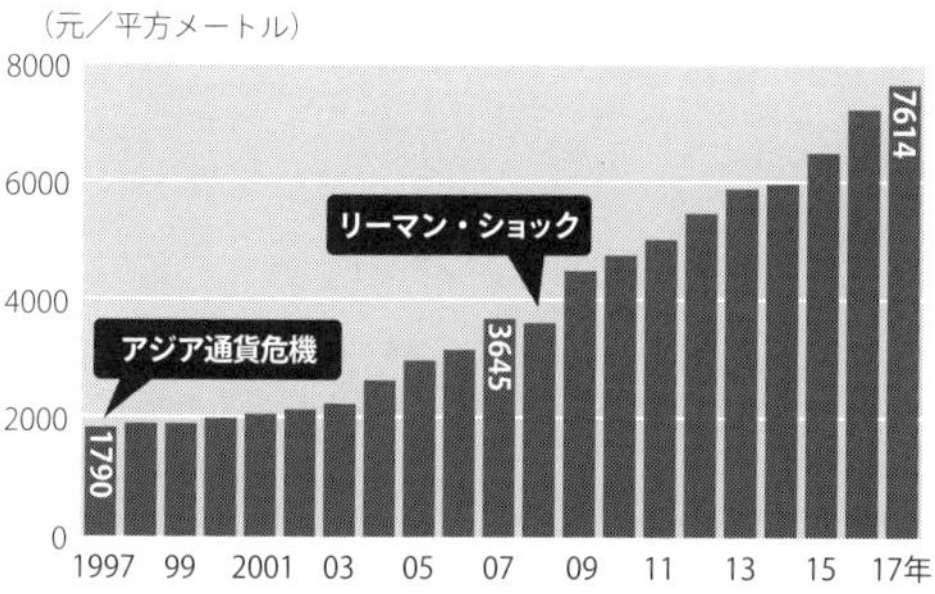

(出典)CEIC(出所は中国国家統計局)のデータを元に作成

方メートル当たり7614元ですが、これをリーマン・ショックが起きる前の2007年に比べると2・1倍、アジア通貨危機が起きた1997年に比べると4・3倍に上昇しました。そして、中国の住宅バブルはいつか崩壊するとの懸念が高まっています。

　不動産市場の動向は、中国経済に大きな影響を及ぼします。固定資産投資に占める不動産業の比率は、22・8%（2017年）と全体の5分の1を超えています。経済成長率と不動産開発投資の関係を示した**図表-2**から、不動産開発投資が伸びると経済成長率が高まり、逆に伸びが鈍ると経済成長率も鈍化しており、景気変動の主因となっている場合が多いことが分かります。特に、不動産開発投資の約7割を占める住宅投資は景気を大きく左右します。また、住宅販売が増えるとそれに伴って家具や家電などの耐久消費財の販売が増えるため、個人消費への波及効果も大きくなります。

　一方で、住宅バブルが崩壊すれば、最高値圏で販売することを想定して建てられた住宅は、含み損を抱えることになり、不動産ディベロッパーは値引き販売を余儀なくされて経営が苦しくなります。さら

図表-2

経済成長率と不動産開発投資の伸び率の推移

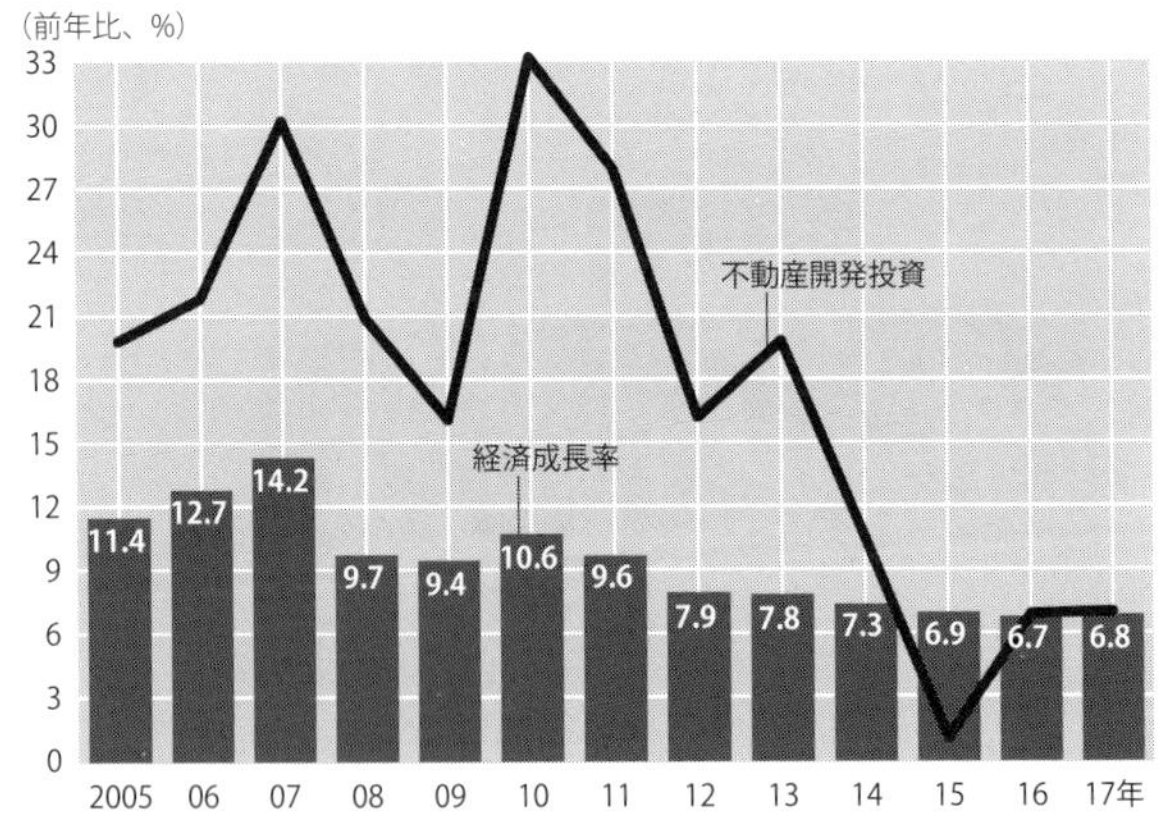

（出典）CEIC（出所は中国国家統計局のデータ）を元に作成

に資金を融通してきた銀行は、過剰生産設備を抱える製造業で不良債権が増加しつつある中、不良債権の火種を増やすことになります。また、住宅ローンを借りて、ようやく高価な住居を手に入れた一般庶民も、ローン返済に追われることで消費にも悪影響が及びかねません。

2 現在は住宅バブルなのか？

中国の住宅価格はバブルと断定できる水準にあるのか、検討してみましょう。

中国では住宅価格は上昇しているものの、平均賃金もそれ以上に上昇しているため、バブルとはいえないという考え方もできます。確かに、1997年以降20年間に分譲住宅販売価格は4・25倍に上昇し、消費者物価の1・44倍を大きく上回ったものの、その間の名目GDPは10・38倍（図表-3）、平均賃金は11・53倍に上昇しています。

しかし、この考え方には2つの落とし穴があります。ひとつは統計が発表され始めた1997年時点

図表-3

分譲住宅販売価格と名目GDP・消費者物価の推移

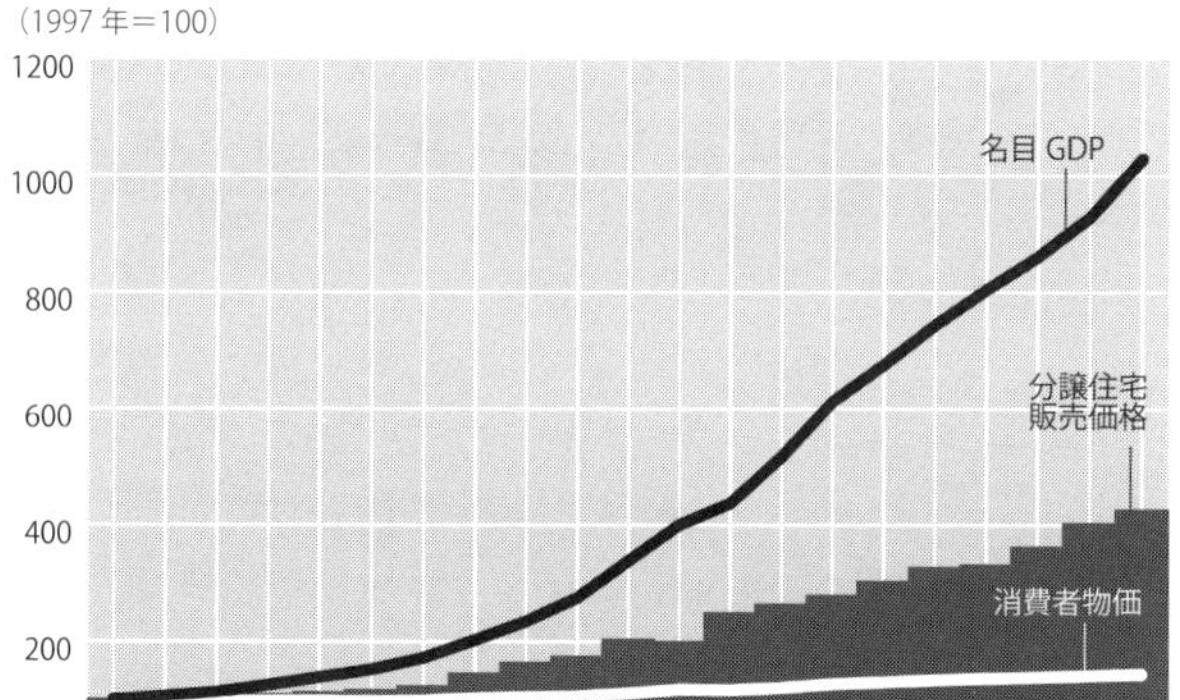

（出典）CEICのデータを元に作成
（注）1997年を100として指数化

で既にバブルだった可能性です。それを検証するため、何年分の所得で住宅を購入できるのか（住宅価格÷所得の倍率）を、中国国家統計局の公表データを元に試算してみました。

所得水準を表す統計としては、中国国家統計局が発表している平均賃金（年間）があり、2017年は7万4318元となっています。また、1世帯当たりの就労人数は36都市平均で1・45人（2012年）と発表されていますので、これらを掛け合わせると、1世帯当たりの総平均賃金（年間）は10万7761元（日本円にすると約172万円）と推定できます。

次に、住宅価格としては中国国家統計局が発表している分譲住宅販売価格があり、2017年は一平方メートル当たり7614元となっています。また、一人当たりの建築面積（都市部）は36・9平方メートル（2017年）、1世帯当たりの構成人数は36都市平均で2・84人（2012年）と発表されているので、1世帯当たりの住宅面積は約105平方メートルとなります。そして、1世帯が暮らす住宅の平均的な価格は約80万元（日本円にすると約1277万円）と推定できます。

図表-4

住宅価格とその年間所得の倍率の推移

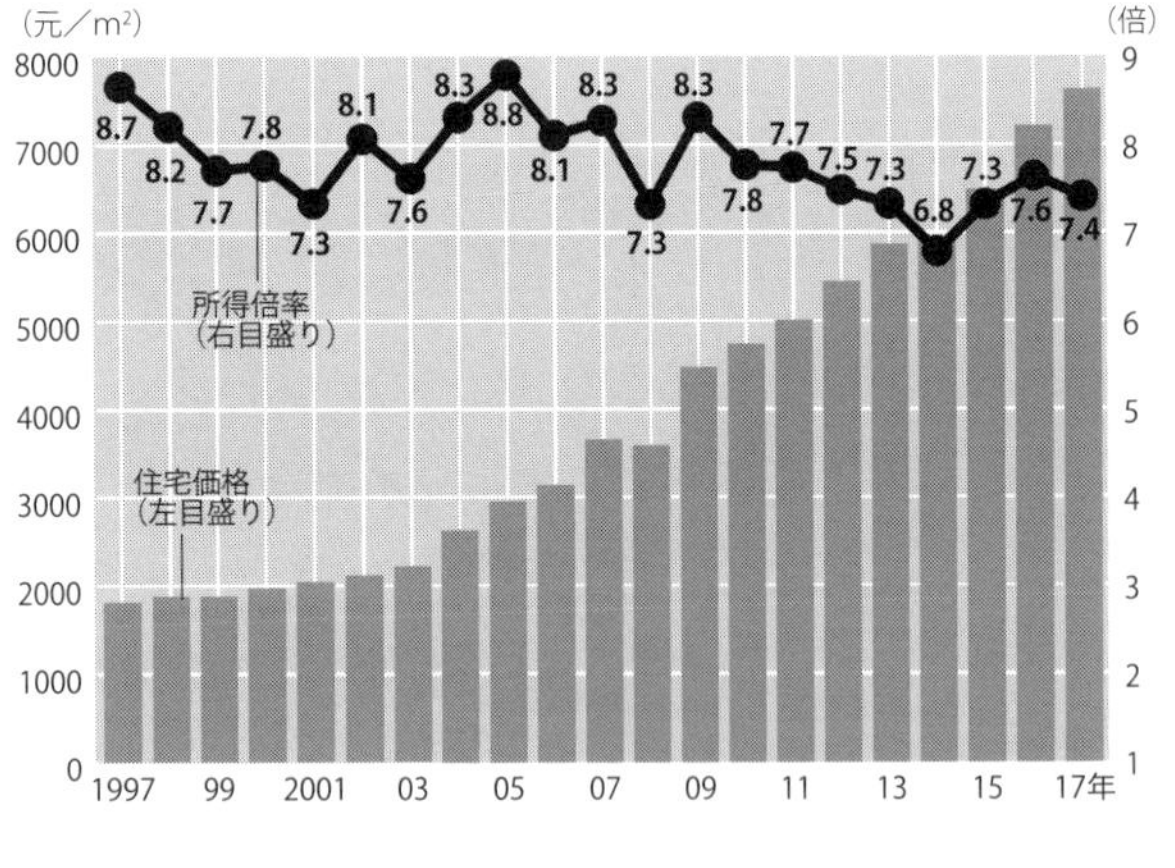

（出典）CEIC（出所は中国国家統計局）のデータを元に作成

（注）住宅価格/年間所得倍率は、分子が1世帯当たり構成人数×一人当たり建築面積×単位当たり分譲住宅販売価格、分母が世帯当たり就業者数×一人当たり年間賃金として計算。なお、データ未公表の場合は直近値を使用。

そして、上記の推定を基に、何年分の所得で住宅を購入できるのか（住宅価格÷年間所得の倍率）を計算すると7・4倍、即ち7・4年分の所得で住宅が購入できるということになります。この倍率は、国際的には4〜6倍が合理的な水準とされており、中国はそれより3割ほど高い水準にあります。そして1997年の8・7倍よりは低い水準です。したがって、中国の住宅価格は、20年前から既にバブルだった可能性が高く、この20年は賃金上昇率が住宅価格上昇率を上回ったため、バブルの度合いがむしろ低下したと見るのが妥当と考えられます（図表-4）。

もうひとつの落とし穴としては、全国平均ではバブルでなくても地域によってはバブルになっている可能性があるという点です。沿海部と内陸部では、住宅価格に大きな違いがあるとともに、所得にも大きな格差があるからです。そこで前述の、所得に対する住宅価格の倍率を31行政区別に計算してみました（図表-5）。その結果を見ると、北京市は18・7倍、上海市は13・8倍、国際リゾートを目指す海南省は12・1倍とバブルの度合いが高くなっています。一方、新疆（しんきょう）ウイグル自治区、内蒙古（内モンゴル）自治区、寧夏回族自治区、貴州省、西蔵

図表-5

地区別の住宅価格／年間所得の倍率（2017年）

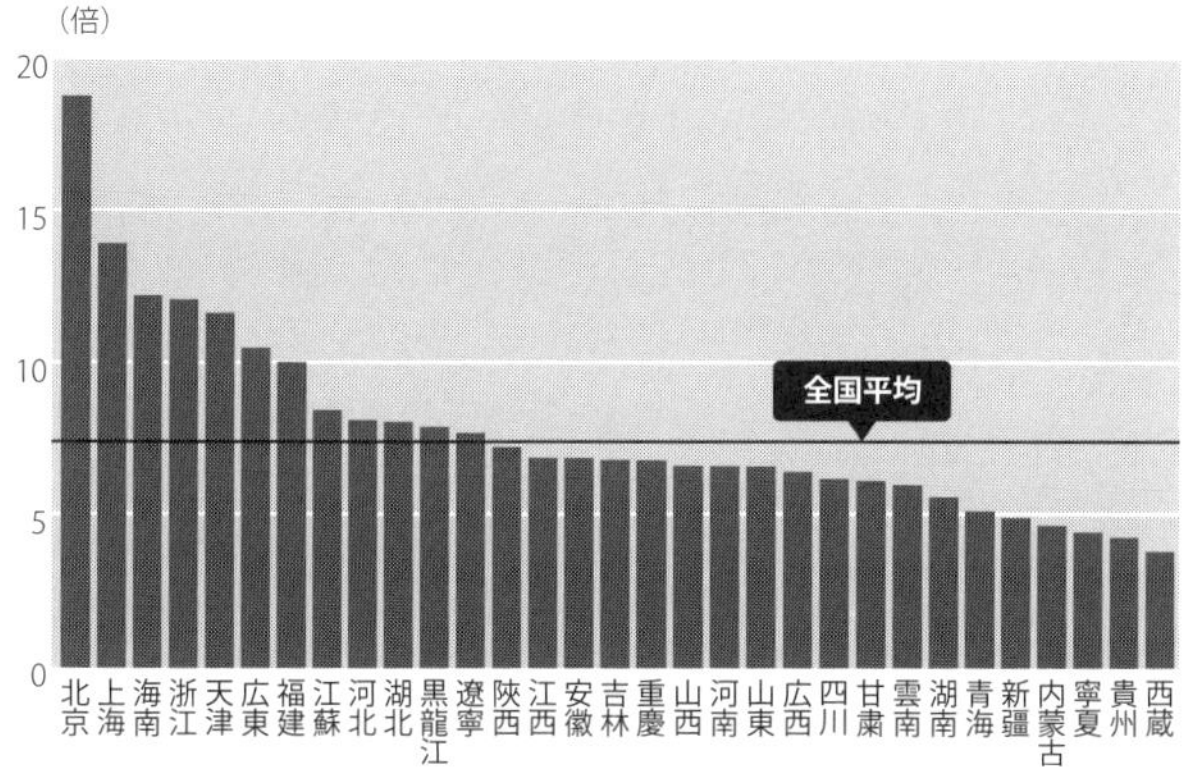

（出典）CEIC（出所は中国国家統計局）のデータを元に作成

（注）住宅価格/年間所得倍率は、分子が世帯当たり構成人数×一人当たり建築面積×単位当たり分譲住宅販売価格、分母が世帯当たり就業者数×一人当たり年間賃金として計算。なお、データ未公表の場合は直近値を使用。

（チベット）自治区などでは5倍未満に留まっており、とてもバブルとは言えない行政区もあります。

3 住宅バブルの崩壊のきっかけは何か？

中国の住宅バブルは崩壊するのでしょうか。前述のように、中国の分譲住宅販売価格は全体として合理的水準より高いため、合理的水準に戻るとすれば約3割の下落余地があると思われます。特に、北京や上海などでは年間所得の10倍をはるかに超えています。日本の所得に対する住宅価格の倍率を参考に見てみると、日本のバブルが崩壊した1990年前後には東京都の都区部で15・8倍、多摩地区でも10倍を超えていました（図表-6）。したがって、北京や上海の住宅価格はいつバブルが崩壊してもおかしくない水準にあると言えるでしょう。

しかし、住宅価格が高すぎるとしても、日本や米

図表-6

東京都のマンション販売価格の年収倍率推移

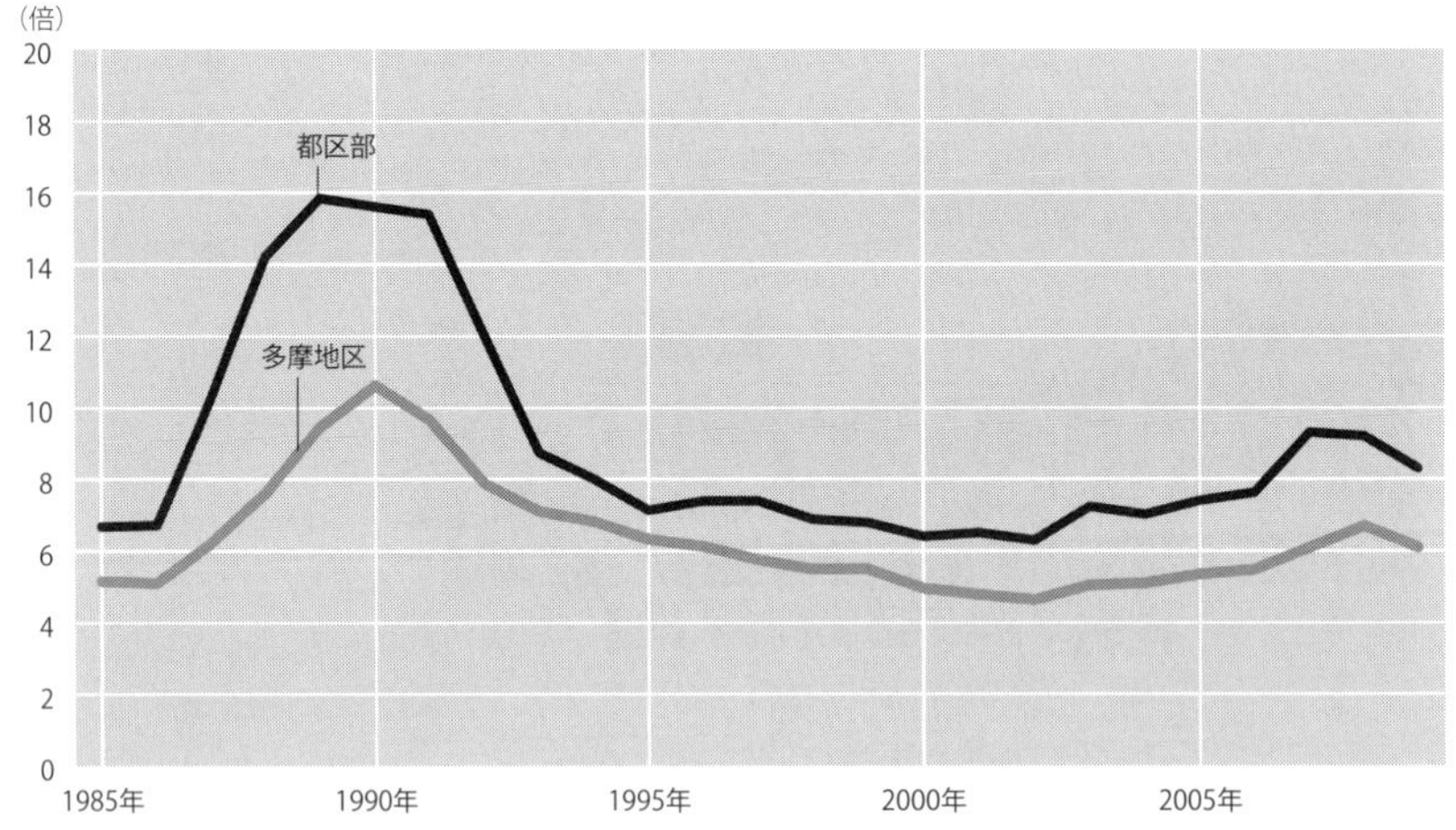

（出典）東京都「東京の土地」を元に作成
（注）75㎡当り

国のバブルの形成とその崩壊のプロセスを踏まえると、需給バランスを崩すようなカタリスト（触媒）がなければ短期間に大きく下落しないというのが現実です。実際、住宅価格÷年間所得の倍率の推移を見ると、中国では20年にわたって8倍前後の高水準が維持されており、しかも崩壊せずに現在に至っています。

　そこで、中国の人口動態を見ると、これまでは住宅主要取得層（25～49歳）が増加トレンドでした（図表-7）。住宅価格はある年には下落してもその翌年には最高値を更新するような右肩上がりの展開が続いてきた背景には、住宅を必要とする人口が増加し

図表-7

中国の住宅主要取得層（25～49歳）の推移

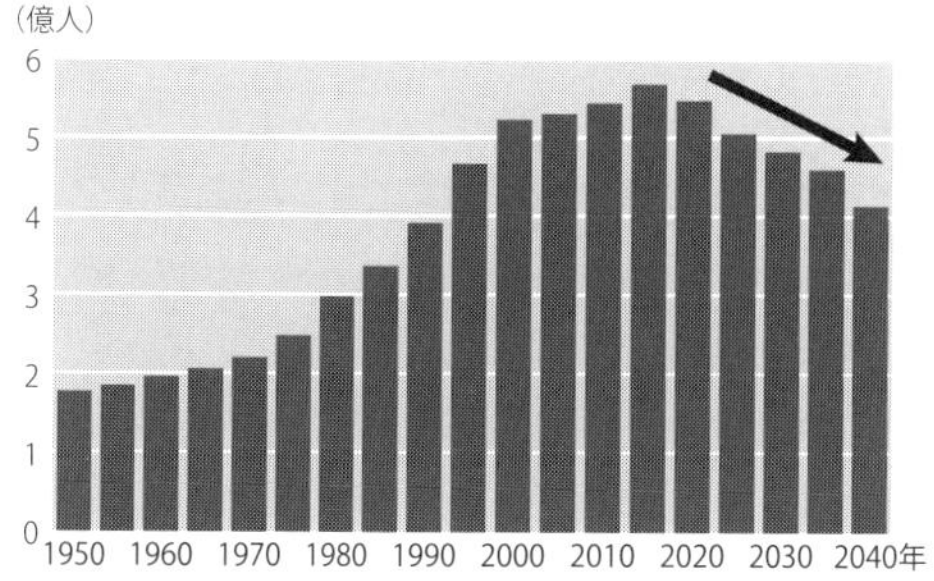

（出典）国連のデータを元に作成

図表-8

日本の住宅主要取得層（25～49歳）の推移

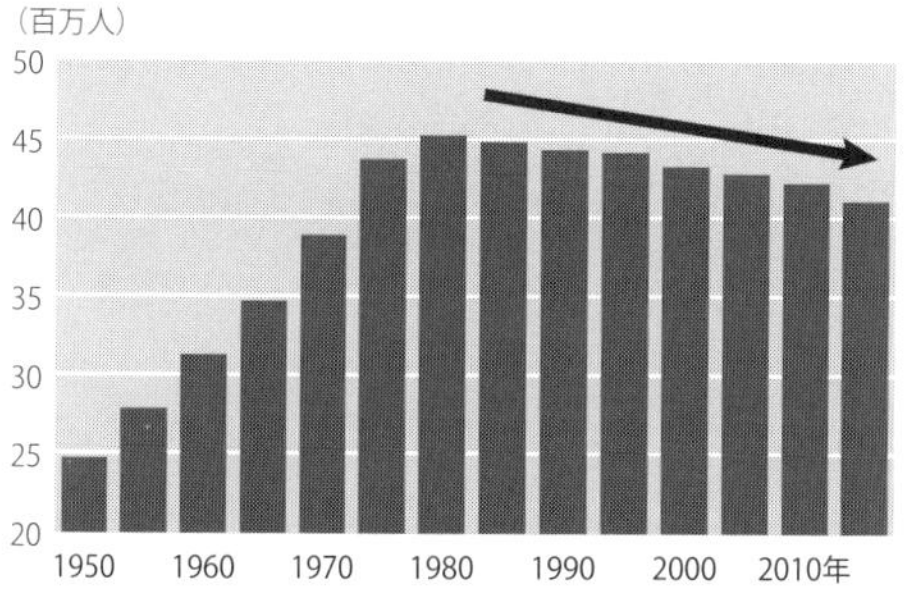

（出典）国連のデータを元に作成

ていたことがひとつの要因といえそうです。しかし、住宅主要取得層の人口は今がほぼピークで、今後は長期にわたって減少トレンドに転じると見られます。ちなみに、日本ではバブル崩壊の10年ほど前に住宅主要取得層の人口がピークアウトしていました（図表-8、前ページ）。中国で住宅バブルを支えてきたひとつの要因が消えていくことになりそうです。

一方、中国では今後も都市化が進むので、住宅主要取得層の人口がピークアウトしただけでは住宅バブルは崩壊しない、との見方もあります。農村から都市へ人口が移動する都市化が進めば、都市で世帯を持つ人が増えて、住宅に対する需要も増えるからです。実際、日米でバブルが崩壊した時期には、住宅主要取得層の人口がピークアウトしていただけでなく、都市化の伸びも緩やかになっていました。ところが、中国の都市化率（総人口に占める都市人口の割合）は58・5％（2017年）と（図表-9）国際的に見てもまだ低く、都市化は今後も進展すると考えられます。

図表-9

世界の都市化率の推移比較

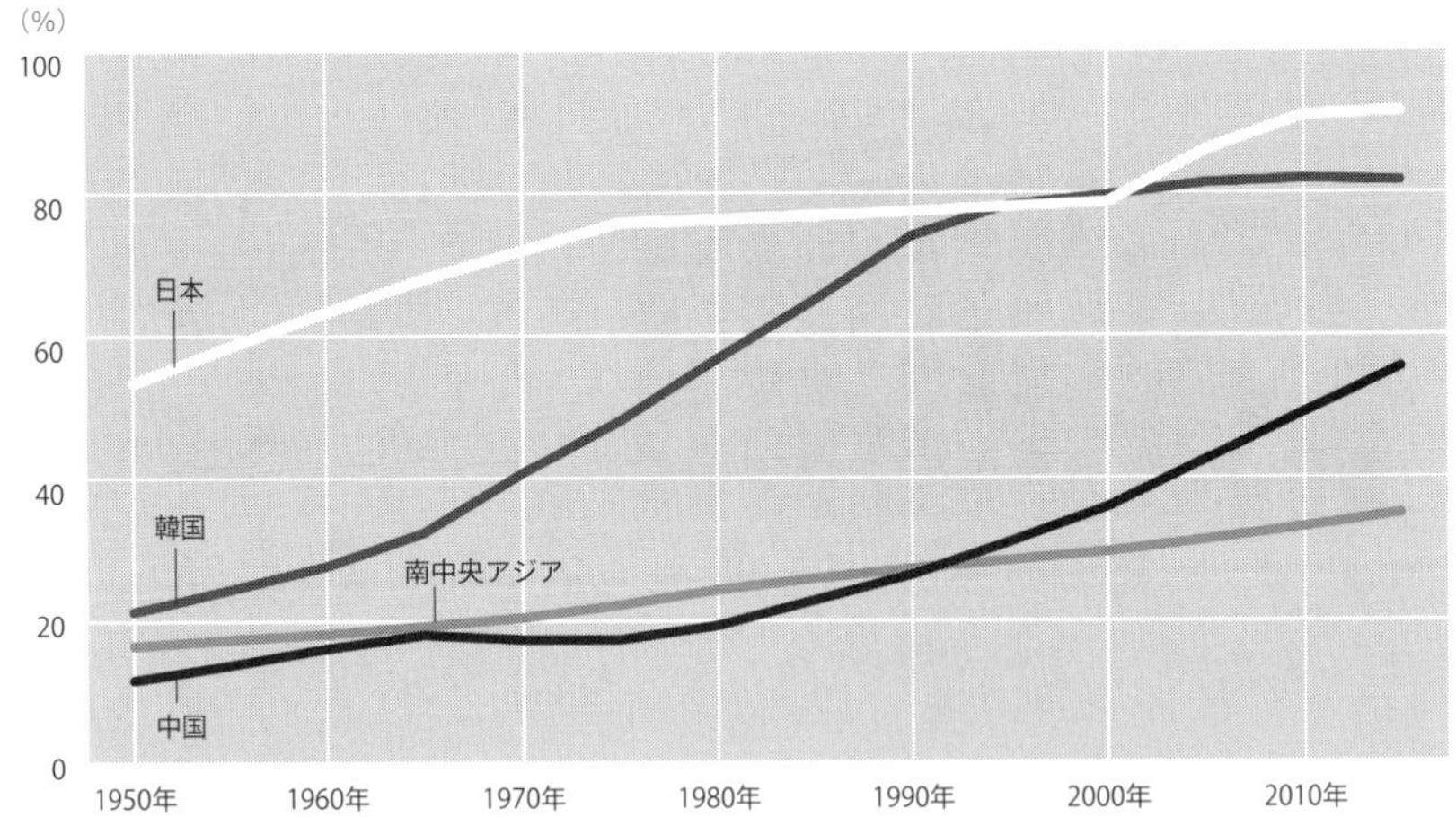

（出典）国連のデータを元に作成

4 今後の注目点

このように中国の住宅バブルが崩壊するか否かに関しては専門家の見方が分かれているのが現状です。しかし、中国が今後、金融を引き締める局面に入ったときには警戒を強める必要があるでしょう。日本のバブル崩壊のときにも、大蔵省（現在の財務省・金融庁）による総量規制や日銀の公定歩合引き上げなど金融引き締めがトリガー（引き金）となったからです。都市化の進展というサポート要因は残るものの、これまでサポート要因だった住宅主要取得層の人口増加が終わったため、これまで以上に注意する必要があるでしょう。

5 チャイナ・ショックは再来するのか？

ポイント

❶2015年夏から2016年初頭にかけての、株価の3度にわたる急落が世界的株安を招く
❷第一次のショックは、その約1年前から個人投資家が信用買いを増やしたため株価バブルとなり、それが破裂することで発生
❸第二次のショックは、人民元の切り下げがきっかけで起きており、その背景にはIMFの特別引出権問題などが存在
❹第三次のショックの背景には、景気悪化や新たに導入されたサーキットブレーカー制度の運用への不慣れさが存在

図表-1

チャイナ・ショック時の上海総合指数の推移

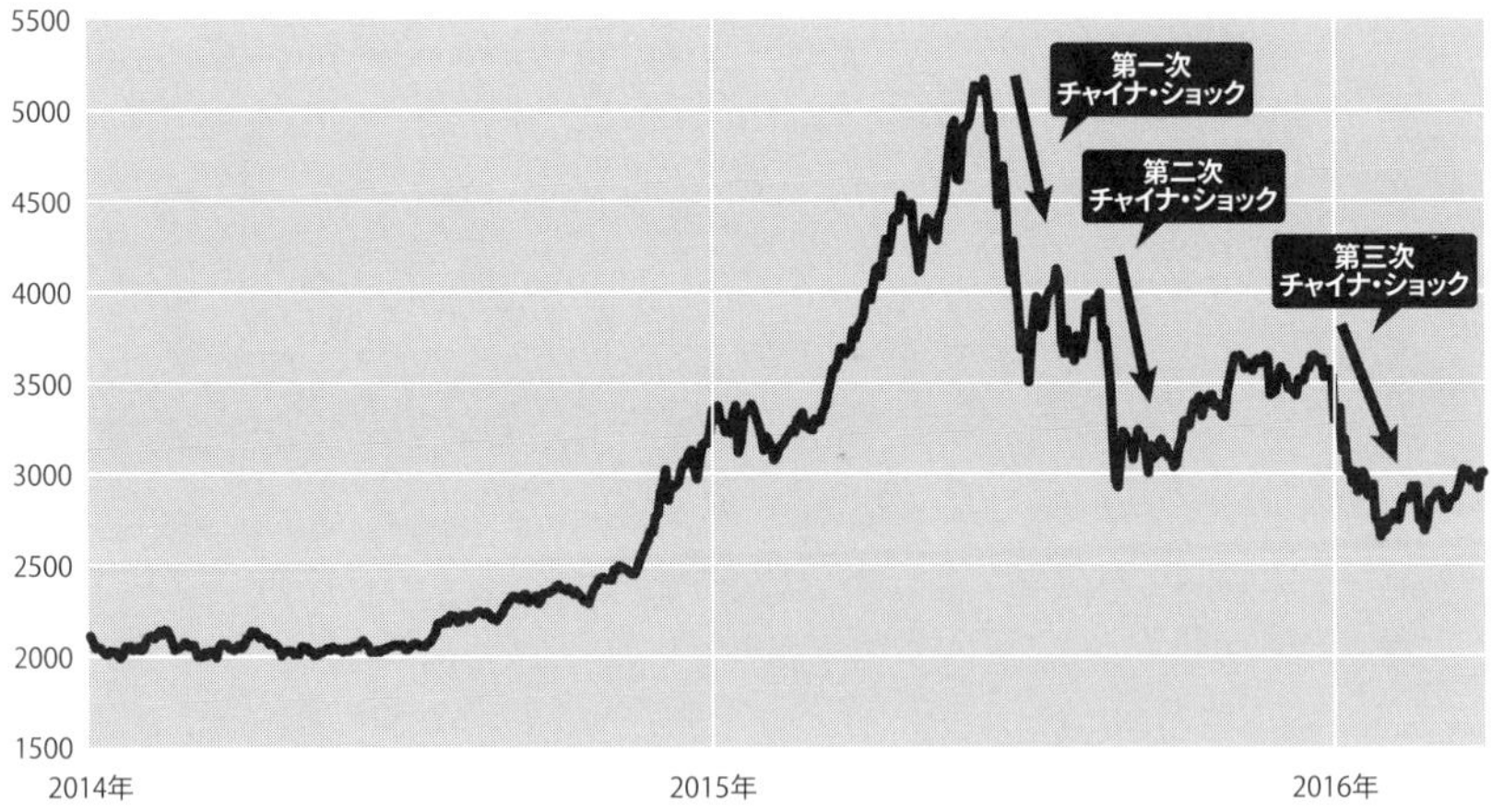

（出典）CEIC（出所は上海証券取引所）のデータを元に作成

1 チャイナ・ショックとは

中国では2015年夏から2016年初頭にかけ、3度にわたり株価が急落しました。それが世界の金融市場に波及し世界的株安を招くなど混乱をもたらしたことから、「チャイナ・ショック」と呼ばれています。

第一次チャイナ・ショックは2015年6月に起こりました（図表-1）。上海総合指数は6月12日に高値（終値ベースで5166・35ポイント）を付けた後、3週間余りで3割超の急落となりました。

第二次チャイナ・ショックはその3ヵ月後の8月に起こりました。上海総合指数は7月下旬に4000ポイントを回復するなど小康状態にありましたが、8月11日に中国人民銀行が人民元を切り下げたこと（人民元ショック）をきっかけに8月下旬には3000ポイントを割り込む急落となりました。

第三次チャイナ・ショックは2016年1月に起こりました。このときは景気指標の悪化に加えて、新たに市場の混乱を回避するために導入された「サーキットブレーカー制度（株価急変時に取引を強制的に停止する制度）」が、1月4日に開始したばかりで市場参加者が不慣れだったこともあって、逆に市場の混乱に拍車を掛ける結果となりました。

2 第一次チャイナ・ショック

まず、中国株が急落する前の状況を振り返ってみましょう。上海総合は2014年後半から上昇し始めましたが、その上昇はファンダメンタルズ（経済の基礎的条件）から乖離したものでした。

以下は筆者が株価急落の3ヵ月前に執筆した中国株に関するレポートの冒頭部分です。

「中国では経済成長の鈍化傾向が続いている。

図表-2

世界各国の株価指数騰落率（2014年）

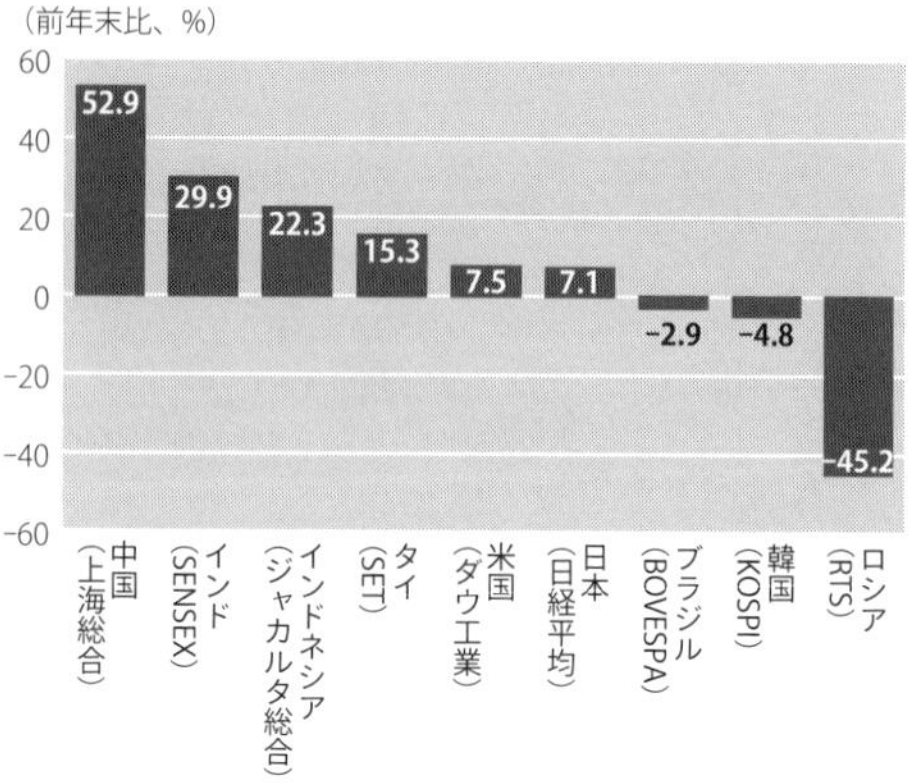

（出典）Datastreamのデータを元に作成

2014年の実質GDP成長率は前年比7・4%増と前年の同7・7%増を0・3ポイント下回った。

これを受けて国有企業（除く金融機関）の業績も減速、2014年の売上高は前年比4・0%増（2013年は同10・8%増）、純利益は前年比3・4%増（2013年は同5・3%増）となっている。ところが、2014年の中国株は勢い良く上昇した。代表的な株価指数である上海総合は前年末比52・9%と急伸した。日本株（日経平均）の同7・1%上昇、米国株（NYダウ）の同7・5%上昇をはるかに上回るとともに、モディ首相誕生で賑わったインド株（SENSEX）の同29・9%上昇やジョコ・ウィドド大統領誕生で盛り上がったインドネシア株（ジャカルタ総合）の同22・3%上昇をも大きく上回る上昇率である」

そして、その後も株価の上昇は止まらず、6月12日には上海総合が5166・35ポイント（終値）に達し、株価収益率（PER）が約25倍になったところで、翌日から急落することとなったのです。

また、当時は信用買いが異常に増加していたことも問題でした。信用買いとは、個人投資家が自己資金で株式投資するのではなく証券金融会社から借りた資金で株式投資する取引のことです。その信用買いの残高は、2014年前半には3000億元に届かない水準で安定していましたが（図表-3）、2014年後半から増加し始め、6月18日には約

1・5兆元に達しました。およそ1年間に1・2兆元（日本円に換算すれば約20兆円）も増加しました。こうした投機的な動きに警戒感を強めた中国政府は何度か注意を喚起しました。2015年1月には信用取引に対する監視を強化し株価は一旦調整しました。4月にも中国証券監督管理委員会（証監会）が個人投資家に対して株式投資のリスクを認識するよう注意喚起し株価は再び調整しました。しかし、信用買い残高の増加に歯止めはかからず、株価の上昇基調は崩れませんでした。

以上のように第一次チャイナ・ショック前の状況を振り返ると、①景気や企業業績などファンダメンタルズが良くないのに上昇していた、②個人投資家が信用買い残高を増やすことで上昇していた、という明確な兆候があったため、この上昇がバブルだと判断できた人は決して少なくありませんでした。いつ破裂するのかを予見できた人は少なかったものの、いずれは破裂すると多くの人が感じる状況だったのです。個人投資家が取引の8割を占める中国の株式

図表-3

チャイナ・ショック時の上海総合指数の信用買い残高推移

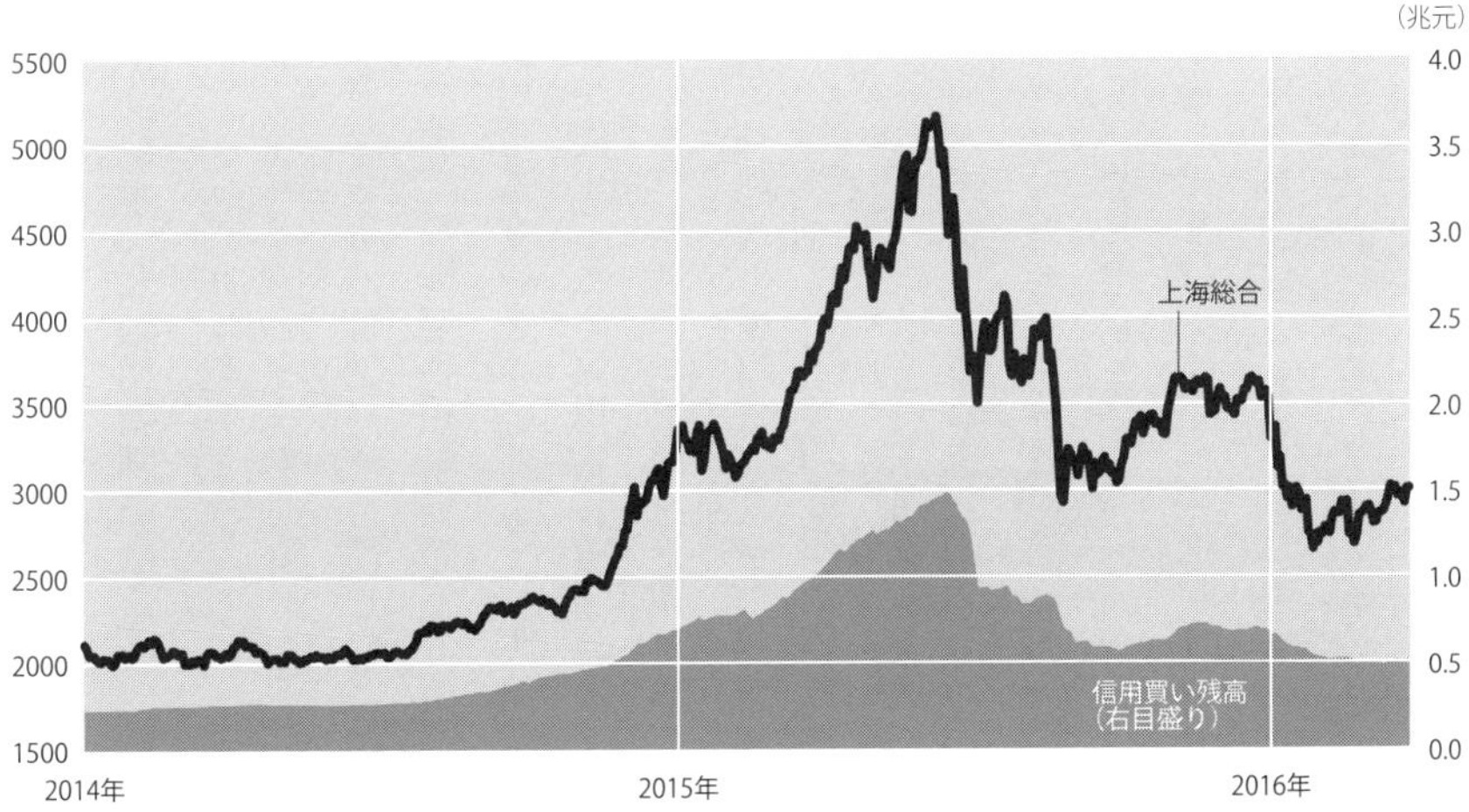

（出典）CEIC（出所は上海証券取引所）のデータを元に作成

市場（アウトルック編9「証券市場に関する基礎知識」82ページを参照）では、こうした形でのチャイナ・ショックが起こりやすいといえるでしょう。

3 第二次チャイナ・ショック（人民元ショック）

2015年8月11日、中国人民銀行は「人民元の対米ドル為替レートの基準値の市場化・基準性を高めるため、基準値の形成メカニズムを改善する」と発表し、その決定に基づき、11日の基準値を市場レートと同水準に設定しました。これが人民元ショックの発端です。

中国人民銀行は、基準値を市場レートと同水準に設定しただけなのに、なぜ人民元の急落につながったのでしょうか。それを理解するためには、「中国の外国為替管理制度」と「人民元ショックが起きる前の動き」の2つを知っておく必要があります。

まず「中国の外国為替管理制度」は、欧米先進国や日本のような完全変動相場制ではなく、管理変動相場制と呼ばれる制度を採用しています。為替レートを、市場の自由に任せると変動幅が大きくなるので、中国政府が一定の統制力を行使して過度な変動を抑えています。管理変動相場制の下では、中国人民銀行が決めた基準値を中心として、実際に米ドルと人民元を交換するときに用いる市場レートは基準値＋2％を下限、基準値－2％を上限とした許容変動幅の範囲内でしか取引することができません。

次に、「人民元ショックが起きる前の動き」を確認してみましょう。その約2年前から2015年8月まで、中国人民銀行は基準値をほとんど変えず、1ドル＝6・1元台でドルにほぼペッグ（固定）した状態としていました（図表-4）。

一方、市場レートは、ユーロやアジア通貨などの対ドルレートと同じように基準値±2％の範囲内で基準値に近付いたり遠ざかったりを繰り返していました。しかし、人民元ショックが起きる5ヵ月ほど

図表-4

人民元ショック時の基準値の上下限と市場実勢の動き

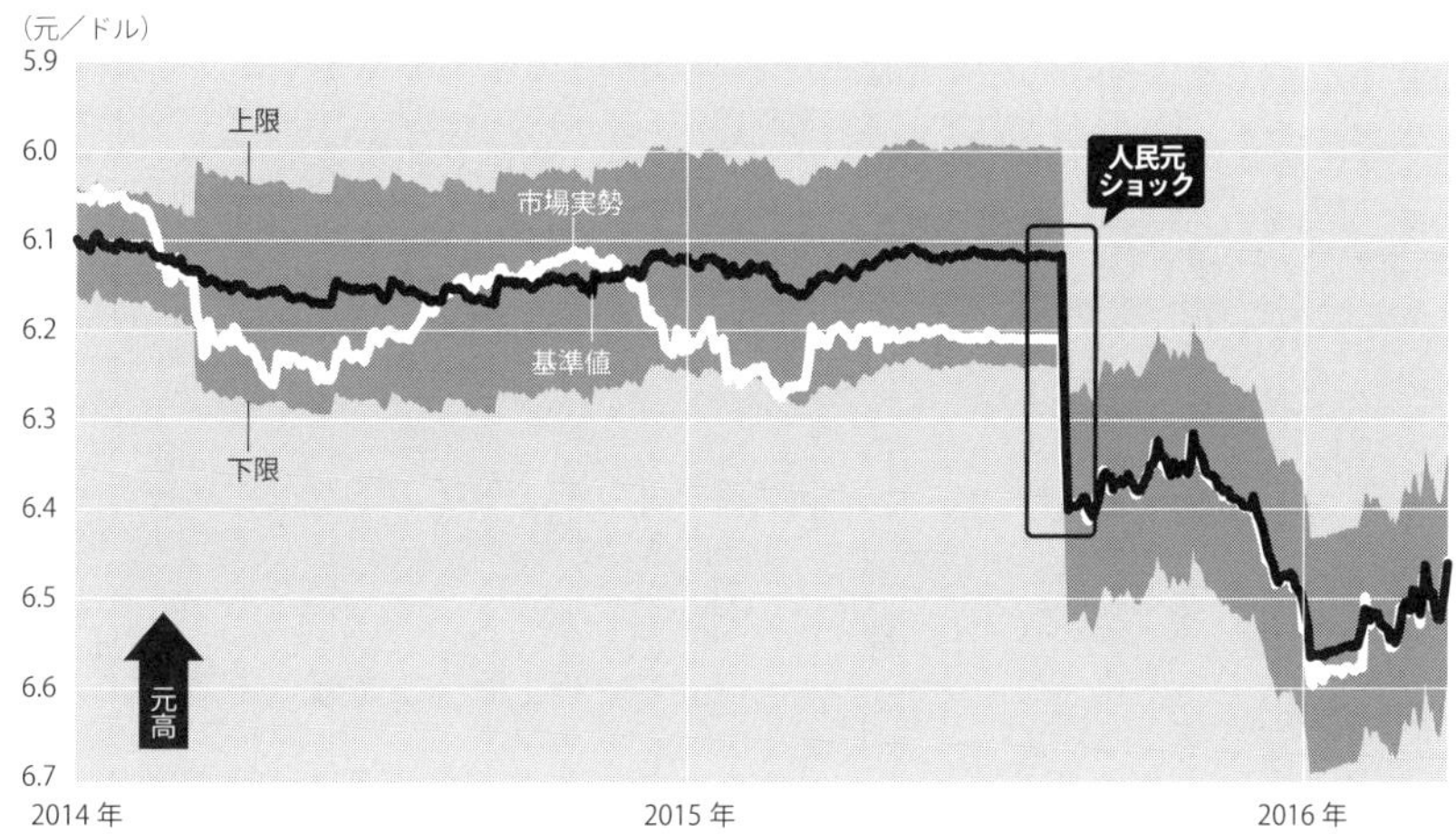

（出典）CEIC（出所は中国外貨取引センター）のデータを元に作成
（注）2019年7月時点の上下限は基準値±2%、12年4月16日～14年3月16日までは基準値±1%

前から1ドル＝6・2元前後でピタリと動かなくなりました。中国人民銀行が基準値を市場レートよりも高い1ドル＝6・1元台に固定していたため、さらに下落すると基準値＋2％の下限に近付き過ぎるからです。

こうした状況の下で、中国人民銀行は8月11日、基準値を久々に切り下げて市場レートと同水準に設定しました。それは基準値＋2％の下限も遠ざかることを意味していたため、市場レートはその下限を目指してさらに下落することとなりました。そして、12日と13日にもほぼ同様のことが起こりました。そして、中国人民銀行の指示で1米ドル＝6・45元近辺で元買いドル売り介入が行われたため、そこで人民元の下落は止まりました。この結果、基準値は3日間で米ドルに対して約4％下落し、市場レートも約3％下落することとなったのです。

それでは、中国人民銀行が2015年8月のタイミングで基準値を市場レートと同水準に設定し、実質的に人民元の下落を促した背景には何があるのでしょうか。それには2つの背景があったと考えられます。ひとつは、韓国やタイなど中国の輸出企業にとってライバルとなる国の通貨が大きく下落していたことです。韓国ウォンやタイバーツが下落したのに人民元が下落しないと、中国企業は輸出競争上、不利に働くからです（図表-5）。

もうひとつは、国際通貨基金（ＩＭＦ）が特別引出権（ＳＤＲ）の構成通貨に人民元を採用するか否かを検討中だったことです。ＩＭＦはその検討をする中で、中国人民銀行が設定する基準値が市場レートと乖離していることを問題視していました。両者が大きく乖離しているとＳＤＲの計算が困難だったからです。

そして、中国人民銀行は8月11日の基準値を市場レートと同水準に設定、両者の乖離を縮めました。しかし、その意図を計りかねた市場は急落し、人民元ショックという混乱を招くこととなりました。その後、ＩＭＦは２０１５年11月の理事会で人民元の採用を承認しました。人民元ショックは世界の金融市場を揺るがすことになったものの、政治的には成功したといえるでしょう。

図表-5

2015年のアジア新興国通貨（対米ドル）の推移

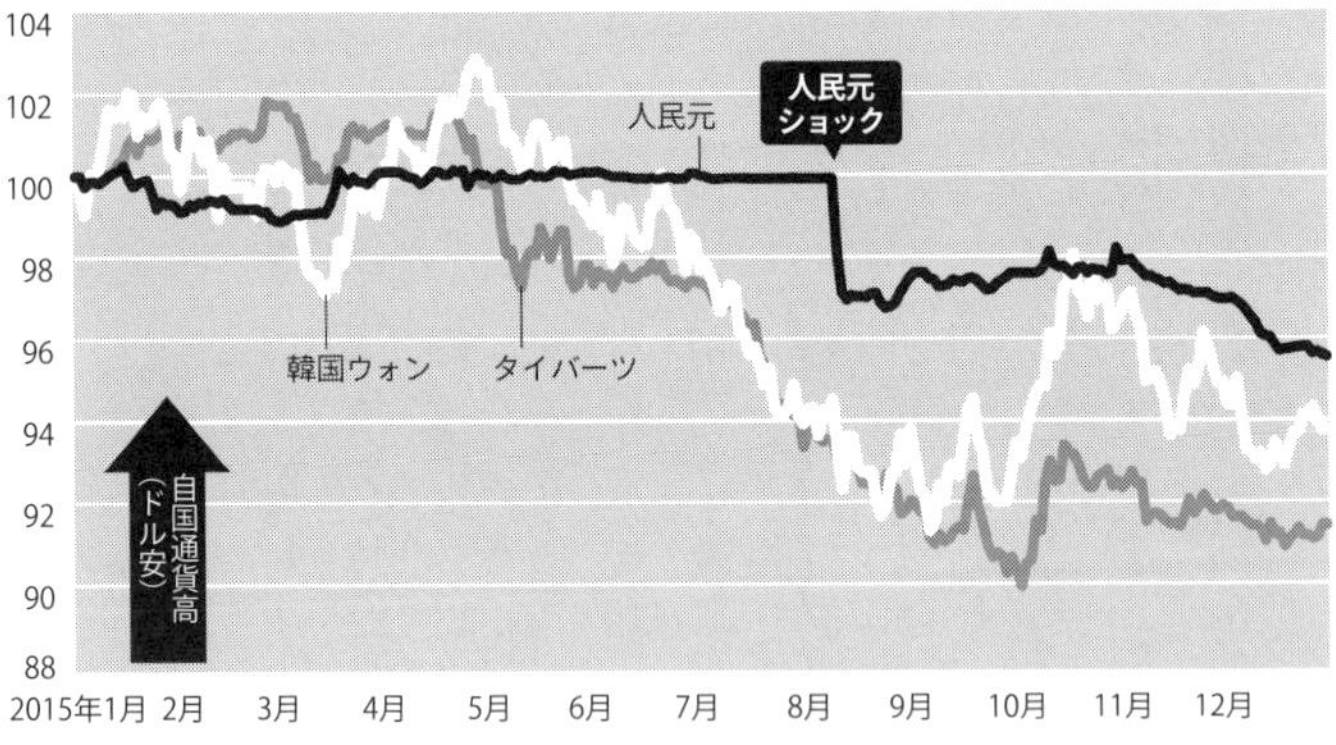

（出典）Datastreamのデータを元に作成
（注）2014年12月末＝100として指数化

4 第三次チャイナ・ショック

第三次チャイナ・ショックが起きたのは、景気悪化に加えサーキットブレーカー制度の運用への不慣れさが原因でした。

証監会は、第一・二次チャイナ・ショックのような市場急変に対応するためにサーキットブレーカー制度の導入を決めました。この制度自体は米国の株式市場や日本の先物市場にもあり、中国がそれを見習うのも不自然なことではありません。しかし、アウトルック編9「証券市場に関する基礎知識」(82ページ)でご説明したとおり、中国の株式市場では個人が売買の8割を占める一方、長期的視野に立った機関投資家の参加が少ないため、株価急落時に市場参加者が冷静さを取り戻すのを待つために設けられた、この売買を一時停止させる措置がうまく機能しませんでした。それどころか、市場参加者の不安を増幅させる結果となり、「売りが売りを呼ぶ」展開となってしまいました。

以上のような第一〜三次のチャイナ・ショックの経緯を踏まえると、中国の株式市場はまだ未成熟なため、再び同様の事象が起きる可能性は十分あるでしょう。時価総額では米国に次ぐ世界第2位の地位を日本と競うほどに成長した中国の株式市場ですが、機関投資家のような長期的視野に立った参加者が多くなく、個人の売買が極めて大きなシェアを占めるため、売り買いが一方向に傾きやすく、バブルとその崩壊を繰り返しやすい状況にあります。

また、世界における中国の地位が上昇する中で、SDR構成通貨への採用のような国際的イベントも増えるでしょうし、サーキットブレーカー制度のような制度を導入する場面も増えてくるでしょう。チャイナ・ショックの再来に備えるためには、中国の株式市場をよく把握しておくことに加えて、中国を取り巻く国際情勢や金融関連の制度改正の動向にも留意しておくことが肝要と考えています。

6 中国の外貨準備は十分か？

ポイント

❶金融取引の資金流入・流出の影響力増大が、近年の人民元レート変動の主因

❷資金規模の大きい現預金と貸出／借入は増減が激しく、人民元レートの行方を左右

❸管理変動相場制の維持のため、市場で生じた資金需給の偏りを、市場メカニズムだけでなく、中国人民銀行が外貨準備を増減させることで調整

❹現在の外貨準備は、危機対応には十分だが、巨額を必要とする管理変動相場制の維持には不十分

1 資金の流れの変化と人民元レート

人民元が急落したときにいつも注目されるのが、「外貨準備は十分なのか」という点です。完全変動相場制を採用する日本とは異なり、管理変動相場制を採用する中国の場合、人民元が急落すると中央銀行である中国人民銀行の指示に基づいて、元買い米ドル売りの為替介入が行われますが、その元手となる外貨準備が少ないと、人民元を買い支えることができず、管理変動相場制を維持できなくなるからです。そこで本章では、人民元レートの変動の背後で起きている国際的な資金の動きを国際収支統計により確認した上で、「外貨準備は十分か」という疑問に対する筆者の見方を紹介します。

最初に、これまでの人民元レート（対米ドル）の推移を簡単に振り返りましょう。2005年7月21日、中国人民銀行はそれまで1米ドル＝8・28元に

固定していた人民元を同8・11元へ約2％切り上げました（図表-1）。その後の人民元は約8年半にわたって上昇と横ばいを繰り返し2014年1月14日

図表-1

人民元レート（対米ドル）の推移

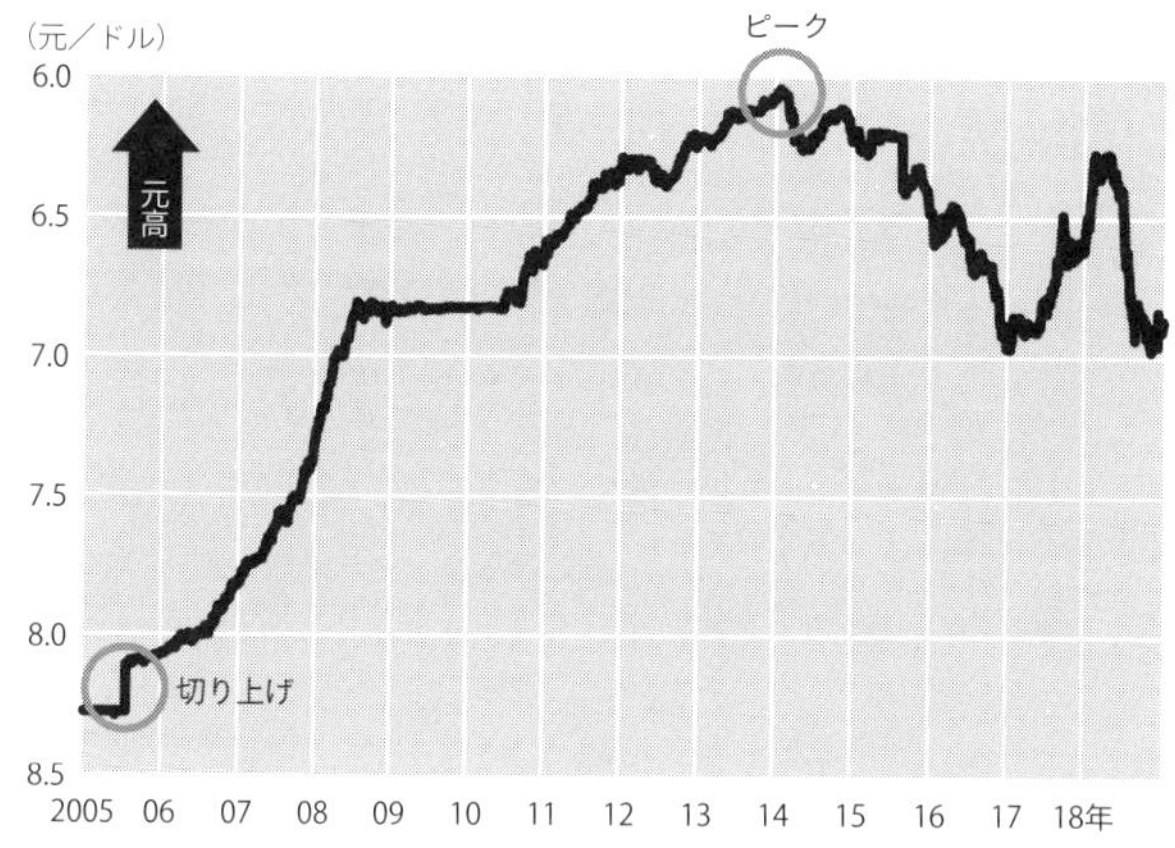

（出典）Datastreamのデータを元に作成

には1米ドル＝6・0412元（スポット・オファー、中国外貨取引センター）の高値を付けました。しかし、それをピークに下落に転じ、一時的に反発する場面

図表-2

国際収支の推移

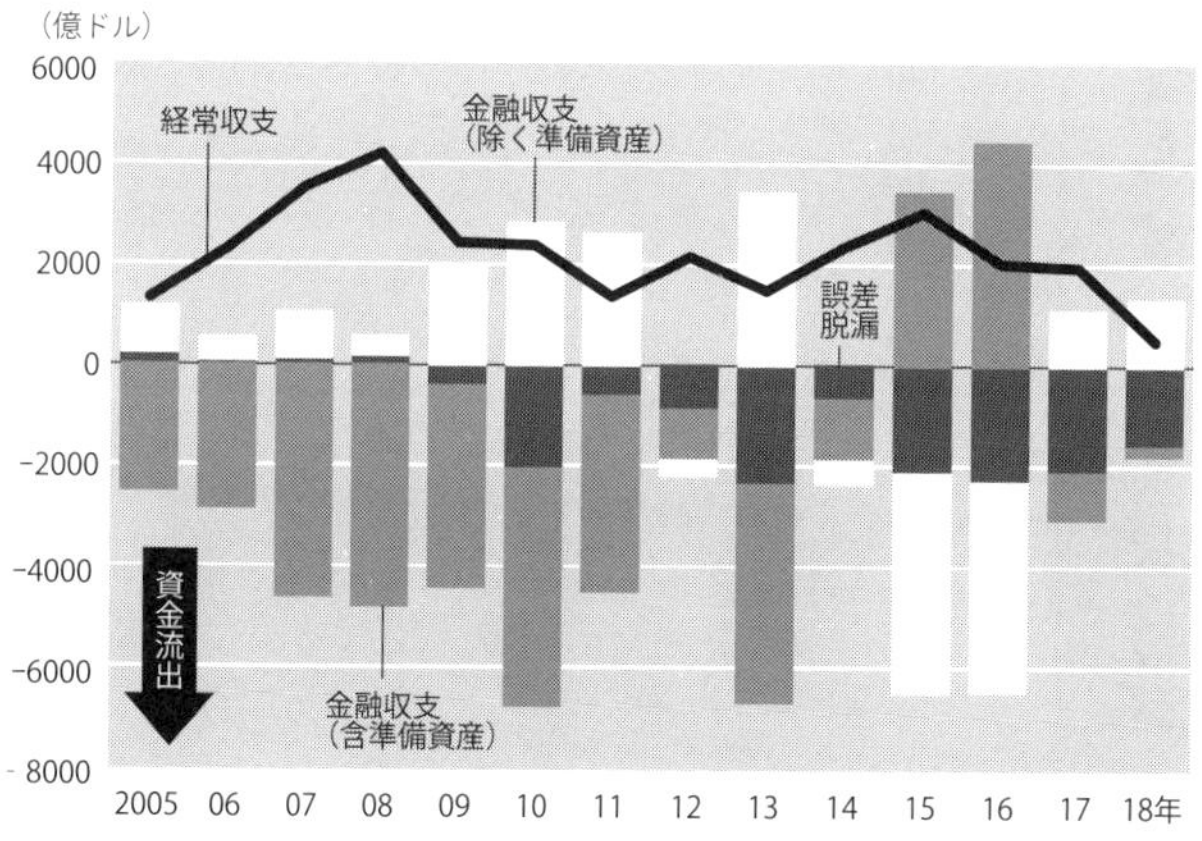

（出典）CEIC（出所は中国国家外貨管理局）のデータを元に作成

は見られたものの、約5年にわたってその高値を超えられず、ボックス圏で一進一退を繰り返す展開となっています。

人民元がピークアウトした背景には、資金の流れが変化したことがあります。図表I-2（前ページ）に示した資金の動きを見ると、2013年までは経常収支は例外なく黒字で、金融収支（除く準備資産）も2012年に小幅な赤字に転じた以外は黒字基調で推移していました。すなわち経常面と金融面の両面で海外から資金が中国国内に流入し、人民元の需要が高かったのです。しかし、その後は輸出の伸びが鈍り、経常黒字が増えなくなる中で、2014年には金融収支（除く準備資産）が赤字に転じ、2015年には大幅赤字となって、金融収支（除く準備資産）の赤字が経常黒字を上回り、資金の流出が鮮明となって人民元は下落しました。そして2016年もほぼ同様の動きを示しましたが、2017年には金融収支（除く準備資産）が黒字に戻り、人民元は一旦下げ止まることとなりました。

なお、ここで中国の資金流出入の基本構造を確認しておきます。まず、経常収支は黒字で資金流入要因となっています。一方、金融収支（除く準備資産）は前述のとおり資金流入要因となったり、資金流出要因に転じたりと、動きが激しい傾向にあります。また、誤差脱漏はここ数年2000億ドル前後の赤字が続いており、使途不明な資金流出要因となっています。以上3種類の市場で生じる資金流出入による偏りをバランスすべく、中国人民銀行自身が金融収支（準備資産）を増減させています。これが国際収支の基本的な構造です。

2 金融収支（除く準備資産）の動向

この3種類の資金の出入りの状況を詳しく見ていきます。ただし経常収支に関してはアウトルック編6「輸出の特徴と経常収支」（47ページ〜）で説明しましたので、金融収支を中心に解説します。

直接投資

まず、直接投資の動きを確認してみます。海外から中国への対内直接投資は長らく増加傾向が続き、中国経済が発展するにあたっての有力な資金源となってきましたが、２０１３年をピークに減少傾向に転じています（図表-3）。一方、中国から海外への対外直接投資は、２０１３年までは小規模でしたが、２０１４年には１０００億ドルの大台に乗せ、２０１６年には２０００億ドルを越えて対内直接投資を上回ったため、直接投資収支は赤字に転じることとなりました。ただし、２０１６年をピークに対外直接投資は減少しはじめています。これは、「一帯一路」向けの過剰融資が、「債務の罠」だとして国際的に批判されたことも要因です。「一帯一路」沿線国向け投資とは名ばかりで、実際には不動産投機が目的だった投資を、中国政府が厳しく規制しています。

図表-3

直接投資収支の推移

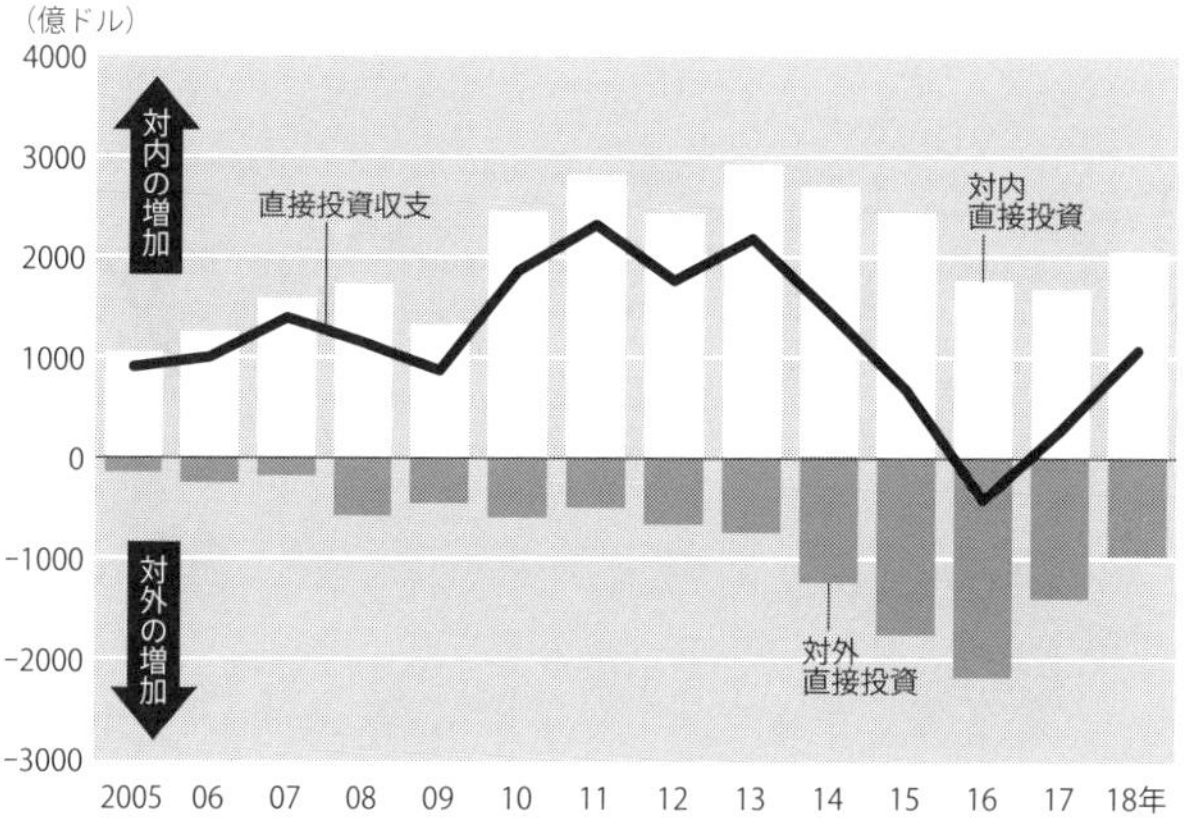

（出典）CEIC（出所は中国国家外貨管理局）のデータを元に作成

証券投資

次に、証券投資の動きを確認してみます。中国から海外への対外証券投資は、２０１５年に急増し、

図表-4

証券投資収支の推移

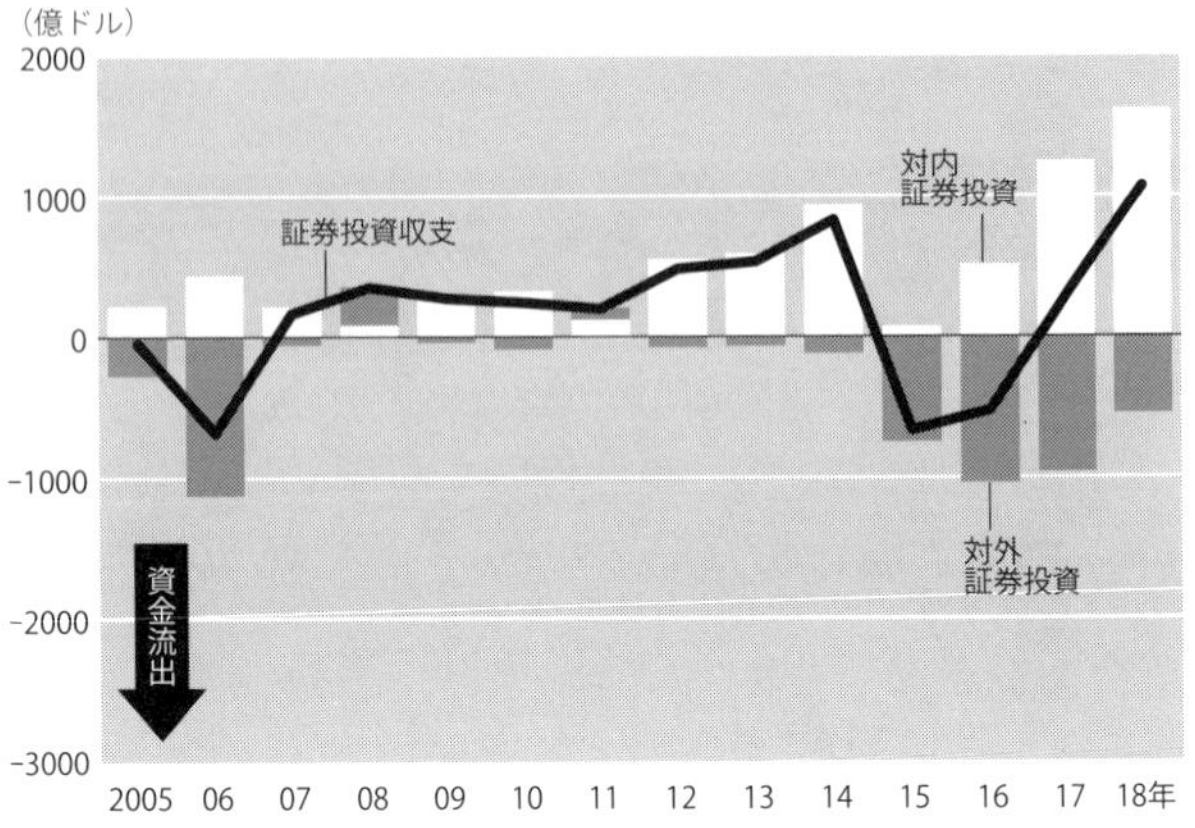

（出典）CEIC（出所は中国国家外貨管理局）のデータを元に作成

２０１６年と２０１７年も１０００億ドル前後に達しました（図表-4）。一方、海外から中国への対内証券投資は、２０１４年までは増加傾向でしたが、チャイナ・ショックで株価が急落した15年には急減しました。その後は再び増加に転じて、２０１７年には１０００億ドルを超え、翌18年も増加しました。そして、証券投資収支を見ると、２０１４年までは黒字で資金流入要因でしたが、２０１５年と翌16年には資金流出要因となり、２０１７年以降は再び資金流入要因に復帰しています。

その他投資の動向

最後にその他投資の動きを確認してみます。中国から海外への対外その他投資は、基本的には増加傾向ですが、２０１４年に３０００億ドルを超える増加となった直後の15年には１０００億ドルを下回るなど増加ペースは大きく変動しています（図表-5）。

一方、海外から中国への対内その他投資は、２０１３年に２０００億ドルを超える増加となった後、15年には３０００億ドルを超える減少となり、16年には再び増加に転じるなど、激しい増減を繰り返しており、またその規模も証券投資と比べて数倍もあることから、資金流出入や為替変動の大きな変動要因となっています。

さらに、その他投資の内訳を見ると、対外・対内

図表-5

その他投資収支の推移

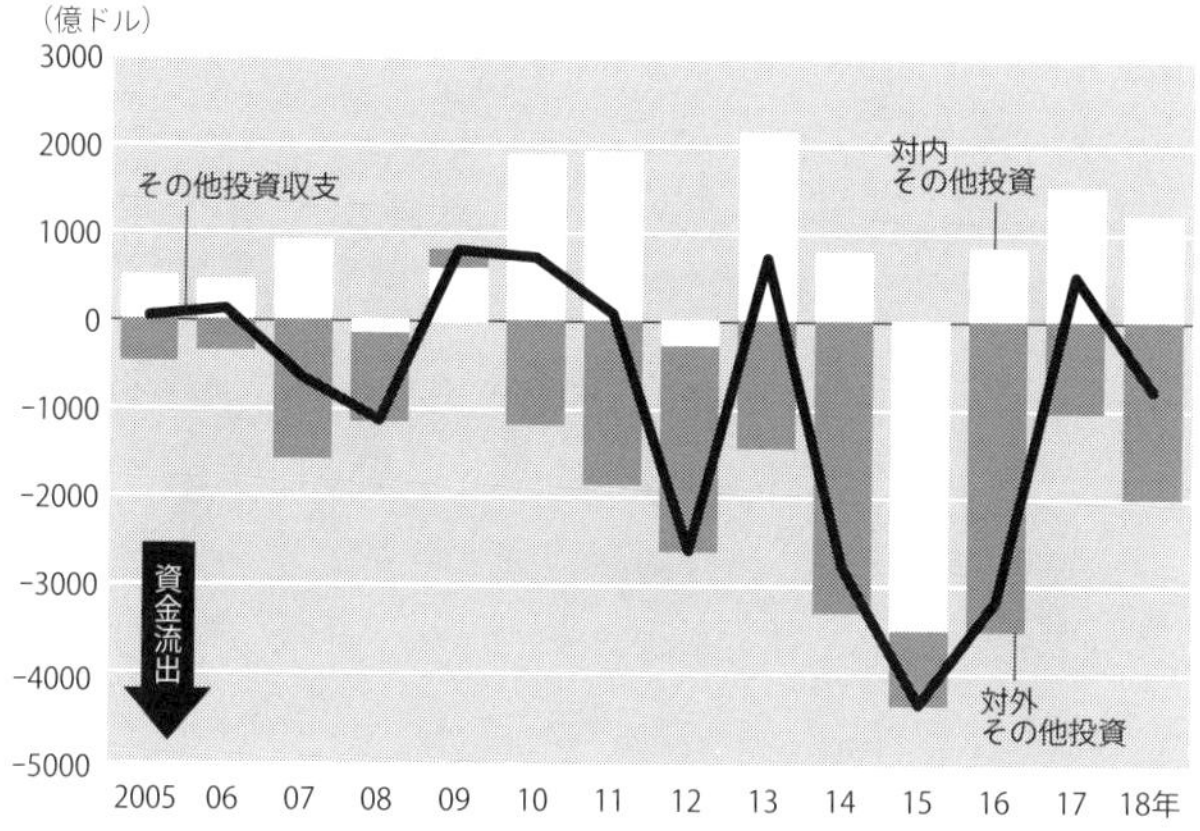

（出典）CEIC（出所は中国国家外貨管理局）のデータを元に作成

ともに現預金と貸出／借入が大半を占めています。

まず、現預金の動きを見ると（図表-6）、中国から海外への現預金については、基本的には増加傾向に

図表-6

現預金の内外移動の推移

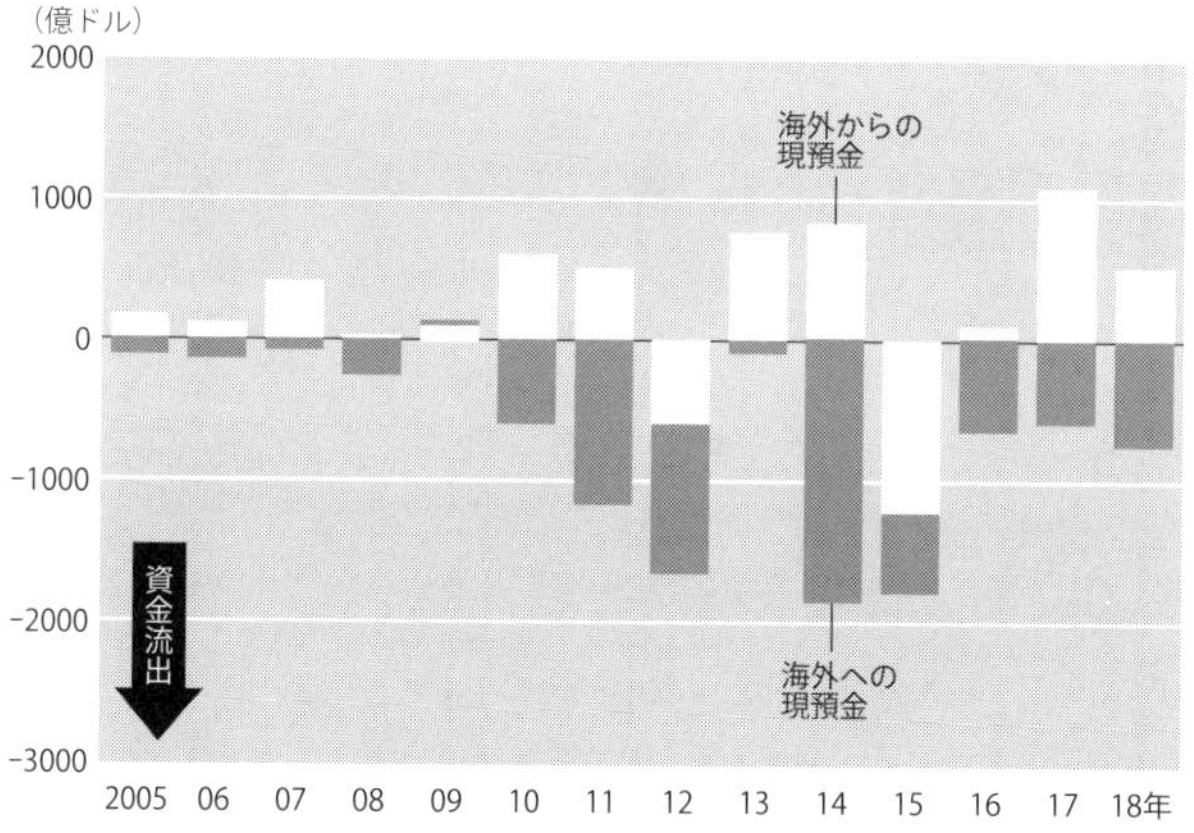

（出典）CEIC（出所は中国国家外貨管理局）のデータを元に作成

はあります。しかし、2013年には僅かな増加だったものが、翌14年は2000億ドル近い急増となるなどペースは大きく変動しています。一方、海外

図表-7

貸出／借入の内外移動の推移

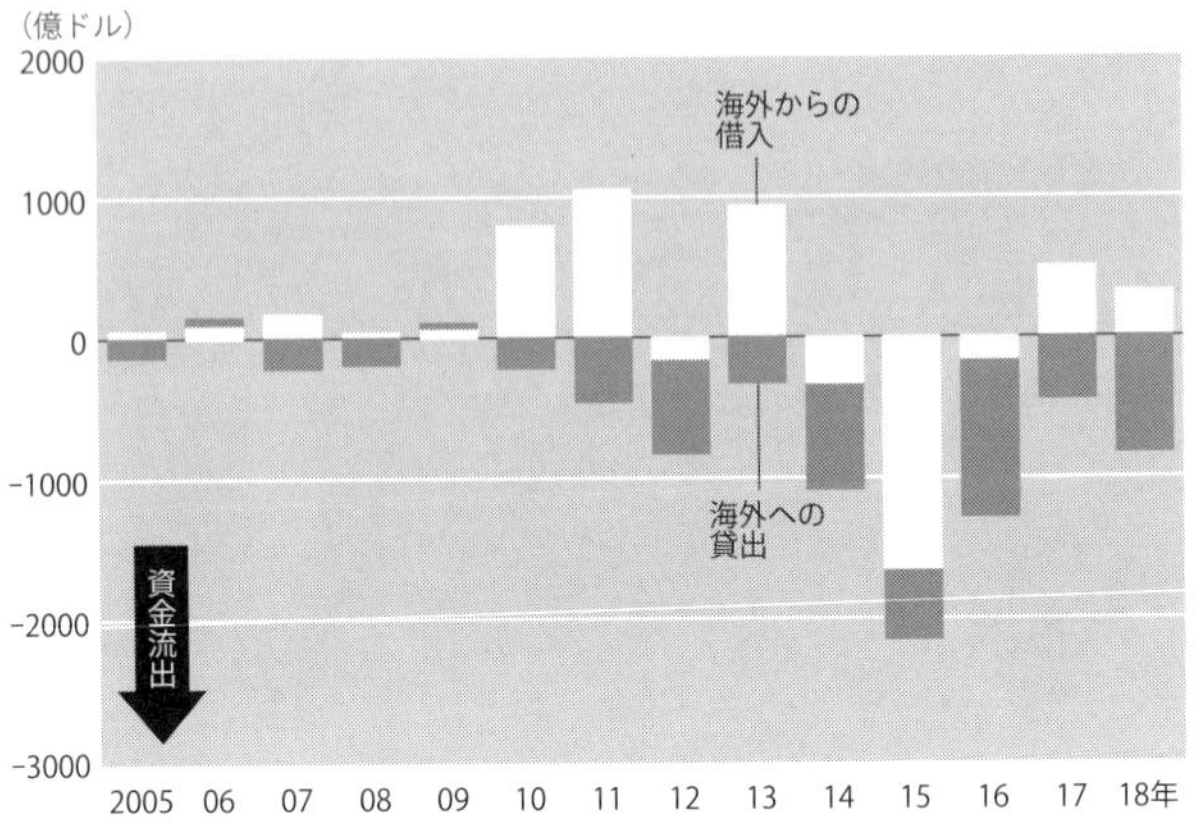

（出典）CEIC（出所は中国国家外貨管理局）のデータを元に作成

から中国への現預金については、2014年に1000億ドル弱増加した後、翌15年には1000億ドルを超える減少となるなど、激しい増減を繰り返しています。

また、貸出／借入の動きを見ると（図表-7）、中国から海外への貸出は、基本的には増加傾向ですが、そのペースは変動しています。ただし、現預金ほど激しい変動ではありません。一方、海外から中国への貸出（中国の借入）は、2013年に1000億ドル近い増加だったものが、チャイナ・ショックが起きた2015年には1667億ドルも減少するなど、激しい増減を繰り返しています。

3 準備資産（外貨準備）残高の動き

それでは次に、経常収支、金融収支（除く準備資産）、誤差脱漏という3種類の市場で生じた偏りを

バランスさせている準備資産残高の動きを確認してみましょう。

中国へ資金が流入していた時期には、準備資産残高が右肩上がりで増加し、2014年6月末には4兆558億ドルでピークを付けました（図表-8）。その後は資金流出に転じたため準備資産残高も減少に転じ、2016年12月末には3兆978億ドルとピークから約1兆ドルも減少しました。なお、準備資産残高の約97%を占める外貨準備残高もほぼ同様の動きを示しました。

図表-8

準備資産と外貨準備の推移

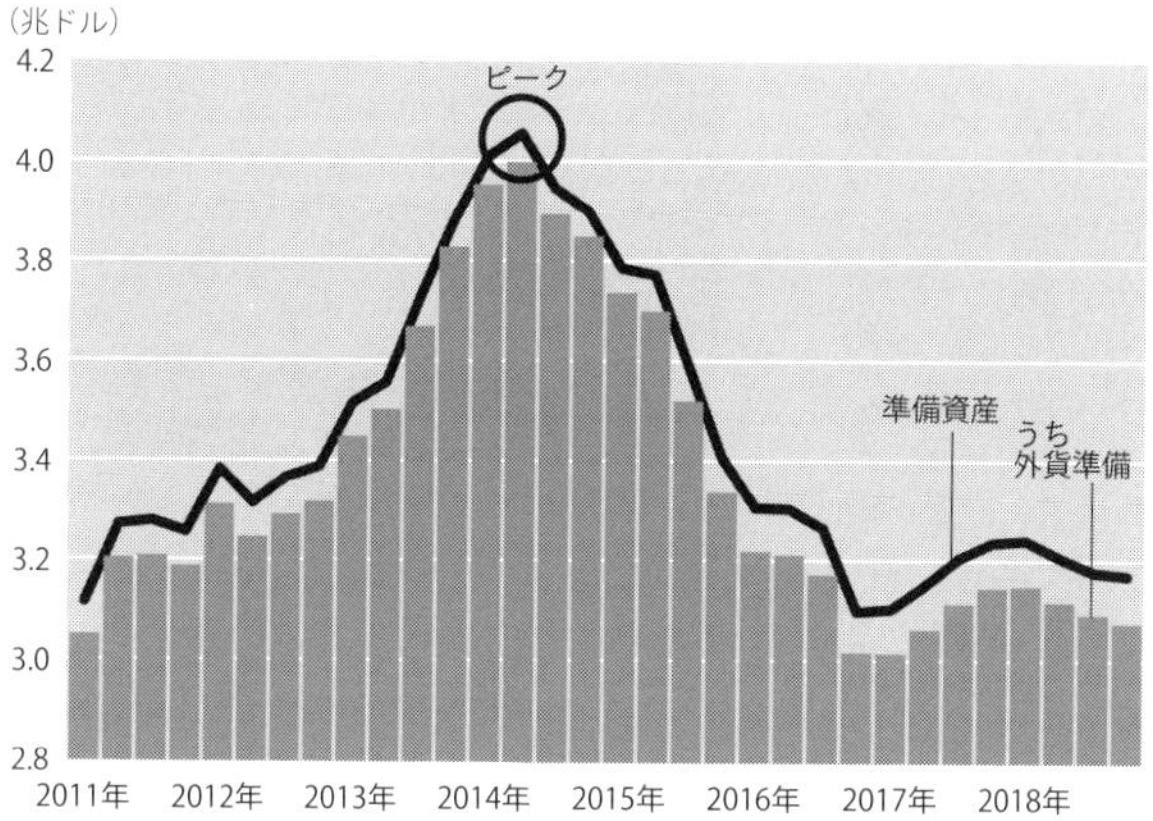

（出典）CEIC（出所は中国国家外貨管理局）のデータを元に作成

外貨準備残高が増加していた2011年1月から2014年6月までの国際収支を集計すると、経常収支で5807億ドルの資金流入、金融収支（除く準備資産）で6143億ドルの資金流入があり、誤差脱漏で1437億ドルの資金流出があったものの1兆636億ドルの流入超過となりました（図表-9、次ページ）。そこで、市場で余った外貨を中国人民銀行が購入したことなどで準備資産は1兆636億ドル（外貨準備は1兆648億ドル）増加しました。

一方、ピークアウト後の2014年7月から2016年12月までの国際収支を集計すると、経常収支は引き続き6615億ドルの資金流入となった

図表-9

国際収支の変化と外貨準備

（単位：億ドル）

	2011年1月～2014年6月	2014年7月～2016年12月
経常収支	5,807	6,615
貿易収支	10,479	13,515
サービス収支	▲3,466	▲5,687
第一次所得収支	▲1,447	▲957
第二次所得収支	241	▲256
資本収支	123	4
金融収支	▲4,493	▲1,324
非準備資産	6,143	▲9,492
直接投資	6,933	1,039
証券投資	1,572	▲732
金融派生商品	0	▲75
その他投資	▲2,362	▲9,724
準備資産	▲10,636	8,167
外貨準備	▲10,648	8,208
誤差脱漏	▲1,437	▲5,294

（出典）CEIC（出所は中国国家外貨管理局）のデータを元に作成

ものの、金融収支（除く準備資産）が資金流入から資金流出に転じ、誤差脱漏の資金流出も急増して8167億ドルの流出超過となりました。そこで、市場で不足した外貨を中国人民銀行が供給したことなどから準備資産は8167億ドル（外貨準備は8208億ドル）減少しました。

　このように市場で生じた資金流出入の偏りを、外貨準備残高を用いてバランスさせ、人民元レートを安定化させています。

日本のように資金移動を自由化し完全変動相場制を採用する国々では、資金の流出入で外貨の需給バランスが崩れても、為替レートが変動して市場が自動的に調整するため、外貨準備の変動は比較的小規模に留まります。

　しかし、資金移動を制限し管理変動相場制を採用する中国では、資金の流出入で外貨の需給バランスが崩れると、市場での自動的な調整に加え、中国人民銀行による外貨準備を使った介入も入るため、市場が均衡点を探り当てる過程で生じる激しい為替レートの変動がマイルドなものになっているのです。したがって、今後中国の外貨準備残高が十分でなくなってくると、大きな資金流出が起きてもこうしたオペレーションができなくなり、人民元レートの急落に歯止めを掛けられなくなる恐れが出てきます。

　ここで、チャイナ・ショックで株価が急落した際の資金流出入の状況を参考にまとめておきます。2015年7～9月期の状況を見ると、経常収支は679億ドルの資金流入でしたが、金融収支（除く準備資産）で1409億ドルの資金流出、誤差脱漏で875億ドルの資金流出となり、中国人民銀行は外貨準備を1606億ドル減らして対応していました（図表-10）。

他方、同時期の対外対内投資の動きを見ると、海外への現預金や誤差脱漏による資金流出が増加する

図表-10

2015年の国際収支

（単位：億ドル）

	(1-3月期)	(4-6月期)	(7-9月期)	(10-12月期)
経常収支	**760**	**764**	**679**	**838**
貿易収支	1,187	1,375	1,597	1,603
サービス収支	▲489	▲561	▲628	▲505
第一次所得収支	78	▲30	▲249	▲209
第二次所得収支	▲15	▲20	▲41	▲51
資本収支	**2**	**1**	**▲0**	**0**
金融収支	**▲122**	**▲639**	**196**	**▲351**
非準備資産	▲924	▲508	▲1,409	▲1,504
直接投資	447	297	▲114	50
証券投資	▲81	▲160	▲172	▲252
金融派生商品	▲8	1	▲14	0
その他投資	▲1,282	▲647	▲1,109	▲1,302
準備資産	802	▲131	1,605	1,153
外貨準備	795	▲130	1,606	1,151
誤差脱漏	▲640	▲127	▲875	▲488

（出典）CEIC（出所は中国国家外貨管理局）のデータを元に作成

図表-11

2015年の対外対内投資

（単位：億ドル）

		(1-3月期)	(4-6月期)	(7-9月期)	(10-12月期)
資産	対外直接投資	▲221	▲320	▲537	▲666
	対外証券投資	▲252	▲321	▲1	▲159
	海外への現預金	▲83	▲67	▲260	▲140
	海外への貸出	▲185	▲356	▲309	375
負債	対内直接投資	668	617	423	716
	対内証券投資	170	161	▲171	▲93
	海外からの現預金	▲342	168	▲509	▲542
	海外からの借入	▲580	▲179	▲375	▲533
誤差脱漏		▲640	▲127	▲875	▲488

（出典）CEIC（出所は中国国家外貨管理局）のデータを元に作成
（注）なお、▲は資金流出、表示無しは資金流入

など国内の主体の海外への資金逃避が見られたのに加えて、国内の主体の海外からの借入の返済も大きな資金流出要因となっていたことが分かります（図表-11）。加えて、対内証券投資がマイナスに転じ、海外からの現預金が減少するなど海外の主体が資金回収に走ったことも大きな資金流出要因だったことが見て取れます。

4 中国の外貨準備残高は十分なのか？

それでは、2018年末時点で3・07兆ドルの外貨準備残高は十分なのでしょうか。この疑問に答えるには、2つの観点から検討する必要があると思います。ひとつは、経済危機に直面した際に、現在の外貨準備で十分なのかという観点です。この問題を検討する上で参考になるのは、現在の外貨準備残高が「輸入額の3ヵ月分」と「短期対外債務」を上回っているかという基準です。グローバリゼーションが進展した世界経済の中で、中国が経済的な危機に直面しても、国際貿易や国際金融から退出させられないようにするために必要な、一定規模の外貨準備の目安です。中国の「輸入額の3ヵ月分」はここ数年6000億ドル前後で推移しており、中国の外貨準備残高はそれを大きく上回っています。また、「短期対外債務」は0・8〜1・3兆ドルで推移しており、これも大きく上回っています。したがって、経済危機対応という観点で中国の外貨準備残高を評価すると、十分に足りているといえるでしょう。

もうひとつは、これまでの管理変動相場制を維持し、人民元レートの変動を抑える上で、現在の外貨準備は十分なのかという観点です。この問題を検討する上で参考になるのは、国際通貨基金（IMF）が定期的に公表している適正外貨準備残高（ARA metric）という基準です。その国の短期債務、その他負債、広義流動性、輸出額の4つに一定の係数を掛けて合計したものが適正外貨準備残高で、「変動相場制」を採用している場合と「固定相場制」を採用している場合で異なります。なお、この適正外貨準備残高は、ＩＭＦもその１００～１５０％の外貨準備残高が安全の目安だとしているように、おおよそのメドと捉えるのが妥当でしょう。

このＩＭＦの手法を参考に、筆者が中国の統計に当てはめて計算したところでは、「変動相場制」の場合の適正外貨準備残高は２・１兆ドル、「固定相場制」の場合は３・７兆ドルとなりました。「固定相場制」の方が大きいのは、米ドルにペッグするためには大量の外貨準備残高を必要とするからです。

したがって、中国の外貨準備残高は、「変動相場制」への移行を前提とするのなら十分にあると言えますが、米ドルに完全にペッグするような「固定相場制」に戻るには足りないといえるでしょう。現在、中国は「管理変動相場制」を採用しており、「固定相場制」と「変動相場制」の中間に位置していますが、これまでは「固定相場制に近い管理変動相場制」だった為替管理制度を、今後は市場メカニズムの利用度を高めて「変動相場制に近い管理変動相場制」へと移行していかざるをえなくなりそうです。

巨大な外貨準備を駆使して、人民元レートを力ずくでコントロールする時代は終わりつつあると言えます。

7 米中対立はどうなるのか？

ポイント

❶米中貿易摩擦激化の背景には、米国の覇権を中国が脅かし始めたことがあり、その行方を見極める上では以下の論点が重要
❷関税、技術移転、知的財産権保護など、経済貿易面の問題だけに交渉の焦点を絞ることができれば、米中合意は可能
❸安全保障面の対立も強まっており、その勝負のカギを握るのは科学技術力
❹今後、新冷戦と共存共栄のシナリオが描け、日本の決断はその行方を左右する要素

1 18年に激しさを増した米中貿易摩擦

2018年は、米中貿易摩擦が世界の注目を浴びる1年となりました。7月に米国が中国から輸入する産業機械や電子部品など（340億ドル相当）に制裁関税を課すと、すかさず中国も、米国から輸入する大豆や自動車など（340億ドル相当）に報復関税を課しました（第1弾）。その後、8月に米国が中国から輸入する半導体や化学品など（160億ドル相当）に制裁関税を課すと、中国も米国から輸入する古紙や銅くずなど（160億ドル相当）に報復関税を課しました（第2弾）。さらに9月に、米国が中国から輸入する食料品や家庭電器など（2000億ドル相当）に制裁関税を課すと、中国も米国から輸入する液化天然ガス（LNG）や木材など（600億ドル相当）に報復関税を課しました（第3弾）。

このように米中両国は互いに一歩も引かず〝関税

引き上げ合戦〟が展開されましたが、米中両国は18年12月に首脳会談を開催し、貿易不均衡の是正や中国の構造的な問題（技術移転の強要、知的財産権の保護、非関税障壁の是正、サイバー攻撃の停止、サービスと農業分野の市場開放など）を協議することとなりました。そして2019年に入ると、ライトハイザー米通商代表部代表やムニューシン米財務長官らと中国の首席代表を務める劉鶴《リウホオ》（りゅうかく）副首相らが閣僚級の貿易協議を重ね、95％合意に至ったとされたものの、5月には急転直下の決裂となりました。ただし6月には米中首脳会談が実現し、関税引き上げ合戦をこれ以上続けることは双方ともに経済への打撃が大きくなることから、本書が出版される頃には一旦の合意に至っているかもしれません。

しかし米中貿易摩擦の背後には、世界の政治経済にこれまで圧倒的な影響力を及ぼしてきた米国の覇権を、米国と全く異なる政治理念を掲げる中国が脅かし始めたことがあります（キーワード編3「北京コンセンサス」108ページ～参照）。そして、対中強硬論はトランプ政権を支える共和党だけに留まらず、民主党にも共通する米国のコンセンサスとなっています。したがって、米中両国が貿易協議で一旦の合意に至ったとしても、米国の覇権にとって中国が最大の脅威である状況は解消されないため、米中両国は事あるごとに対立することになるでしょう。そこで本章では、米中対立の深層を見極める上で、筆者が重要と考える3つの切り口を紹介したいと思います。

2 経済貿易面

2018年に米中貿易摩擦が深刻化した背景には、米中間の貿易不均衡拡大があります。米国の貿易統計を見ると、2018年の貿易赤字は8787億ドルで、そのうち半分近く（4192億ドル）を対中貿易赤字が占めています。しかもその比率は右肩上がりで増えてきています（図表1・2）。

そして、米中間で貿易不均衡が拡大した背景には、中国の高い関税や不公正な貿易慣行があります。まず、輸入品に課している関税の状況を確認してみましょう。世界貿易機関（WTO）の統計「World Tariff Profiles 2018」によれば、米国の最恵国（MFN）税率は、単純平均で3・4％とG20諸国の中でも極めて低い水準にあり（図表1-3）、米国は関

図表-1

米国の貿易赤字ランキング（2018年）

順位	国名	貿易収支額（億ドル）	比率
1	中国	▲4,192	47.7%
2	メキシコ	▲815	9.3%
3	ドイツ	▲683	7.8%
4	日本	▲676	7.7%
5	アイルランド	▲468	5.3%
6	ベトナム	▲395	4.5%
7	イタリア	▲316	3.6%
8	マレーシア	▲265	3.0%
9	インド	▲213	2.4%
10	カナダ	▲198	2.3%

（出典）CEIC（出所は米国勢調査局）のデータを元に作成

図表-2

米国の貿易赤字に占める対中赤字のシェア推移

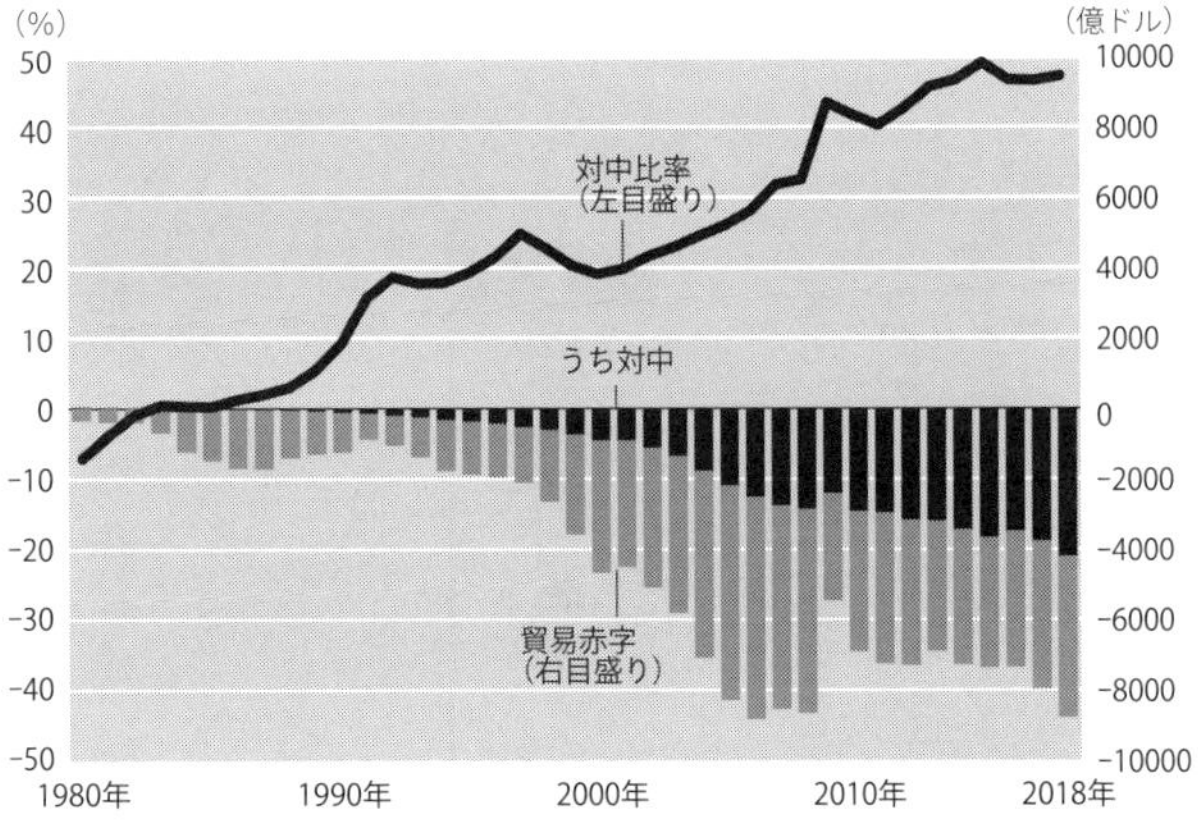

（出典）CEIC（出所はIMF）のデータを元に作成

税の低い国だといえます。一方、中国の最恵国（ＭＦＮ）税率は９・８％で、米中の格差は６・４ポイントもあるため、米国は中国の関税の高さに不満を持っています。

図表-3

世界の最恵国（MFN）税率の単純平均（2017年）

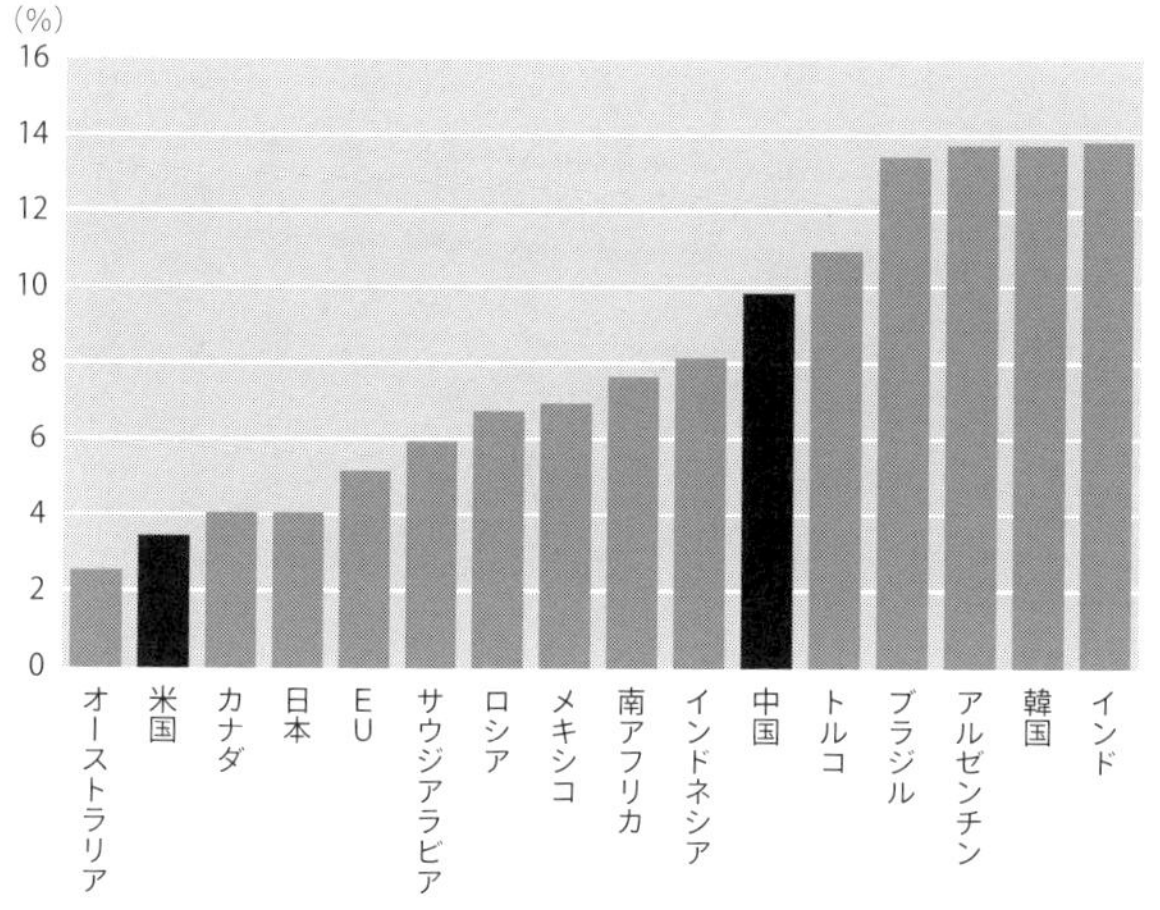

（出典）WTOの「World Tariff Profiles 2018」を元に作成

なお、農産品と非農産品の内訳を見ると、農産品では米国の５・３％に対して中国は15・６％と10・３ポイントの差があり、非農産品では米国の３・１％に対して中国は８・８％と５・７ポイントの差となっています。

　ちなみに、税率の単純平均で、日本は４・０％で米国とほぼ同レベル、ＥＵは５・１％で米国よりも若干高くなっています。韓国は13・７％と中国より高くなっていますが、これは農産品が56・９％と高いためで、非農産品は６・８％と中国より２ポイント低く抑えています。ただし中国は、今回の米中貿易摩擦を背景に、２０１８年７月に自動車や日用品（１４４９品目）の関税を引き下げ、同11月には機械類や紡績品（１５８５品目）の関税も引き下げたため、10％近かった平均関税率が７・５％程度まで低下する見込みです。また、中国は２０１８年11月に第１回中国国際輸入博覧会を開催し、輸入促進にも動いています。

　次に、関税以外の面を見てみましょう。非関税障壁は簡単には評価できませんが、その国の自由市場度を示す世界銀行が毎年公表している「ビジネスしやすさ（Ease of doing business）」が参考になるでしょう。そのランキングを見ると、米国は世界第8位と極めて高い評価を得ている一方、中国は第46位で米国とは大差があります。ちなみに、その他の先進国を見ると、英国は第9位で米国とほぼ同レベルですが、ドイツは第24位、フランスは第32位、日本は第39位と米国よりも低い評価に留まっています。図表-4で、前述の平均関税率を縦軸に、ビジネスのしやすさのランキングを横軸にとって、マトリクスにしてまとめてみました。

　このように、米国は世界で最も関税が低く最も開かれた市場である一方、中国は関税が高く、閉ざされた市場であるといえるでしょう。したがって、米中間の貿易不均衡拡大に歯止めをかけるためには、中国は関税を引き下げるとともに、自由化改革（対外開放政策の推進、補助金の縮小、知的財産権保護の強化などの非関税障壁の解消）を進める必要があると考えられます。

　そして、この点に関しては、自由化改革の必要性は共通認識となっているため、米国が中国の尊厳を傷つけるような要求をしない限り、米中貿易協議は

図表-4

世界の関税・自由度マトリクス

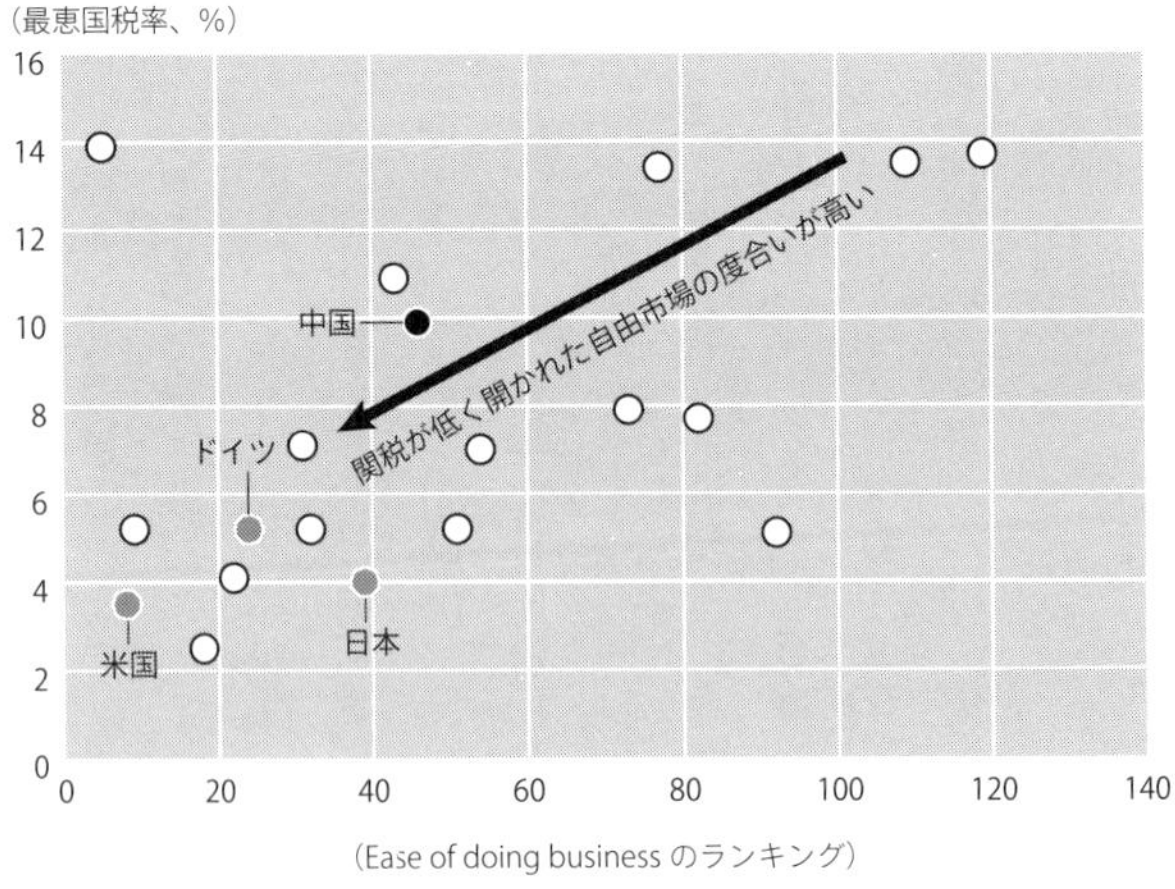

（出典）世界銀行、ＷＴＯのデータを元に筆者作成
（注）ドイツ、英国、フランス、イタリアはＥＵの最恵国税率を表示

合意に至る可能性が高いと見られます。

　米中間の貿易不均衡が拡大したもうひとつの理由に、米国の過剰な消費と中国の過剰な投資・生産という、基本的な経済構造があります（アウトルック編1「世界における地位」2ページも参照）。

　所得水準が高く貯蓄率の低い米国は、世界の個人消費に占めるシェアが29・1％で、世界の名目GDPに占めるシェア（24・3％）を大幅に上回っており、米国は過剰消費の国といえます。一方、米国よりも所得水準がはるかに低く貯蓄率の高い中国は、世界の個人消費に占めるシェアが10・3％で、世界の名目GDPに占めるシェア（15・0％）を大幅に下回っており、中国は消費が少ない国です（図表-5）。

　他方、グローバリゼーションが進む中で、世界の製造業が賃金の高い米国にあった工場を海外に移転させたため、世界の製造業に占める米国のシェアは16・7％まで低下しました（図表-6）。1970年には29・7％、1990年には23・1％だったことを考えると急激な落ち込みだったことが分かります。

　一方、米国よりはるかに賃金が低く豊富な労働力を抱える中国はその受け皿となり、また外資系企業

図表-5

世界の個人消費シェア（2017年）

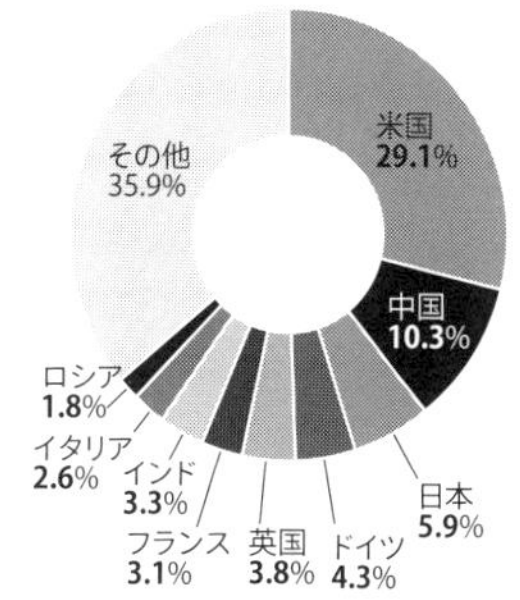

（出典）国連のデータを元に作成
アウトルック編4「消費市場に関する基礎知識」図表-2右を再掲

図表-6

世界の製造業シェア（2017年）

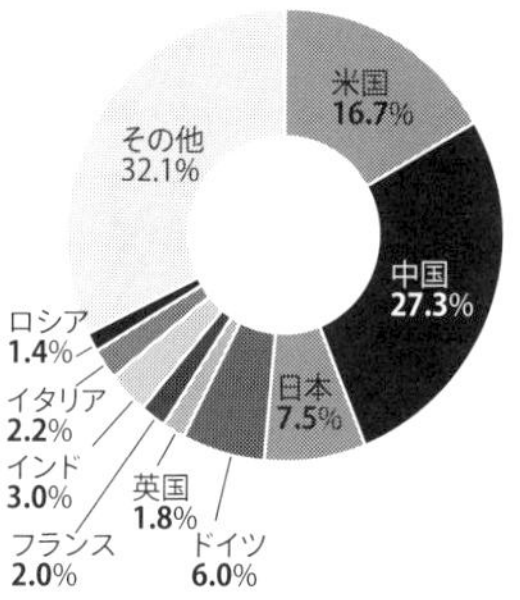

（出典）国連、中国国家統計局のデータを元に筆者が推定・作成
深層分析編3「中国は債務危機に陥るのか？」図表-7を再掲

が使いやすい工業団地や物流網を積極的に整備したこともあって、世界の製造業は中国に工場を移転し、中国は「世界の工場」となりました。そして、世界の製造業に占める中国のシェアは27・3％と世界の4分の1を占めるに至り、米国は製造業で世界第1位の地位を中国に明け渡すこととなったのです。

こうして「世界の工場」となった中国が、米国や日本などからコア部品や素材を輸入し、中国にある工場でそれを完成品に仕上げて、「世界の消費地」である米国へ輸出するという現在の供給網（サプライチェーン）が編み上げられました。なお、その国が「消費地」なのか「工場」なのかを見る指標「個人消費シェア―製造業シェア」を見ると、米国は＋12・4ポイントと世界でも突出して高い「消費地」である一方、中国は▲17・0ポイントと突出して低い「工場」であることが分かります。ちなみに、製造業で高い競争力を持つ日本も▲1・6ポイント、ドイツも▲1・7ポイントとなっており「工場」であるといえます。

今回、米国と中国の貿易摩擦が激化したことで、これまで「最適な姿」だと思っていた世界のサプライチェーンはショックを受けることとなりました。米国が中国からの輸入品にだけ高関税を課したため、サプライチェーンの「最適な姿」が変化し、中国を対米輸出拠点としてきた製造業の一部では、中国以外へ対米輸出拠点を移転した方が有利となる場合が出てきたからです。ただし、米国の賃金は世界でも最高水準にあることには変わりはありません。そのため世界の製造業が中国以外に工場を移転するとしても米国に戻るのはほんの一部に留まるでしょう。そして米国にとっては対中貿易赤字は減少しても、それ以外の国との貿易不均衡が拡大し、全体では米国の貿易赤字がさほど減少しない可能性が高いと思われます。

また、米中間の貿易不均衡を縮小するために、中国政府が無理やり米国からの輸入を拡大したとしても、それは一時的な効果に留まり、米中間の貿易不均衡は再び拡大してしまうでしょう。米国の過剰な消費と中国の過剰な投資・生産という世界の基本的な経済構造を変える対策ではないからです。

したがって、2019年6月時点1米ドル＝6・9元前後という、購買力平価（PPP）からみると極めて割安に放置された人民元の切り上げが、次のテーマとして浮上する可能性が高いでしょう（図表-7）。

この点に関しても、米国が中国の経済発展段階を踏まえて、緩やかなペースでの人民元の切り上げを求める限り、中国は許容できるでしょう。中国は既に外需依存からの構造転換を進めているからです。

図表-7

米ドルに対する割安度
（米ドル=100とした場合、2018年末）

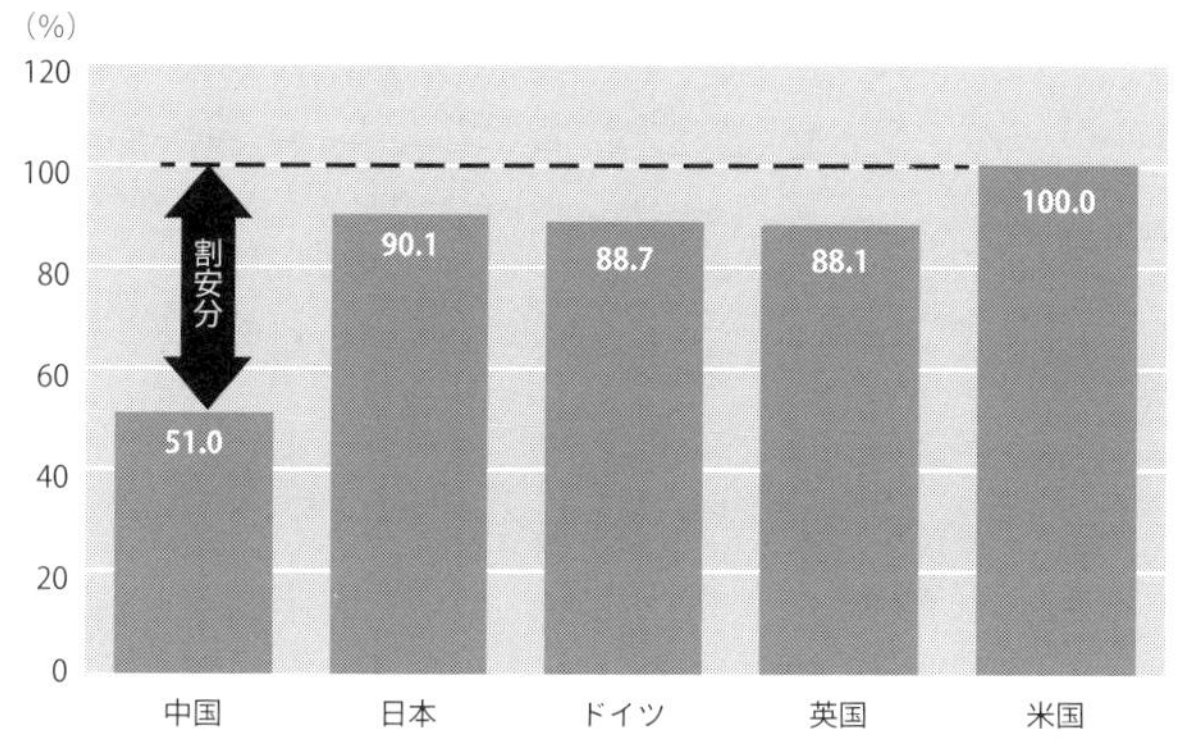

（出典）筆者作成
（注）IMFの購買力平価（PPP)と2018年末の市場レートを比較し算出

3 安全保障面

前述のような経済貿易面における米中対立に関しては、中国が譲歩できる領域であり、米国もベネフィットを得られる領域でもあるため、米中が合意する道筋は描けるでしょう。しかし、それで米中対立が完全に解消し、終戦とはならないでしょう。世界政治経済の覇権を維持したい米国にとって、中国が安全保障面で最大の脅威であることには変わりがないからです。

世界第2位の経済大国となった中国は、米国を上回るスピードの経済成長を続け、米国の経済規模に近づきつつあります。また、南シナ海、インド洋、北極海などへの海洋展開を拡大し、宇宙開発でも中国の進める北斗衛星導航系統が米国のＧＰＳに対抗できるものに育ちつつあります。さらに諜報活動においても、中国の関与が疑われるＡＰＴ10（ＡＰＴは持続的標的型攻撃、または標的型サイバー攻撃を意味し、Advanced Persistent Threatの略。ＡＰＴ＋数字で活動グループ名を示す）などのサイバー空間における活動によって、圧倒的優位を保っていた米国中心のファイブ・アイズ（ＵＫＵＳＡ協定参加5ヵ国の米・英・加・豪・ニュージーランドによる諜報機関情報共有の枠組み）の地位を脅かし始めています。

そして米国は、自国の科学技術が中国に流出するのを断固阻止しようと動き出しています。米国では２０１８年８月、２０１９会計年度の国防権限法（ＮＤＡＡ）、外国投資リスク近代化法（ＦＩＲＲＭＡ）、輸出管理改革法（ＥＣＲＡ）の3法を成立させました。これは安全保障上の脅威と見る中国の企業を排除する色彩が強く、米ソ冷戦時の１９５０年に活動を開始した対共産圏輸出統制委員会（ＣＯＣＯＭ）を思い起こさせる動きでもあります。ＮＤＡＡでは、華為技術（ファーウェイ）や中興通訊（ＺＴＥ）など中国企業を対象に、米国政府との取引制限を盛り込んでおり、対象となる技術は、直接的に軍事転用の恐れがある機微技術だけに留まらず、人工知能（ＡＩ）や量子コンピューティングなど14項目の新興技術（Emerging Technologies）の一部を加えた広範囲なものとなりそうです。またＦＩＲＲＭＡは、外国企業が米国企業を合併・買収する場合に、その取引が米国の安全保障上の脅威とならないかを審査する、対米外国投資委員会（ＣＦＩＵＳ）の権限を強化するもので、投資を通じた科学技術流出の阻止に主眼があります。また、ＥＣＲＡは輸出規制の対象に米国の安全保障上の脅威となる新興技術を加えようとするもので、輸出を通じた科学技術流出の阻止に主眼が

図表-8

3つの切り口から見た米中対立の構図

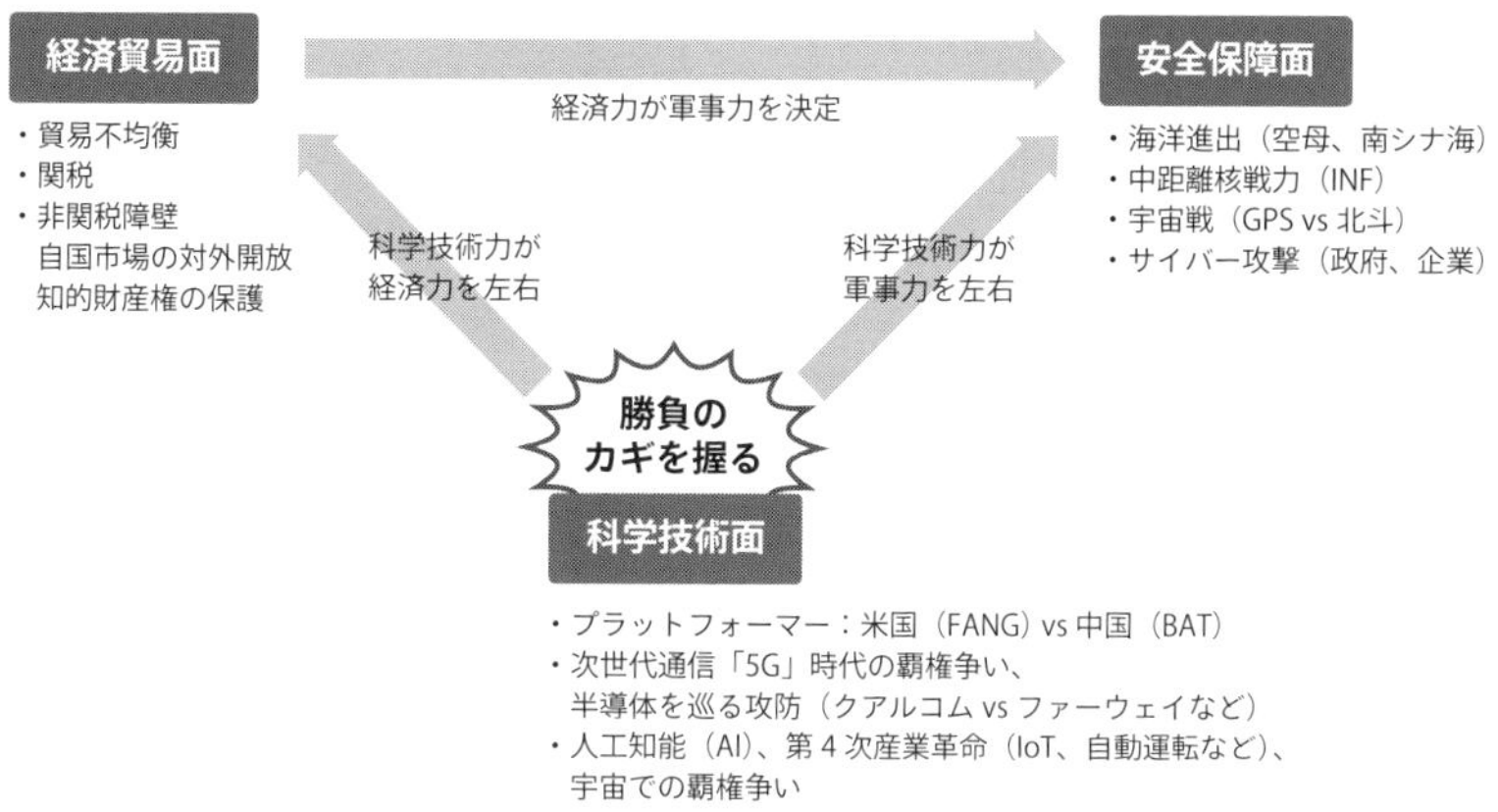
経済貿易面
・貿易不均衡
・関税
・非関税障壁
自国市場の対外開放
知的財産権の保護
経済力が軍事力を決定
安全保障面
・海洋進出(空母、南シナ海)
・中距離核戦力(INF)
・宇宙戦(GPS vs 北斗)
・サイバー攻撃(政府、企業)
科学技術力が
経済力を左右
科学技術力が
軍事力を左右
勝負の
カギを握る
科学技術面
・プラットフォーマー:米国(FANG) vs 中国(BAT)
・次世代通信「5G」時代の覇権争い、
半導体を巡る攻防(クアルコム vs ファーウェイなど)
・人工知能(AI)、第4次産業革命(IoT、自動運転など)、
宇宙での覇権争い

(出典)筆者作成

あります。そして、米国政府は具体的な詰めの作業を進めています。

以上を踏まえて米中対立を整理すると、図表-8に示したような構図にまとめられます。すなわち、米中対立には経済貿易面、安全保障面、科学技術面の3つの側面があり、経済力がアップすると財政余力が増して軍事力もアップするという関係があります。それに加えて、科学技術力で優位に立った方は、自動運転やIoTに代表される第4次産業革命など経済貿易面で優位に立つとともに、サイバー攻撃など安全保障面でも優位に立てるという関係もあります。したがって、米中の覇権争いで優位に立つ決め手は科学技術力にあることから、米国は自国の科学技術が中国に流出するのを何としても阻止しようと動き出したのです。

一方、中国の科学技術力を見ると、「イノベーション(創新)」の章(キーワード編6、131ページ)でも説明したように着実に向上しており、それがビジネスにも結びつき、新しい企業が続々と誕生してい

図表-9

モバイル通信規格と台頭した企業

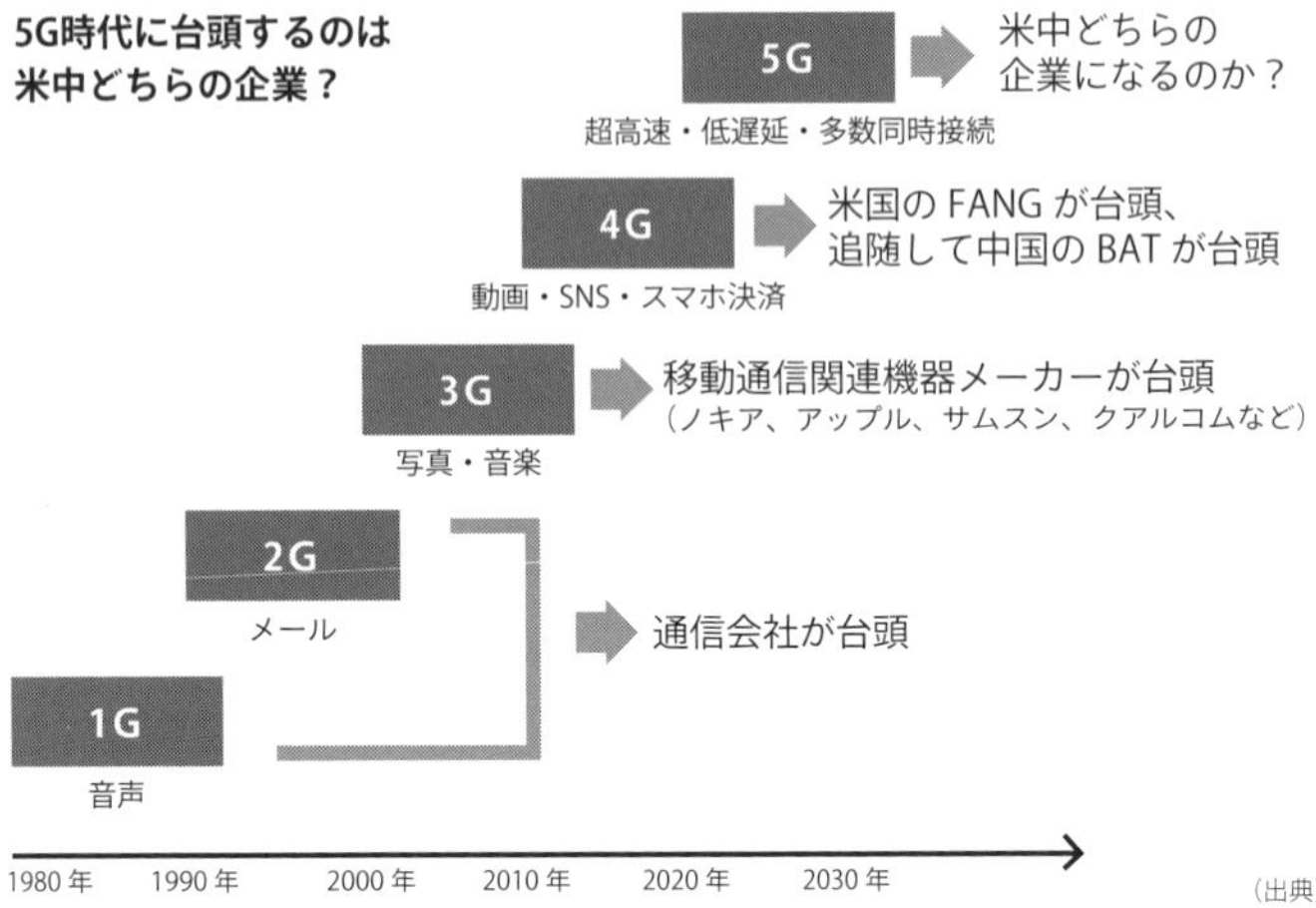

（出典）筆者作成

ます。その牽引役となっているのは、米国の有名大学などへ海外留学をし最先端の科学技術を身につけ、一部はシリコンバレーなどで勤務経験も持って帰国した「海亀族」と呼ばれる技術者たちです。2017年には修士・博士号を持つ23万人が帰国しています。ただし、中国の科学技術力は着実に向上しているものの、現時点では米国に遠く及びません。それでも米国が中国を脅威と感じて自国の科学技術の流出を恐れるのは、5G時代の情報技術で中国の先行を許すと、人工知能（AI）やIoTや自動運転などにも波及して、ドミノ倒し的に米中の科学技術力の逆転が起こりかねないからです（図表-9）。

4 日本の決断と米中対立の行方

それでは、米中対立は今後どのような展開になるのでしょうか。

ひとつのシナリオは、米中双方が相互不信を和らげて歩み寄り、中国は米国が築き上げてきた国際ルールを遵守する道を選ぶ一方、米国は中国が尊重する政治理念の存在意義（レゾンデートル）を認める道を選ぶ場合です。この場合中国は、国際協調の恩恵を得るために、輸入の促進、関税の引き下げ、非関税障壁の解消などを進めるでしょう。ただし、その前提として、「国家資本主義」的な経済運営は維持すること、一人当たりGDPが1万ドルに達しない開発途上国であることを理由に、自由化改革は漸進的に進めることが条件となるでしょう。その条件を米国が許容できれば、中国は、少しずつ国際ルールを遵守した経済運営に舵を切り、米中両国は共存共栄の道を歩むことになる、というものです（楽観シナリオ）。

もうひとつのシナリオは、米中双方の疑心暗鬼がエスカレートして米国は中国が尊重する政治理念のレゾンデートルを認めず、あくまで中国を封じ込めようとする場合です。この場合、米国は安全保障上の脅威を理由に、同盟関係にある日本や欧州諸国にも協力を求めて、最先端の科学技術が中国へ流出するルートを封鎖しようとするでしょう。また、中国共産党の一党支配を支える「国家資本主義」的な経済運営を放棄することを求めるなど、中国にとっては到底許容できない要求を繰り返し、揺さぶりをかけるでしょう。もし、日本や欧州諸国が米国に同調し、中国封じ込めの動きに加われば、中国は欧米諸国の力に頼らず、「自力更生」で科学技術力の向上を図るとともに、ロシアやイラン、それに「一帯一路」沿線国との連携を強化し、それに対抗しようとするでしょう。そして、米中両国は新冷戦の道に迷い込む恐れが高まります（悲観シナリオ）。

現時点（2019年7月）では、どちらのシナリオになるか予断を許さない状況にあります。もし、楽観シナリオとなれば、日本にとっては、同盟関係にある米国と緊密な経済関係にある中国とが共存共栄の道を歩むこととなり、中国が漸進的ながらも、関税を引き下げ、非関税障壁を解消、対外開放政策を推進、補助金の状況を透明化し、知的財産権保護の強化を進めるため、大きなビジネスチャンスが生まれそうです。

一方、悲観シナリオとなれば、米国は同盟関係を楯に取って中国封じ込めの協力を日本に求めてくるでしょうし、中国は親密な経済関係を梃子《てこ》に日本の協力を得て中国封じ込めを回避しようとするでしょう。実際、「一帯一路」国際会議に参加するか否か、華為技術の通信機器を政府調達から排除するか否かなど、米国と中国の意向が正面から対立し、関係国に無理やりどちらかを選ばせる「踏み絵」のような事象が増えてきています。そして、米国とソ連の間で繰り広げられた東西冷戦の時とは違って、米中は既に緊密な経済関係にあるだけに、「ヒト」「モノ」「カネ」「情報」の交流が途絶えれば、世界経済の大混乱は避けられないでしょう。

また、米中対立が激しさを増す中で、日本がどう行動するかがとても重要な局面となりそうです。米中対立が「東西冷戦型の新冷戦」に突入するか否か

図表-10

新旧の、2超大国の対立と「第三世界」の構図の比較

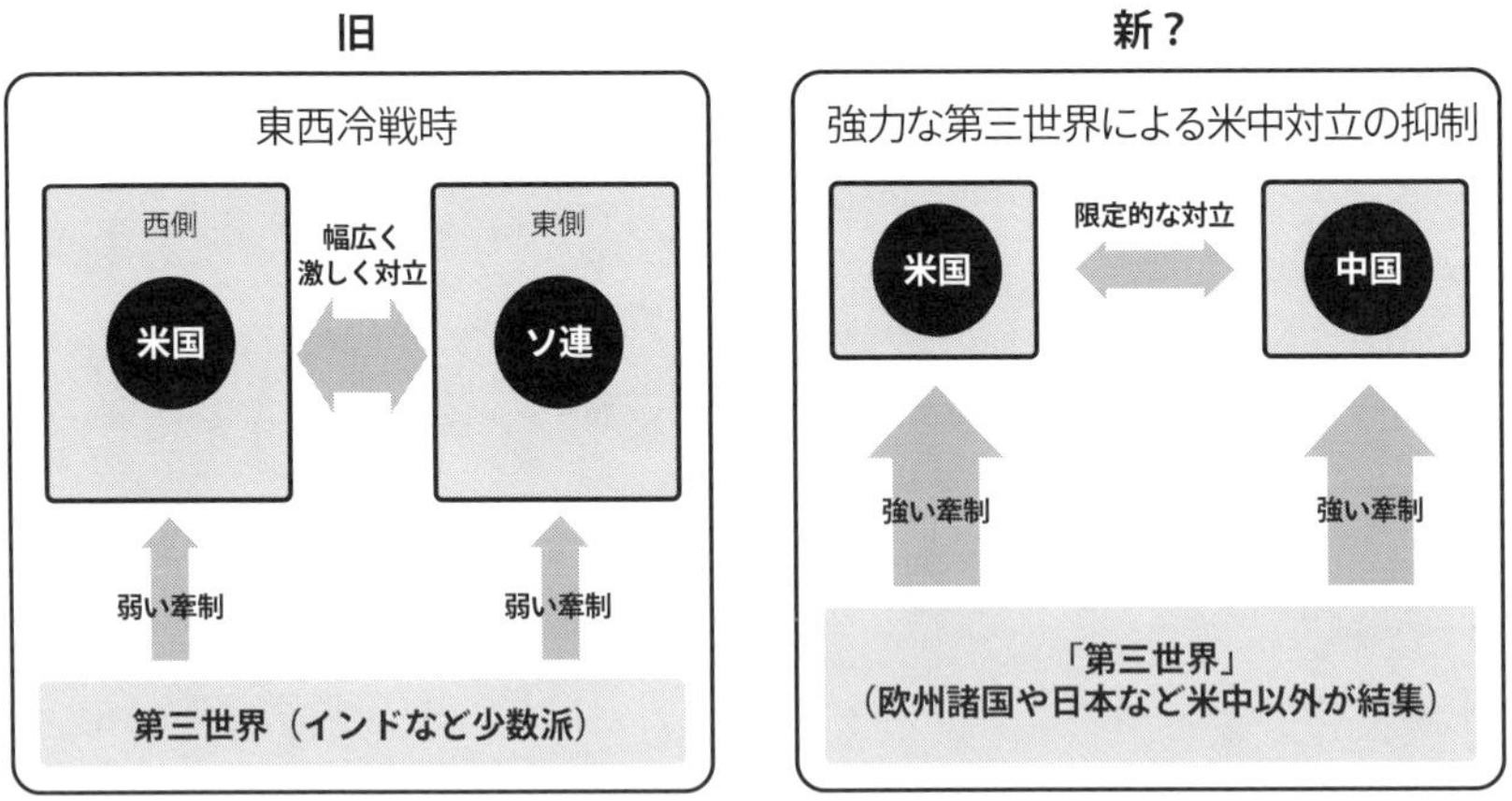

（出典）筆者作成

のキャスティング・ボートを、日本も握っていると考えられるからです。第二次世界大戦後の東西冷戦では、いずれの陣営にも与《くみ》しない第三世界（いずれの陣営にも与しない第三世界にとどまった国はインドなど経済力・軍事力の弱い国が中心）は、圧倒的なパワーを有した東側の盟主（ソ連）や西側の盟主（米国）を牽制するような勢力ではなかったため、ソ連の敗北が明白になるまで対立が続くこととなりました。しかし今回、もし欧州諸国や日本などが結集し強力な「第三世界」をつくることができれば、世界の超大国である米国と中国を牽制するパワーが生まれ、米中は強力な「第三世界」の意見を無視できず、共存共栄の道を選ばざるをえなくなる可能性があるからです（図表-10）。

日本は、同盟関係にある米国に従うだけで、再度かつての冷戦時代のような構図に陥るのか、それとも米国との同盟関係を最重視しつつも、欧州諸国などとともに強力な「第三世界」を形成し中国との良好な関係も保ち、米中両超大国が「東西冷戦型の新冷戦」に突入するのを防ぐことができるのか、今後、数十年あるいは何世紀にもわたる世界の構図の切り替えポイントを握っていると言っても過言ではありません。

コラム

米中貿易の上位10品目

米中貿易摩擦を考える上で、どんなモノが米中間で貿易されているのかを見ておくと参考になるでしょう。米国の中国との輸出入と、中国の米国との輸出入は表裏一体なので、ここでは米国サイドの貿易統計を見ていきます。

米国が中国から輸入している上位10品目を見ると（図表-1）、第一位は「時計などその他日用品」で「アパレル類」や「家具・家庭用品」など身近な製品が目立ちます。米国で中国製品なしの生活（いわゆる「チャイナ・フリー」）にトライしても、ほとんどの消費者が断念することになるのは、安価な中国製品が既に生活の隅々まで浸透しているからです。また、コンピュータ・通信関連の製品も上位にあります。その中には米国ブランドながら中国で製造されたスマホなども多く含まれており、米中両国が緊密な経済関係にあることを示しています。

一方、米国が中国へ輸出している上位10品目を見ると

図表-1

米国の対中輸入トップ10（2017年）

順位	品目	シェア
1	時計などその他日用品	13.9%
2	コンピュータ	9.0%
3	通信機器	6.6%
4	コンピュータ周辺機器	6.3%
5	玩具、スポーツ用品など	5.3%
6	アパレル類（その他織物）	4.8%
7	家具・家庭用品	4.1%
8	自動車部品・アクセサリー	2.9%
9	家電	2.8%
10	電気装置	2.8%

（出典）CEIC（出所は米国勢調査局）のデータを元に作成

図表-2

米国の対中輸出トップ10（2017年）

順位	品目	シェア
1	民間航空機（含む部品）	12.5%
2	大豆	9.4%
3	乗用車（含む中古）	7.9%
4	半導体	4.7%
5	産業機械類	4.2%
6	原油	3.4%
7	プラスチック材料	3.1%
8	医療機器	2.7%
9	パルプ類	2.6%
10	材木類	2.4%

（出典）CEIC（出所は米国勢調査局）のデータを元に作成

(図表I-2)、第一位は「民間航空機(含む部品)」で、「乗用車(含む中古)」や「半導体」なども上位にあり、中国が米国の製造業にとって有力な顧客となっていることを示しています。

また第二位に「大豆」が入るなど米国の農家にとっても有力顧客で、第六位に「原油」が入るなど米国が「シェール革命」を進める上でも有力な輸出先となっているなど、一次産品も目立ちます。

8 習近平政権二期目の経済運営の注目点はどこか？

結びに代えて

ポイント

❶一期目を総括すると「安定重視」。改革が進んだ面もあるが、過剰設備・過剰債務の改善は道半ば。二期目の注目点は左の４点
❷「三大堅塁攻略戦」を２０２０年までに達成できるか
❸次期５ヵ年計画で目標とする成長率の水準。成長率目標を低めに設定できるか
❹新たな成長モデルの構築が順調に進むか
❺米中対立の行方。対立激化で民間企業や学術機関などの交流にも影響が及べば、新たな成長モデルが頓挫する恐れも

習近平氏が中国の最高指導者になったのは２０１２年11月から13年３月にかけてのことです。２０１２年11月には第18回全国代表大会（18大）の直後に開催された第18期中央委員会第１回全体会議（第18期１中全会）で、中国共産党のトップである中央委員会総書記と軍のトップである中央軍事委員会主席に就任、翌13年３月に開催された全国人民代表大会（全人代、国会に相当）では国家主席にも就任し、共産党・軍・国家の三権を掌握する中国の最高指導者となりました。

1 習近平政権が誕生する前の中国経済

まず、習近平政権が誕生する前の経済状況を確認してみましょう。習近平政権一期目（２０１２〜17年）の経済運営の良し悪しを評価する上では、どのような経済状況の下でスタートしたのかを把握して

図表-1

経済成長モデルの新旧比較

従来の成長モデル（外需依存）	➡	新しく目指す成長モデル（消費中心の内需主導）
①輸出を増やして外貨を稼ぐため、企業は銀行から資金を調達して工場を建てた。 ②その工場では、安価で豊富な労働力を生かして生産を増やし、輸出を増やした。 ③こうして獲得した所得は、企業に内部留保する割合を多くして、さらなる投資に回された。 ④雇用者に分配された所得は、まだ貧しかったこともあって消費には回らず、銀行に預金された。 ⑤そして、銀行に集まった資金は、再び企業が借りて生産設備を増やした **➡以上のような循環を繰り返し「世界の工場」に発展**		①従来の成長モデルを脱し、新しい成長モデルへとギアチェンジを図るため、企業から個人へ所得配分をシフトさせようと、第 12 次 5 ヵ年計画（2011-15 年）では最低賃金を年平均 13％以上引き上げる方針を打ち出し実行に移した。 ②その実施とともに、企業の投資は次第に伸びが鈍化、個人の消費は盛んになりつつある。 ③そして、生産面では第二次産業の伸びが鈍化する一方、第三次産業の伸びが高まってきた。 **➡以上のような循環を繰り返すことにより、今後は「世界の消費地」として新たな発展の道を進む目論見**

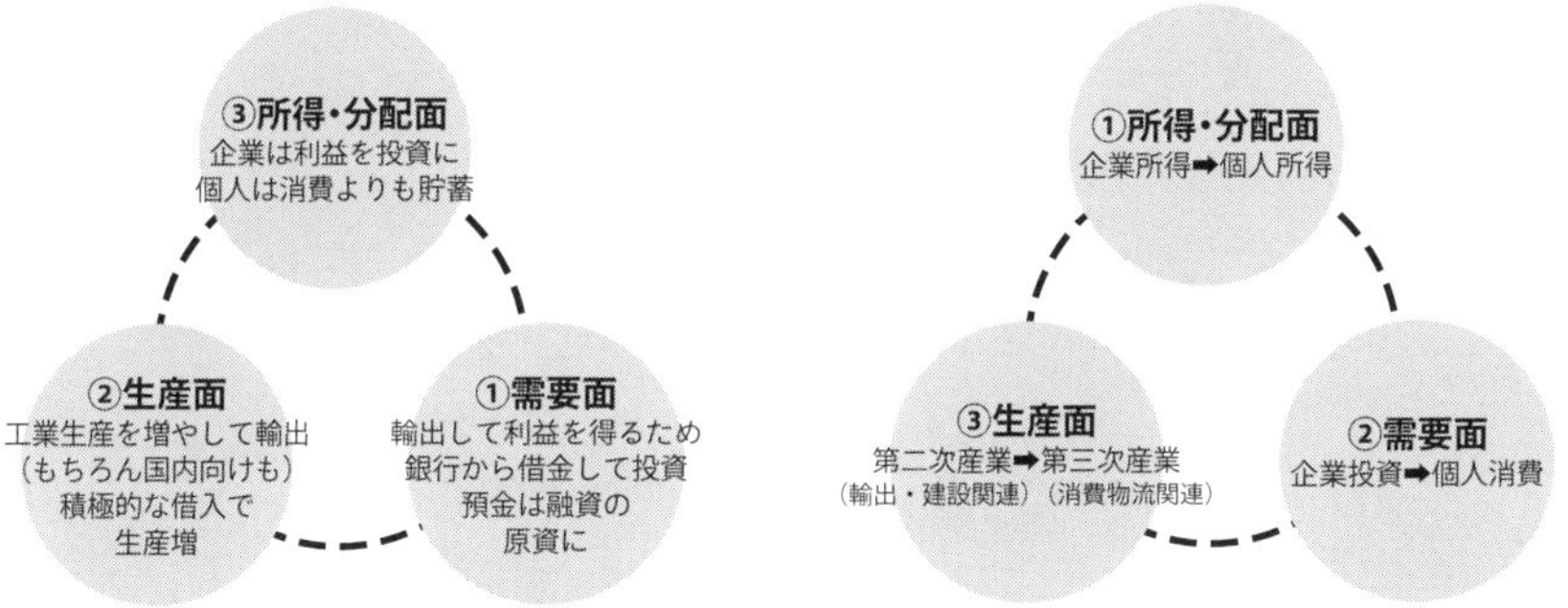

（出典）筆者作成

おくことが極めて重要だからです。

文化大革命を終えて1978年に「改革開放」に乗り出した中国は、まずは生産責任制で農業改革を軌道に乗せた後、外国資本の導入を積極化して工業生産を伸ばし、その輸出で外貨を稼ぎました。稼いだ外貨は主に生産効率改善に資するインフラ整備に回され、中国は世界でも有数の生産環境を整えました。この優れた生産環境と安価で豊富な労働力を求めて、世界から工場が集まって中国は「世界の工場」と呼ばれるまでに発展していました（図表-1左）。

改革開放直後の世界経済を概観すると、米国のGDPシェアは25・8％、現在のEUに当たる地域が34・2％、日本が9・8％と全体の約7割を占める中で、中国は2・7%とその存在感は小さいものでした（図表-2左）。しかし、前述の成長モデルで成功した中国は次第にシェアを

図表-2

世界名目GDPシェアの変動（1980→2012年）

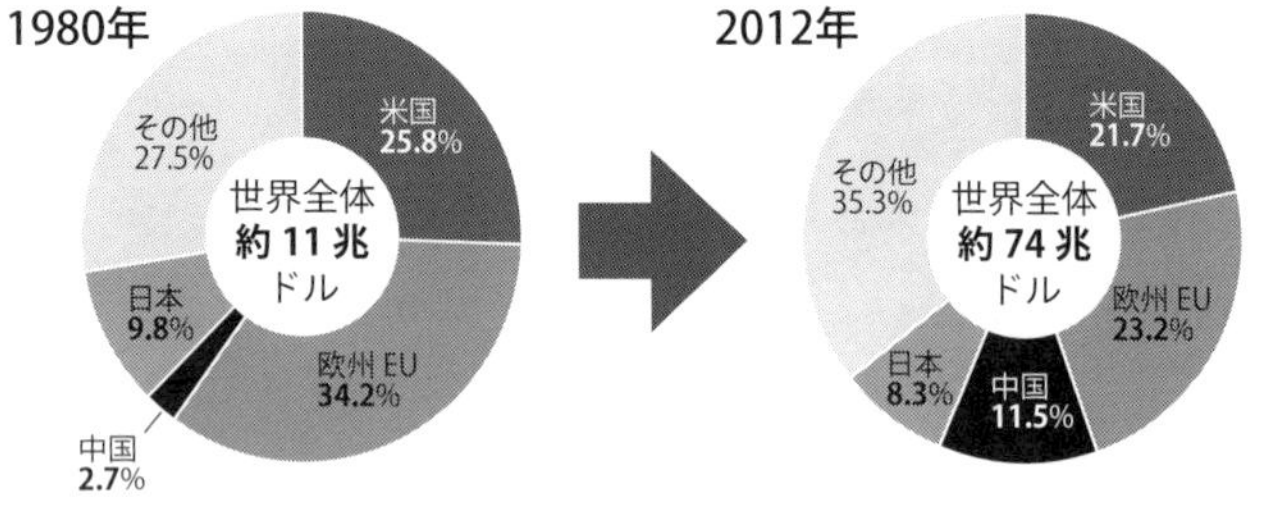

（出典）IMFのデータを元に作成

高め、習近平政権が誕生した2012年には、GDPシェアが11・5%と日本を超え、米国に次ぐ世界第2位の経済大国へと成長していたのです。

この一方で、中国の安価で豊富な労働力には陰りが出始めていました。長らく続いた一人っ子政策の影響で生産年齢人口（15〜64歳）の増加が止まりつつありました。人口構成を見ても、将来の労働力である14歳以下の人口が少なく、近々労働力から外れてくる60歳前後の人口が多かったため、生産年齢人口は減少に転じる見通しでした。

また、経済的な豊かさを示す一人当たりGDPは、改革開放直後の中国は世界137ヵ国の中で、下から4番目の貧しい国でしたが、習近平政権が誕生した2012年には世界190ヵ国の中で上から90番目とちょうど真ん中くらいの位置へと発展していました。しかし、この世界の真ん中という位置は「中所得国の罠」（深層分析編2、176ページ〜）と呼ばれる経済成長プロセス上の壁でもあります。一人当たりGDPが増加したことは取りも直さず労働者の

賃金が上昇したことを意味しており、安価で豊富な労働力を持つ、ベトナムやインドなどの後発新興国へと工場が流出し始め、「世界の工場」の地位を脅かすようになっていました。ここで、賃金上昇を拒むような守りの姿勢に入れば、一人当たりGDPの増加は止まり、経済発展は頓挫してしまいます。したがって、習近平政権としては、一人当たりGDPが中国より高い、日本や韓国などの先進国との競争に打って出て、賃金水準を高めつつ先進国企業との競争に競り勝つ道を選択せざるをえない状況にあったわけです。

こうした経済環境にあった中国は、前政権にあたる胡錦濤氏が構造改革に乗り出しました。そのポイントは、〝外需依存から内需（特に消費）主導への体質転換〟、〝製造大国から製造強国への高度化〟、〝製造業からサービス産業への高度化〟の3点に要約できます。胡錦濤政権は第12次5ヵ年計画（2011～15年）で、最低賃金を年平均13％以上引き上げることを決め〝外需依存から内需（特に消費）主導への体質転換〟に動き出し、次世代情報技術や新エネルギー車など7分野を戦略的新興産業と定め、〝製造大国から製造強国への高度化〟に取り組み、サービス産業を積極的に育成し始めました（図表1-1右、251ページ）。

しかし、生産年齢人口が減少に転じ工場が後発新興国へと流出する中で、国内にある生産設備には過剰感が高まって設備稼働率は低下、貸借対照表（バランスシート）では債務が膨張していました。こうして発生した過剰設備・過剰債務を処理しようとすれば、そこで働く労働者も過剰となり、失業者が街に溢れて社会問題につながりかねないため、本来は淘汰されるべきだった企業を、政府が支援して生き延びさせ「ゾンビ企業」となったため、債務はさらに膨れ上がりました。そして、非金融企業の債務残高（対GDP比）は習近平政権が誕生した2012年末に120％前後に達していました。

以上のように胡錦濤政権時代から中国は構造改革に乗り出していたものの、過剰設備・過剰債務の問題に歯止めを掛けることはできず、新たな成長モデルの構築も思うように進まない中で誕生したのが習近平政権だったのです。

2 習近平政権一期目の中国経済

習近平政権一期目の中国経済を概観すると、その5年間の成長率は年平均7・1%とその前5年（2008～12年）の同9・4%を大きく下回る伸びに留まりました（図表-3）。

その背景には習近平政権が「新常態（ニューノーマル）」に移行し安定成長へ舵を切ったことがあります。習近平政権は2014年12月の中央経済工作会議で、これまでのように無理に高速成長を目指すのではなく、持続可能な中高速成長を目指す方向性を示し、翌2015年3月に決定された第13次5ヵ年計画（2016～20年）では成長率目標を「年平均6・5%以上」へ引き下げました。そして、経済成長率は緩やかに低下を続けています。

しかし、成長率目標を大きく下回ることを許容したわけではなく、2015年～16年初にかけて景気が失速しそうになった場面（チャイナ・ショック）では景気テコ入れに動いています。したがって、習近平一期目の経済政策を振り返って評価すると、予め

図表-3

実質成長率の推移

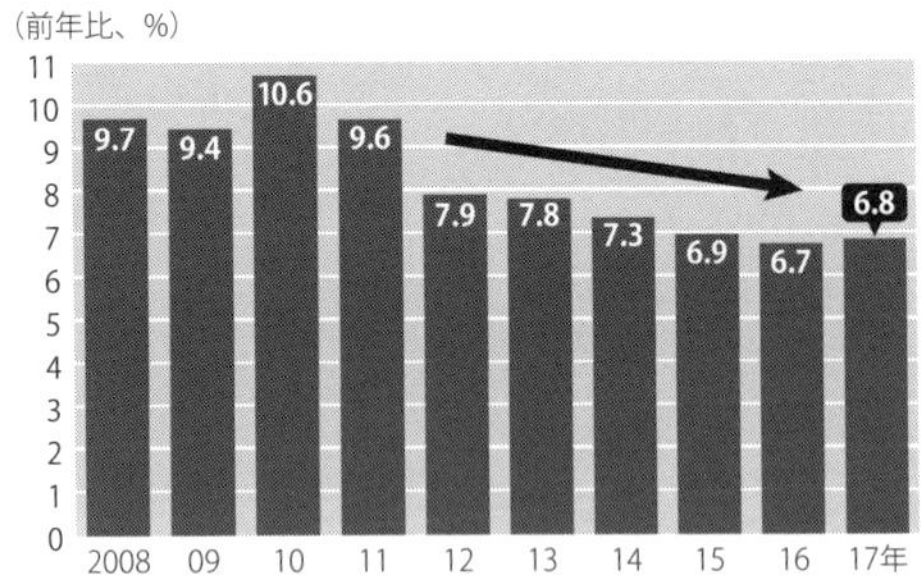

（出典）CEIC（出所は中国国家統計局のデータ）を元に作成

定めた成長率目標を重視し、それを下回りそうになれば景気テコ入れに動くものの、それを上回るようならば将来に禍根を残さぬようリスク管理の強化に動くなど、安定を最も重視したスタンスで運営されたと総括することができるでしょう（図表-4）。

構造改革の進捗状況を見ると、胡錦濤政権時代から積み残された過剰設備・過剰債務の問題に関しては、深刻化にこそ歯止めが掛かったものの、目覚ましく改善したとは言い難い状況にあります。中国国家統計局が公表したデータによると、2017年の設備稼働率は77・0%と前年の73・3%から大きく改善したものの、習近平政権が誕生した2012年の77・5%をまだ下回っています。また、国際決済銀行（BIS）が公表したデータによると、中国の非金融企業の債務残高（対GDP比）は2017年末で147%と2016年3月末の155%をピークにやや低下していますが、習近平政権が誕生した2012年末の126%をまだ大きく上回っています（図表-5、次ページ）。

図表-4

「安定」を最重要視する習経済学（シーコノミクス）

■歴史上、経済運営には「改革」「発展」「安定」の3つのキーワード

- 「改革」は中国経済の「発展」に資する
- 一方、「改革」は一定の混乱を伴うため「安定」を損なう
  「安定」とは①成長率、②物価、③雇用、④株価・人民元の安定
- そして、習近平政権が一期目に最も重視したのは「安定」

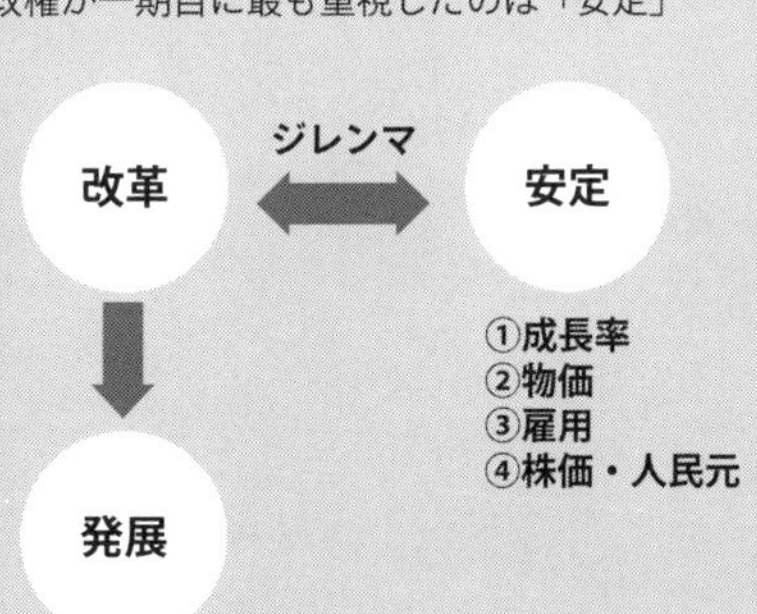

（出典）筆者作成

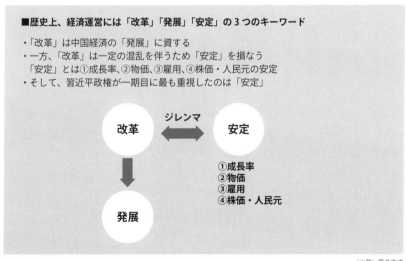

一方、構造改革が進展したことを示すデータもあります。第一に、国内総生産（GDP）の需要構成を見ると、純輸出の比率は習近平政権が誕生した2012年末時点の2・7％から2017年には2・0％へと低下し、また投資（総固定資本形成）の比率も45・2％から42・9％へ低下しました。一方、個人消費の比率は36・7％から39・0％へと上昇しており、〝外需依存から内需（特に消費）主導への体質転換〟は緩やかですが着実に進んでいたことが分かります（図表-6）。

第二に、同じく産業構成を見ると、第一次産業の比率は習近平政権が誕生した2012年末時点の9・1％から2017年には7・6％へと低下し、また第二次産業の比率も45・4％から40・5％へと低下した一方、卸小売業、金融業、不動産業、情報通信など第三次産業の比率は軒並み上昇しており、〝製造業からサービス産業への高度化〟も緩やかながらも着実に進んでいたことが分かります（図表-7）。

第三に、新たな成長モデルが芽生え始めたことです。習近平政権一期目の2015年、中国政府は「中国製造2025」（キーワード編7、141ページ）と「インターネットプラス」（キーワード編8、147ページ）という2つの新成長戦略を提示しました。

図表-5

非金融企業の債務残高推移（対GDP比）

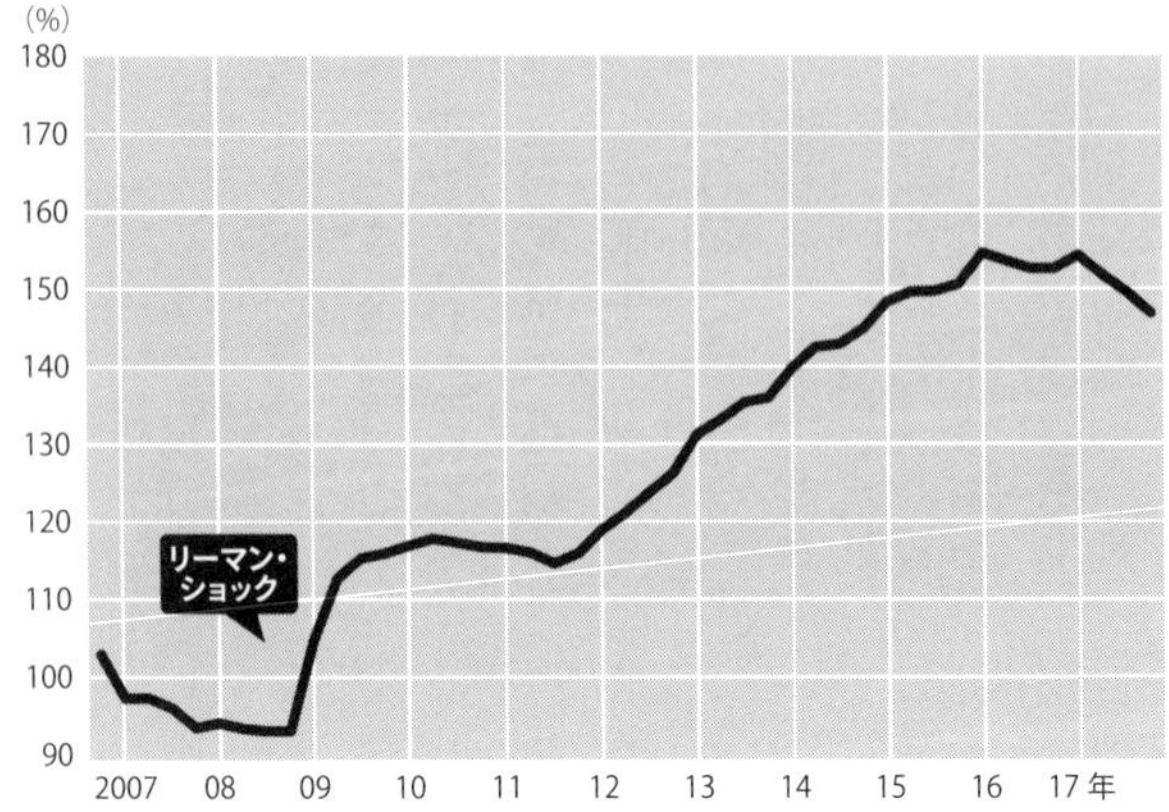

（出典）国際決済銀行（BIS）のデータを元に作成

図表-6

GDP需要構成の変化（2012→17年）

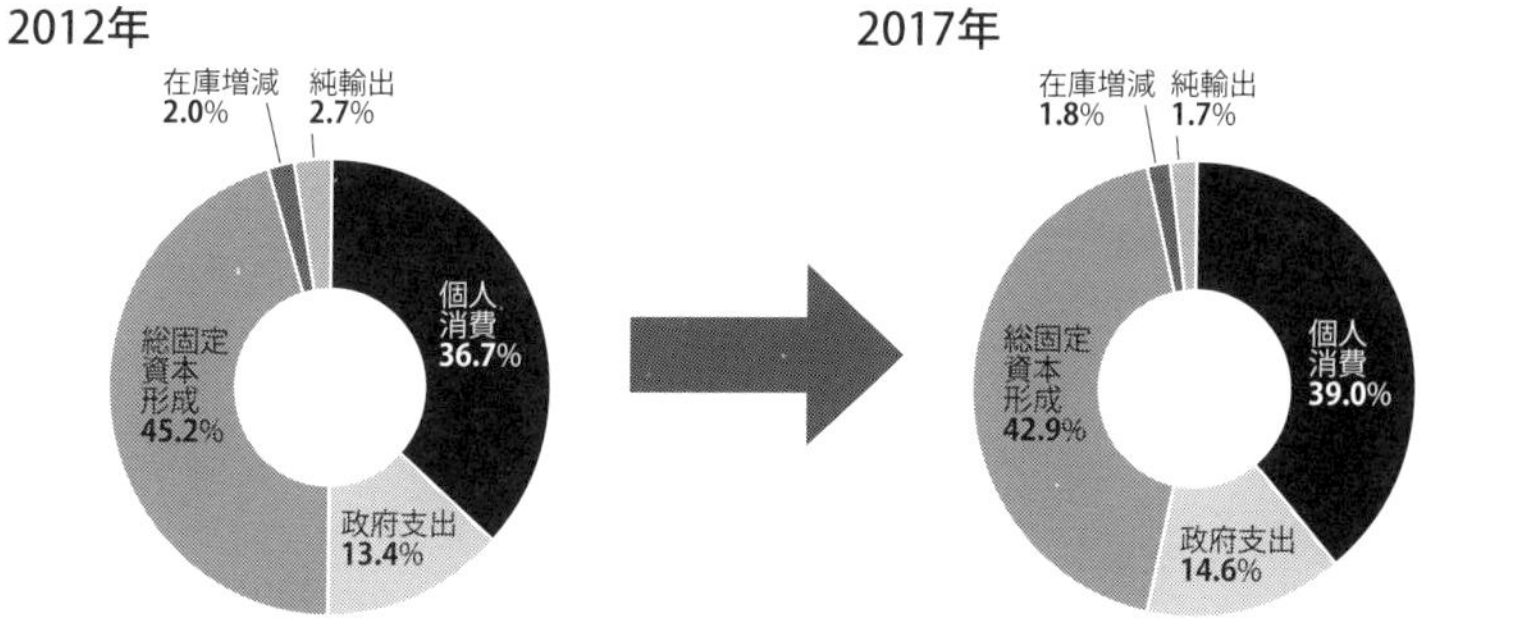

（出典）CEIC（出所は中国国家統計局のデータ）を元に作成

図表-7

GDPの産業構成変化（2012→17年）

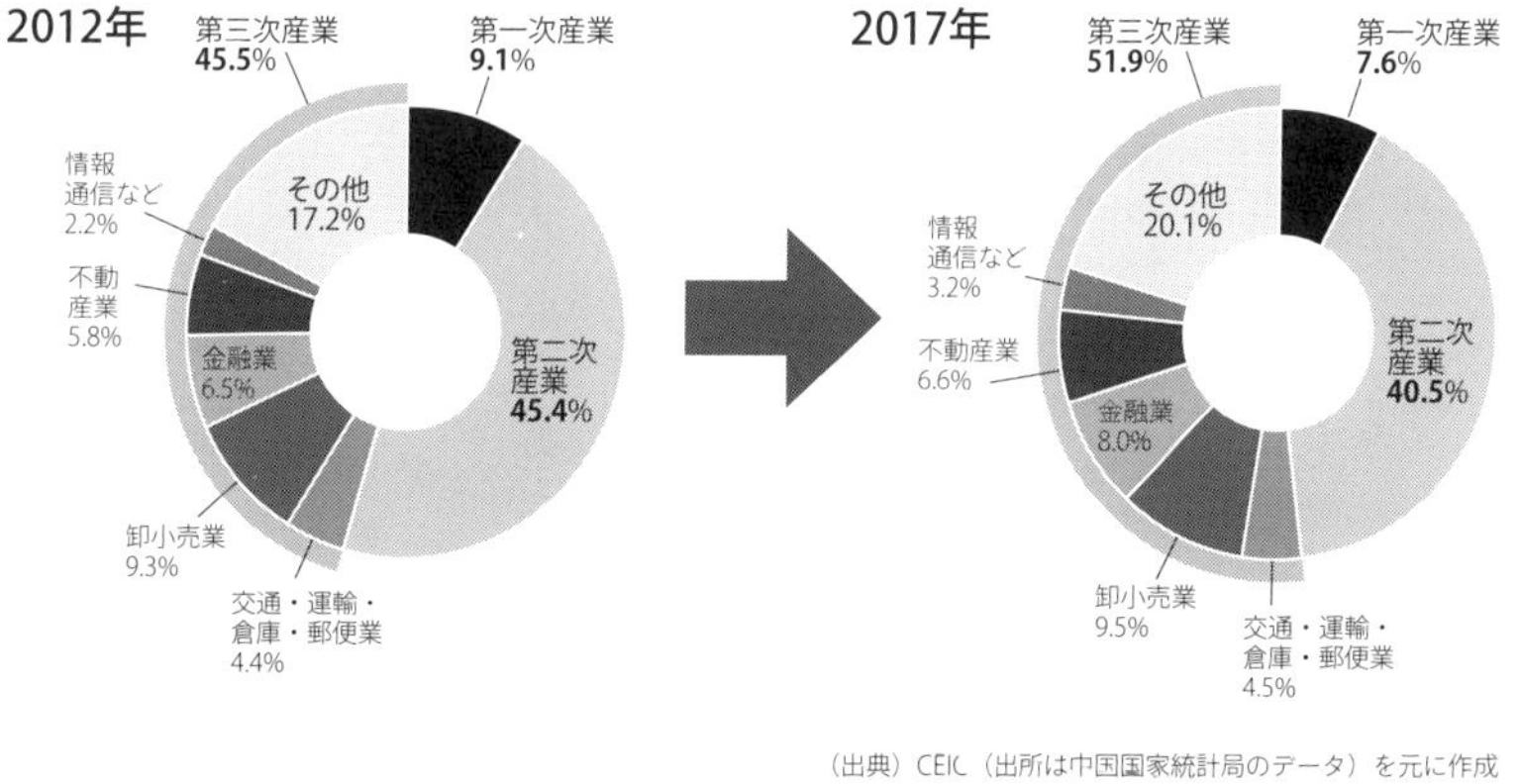

（出典）CEIC（出所は中国国家統計局のデータ）を元に作成

特に、インターネットプラスは中国にＢＡＴ（百度《バイドゥ》、阿里巴巴《アーリーバーバー》、騰訊《テンセント》）を代表とするプラットフォーマーを育てることとなり、ネット経済は急拡大し、新たな消費需要を掘り起こす起爆剤ともなっています。

　そして、その流れは都市部に留まらず農村部にも波及しており、電子商取引の業務量は農村部の方が高い伸びを示すとともに、農村部の食品や伝統工芸品を都市部で販売する流れができつつあります。また、「インターネットプラス」と「中国製造２０２５」を結び付けて、〝製造大国から製造強国への高度化〟を図る取り組みも盛んになってきています。

3　習近平二期目の注目点

　そして、習近平政権は二期目に入りました。経済運営全般を主導するのは劉鶴《リウホオ》（りゅうかく）副首相が事実上の司令塔になると見られています。習近平政権一期目の経済運営は当初、李克強（りこっきょう）首相の名を取った「李克強経済学（リコノミクス）」と呼ばれる経済運営がなされていましたが、中国共産党が指導を強化する中で、２０１３年頃から中国共産党の中央財経領導小組へと主導権が移り、その組長を務める習近平氏の名を取って「習近平経済学（シーコノミクス）」と呼ばれるようになっていきました。その中央財経領導小組で事務局トップを務め、経済ブレーンとしてシーコノミクスを取り仕切っていたのが劉鶴氏です。習近平氏とは幼なじみで経済秘書と呼ばれるほどの信頼を得ており、第19回党大会では政治局員に昇格、翌年3月の全人代では副首相に就任することとなりました。したがって、習近平政権二期目は、習近平氏をトップとして、劉鶴副首相を司令塔とする経済運営になると見られています。

　それでは、習近平政権二期目の中国経済はどうなるのでしょうか、筆者は下記3点に注目しています。

　第一の注目ポイントは、第19回党大会（２０１７

年）のあと頻繁に登場するようになった「三大堅塁攻略戦」（キーワード編２、１１５ページ）というキーワードです。第19回党大会で習近平氏は２０２０年に小康社会（少しゆとりのある社会）を全面的に完成させると述べました。それを背景に、翌２０１８年３月の全人代では質の高い経済発展を目指して「三大堅塁攻略戦」を断固戦い抜くと宣言し、「重大リスク防止・解消」、「的確な貧困脱却」、「汚染防止」の３つの〝堅塁〟（守りが堅くて容易に攻め落とすことのできない陣地）〟の攻略に乗り出したのです。習近平氏は「トラもハエも叩く」として、これまでの政権が二の足を踏んで進まなかった共産党内の腐敗汚職撲滅を徹底的に実行しました。これを踏まえると、習近平氏にとって一期目の〝堅塁〟は腐敗汚職でしたが、二期目の〝堅塁〟はこの３つになると見られます。金融面に焦点を当てた「重大リスク防止・解消」に関しては、不法な資金集めや金融詐欺の取り締まり、シャドーバンキング、ネット金融、金融持ち株会社に対する監督管理、地方政府の債務リスク管理などが焦点です。「的確な貧困脱却」に関しては、農村貧困人口の削減、貧富の格差の固定化を防ぐための不動産税（固定資産税）の立法、「インターネット＋農業」に対する政策支援などが焦点です。また、「汚染防止」に関しては、「美しい中国」を実現すべく大気汚染、水質汚濁、土壌汚染、ゴミ処理問題への取り組みを加速することが焦点です。

　第二の注目ポイントは、第14次５ヵ年計画（「14大」、２０２１～25年）の経済成長率目標をどのような水準に設定するかです。２０１２年の第18回党大会では「所得倍増計画」を打ち出し、その後の第13次５ヵ年計画（２０１６～20年）では「年平均６・５％以上」という高めの成長率目標を設定したため、経済成長にマイナスの影響を及ぼす過剰設備・過剰債務の問題は思うように解消しませんでした。一方、今回の第19回党大会では「量から質」へ転換する方針を示したため、今後検討が進む第14次５ヵ年計画では前回よりも成長率目標を引き下げることが可能です。成長率目標を５％前後に設定することで合意できれば、過剰設備・過剰債務の問題は解消に向かうと見られます。

第三の注目ポイントは、芽生え始めた新しい成長モデルをこのまま順調に育てることができるかです。前述のように「インターネットプラス」と「中国製造2025」を結び付けて、新たな成長モデルを構築する動きが盛んになってきました。しかし、第19回党大会では「全活動に対する党の領導の堅持」を強調し、情報統制も強めており、こうした統制強化が新しい成長モデルの障害となる恐れもあります。習近平政権一期目に芽生えた新しい成長モデルが二期目にどんな発展を遂げるのか、今後の展開が注目されるところです。

4 習近平一強体制に死角はないか?

第19回党大会で習近平氏は、自らの名前を冠した「習近平の新時代の中国の特色ある社会主義思想」を中国共産党章程(党規約)に入れるなど権威を高め、また自らに近い人材を権力の中枢に据えるなど政権基盤を強固にして、習近平一強ともいわれる体制で二期目をスタートしました。

しかし、習近平一強体制だとはいえ、政策の舵取りを誤れば磐石に見える政権基盤も揺らぐ恐れがあります。中国共産党の歴史上、最も深刻な政策の失敗を挙げるとすれば、それは毛沢東が行った「大躍進政策」だと言えるでしょう。1960年前後に中国共産党が推進した「大躍進政策」では、農業生産を増やすため四害(ハエ、カ、ネズミ、スズメ)を駆除する四害駆除運動が行われました。しかし、スズメを駆除した結果、イナゴやウンカなど害虫が大量発生して農業生産は逆に落ち込んだのです。さらに、鉄鋼の増産を目指した「大製鉄・製鋼運動」では、専門家不在の中で農民が作った鉄鋼は粗悪品が過半を占め、農民が駆り出されたために農地は荒れ果て、目標達成のために農具まで供出することになった結果、農業生産は大打撃を受けることとなりました。さらに、燃料には木炭が必要だったため、樹木の大規模な伐採が行われた結果、洪水が頻発、数千万人とされる餓死者を出す大失敗に終わりました。そして、毛沢東は共産党内や国民の信任を失い国家主席を辞任、その後は劉少奇に政権を譲ることとなりました。

このように政策の失敗は取り返しのつかない事態を招きかねません。その点で気になるのが米中対立の行方です。米国は中国の台頭を脅威と感じ、中国を封じ込めようとする動きを見せています（深層分析編7「米中対立はどうなるのか」（234ページ～）参照）。米国の攻勢を受けて中国では、習近平国家主席が「先進的でカギとなる技術を手に入れるのはますます難しくなっている」として、「自力更生」という言葉を頻繁に使うようになりました。「自力更生」とは、他国の力に頼らず、自国の力で社会主義革命を行うという意味ですが、これは1960年前後に中国が旧ソ連と対立し、旧ソ連が技術協力を打ち切ったときに、毛沢東がよく用いた表現で、前述の大躍進政策ではスローガンのひとつとなりました。米中がともに自国の利益を第一に考える姿勢を崩さず、双方が受け入れ可能な解決策を見いだす努力を怠れば、米中対立はいずれ民間企業や学術機関などの交流にも悪影響を及ぼすでしょう。そうなれば、中国が「自力更生」でいくら努力してもイノベーション（創新）の勢いは鈍り、世界第2位に巨大化した中国経済が停滞すれば、米国経済もただでは済まないでしょう。世界経済の発展が止まる恐れもあります。

毛沢東時代とは比べようもなく大きくなり、世界経済への影響も甚大になった中国だけに、日本はその成り行きを第三者的に注視しているだけでは済まされず、同盟関係にある米国と隣国で歴史的・経済的に結び付きの強い中国が共存共栄の道を歩むように、日本は欧州諸国などと協力して、橋渡し役を務める責任があると考えています。

広東省人民政府　http://www.gd.gov.cn/
広西チワン族自治区人民政府　http://www.gxzf.gov.cn/
海南省人民政府　http://www.hainan.gov.cn/
重慶市人民政府　http://www.cq.gov.cn/
四川省人民政府　http://www.sc.gov.cn/
貴州省人民政府　http://www.guizhou.gov.cn/
雲南省人民政府　http://www.yn.gov.cn/
西蔵自治区人民政府　http://www.xizang.gov.cn/
陝西省人民政府　http://www.shaanxi.gov.cn/
甘粛省人民政府　http://www.gansu.gov.cn/
青海省人民政府　http://www.qh.gov.cn/
寧夏回族自治区人民政府　6月末時点でアクセスできず
新疆ウイグル自治区人民政府　http://www.xinjiang.gov.cn/

【経済】

国家発展改革委員会　http://www.ndrc.gov.cn/
財政部　http://www.mof.gov.cn/index.htm
商務部　http://www.mofcom.gov.cn/
税関総署　http://www.customs.gov.cn/
交通運輸部　http://www.mot.gov.cn/
国家鉄道局　http://www.nra.gov.cn/
科学技術部　http://www.most.gov.cn/
人力資源・社会保障部　http://www.mohrss.gov.cn/
生態環境部　http://www.mee.gov.cn/
文化観光部　https://www.mct.gov.cn/
国家統計局　http://www.stats.gov.cn/

【金融】

人民銀行　http://www.pbc.gov.cn/
外貨管理局　http://www.safe.gov.cn/
銀行保険監督管理委員会　http://www.cbrc.gov.cn/chinese/newIndex.html
証券監督管理委員会　http://www.csrc.gov.cn/pub/newsite/
外貨取引センター（China Money）　http://www.chinamoney.com.cn/chinese/
債券情報ネット（China Bond）　https://www.chinabond.com.cn/
金融先物取引所　http://www.cffex.com.cn/
上海証券取引所　http://www.sse.com.cn/
深圳証券取引所　http://www.szse.cn/index/index.html

参考文献

中国語

【党・政府・司法・立法】

中国共産党　http://cpc.people.com.cn/

中国共産党史・文献研究院　https://www.wxyjs.org.cn/

中国人民政府　http://www.gov.cn/

全国人民代表大会　http://www.npc.gov.cn/

全国政治協商会議　http://www.cppcc.gov.cn/

共産党規律検査委員会　http://www.ccdi.gov.cn/

最高人民法院　http://www.court.gov.cn/

最高人民検察院　http://www.spp.gov.cn/

審計署　http://www.audit.gov.cn/index.html

外交部　https://www.fmprc.gov.cn/web/

一帯一路ネット　https://www.yidaiyilu.gov.cn/index.htm

【地方】

北京市人民政府　http://www.beijing.gov.cn/

天津市人民政府　http://www.tj.gov.cn/

河北省人民政府　http://www.hebei.gov.cn

山西省人民政府　http://www.shanxi.gov.cn/

内蒙古自治区人民政府　http://www.nmg.gov.cn/

遼寧省人民政府　http://www.ln.gov.cn/

吉林省人民政府　http://www.jl.gov.cn/

黒龍江省人民政府　http://www.hlj.gov.cn/

上海市人民政府　http://www.shanghai.gov.cn/

江蘇省人民政府　http://www.jiangsu.gov.cn/

浙江省人民政府　http://www.zhejiang.gov.cn/

安徽省人民政府　http://3g.ah.gov.cn

福建省人民政府　http://www.fujian.gov.cn

江西省人民政府　http://www.jiangxi.gov.cn/

山東省人民政府　6月末時点でアクセスできず

河南省人民政府　http://www.henan.gov.cn/

湖北省人民政府　http://www.hubei.gov.cn/

湖南省人民政府　http://www.hunan.gov.cn/

NationMaster　https://www.nationmaster.com/

日本語

総務省統計局　http://www.stat.go.jp/index.html
外務省　https://www.mofa.go.jp/mofaj/index.html
日本貿易振興機構　https://www.jetro.go.jp/indexj.html
アジア経済研究所　https://www.ide.go.jp/Japanese.html
経済産業省海外現地法人四半期調査　https://www.meti.go.jp/statistics/tyo/genntihou/index.html
みずほ総合研究所（中国政策ブリーフィング）　https://www.mizuho-ri.co.jp/publication/research/china-bri/index.html
日本総研（中国経済展望）　https://www.jri.co.jp/report/medium/china/
大和総研（中国）　https://www.dir.co.jp/report/research/economics/china/index.html
ニッセイ基礎研究所（中国経済）　https://www.nli-research.co.jp/report_tag/tag_id=87?site=nli
国分良成　『中華人民共和国』　ちくま新書　1999年
許憲春（作間逸雄(監修、李潔訳者代表)　『中国ＧＤＰ統計』　新曜社　2009年
林毅夫（劉徳強訳）　『北京大学中国経済講義』　東洋経済新報社　2012年
梶谷懐　『中国経済講義-統計の信頼性から成長のゆくえまで』　中央公論新社　2018年
アーサー クローバー著、東方雅美訳　『チャイナ・エコノミー』　白桃書房　2018年
高木保興、河合明宣　『途上国の開発』　放送大学教育振興会　2007年
桑田良望　『中国の金融制度と銀行取引』　みずほ総合研究所　2011年
エズラ・F・ヴォーゲル（益尾知佐子、杉本孝訳）『現代中国の父　鄧小平』（上・下）日本経済新聞出版社　2013年
高口 康太　『現代中国経営者列伝』　星海社　2017年

証券投資基金業協会　http://www.amac.org.cn/

信託業協会　http://www.xtxh.net/xtxh/

【その他】

電力企業連合会　http://www.cec.org.cn/

自動車工業協会　http://www.caam.org.cn/index.html

自動車流通協会　http://www.cada.cn/index.html

インターネット情報センター　http://www.cnnic.net.cn/

旅行研究院　http://www.ctaweb.org/index.html

物流購買連合会　http://www.chinawuliu.com.cn/

比达咨询（BigData-Research）　http://www.bigdata-research.cn/

英語

国際連合　UN data　http://data.un.org/

国際連合　National Accounts　https://unstats.un.org/unsd/snaama/Index

国際連合　UN Comtrade　https://comtrade.un.org/db/default.aspx

国際連合　UNCTAD STAT　https://unctadstat.unctad.org/EN/

国際連合　FAOSTAT　http://www.fao.org/faostat/en/#home

国際通貨基金　World Economic Outlook Database　https://www.imf.org/en/publications/weo

国際通貨基金　Data Mapper　https://www.imf.org/external/datamapper/datasets/WEO

世界銀行　DataBank　https://databank.worldbank.org/home

経済協力開発機構 OECD Data　https://data.oecd.org/

世界貿易機関 WTO Statistics　https://www.wto.org/english/res_e/statis_e/statis_e.htm

国際決済銀行　BIS statistics　https://www.bis.org/statistics/index.htm

国際エネルギー機関 IEA Statistics　https://www.iea.org/statistics/

国際労働機関　ILOSTAT　https://ilostat.ilo.org/

アジア開発銀行 Data Library　https://data.adb.org/

米中央情報局　CIA Library　https://www.cia.gov/library/publications/the-world-factbook/rankorder/rankorderguide.html

国際自動車工業連合会　OICA　http://www.oica.net/

世界半導体市場統計　WSTS　https://www.wsts.org/

世界鉄鋼協会　STATISTICS　https://www.worldsteel.org/steel-by-topic/statistics.html

た行

な行

は行

ま行

や・ら行

索引

キーワードは日本で一般的な読み方に従って配列しています。
太字で示されているページは、そのキーワードに関する重要な議論をしています。

英数

あ行

か行

さ行

日本語―中国語・英語対照表

中国の固有名詞は、日本語以外では原語の読みに近い発音で発音、表記され、日本語読みとは大きく異なります。特に英語では、ピンイン（アルファベットに声調符号などを加えたもので、中国語の読みを一意に表す）をアルファベットのみにしたもので発音、表記されることが通例です。

同様に用語についても、ピンイン表記を元にしたアルファベットが使われたり、あるいは、英語の同じ意味の単語で表記されることもあります。

以上を踏まえ、多く目にすると思われる固有名詞、用語について、ピンイン・英語表記の対照表を作りました。

漢字表記	日本語読み	簡体字表記	ピンイン表記	ピンインの日本語読み	英語表記
人名					
習近平	しゅうきんぺい	习近平	Xí Jìnpíng	シージンピン	
周恩来	しゅうおんらい	周恩来	Zhōu Ēnlái	ジョウエンライ	
鄧小平	とうしょうへい	邓小平	Dèng Xiǎopíng	デンシャオピン	
毛沢東	もうたくとう	毛泽东	Máo Zédōng	マオザードン	
李克強	りこっきょう	李克强	Lǐ Kèqiáng	リーカーチアン	
劉鶴	りゅうかく	刘鹤	Liú Hè	リウホー	
ジャック・マー（馬雲）	じゃっく・まー（まうん）	马云	Mǎ Yún	マーユイン	Jack Ma
任正非	にんせいひ	任正非	Rèn Zhèngfēi	レンジョンフェイ	
地名					
広東	かんとん	广东	Guǎngdōng	グアンドン	
京津冀	けいしんき	京津冀	Jīngjīnjì	ジンジンジー	
広州	こうしゅう	広州	Guǎngzhōu	グアンジョウ	
杭州	こうしゅう	杭州	Hángzhōu	ハンジョウ	
上海	しゃんはい	上海	Shànghǎi	シャンハイ	
深圳	しんせん	深圳	Shēnzhèn	シェンジェン	
重慶	じゅうけい	重庆	Chóngqìng	チョンチン	
大湾区	だいわんく	大湾区	Dàwānqū	ターワンチュー	Greater Bay Area
天安門	てんあんもん	天安门	Tiān'ānmén	ティエンアンメン	
北京	ぺきん	北京	Běijīng	ベイジン	
企業名					
阿里巴巴	ありばば	阿里巴巴	Ālǐbābā	アーリーバーバー	
中興通訊（ZTE）	ゼットティーイー	中兴通讯	Zhōngxīng tōngxùn	ジョンシントンシュン	ZTE
騰訊	てんせんと	腾讯	Téngxùn	テンシュン	Tencent
百度	ばいどぅ	百度	Bǎidù	パイドゥ	
華為	ふぁーうぇい	华为	Huáwéi	ホアウェイ	
用語					
一帯一路	いったいいちろ	一带一路	Yídài yílù	イーダイイールー	Belt and Road Initiative
改革開放	かいかくかいほう	改革开放	Gǎigé kāifàng	ガイガーカイファン	Reform and Opening
三大堅塁攻略戦	さんだいけんるいこうりゃくせん	三大坚垒攻略戦	Sāndàjiānlei gōnglüèzhàn	センダージェンレイゴンリュエジャン	
新常態	しんじょうたい	新常态	Xīnchángtài	シンチャンタイ	New Normal
中国製造2025	ちゅうごくせいぞう	中国制造	Zhōngguó zhìzào	ジョングゥオジーザオ	Made in China

配列は日本語読みのあいうえお順です。

著者紹介

三尾幸吉郎
（みお　こうきちろう）
株式会社ニッセイ基礎研究所経済研究部上席研究員。1982年慶應義塾大学法学部政治学科卒業。1982年日本生命保険相互会社入社、証券部、資金債券部、ファンド運用室で国内債券運用を担当。1994年同社国際業務部付けで渡米、リーマンブラザース社（ニューヨーク）、パナゴラアセットマネジメント社（ボストン）で米国債券市場調査を担当。1997年同社資金証券部でグローバル証券運用、運用開発を担当。2000年ニッセイアセットマネジメント株式会社入社、運用企画室でグローバル資産配分を担当した後、運用フロントで投資信託運用部長、統括部長（債券）を担当。2009年株式会社ニッセイ基礎研究所に入社、中国経済調査を担当し現在に至る。

3つの切《き》り口《くち》からつかむ
図《ず》解《かい》中《ちゅう》国《ごく》経《けい》済《ざい》

発行日――――2019年8月26日　初版発行　〈検印省略〉

著者――――三尾幸吉郎《みおこうきちろう》

発行者――――大矢栄一郎

発行所――――株式会社　白桃書房
〒101-0021　東京都千代田区外神田5－1－15
☎03-3836-4781　fax03-3836-9370　振替00100-4-20192
http://www.hakutou.co.jp/

印刷・製本――藤原印刷

 Printed in Japan　ISBN 978-4-561-92304-6 C0033

好評書

チャイナ・エコノミー
複雑で不透明な超大国　その見取り図と地政学へのインパクト

アーサー・R・クローバー 著／東方 雅美 訳／吉崎 達彦 著

独特の政治の仕組みや社会の現状を踏まえ、中国経済のメカニズム、そして世界へのインパクトを語る。一問一答形式でまとめられた簡潔な叙述ながら、グローバルな視野に立ちつつ、その複雑に絡み合った構造を描き出し、多くの研究者やエコノミストから高い評価を受ける。　定価（本体 2593円＋税）

中国の現場からみる日系企業の人事・労務管理
人材マネジメントの事例を中心に

李 捷生・郝 燕書・多田 稔・藤井 正男 編著

日系中国企業の現場に焦点を当て、その実態・特徴を明らかに。そして、日本と中国の人事慣習のハイブリッドについて、どのような場合に相乗効果が働くのか、また、そのようなハイブリッドの進展をめぐるダイナミズムを追究する。中国での実務にかかわる経営者・人事担当者にも有用。　定価（本体3000円＋税）

ファーウェイの技術と経営
今道 幸夫 著

通信分野で起きた飛躍的な技術変革とそれに伴う市場変動の波に的確に対応したことで、創業から30年で目覚ましい成長を遂げたファーウェイ。本書は、この領域における技術の進展と市場構造の変化を丁寧にフォローした上で、この会社の独特の人的資源管理手法を明らかにし、その将来を展望する。　定価（本体 3300円＋税）

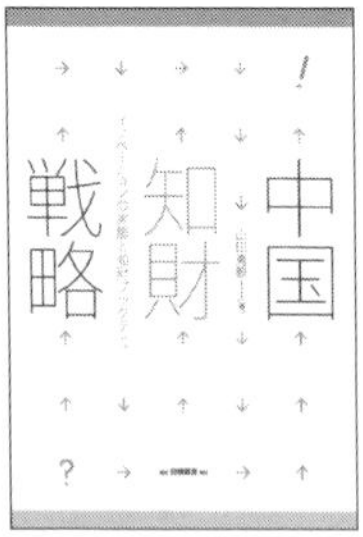

中国知財戦略
イノベーションの実態と知財プラクティス

山田 勇毅 著

イノベーション促進へ向けた、国家挙げての取り組みを、外資導入や、モジュラー型産業構造の確立促進などの施策を通して描く一方、ＰＣのレノボ、スマートフォンのシャオミなど、具体的な企業の事例を多数紹介し活写。さらに急速に整備が進む中国独自の知財制度を、日本での実務と比較し詳しく紹介する。定価（本体 2800円＋税）

中国関連経営・経済書籍フォローアップサイト http://topic.hakutou.co.jp/china/

白桃書房